学研相济 聚木成林

南宁市第三中学 编

广西人民出版社

图书在版编目（CIP）数据

学研相济　聚木成林/南宁市第三中学编 . — 南宁：广西人民出版社，2023.11（2024.7重印）

（百年名校正青春）

ISBN 978-7-219-11649-4

Ⅰ.①学… Ⅱ.①南… Ⅲ.①中学教育—教学研究 Ⅳ.①G632.0

中国国家版本馆CIP数据核字（2023）第200754号

XUE YAN XIANGJI JU MU CHENGLIN

学研相济　聚木成林

南宁市第三中学　编

策　　划　　赵彦红
执行策划　　林晓明　陈晓蕾
责任编辑　　彭青梅
责任校对　　陈　威
美术编辑　　牛广华　陈瑜雁

出版发行　广西人民出版社
社　　址　广西南宁市桂春路6号
邮　　编　530021
印　　刷　广西昭泰子隆彩印有限责任公司
开　　本　787mm×1092mm　1/16
印　　张　31
字　　数　540千字
版　　次　2023年11月　第1版
印　　次　2024年7月　第2次印刷
书　　号　ISBN 978-7-219-11649-4
定　　价　99.00元

版权所有　翻印必究

"百年名校正青春"丛书编委会

（按姓氏笔画排序）

主 任 韦 坚　韦屏山

副主任 贝伟浩　韦先鲜　冯宇斌　孙 振　杨 菲　李 杰　李国栋
　　　　 吴 红　何海夷　张 栋　周 晶　胡颖毅　莫怡祥　梁 毅
　　　　 梁东旺　戚志涛　蓝 宇　谭立勇　魏述涛

编 委 丁 莉　于法锋　王 园　王祥斌　韦 良　韦国亮　韦琴琴
　　　　 邓曙光　玉党益　吕泉孜　朱云峰　刘 珑　刘 栋　刘世林
　　　　 刘培荣　江东洋　许大福　许家勇　苏朝凤　李 昕　李 溇
　　　　 李 睿　李凤华　李浩铭　李鹏飞　杨 彬　吴善堂　邱丽燕
　　　　 何 杰　何 炎　张 静　张忠武　张金恒　陆 金　陆 勇
　　　　 陆华芳　陈 东　陈现永　周代许　庞 洁　宗焕波　胡 波
　　　　 胡纯辉　莫日红　莫焜贤　倪 华　唐永顼　黄 欢　黄 灵
　　　　 黄 洁　黄 继　黄 琴　黄文斌　黄成林　黄秋明　黄梦竹
　　　　 黄频捷　梁心玙　梁艳婷　梁蒙武　覃俊明　谢展薇　蓝日更
　　　　 雷 艳　雷 婷　雷以德　谭 锋　谭佩玉　谭冠毅　黎文平
　　　　 黎正旺　滕 雪　潘俊全　魏远金

《学研相济　聚木成林》编委会

主　　编　　贝伟浩

副主编　　张金恒　宗焕波　潘俊全

编　　委　　甘雨婷　冯秋琼　李玉梅　唐怀丽　覃　彬

总 序

欲厦之高，必牢其基；欲流之远，必浚其源。自1897年维新人士余镜清创办的南宁乌龙寺讲堂算起，南宁市第三中学（简称南宁三中）历经了一百二十五年的洗礼与积淀，以其深厚的文化底蕴和卓越的办学特色，成为莘莘学子向往的求知殿堂，成为闪耀八桂大地的一个明星教育品牌。逢南宁三中一百二十五周年校庆之际，为了凝练延续名校基因，我们特别推出了"百年名校正青春"丛书，旨在回顾百年辉煌、展示教育求索、激励基因传承，这是南宁三中办学历程中一项具有里程碑意义的创举！

"百年名校正青春"丛书共计十册，是一次对学校发展蜕变的全景式展现，是一次对中学教育教学探索的全貌式分享，是一场弥足珍贵的文化盛宴。每一册书都浸染着南宁三中深厚的文化底色，以"真·爱"教育思想为引领，厚植"家的支柱，国之栋梁"的育人理念，秉持"以学术究真，以温暖施爱"的精神，从不同维度讲述南宁三中故事，展现新时代教育背景下蓬勃向上、生机盎然的南宁三中风貌。

在丛书里,《道从何处来》仿佛是一本扉页镶嵌着时间之石的珍宝簿,为我们展开了南宁三中砥砺百年的历史画卷。它以六个篇章为笔墨,深情而准确地勾勒出这所百年名校的成长脉络。通过那些极具代表性的图片和经典事件的点缀,让我们仿佛置身于隽永的岁月长河之中,得以亲近属于南宁三中的教育理想和抱负,明了永恒的教育精神和卓越的教学成就。

《学科浪漫故事》有如一泓清泉,洋溢着南宁三中这所百年名校的教育芬芳。纵览四方的辉煌,体味十三门学科的精彩教学故事和教师们的辛苦与创新,名师们的风采和学生们的真情得以淋漓尽致呈现。在南湖之畔的南宁三中讲台,奏出一曲曲优美乐章,无一不让人流连沉醉。

《草木尽欲言》仿佛是一簇鲜花,伴着南国和畅清风,为我们拂来南宁三中校园里草木的芬芳。每一株植物都有其婀娜姿态,仿佛向我们低声述说着校园的故事。从植物的简介到手绘插画,再到古诗词品读和师生情谊,我们如同漫游在文化花园中,领略南宁三中师生间深厚的情谊和百年名校的韵味。

《学研相济 聚木成林》犹如一片浩渺星空,闪耀着南宁三中科研成果的光辉。基于南宁三中在深化改革和创新发展方面的探索,将历年的杰出科研成果进行了编录,展示学校在教科研领域的深厚功底,为全市乃至全区深入推进教育教学改革、提高学校教学质量提供新启示、新方法。

《美好不止于初见》宛如一座丰碑,细述着南宁三中青山校区、五象校区、初中部青秀校区和初中部五象校区的风采。翻开书页,我们仿佛走进了被红色文化长久滋润的百年名校，移步换景间，得以尽览各校区的师资力量、历史人文、建筑特色、校园环境、生态资源，领略新时代背景下的南宁三中风采。

《四季 三中》如同一壶芬芳的清茶，于平淡之间，我们可以品味出南宁三中后勤服务工作者不凡的辛勤劳动。每一道美食、每一处胜景、每一桩小事都串联起南宁三中对学子们的关爱与体贴，诠释着学校"全境温馨、全员温暖、全校温情"的人文精神。

《爱要大声说出来》灿若一颗流星，闪烁着南宁三中学子思想和道德品质的光芒。书中收录了南宁三中学子在国旗下发表的精彩讲话，涵盖了爱国主义教育、党史学习教育、党团活动宣传、思想政治教育、法治教育和感恩教育等多个方面，用文字的力量让思想的匠心荡涤在心灵的河流，展示南宁三中在"真·爱"教育的引领下，全过程、全方位育人，为党育人、为国育才的成果。

《给母校的情书》好比一曲饱含着墨香韵味的恋歌，收录了南宁三中师生和优秀校友们的回忆文章。师者说，学子吟，从教师们的珍贵回忆，到学子们在求学时期难忘的点滴与毕业后对母校无尽的眷恋。通过一封封充满深情的书信，我们感悟到南宁三中在百年时光中为学子们的成长付出的真挚关怀，让人们见识了这座百年名校多彩且立体的人文风采。

《光阴的故事》好似一幅细腻的水墨画，从多门学科的角度解读二十四节气，揭示其中蕴含的学科知识和中国故事。将中华优秀传统文化带入课堂，将创新教育的理念融入学校，让我们得以领略南宁三中教育的真谛和不断探索创新的精神。

《无界学习》宛然一座学识宝库，收录了南宁三中教师们关于无界学习的论文成果。新时代，知识无界、学习无界，要想在新征程中、新挑战下依然抬头挺胸、昂首阔步，就必须深入研究如何实现学生在学习过程中的全面发展。从纯粹的记忆到对知识的理解、反思、运用、迁移，再到品德、智慧、体魄、艺术和劳动的并举，这本书呈现了南宁三中教育工作者对青少年身心发展规律的深入探索，可为教育工作者提供宝贵经验。

本丛书的撰写与编纂，汇集了南宁三中教师、学生和校友的智慧与经验，他们倾注激情，用心良苦，将自己的思想和经历以生动的笔触呈现给读者。这些书籍既承载了南宁三中百年来的教育理念和办学精神，也彰显了南宁三中学子积极向上、积极进取的精神风貌。

撰书之初，南宁三中初中部江南校区仍处于初期筹备中；成书之时，初中部江南校区也方于2023年9月投入使用，所以未能在本丛书中有所收列。但自筹备之日起，南宁三中这所百年名校的精神和血脉便早已一以贯之，作为一个站在新起点的校区，已然立志于心、成竹于胸，开门即名校，不日将会打造出一张"创新江南"的崭新名片！

在这个飞速发展的新时代，南宁三中将以"百年名校正青春"丛书的出版为契机，拥抱时代，积极进取，勇于创新，主动求变，始终坚持以"为党育人　为国育才"为根本目标，践行"真·爱"教育思想，以培养"家的支柱，国之栋梁"为育人愿景，深入推进"教研强校　温暖育人"发展战略，让南宁三中在新时代继续引领教育潮流，培养更多有"真·爱"精神的学生，为社会培养更多有责任感、有担当的栋梁之才。

南宁三中，百年名校正青春！让我们共同见证这个伟大的历程，体悟南宁三中的精神风貌，感受岁月留存的智慧印记，为南宁三中的百年辉煌点赞。希望这些书籍的问世，能够启迪更多志同道合之人，引领他们走向未来，书写属于自己的辉煌篇章！

编　者

2023年10月

分序

吾校以育担当民族复兴大任之时代新人为己任，秉持"真·爱"育人思想，遵循"学术引领，温暖育人"办学理念，以学术究真，以温暖施爱。吾校坚持学术立校，教研强校，致力于培育"家的支柱，国之栋梁"。铸学术之名师，育创新之教者，乃吾校教师专业发展之目标也。吾校既定之师画像，乃三恒：恒正、恒变、恒仁。恒正，即恪守正道，坚持科学育人；恒变，即勇于变革，坚持创新教学；恒仁，即仁爱之心，坚持温暖育人。

古人有云："今之教者，呻其占毕，多其讯言，及于数进而不顾其安。"然今日之世，犹有此事也。学界之陋习，视教研为无用之功，教而不研，忽视创新，致教育之根基不牢，贻误后学。此乃不重教研之弊，不可小觑。且夫教研者，固吾学之责也。师者，育人为本，教研为先。若教研不重，则教育失色，教者无成。故吾人当明察秋毫，勿轻视教研之重要。夫教研强校，乃教育之本，国家兴盛之基。自古以降，教育为国之根本，教研乃教育之魂。吾辈须明察，教研强则学校兴，教研弱则学校庸。故吾辈欲揭示教研强校之真谛，为读者指引门径。

且观历史长河，诸多教者，皆因其卓越之教研成就，名垂青史。夫孔夫子有弟子三千，贤者七十二，教化流芳百世。近代以来，诸多名校亦以教研成果斐然而名扬四海。然教研强校之道，非易行之路，须知其艰，沥尽心血，挥洒汗水。夫教研之道，须与时俱进，因材施教，因时而变。教育者须具高尚之师德，博学多才，洞察秋毫。同时，教者须笃学不息，勇于探索，求新求变。教研原则有四：一曰以人为本，关注学子个性发展；二曰严谨治学，注重学术规范；三曰兼容并包，倡导学术多元；四曰以质为先，提升育人品质。吾人当以此为圭臬，共同努力，实现教研强校之目标。

总之，教研强校乃国家繁荣之基石。吾人当崇尚教育，致力于教研事业，为党育人，为国育才。

故吾校之名，不在于楼宇之豪华，不在于设施之高端，而在于名师之德馨，学术之精湛。有名师，方有高徒。有精湛之学术，方可育思想张力之人才。所谓名校之名在于名师，名师之名在于学术，此之谓也。且看吾校之内，书香满园，墨迹飘香。教师治学严谨，学子敦品力学。观其课程之内，师生互动，机锋频现，生动盎然。或于课堂之上，或于实验室中，或于论坛之中，皆可见学术之魅力。是以，名师既为学术之表率，更为育人之心脊。若论学术之重，无须多言。若论教育之要，更需明辨。古人有云："教也者，所以道也。"道者何？道理、道路、方法也。吾校之道，以学术为引领，以育人为本。育人之业，非一日之功，需经年累月之积淀。故吾校之道，贵在持之以恒，始终如一。

是书也，集众多名师之成果，汇佳篇之论文，意在嘉惠学林。慨叹南三教研之深邃，褒扬成果之硕硕。今日得以评述教研成果，不胜荣幸。吾乃一介书生，从事教研，亦感其神奇之魅力，遂欲借此引，予以彰显。吾观此教研成果，洋洋洒洒，皆为心血之作，实乃博大精深，颇具价值。是书之中，教研视角之新颖，思路之独特，方法之实用，皆为教坛之瑰宝。吾人惊叹于其异常之思，洞见之力，析新奇之律，其尤具实用之效也，实乃博施济众。书中之道，亦为吾校之道；书中之论，亦为吾校之论。此书之出，亦为吾校学术精神之显现。愿读者诸君，细细品味其中之道，受用无穷。

概曰如是，《学研相济　聚木成林》乃吾校名师智慧之结晶，值得珍视。在研究、探索、推广之路上，吾人当以此为契机，再接再厉，深入研究，持续创新。愿诸君共同努力，为教研进步献上更多璀璨之瑰宝。感念诸君辛勤付出，愿此成果能为吾辈带来骄傲与荣耀。

夫学问之道，贵在始终。始终既定，道在其中。此书之作，亦吾校学术之路程之一部分。愿此序言能激发教者之热情，为教研强校贡献一份力量。

谨致以敬意与祝福！愿诸君共勉之！

贝伟浩

2023年10月

目 录 Contents

国家级、自治区级教学成果奖作品

002 《"精准帮扶"贫困地区高中提升教学质量的创新实践》成果报告

017 《高中"实践型"德育课程十九年改革与探索》成果报告

032 《三体融通：高中创新教育十八年探索与实践》成果报告

047 《读写共构三步三层级模式：民族地区高中生语文深度学习策略及实践研究》成果报告

060 《高中化学教学"三实融合"的探索与实践》成果报告

083 《基于LCCTT学情分析评价系统的教育教学改革实践探索》成果报告

095 《"三课"联动引领高中育人方式变革的研究与实践》成果报告

107 《基于创新性思维培养的"三维耦合"育人模式的实践研究》成果报告

120 《思政课引领下文综"三位一体"育人模式十五年探索与实践》成果报告

140　《新时代背景下高中数学学科课程建设的研究与实践》成果报告

154　《高中思想政治与生涯规划"双向融合、四维联动"育人体系的构建与
　　　实践》成果报告

175　《立德树人视域下高中思想政治课培育学生"政治认同"素养的实践
　　　研究》成果报告

188　《运用问题导学实施高中物理课堂探究教学》成果报告

200　《国家课程二次开发的教学创新实践研究——以"经济生活"课程校本化
　　　为例》成果报告

210　《思辨型思想政治课堂教学实践与研究》成果报告

教师优秀论文作品选录

230　唤醒温情
　　　　——我上《记念刘和珍君》

235　用电影点亮思维的火花

241　核心素养导向下的高中语文单元教学
　　　　——以"人生选择"单元教学为例

目　录

250　高中数学项目式课堂教学案例分析
　　　——以"直线参数方程中 t 的应用"为例

259　错　题
　　　——数学探究的宝贵资源

265　"问题导学"下的高中数学新授课的引入方法

269　"双减"背景下优化初中数学作业设计的实践探索

276　高中英语《教师教学用书》译文商榷

283　基于主题语境的高中英语"四同"教学模式实践研究

293　构建UHEI教研模式　促进教研组建设
　　　——以南宁三中初中部青秀校区英语教研组为例

299　在高中英语阅读教学中如何体现学科的育人价值

305　深度挖掘已知条件　努力提高题目精准度

315　高中物理学科拔尖创新人才培养的策略研究
　　　——以南宁市第三中学为例

321　两种方式强化知识网络　因势利导培养学科思维
　　　——高三物理备考复习课及学科系统备考指导

331　互联网+信息技术与初中物理教学融合初探

336　以教材探究实验为导向，构建有效复习课堂

341　化学教学中培养学生创新能力的认识与实践

348　探究式教学：异化实施效应的外显与警示
　　　——基于高二化学探究素养调查的分析与思考

359　以校庆为契机推进高中德育课程建设
　　　——以南宁市第三中学120周年校庆为例

368　"假说—演绎法"与理性思维的培养

375　合作学习在高中生物学辅导中的实践研究

381　依托学案引导复习　活用"原模"发展思维
　　　——由生物高考遗传实验设计题引发的思考

387　以"一核三育"构建"大思政课堂"

392　以主题时政课堂培育人类命运共同体意识

396　"一案到底"：乡村振兴案例与思想政治新教材的融合应用
　　　——"中国特色社会主义的创立、发展和完善"的教学设计

404　高中思想政治课微课设计中的美育初探
　　　——以"寻故宫灵韵　传文化之美"微课设计为例

408　刻于甲骨，书于竹帛，铭于钟鼎
　　　——从书写材料与书写工具看汉字的流变

419　中学历史教学铸牢中华民族共同体意识教育策略研究

426　基于历史单元学习下的主题教学实践
　　——以《中外历史纲要》"第4课　西汉与东汉——统一多民族封建国家的巩固"为例

433　研究复习重点　提升解题能力

439　核心素养下的故事主题情境教学设计与实践
　　——以农业的区位选择为例

444　指向地理实践力的高中野外科学观察方案设计与实践

454　高中体育课程选项课设计策略研究

464　追寻"有生命力"的信息技术课

470　附录一：南宁三中教师立项课题统计表（2011年至今）

471　附录二：南宁三中教师立项自治区级课题汇总表（2011年至今）

1897

国家级、自治区级教学成果奖作品

XUE YAN XIANGJI JU MU CHENGLIN

所获奖项
2018年国家级基础教育教学成果奖二等奖
2017年广西基础教育教学成果奖特等奖

成果名称
"精准帮扶"贫困地区高中提升教学质量的创新实践

成果持有者
黄河清　李　杰　黎承忠　梁东旺　韦　坚

《"精准帮扶"贫困地区高中提升教学质量的创新实践》成果报告

成果主持人　黄河清

一、问题的提出

（一）教育扶贫是国家扶贫战略的重要抓手

中央高度重视教育扶贫工作。2011年，中共中央、国务院印发了《中国农村扶贫开发纲要（2011—2020年）》，提出了"到2020年，稳定实现扶贫对象不愁吃、不愁穿，保障其义务教育、基本医疗和住房"的总体目标；2014年，中共中央办公厅、国务院办公厅印发了《关于创新机制扎实推进农村扶贫开发工作的意见》，明确提出要全面实施教育扶贫工程；习近平总书记在2015年再次强调："扶贫必扶智。让贫困地区的孩子们接受良好教育，是扶贫开发的重要任务，也是阻断贫困代际传递的重要途径。"教育扶贫是打赢脱贫攻坚战的重要举措之一。

（二）广西教育扶贫工作任重道远

广西作为西部老、少、边、山、穷地区（指革命老区、少数民族聚居区、边境地区、大石山区、贫困地区），经济发展长期位居全国倒数之列，因此也决定了教育发展水平的滞后。在不少贫困地区的高中，每年高考没有一个学生能上一本，教育质量低使很多贫困地区的孩子通过升学改变命运的愿望化为泡影。广西贫困地区教育现状如下（见图1）：

一是师资力量薄弱。贫困地区教师队伍起点不高，大学毕业生又很少愿意回农村工作，使得贫困地区与先进地区的教育质量差距不断扩大。

二是管理水平不高。缺乏优秀管理干部，不少教育局局长、校长都是由行政干部担任，对教育规律不甚了解，缺乏带领学校走出困境的思想与办法。

三是经费投入不足。经济落后导致贫困地区对教育的投入较少，教师培训经费有限，教师缺乏培训提升机会，跟不上教育改革与发展的步伐。

四是帮扶机制缺乏。各式教育帮扶呈任务式现象，缺乏长期的帮扶计划和有针对性的帮扶措施，无法从根本上解决贫困地区教育质量提升问题。

五是优秀资源流失。优秀教师不断被挖走，有条件的家庭都把孩子送往外地，优秀学生外流现象严重，造成本地学校生源状况不好，形成恶性循环。

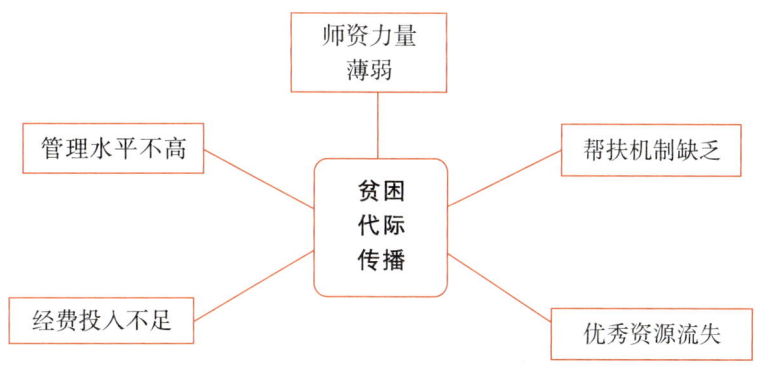

图1　广西贫困地区教育现状

（三）南宁三中开展教育扶贫的优良条件

南宁三中是广西首批重点中学、广西首批示范性高中之一，也是一所有着120年办学历史的百年老校。南宁三中开展教育扶贫有几大优势：

一是先进的办学理念。南宁三中倡导"真·爱"教育的办学思想,以培养学生崇尚科学、坚持真理的人格品质为目标,培育学生理解爱、践行爱、传播爱的人文素养。"真·爱"成为南宁三中发展的不懈追求,也成为广西基础教育的亮丽名片。

二是优秀的教师队伍。学校多人获全国模范教师、全国优秀教师、特级教师、学科带头人等荣誉称号。三中的教师队伍是一支爱岗敬业、学术素养与人文精神见长的优秀教师队伍。

三是优异的教学质量。南宁三中是广西奥林匹克竞赛第一校,学生在学科奥赛中屡屡争金夺银;高考成绩优异,一本率85%以上,2011年至今,多次夺得广西理科高考第一名;在全国青少年科技创新大赛、全国中学生机器人大赛、全国"讲公德、守法纪"演讲比赛、全国中小学艺术展演等活动中,多次获各项大奖。

四是优良的社会声誉。学校先后获"首届全国文明校园""全国教育系统先进集体""全国群众体育先进单位""全国五四红旗团委""全国思想道德建设教育活动先进单位""全国中小学校文化建设百佳学校""全国中小学科研兴校示范基地""全国现代教育技术实验学校""全国青少年科技活动先进单位""全国青少年科技创新实验项目学校""全国活跃的中学生活动先进单位"等荣誉称号。

五是深厚的扶贫情怀。南宁三中有近三分之一的教师是从贫困地区成长起来的,校长、书记都是从贫困地区学校考入大学的,他们深知"知识改变命运"对于贫困地区孩子的深远意义,这也是南宁三中帮扶工作坚持不懈的原动力。因此,在教育帮扶工作的推进中,全校教师发自内心地支持与参与,多年来,参与支教活动的教师就有上千人次。

二、解决问题的过程与方法

(一)解决的主要问题

1.如何建立融通互动的长效帮扶机制

通过协同制定"一校一策"精准帮扶方案,建立基于"帮扶共同体"的精准帮扶模式、联动工作机制和南宁三中校内精准帮扶激励机制,改变以往教育帮扶呈现的任务式现象,解决缺乏长期、有针对性的帮扶措施,导致效果不佳的问题。

2.如何建立虚实结合、线上线下互融互通的一体化帮扶教学模式

建立线下面对面的帮扶与线上集网络平台、手机云、微信于一体的个性化帮扶模式,

解决以往的帮扶模式停留在线下单一环节,学校优质教育资源未能与贫困地区薄弱高中充分共享的问题。

（二）解决问题的过程

坚持调研先行、项目驱动、顶层设计、试点摸索、全面推进的原则。主要过程如下（见图2）：

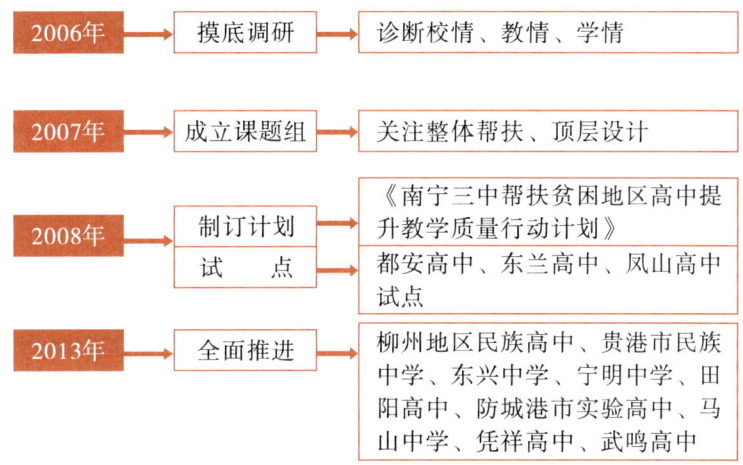

图2 "精准帮扶"行动推进

项目早期探索始于2006年5月,南宁三中派出了200多人次教师到全区50多个贫困县开展教育帮扶摸底调研,并在部分薄弱高中开展了单一的教师培训帮扶。2007年开始,学校关注帮扶薄弱高中教育质量整体提升问题,4月成立课题组,开展"精准帮扶"教育研究,在研究的基础上,把帮扶工作纳入学校顶层设计,列入学校发展规划,并着手研制薄弱高中教育质量整体提升帮扶方案。2008年3月,正式出台《南宁三中帮扶贫困地区高中提升教学质量行动计划》,确定12所国家级贫困县薄弱高中作为帮扶对象,并在都安高中、东兰高中、凤山高中3所学校开展试点。这3所中学都位于老、少、边、山、穷地区,具有典型性。2013年,在试点帮扶积累经验的基础上,学校出台了《南宁三中精准帮扶贫困地区高中提升教学质量实施方案》,进一步在其他9所帮扶学校全面推进。

（三）解决问题的方法

1.构建开放共享、融通互动的"精准帮扶"教育教学体系（见图3）

开放共享：理念共享、管理共享、资源共享、成果共享。其中,南宁三中搭建的

"互联网+帮扶"互动信息平台面向帮扶高中及区内其他薄弱高中开放。

融通互动:"三融通、三互动",即课程融通、学科教学资源融通、线上线下帮扶融通,管理互动、教师互动、学生互动。

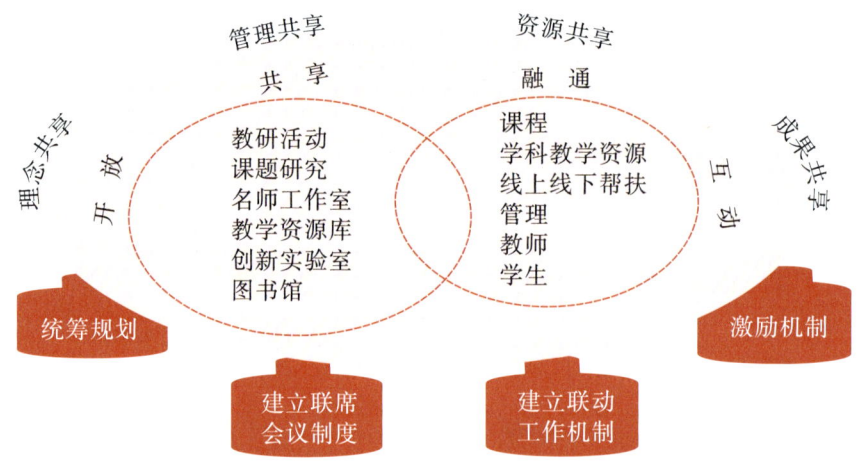

图3 开放共享、融通互动的"精准帮扶"教育教学体系

2.创建基于"帮扶共同体"的教学质量多元化"精准帮扶"模式(见图4)

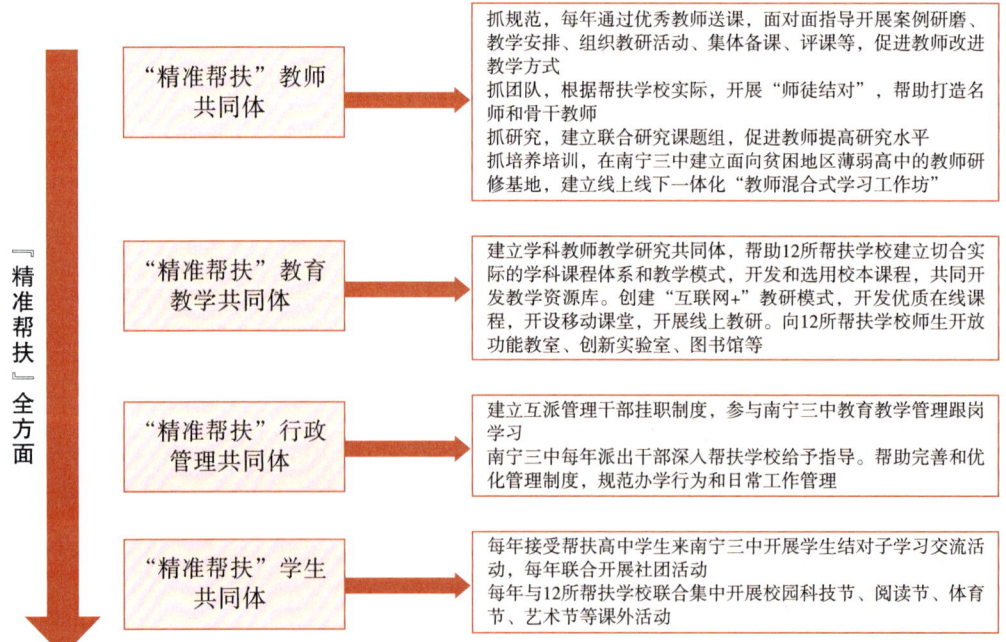

图4 教学质量多元化"精准帮扶"模式

（1）构建"精准帮扶"教师共同体。

优秀教师送课，共计上示范课1023次、现场诊断607次，在每个学校分别建立5～10个长期帮扶的学科教学团队和3个名师工作室，开展"师徒结对"共225人次；吸纳帮扶的12所学校共1600多人次参与联合研究课题组，共参加省部级课题5项，南宁市课题122项；培训教师2万多人次，接受跟班学习480人次。

①抓融合，促进教师思维理念的转型发展。文化融合的目标是形成一种新的文化理想，实现学校的变革与转型。我们在对试点学校的帮扶中，着力建立共同的发展愿景，建立文化融合视野中的跨校管理共同体，建立城乡一体的教师专业发展平台，建立共同的课程资源库，以南宁三中"敦品力学"的校训作为主流文化，影响和改变帮扶学校教师的价值观和思维方式，提升帮扶学校的文化品质，促进学校和教师的发展。

②抓规范，促进教师教学方式改进。学习运用"问题导学"教学模式，可以帮助帮扶学校教师建立课堂教学标准，使教学有可具体参照的模式，迅速改变教师课堂教学的随意性，使课堂教学质量得到有效的提升。以数学学科研究课堂教学模式的做法为示范，将研究的方法迁移到各学科，使各学科都从课堂教学的基本教学环节和每个环节要解决的问题做起，使帮扶学校教师的教学研究"动"起来，使帮扶活动真正成为一条思路清晰、操作性强的主线。同时，加强教师同伴指导，促使教师在教学实践中相互学习，不断改进教学方式，掌握新教学技术，提高教学效果。

③抓研究，促进教师研究水平提高。构建教研常规机制，举办名师专题讲座，分享南宁三中优秀教师教学研究的经验；以问题为导向，感受分析问题、解决问题的整个过程，提高研究的意识和能力；指导他们写论文，帮助他们学会从丰富多彩的教学现象中寻找规律，提升经验，形成成果；创造条件让他们参加南宁三中教研活动，让他们学习怎样利用大数据进行教学研究、怎样建立学生学情档案等具体方法。我们通过言传身教、共同研究、互帮互学，不断提升帮扶学校教师的专业能力，让他们在每一次活动中都能真实感受到对自我发展的热情，实现帮扶工作从"输血"到"造血"的转变。

（2）创建"精准帮扶"教育教学共同体。

创建"精准帮扶"教育教学共同体，帮助帮扶高中建立切合实际的学科课程体系和教学模式，帮助学校开发和选用校本课程，共同开发教学资源库。创建"互联网+"教研模式，开发优质在线课程，开设移动课堂。向帮扶学校师生开放功能教室、创新实验室、图书馆等。我们从三个层面构建与帮扶学校的教研联合体，从提升教师专业能力做起。

①将南宁三中作为贫困地区学校教师研修基地。每年有计划地安排贫困地区领导、教师到南宁三中跟岗研修，参与教研活动，了解学校科研工作的重点，帮助他们提高研究水平。2015年，我们申报成立广西普通高中学科课程基地并获广西教育厅批准，广西师院（今南宁师大）、玉林师院、南宁市教科所、南宁三中、柳州地区民族高中、南宁沛鸿民族中学、凤山高中、宁明中学、环江高中、南宁十三中、南宁二十九中等11所广西学校（单位）参与基地建设工作，为贫困地区学校教师专业化发展、学科核心人物培养、教师跟班研修提供指导、服务、示范，取得了良好效果。

②以课题研究为载体，拓展帮扶范围。以课题"问题导学：发展学生核心素养的实践研究"为重点，全区原有3所帮扶学校的情况下，在广西7个地市确立了南宁三中、柳州市民族高中、贵港市民族中学、防城港市实验高中、东兴中学、都安高中、田阳高中、宁明中学8所学校为推广"问题导学"实验学校。按照工作方案，每月轮流在各校举行一次研讨活动，各校重点汇报本校实施课堂教学改革情况。举办学校负责研讨活动的主题设计、教学安排、聘请专家、教学录像等工作，促进各学校充分发挥研究的积极性和创造性。同时，利用8所学校的资源平台，联动帮扶相应的区域学校，进一步将相关成果、经验辐射全区，为提升普通高中教育质量做出贡献。该课题也被立项为广西教育科学"十三五"规划2016年度广西普通高中数学课堂教学改革实验研究专项课题。

③引领贫困地区学校参与课程资源研发，提升教师专业发展水平。2013年，我们以课题"广西普通高中课程资源库建设研究"为重点，带领部分帮扶学校教师参与以南宁三中数学组为骨干的研发团队，完成了高中必修教材面向广西教师、学生的课程资源研发工作，开发出了包括教案、学案、微课、视频等在内的系列成果。2017年7月14日，"广西普通高中课程资源库建设研究"课题通过结题鉴定会的鉴定，获得A等优秀成果，提升了帮扶学校教师的科研水平。

（3）构建"精准帮扶"行政管理共同体。

贫困地区高中由于经济、文化、地域等因素影响，学校文化建设相对滞后，体现在管理观念较陈旧、管理方法欠科学等方面，制约了管理的效率。

对此，我们注重以先进的管理理念与帮扶学校分享，帮助他们建立适合学校发展的管理策略，制定有效的管理制度，提高管理效率。特别是在管理上，引领他们把学校管理从以制度管理、行政干预为主的"行政推进",转向以人文管理、心本管理为标志的"学术跟进"。12所帮扶学校每年选派管理干部5~10人参与南宁三中教育教学管理跟岗学习,南宁三中每年派出干部25~30人深入帮扶学校给予指导。建构以人文管理、心本管理为标志的"学术跟进"行政管理体系,包括5个方面:一是精心打造"校本培训"的教师学习平台;二是努力搭建"人人主角"的教师锻炼平台;三是注重创设"主题研修"的教师提升平台;四是"量体裁衣"打造教师核心竞争力;五是帮助学校完善管理制度,使学校管理逐步走向常态化、规范化、科学化。

(4)构建"精准帮扶"学生共同体(见图5)。

近5年,南宁三中接收学生参加1~3个月的跟班学习,共计508人次;每年联合开展社团活动297次,共计3112人次;每年与12所帮扶学校联合集中开展2次校园科技节、阅读节、体育节、艺术节等课外活动,共计6000多人次。其中有1286人次参与396个研究性学习课题项目,比如林珊羽(南宁三中)、刘逢伯(南宁市沛鸿民族中学)、吕幸钦(宁明中学)3位同学的课题"复仇者联盟角色性格分析"获南宁三中研究性学习评比一等奖。为了加快构建学生学习成长"精准帮扶"共同体,南宁三中采取了以下措施:

①建构基于协作互助式的研究性学习方式,以此加强城乡高中及师生间的沟通和交流,促进城乡教育的均衡发展及资源共享,最终实现南宁三中与帮扶学校的健康、稳定、协调发展。考虑到南宁三中学生与这些帮扶学校的学生在兴趣爱好、所掌握的知识和技能以及生活背景等方面会存在种种差异,以及针对南宁三中学生与帮扶学校的学生在研究性学习开展过程中所存在的各种不均衡,南宁三中从协作互助的角度切入,谋求自身和帮扶学校在开展研究性学习方面能够实现的优势互补,尝试建构基于协作互助式的研究性学习方式,以此加强城乡高中及师生间的沟通和交流,促进城乡教育的均衡发展及资源共享,最终实现南宁三中与帮扶学校的健康、稳定、协调发展。南宁三中力图合理利用这些差异,使得小组各个成员之间形成个性及优势互补,充分发挥每一个成员的潜力。这不仅能最大限度地发挥协作小组的整体水平和实力,而且可以促进学生多元化及多样化发展,帮助南宁三中学生与帮扶学校学生实现以交往和对话为手段,以理解为目的,最终达成共识与一致性的目标。它既帮助帮扶学校学生改变自身的观念、行为,也使南宁三中学生学会客观对待、评价农村学生,接纳并与之共处,消除偏见与歧视等。这些活动取得了良

好的效果，并最终为学生的全面发展打下坚实的基础。

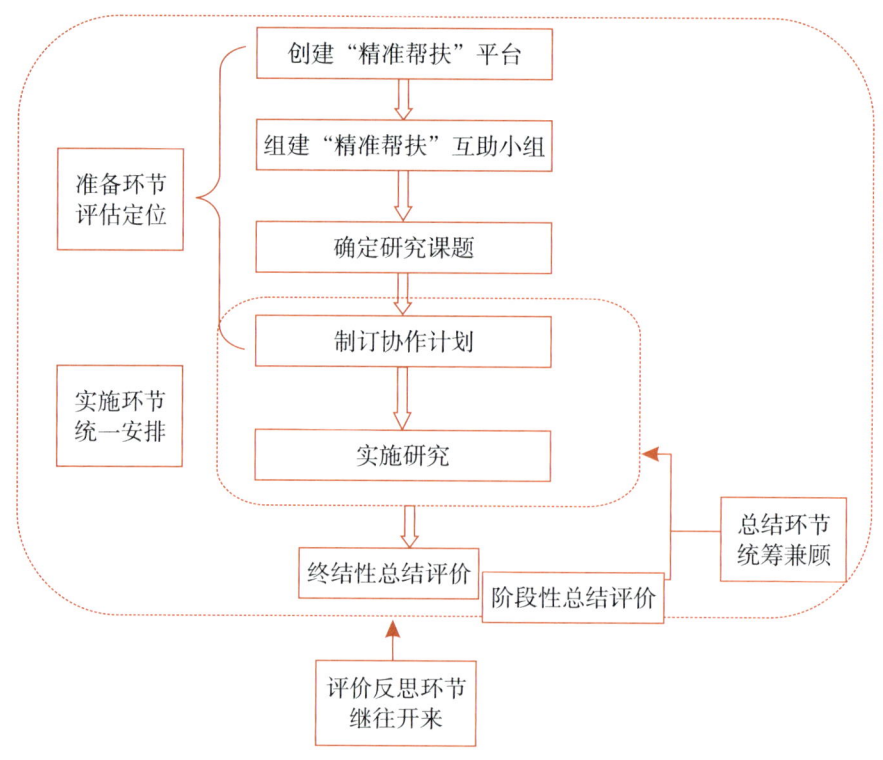

图5　"精准帮扶"学生共同体平台模式

②构建贫困地区高中学生学习能力提升体系。其一是通过南宁三中帮扶组建家校互动信息化平台传递关爱；其二是建立贫困学生与南宁三中名师的一对一联系，帮助学生及时解决学习上遇到的问题；其三是建立贫困学生与南宁三中优秀学生的联系，通过合作学习、互助学习，提升他们的学习能力；其四是通过课堂教学或座谈讨论、举办文化活动等多种形式，引导贫困学生心怀感恩，培养他们乐观豁达、健康向上的意志品质，树立正确的世界观、人生观、价值观。

这样，帮扶全面渗透于学校的一切教学活动中，既符合学校教育教学工作实际，不浮于表面，又有很强的针对性和可操作性，学校的教学改革才能一步一个脚印，真正促进教学质量的提高。

(5) 建立紧密耦合的持续长效"精准帮扶"保障机制(见图6)。

统筹规划。精准调研并与12所帮扶学校协同制定"一校一策""精准帮扶"规划方案,并将其纳入双方学校的发展规划。

建立联席会议制度。每年南宁三中领导深入12所帮扶学校分别召开联席会议2次,共同研究和解决问题。

建立联动工作机制。在12所帮扶学校分别设立帮扶工作办公室,制定互派交流制度,加强协同管理。

在南宁三中校内建立"精准帮扶"激励机制,对南宁三中教师的教育"精准帮扶"工作实施专项考核,考核结果作为年度综合绩效考核的主要依据,以及学校和个人评先评优的重要依据等。目的是调动南宁三中教师参与"精准帮扶"工作的积极性。

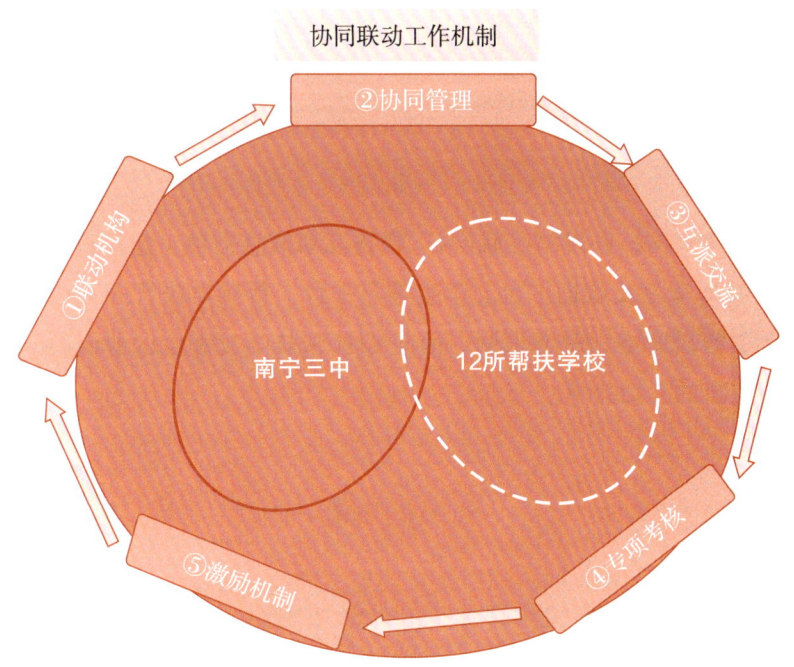

图6 紧密耦合的持续长效"精准帮扶"保障机制

(6)搭建开放共享的"互联网+"帮扶互动信息平台(见图7)。

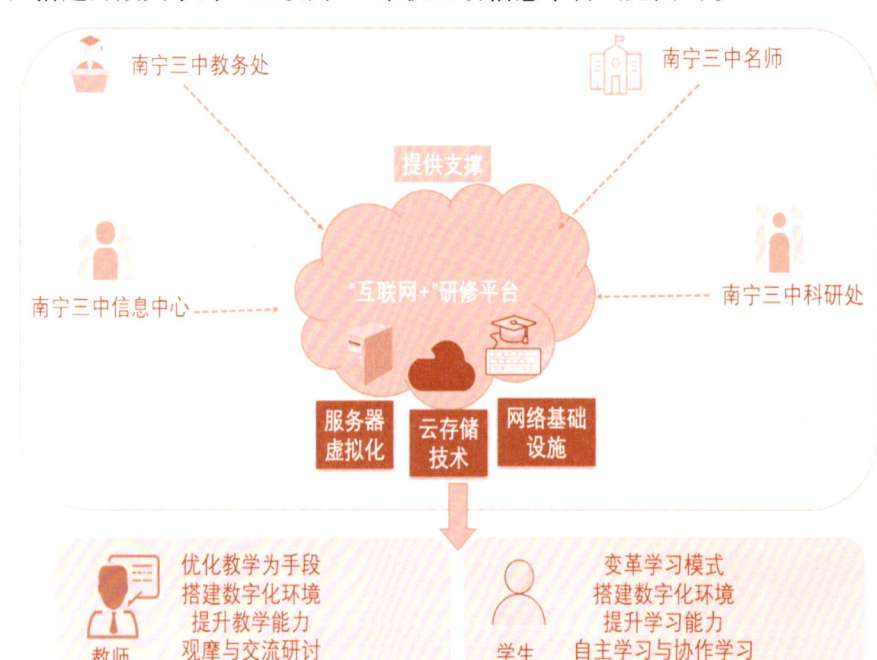

图7 "互联网+"帮扶互动信息平台示意图

依托南宁三中官网,开发"互联网+"帮扶互动信息平台,包括教学资源平台、图书信息平台、教师学习及培训平台、学生学习平台、帮扶学校管理互动平台、名师授课共享平台等,打破时空、资源限制,面向12所帮扶学校和全区薄弱高中开放,实现资源、管理、交流的互动共享。

三、成果的主要内容

(一)创建了基于"帮扶共同体"的教学质量多元化"精准帮扶"模式

根据广西帮扶的贫困地区薄弱高中实际,以理念共享、管理共享、资源共享、成果共享为目标,以提升帮扶学校教育教学质量为核心,南宁三中创建了"三融通、三互动"的开放共享、融通互动的"精准帮扶"教育教学体系。在该体系下,创建了基于"帮扶共同体"的教学质量多元化"精准帮扶"模式,包括构建"精准帮扶"教师共同体、"精准帮扶"教育教学共同体、"精准帮扶"行政管理共同体、

"精准帮扶"学生共同体,并做深做实,有效促进了帮扶学校教育教学质量的整体提升。

(二)建立了紧密耦合的持续长效"精准帮扶"保障机制

通过精准调研,与12所帮扶学校协同制定"一校一策""精准帮扶"规划方案并且将其纳入双方学校的发展规划,建立联席会议制度、建立联动工作机制、制定针对性的帮扶措施、加强协同管理,在南宁三中校内建立"精准帮扶"激励机制等,使得帮扶工作落地做实,并确保长期、稳定、高效。

(三)搭建了开放共享的"互联网+"帮扶互动信息平台

通过网络开放共享的信息平台,建立南宁三中与帮扶学校教师的学习团体,教师之间可以通过网络和通信工具经常在学习过程中进行沟通、交流,共享信息、资源和彼此的文化思想、观念,以此来促进教师自身的学习和发展,并形成相互影响和促进的人际关系,以多渠道促进贫困地区高中教师专业发展。

通过创建"互联网+"帮扶互动信息平台,开发优质在线课程,开设移动课堂,开展线上教研,在日常与网络研修共同体中开展经常性的教育教学交流,使教师们变得更加善于表达隐含的理论和信念,提高了他们的自我反思能力和理论构建能力,这个过程强力推动了教师的成长。向12所帮扶学校师生开放功能教室、创新实验室、图书馆等,建立虚实结合,即线下面对面的帮扶与线上集网络平台、手机云、微信于一体的个性化帮扶教学相结合的新模式,使得三中优质教育资源能与12所帮扶学校充分共享。

教师们有意识地撰写课堂实录,记录他们的课堂情况,反思他们的课堂教学,在这样的反思中,他们的实践能力和专业发展与日俱进。很多教师,通过在网上撰写教育日记、随笔走上了教育专业发展之路,或者说开始进入了专业状态。同时,在充分展示自我、参与交流的过程中,教师的学习反思能力得到了提高,形成了良好的习惯。

四、效果与反思

南宁三中实践检验时间——2006年5月开始至2018年1月结束。

（一）效果

南宁三中实施的"精准帮扶"贫困地区高中提升教学质量的创新实践，历时12年，取得了显著成效。

1.促进帮扶学校自我发展能力不断增强

通过本项目实施，一大批贫困地区薄弱高中在学校管理、校本课程开发、学生行为规范、校园文化特色建设等方面取得较大发展。

（1）教育理念提升。以学生为主体、以学习为中心的教学观念深入人心。

（2）管理规范化、科学化水平提升。帮助12所学校共同制定了教学管理制度、教学安排等规范性文件52个。

（3）教师教学水平大大提升。帮扶12所学校教师掌握学科教学法，一批教学名师凸显，一大批青年教师快速成长。如柳州市民族高中陈奕同老师在黄河清老师听课评课指导下，其"空间几何体的三视图"一课在2015年全国优质课比赛中获一等奖，同组陈嘉颖老师将黄河清老师对这节课的评析作了总结提炼，形成的《"问题"导"学堂"，"智慧"磨"课堂"》一文，也发表在《中学教学参考》杂志上。

（4）课程建设水平提升。帮扶12所学校建立了主推的课堂教学标准与建模；帮助12所学校每校开发出了5～7门有学校特色的校本课程，共80多门校本课程；帮助12所学校设计了学生学法指导与学习行为规范项目，初步形成了学生学法教育的标准化与规范化。

（5）教育质量大大提升。12所帮扶学校高考质量连年攀升，例如都安高中的一本人数由2006年帮扶前的86人提高到2017年的395人。12所帮扶学校荣获市级以上的表彰20多项。

（6）校园文化特色凸显。帮助12所学校开展了特色与文化建设，取得了实效。如东兰高中获得自治区授予的"红色教育校园"称号，都安高中获得自治区授予的"民族教育特色校园"称号。

（7）帮助12所帮扶学校获得了地方政府给予的经费支持。12所帮扶学校主动与当地人民政府对接、联系，争得政府的大力支持，共同制订教育帮扶计划。同时，每年每所学校都获得地方政府给予的教育教学帮扶资金100万元。

2.促进学生乐学，综合素质全面提升

学生自主学习能力得到提升，在课堂学会、会学、乐学；问卷调查统计数字显示，近63%的学生认为实施教学标准对提高自己的学习兴趣有一定作用。在浓厚兴趣的影响下，近78%的学生认为使用教学标准可以提高学习效率，超过75%的学生倾向于使用教学标准可以提高成绩。这些调查结果表明：根据学情制定的教学标准多以问题的形式出现，问题常常起点低、坡度缓，学生在解决问题的过程中，能比较容易地检测出对知识的把握情况并得到及时的反馈，学习的信心、学习的效率和成绩的提升就水到渠成。学生养成了独立思考习惯，激活了质疑批判思维，增强了实践创新能力。

建构基于协作互助式研究性学习方式，以此加强城乡高中及师生间的沟通和交流，促进城乡教育的均衡发展及资源共享。

3.带动了帮扶学校教师乐研善教，提升课程领导力

南宁三中"精准帮扶"教师共同体以课题研究为载体，南宁三中老师主持，各帮扶学校的教师共同参与教研，促进教师以研促教，以教促研。教师课程领导力不断提高，育人能力不断提升。

（1）以研促教。2006年以来，南宁三中骨干研发团队主持承担省部级课题5项，南宁市课题122项，均吸纳帮扶学校教师参与。这些课题开发出了包括教案、学案、微课、视频等在内的系列成果。教师通过将成果运用到帮扶学校的教学实践当中，有力地促进了教学水平的提升。

（2）以教促研。针对帮扶学校教师的教学实践当中存在的教学问题，引发他们思考与进一步研究，增强他们的课程执行力，促进教学质量的提升。

4.12所帮扶学校对南宁三中"精准帮扶"给予了高度评价

经过南宁三中与12所帮扶学校全体师生的共同努力，"精准帮扶"取得了丰硕成果，办学方向更加明确。通过探讨互动，办学思路、办学理念和特色发展方向更加明确。新的教学理念深入人心，全体教师进一步明确了课堂教学改革的目标，掌握了发展有效课堂教学的方法，教师的教学力、引领力和科研力得到了有效的提高，教学教研成果明显。

5.成果示范辐射效应明显，社会肯定，媒体报道

（1）"互联网+"帮扶互动信息平台面向帮扶高中及区内其他薄弱高中开放，覆盖

了全区其他薄弱学校；课题开发出的包括教案、学案、微课、视频等在内的系列成果被全区100多所高中应用，为提升广西普通高中教育质量做出了积极贡献。

（2）得到教育部部长的肯定。2017年，教育部部长在考察南宁三中时对于"精准帮扶"模式给予了充分肯定。

（3）帮扶模式理念得到推广。300多所区内外高中来校参观学习，黄河清老师及团队成员在全国、全区开展"精准帮扶"系列活动上百场次，听众超2万人次，成果得到广泛推广。

（4）媒体广泛关注。十年来，新华社、《光明日报》、《广西日报》、《半月谈》、今日头条、新浪网等20多家媒体对南宁三中推进教育"精准帮扶"进行了广泛报道。其中新华社记者采写的报道《点线面体——南宁三中教育精准帮扶广西贫困县纪实》发表在《高管信息》周刊（2018年第4期）。各贫困县电视台、电台都对帮扶活动进行了广泛报道。

（二）反思

因为"精准帮扶"是跨区域的帮扶，在客观上，还存在着一些不足，需要进一步完善。"精准帮扶"是对城乡教育帮扶的新探索，对于深化城乡教育帮扶和教育均衡发展具有重要的启迪意义。我们对城乡教育帮扶探索有如下对策思考。

1. 如何建立优质学校联盟帮扶机制需要进一步探讨

采取"一对一"支援形式或共同体发展模式，形成合作互动的发展团队，共同教研、共同科研、共同培训、共同发展，共享前沿信息、优质资源、发展成果，辐射优质教育，用城市优质资源帮助农村学校。

2. "互联网+"帮扶互动信息平台有待完善

"互联网+"帮扶是教育改革的趋向，也是提高帮扶的途径。虽然目前已经建立"互联网+"帮扶互助信息平台，但是人力还不能满足需要，存在滞后性。

所获奖项
2018年国家级基础教育教学成果奖二等奖
2017年广西基础教育教学成果奖一等奖

成果名称
高中"实践型"德育课程十九年改革与探索

成果持有者
贾应锋 杨 菲 李 杰 魏述涛 邓 荣

《高中"实践型"德育课程十九年改革与探索》成果报告

成果主持人　贾应锋

广西南宁市第三中学是一所有着121年悠久历史的自治区示范性高中。自1999年以来，我们秉承"真·爱"教育的办学思想和"德育为先、文理并重、崇尚一流"的办学宗旨，积极探索德育新途径和方法，开拓创新，逐步构建了富有特色的"实践—体验—引导—升华"这种"实践型"德育课程体系，取得了显著的教育教学成果。

一、问题的提出

（一）基于当代中国道德状况引发的思考

一个国家的整体道德水准虽然不完全取决于学校的道德教育，但二者毕竟有着密切的内在关联性。学生外在行为与内心道德认同常存在不一致现象，未成年人中道德失范行为时常发生，社会的道德状况引起了人们极大的关注，"德育改革"已然成为时代的呼唤。

（二）基于当代学校道德教育"低效"的现实问题

在学校教育中，由于多方面的原因，学校的德育工作实效性差，忽视受教育者的主体性，制约了学生的自主性和创造性发展，表现为德育理念、方法途径、评价等与社会发展、学生的年龄及思想特点极不适应。

一是德育观念存在较大偏差，忽视学生的主体性。这种忽视学生主体的德育观念具有三个明显的特征：不注重主体在思想品德形成中的作用，不注重主体在道德活动中的选择性和自觉性，不注重主体在道德活动中的发展性和创造性。

二是德育方法存在较大偏差。"灌输式"德育方法只承认书本教材上的间接经验，而忽视了来自实践中的直接经验这一重要途径。

三是对德育心理成长的认识存在较大偏差，不重视学生道德判断和选择能力培养。以往的德育过程没有充分认识到培养学生道德判断和选择能力的重要性，往往是道德认知开始后，直接过渡到道德行为要求，这是不符合青少年心理发展规律的，学生的道德行为也不具有持久性和自觉性。

四是德育评价方式存在严重偏差，片面依赖量化考核。这种片面依赖量化考核的评价方式，由于量化指标与德育实际评价的复杂性、学生道德行为的动态性之间不匹配，所以通过这种方式对学生多样性的品德表现所做出的评价，也是不科学的。

（三）基于当代学校道德教育改革的迫切要求

面对当代学校道德教育"低效"的现实困境，改革学校道德教育已成为迫切要求。教育如何回归本真使命，以达到道德教育的实际效果，是当前学校教育的迫切任务。

二、解决问题的过程与方法

从学校德育现状和未来德育发展趋势出发，结合南宁三中的实际情况，我们提出了构建"实践型"德育课程体系的思想。这一思想体现了德育主体性和德育实践性的本质特征，同时也为德育目标达成指明了现实的途径。

我们认为：德育的本质应该是实践性。一方面，在学生思想品德形成过程中，学生通过实践更容易获得正确而全面的道德认识。另一方面，学生学到的思想道德观点和行为规范是否牢固和真正内化，只有通过实践才能检验。

我们解决德育现实问题的过程与方法如下（见表1）：

表1　德育现实问题及解决方法

问题内容	1999年以前问题表现	1999年以后解决方法
观念	忽视学生主体	传播"真·爱"教育思想，确立以生为本理念
方法	灌输式教育	活化德育实践资源，推进学生主体践履
心理	忽视情感心理	构建实践型德育模式，突出心理情感环节
评价	依赖量化打分	建设实践型德育课程，重视在实践中评价

（一）践行"真·爱"教育思想，提出重视学生主体的德育理念，建设以人为本的德育高素质队伍

走出德育困境首先要改变观念。自1999年始，我们提出了"真·爱"教育的独特办学思想，倡导"没有真就没有良知，没有爱就没有教育"的教育观，使之成为学校文化的灵魂和学校德育工作的核心。"真·爱"教育思想在南宁三中深入人心，得到广泛认同，为学校德育队伍的成长和推进"实践型"德育凝聚了强大力量。

（二）推行主体践履式德育方法，激活实践教育资源

真正的教育是促进学生自我教育，我们改变了过去的"灌输式"德育方法，通过创设具体的道德教育情境，激发学生探索道德认知的积极性，主动进行道德情感体验，让学生掌握道德教育的主动权，从而提高学生道德意识和能力水平。

从1999年开始，我们凝聚了全校"实践型"德育共识，全面铺开德育实践活动，包括元旦通宵活动、自主管理、德育基地、社团、自愿服务、科学研究、创造发明、社会调查与服务等，这些实践活动使学生走出了课堂，离开了书本，通过不同的"岗位"和"角色"扮演来体验生活，树立了自我管理、自我发展意识，培养了健全的人格。

（三）构筑以"实践—体验—引导—升华"为路径的"实践型"德育模式，建立并完善了品德心理成长机制

南宁三中以创新的思路探索出了"实践—体验—引导—升华"这一"实践型"德育模式（见图1）。"实践型"德育就是受教育主体通过积极参与道德实践活动，

体验道德生活，在教师的引导下，感悟道德要求并内化为自身品质。它重在触动学生的内心世界，用潜移默化、耳濡目染的陶冶方式，关注的是学生感知是否充分，情感体验是否深刻。

实践——创设情境，给学生一个岗位提供实践的机会。体验——体验一种角色，重点在于引发学生的道德情感。引导——让学生明白一个道理，在实践中引导学生进行价值分析，发展道德思维、评判与选择能力。升华——养成一种品德，以学生亲身经历为基础，通过思考、反省、内察、体悟，以求道德提升，在陶冶情操、磨砺意志的过程中达成自律境界。

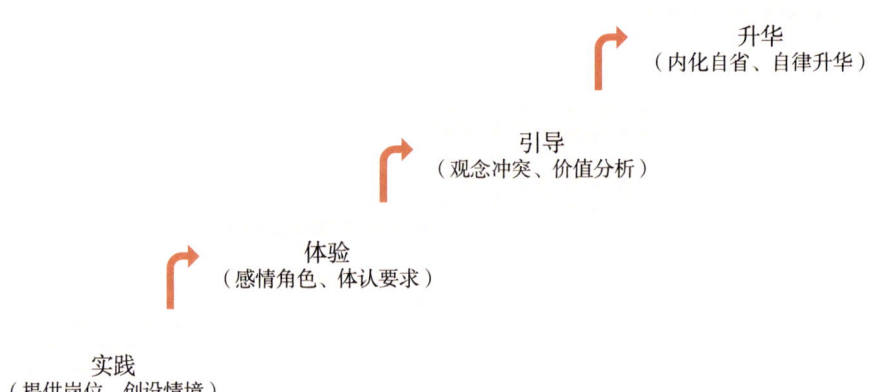

图1 构筑"实践—体验—引导—升华""实践型"德育模式

这种德育模式符合学生心理成长的基本路径，遵循了学生品德构建的心理机制。

（四）建设"实践型"德育课程体系，探索并形成了"实践型"德育评价方式

"实践型"德育课程是按照一定的课程标准，通过实践、体验、引导、升华这四个基本环节开展德育学习的课程。

自1999年以来，我们逐步构建了包含自主管理、社会实践、人文素养、科技创新、教师研修和家校交互共6个科目在内的南宁三中"实践型"校本显性德育课程体系，2007年以后又逐步丰富和发展了隐性课程与随机课程。

以元旦通宵活动系列课程中的美食一条街课程为例：

1. 第一阶段（1999—2007年）

基于经济理论的二次开发："教师创设活动平台，学生通过参与，提升经济活动能力。"

2001年12月31日，作为南宁三中元旦通宵活动的重要组成部分，"美食一条街"实践活动正式启动。活动以学校为场所，以班级为单位，以学生为主体，通过全真模拟的市场经营场景，各班积极开展美食与商品售卖，充分调动了学生参与的积极性和创造性。基本实现了两个目标：实现德育生活化、实践化，引领学生的情感价值导向。

2. 第二阶段（2008—2011年）

基于三维目标的二次开发："教师指导实践课程，学生情感认知能力提升。"

2008年，全部活动项目交由各学科教研组具体指导，以德育课程化为目标，将学科课程和"美食一条街"活动进一步深度结合，形成了一套系统化、有逻辑、操作性强的实践活动课程。"美食一条街"活动由宣传动员、组织培训、报名交费、信息发布、审核发证、进程监督、总结评价七个阶段组成，其中重点是组织培训、进程监督、总结评价三个阶段。实现了以下目标：实现德育课程化、课程与德育深度融合；完善对学生的评价机制，既评价学生掌握理论知识的程度，也可以评价学生的综合素养、市场规则意识。

3. 第三阶段（2012—2017年）

基于核心素养的二次开发："教师深化课程研究，学生终身发展能力提升。"

通过专题讨论、课题研究、方案设计、模拟实验、实践操作、社会调查等形式探究各种现象和问题，鼓励学生以"美食一条街"活动作为研究对象，指导学生从消费心理、供求关系、经营方案、销售策略、投资结构、市场管理等多方面展开课题研究（见表2）。

表2　以培养诚信品质为例，对比两种德育方式

对比内容	原有德育方式	实践课程方式
观念	认为学生是客体	认为学生是主体
方法	用讲授、释义、故事、榜样	体验诚信考场、诚信卖场、美食街课程
心理	忽略学生心理与情感认同	重视学生心理情感与价值选择
评价	书面考试、量化评价	行动表现，情感外显，思想呈现

三、成果的主要内容

学校的"实践型"德育课程体系（见图2）：

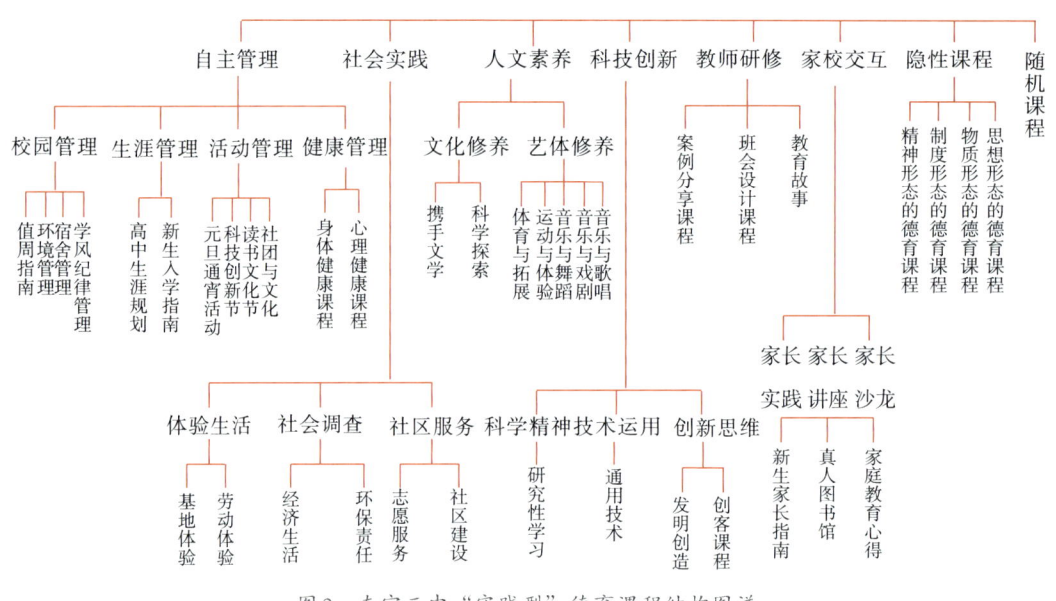

图2 南宁三中"实践型"德育课程结构图谱

（一）学生自主管理课程

1.课程说明

以促进学生自主发展的新课程价值观作为课程依据，在实践岗位上实现学生自我管理、规划、服务和自我发展。课程具有开放性、主体性、生活性、实践性。

2.课程目标

树立学生的主体意识；培植现代学校管理理念；引导学生独立自主活动，在实践中提高服务他人的意识和能力；能科学规划高中生活，促进身心健康和学业成长。

3.课程内容

学校按"实践—体验—引导—升华"的课程模式开设了四类自主管理德育课程：值周课程，自主管理学校校园；生涯课程，自主规划高中生活；健康课程，管理心理健康和身体健康；活动课程，自主管理社团、文化节、读书节、科技节、元旦通宵活动等。

4.课程评价

学校通过活动观察、学生总结、问卷调查和座谈,对学生自主管理的效果进行了解评估。

(二)社会实践课程

1.课程说明

学校以社会实践活动为载体,给学生一个岗位,让学生体验一种角色,通过参与实践,获得体验,形成情感,进而建构品德。

2.课程目标

学校通过岗位实践,培养团队精神;通过角色体验,激发学生对社会问题的思考;提高道德认识、升华道德情感,在实践活动中形成稳定的道德行为。

3.课程内容

体验生活模块:设不同的岗位,不同的角色,让学生体验不同的道德要求与价值观。社会调查模块:让学生自己选择专题,设计调查问卷,合作探究,开展不同题材的社会调查,形成调查报告。社区服务模块:学生在实际社会情境中,开展力所能及的社区服务和公益性、体验性的学习实践。

4.课程评价

按照"学生基础性发展目标评价体系表",通过对过程观察记录、集体评价、个体自主评价和受众评价方式进行课程评价。

(三)人文素养课程

1.课程说明

着眼于对人类生存意义和价值的关怀,探究人文科学、提升人文素养、培植人文精神。

2.课程目标

培养、激发学生的兴趣爱好;学生学会参与式、合作式、体验式、探究式学习方式;培养强烈的探究精神和实践创新意识。

3.课程内容

(1)社团体验课程:如文学社、天文社、戏剧社、化晶社、演讲社、音乐社、放卫星社等。

（2）研究性学习：围绕科学、社会生活、区域环境等领域开展学习调查，形成报告与成果。

4.课程评价

通过活动过程记录、综合表现、团体评价、成果呈现、个人总结感悟等方式评价。

（四）科技创新课程

1.课程说明

课程在一定程度上融合渗透了科学、技术、工程和数学素养的要求，强调将STEM领域综合知识与技能迁移到新情境中的应用能力。

2.课程目标

通过学生参与科学探究与工程设计，形成科学探究和设计的意识和主动性，掌握一定的科学探究、数学建模、工程设计方法和技能，促进学生质疑和批判意识形成。

3.课程内容（见表3）

表3 "5-E"模式学习内容

学习阶段	学习内容
参与 ENGAGEMENT	该阶段活动目的在于吸引学生注意力，激发思考火花，使他们亲身参与到课堂中，帮助学生获取记忆中已有的知识，将现有知识和已有知识发生联系。常见方式有教师提问、学生头脑风暴等
探究 EXPLORATION	该阶段给学生留有足够的思考、设计、调查时间，教师提供材料并进行引导。学生团队协作进行实验，通过探索建立起科学、技术、工程、数学及其他学科之间的联系，即STEM所提供的从做中学的过程
解释 EXPLANATION	该阶段学生将对他们的探索和探究进行分析、解释和沟通，分析可能性方案。他们描述自己的理解发现，以多种方式进行交流
详细说明 ELABORATION	该阶段学生将巩固并扩展刚刚获取的科学概念，通过修改方案或实验进行进一步探究
评价 EVALUATION	评价是学习环中的重要环节，但不是一个特定阶段，它贯穿整个教学过程。在"5-E"模式中，评价是由教师、学生共同完成。它不但要求对学习结果进行评价，而且要求对学习过程进行评价

4.课程评价

分为诊断性评价、形成性评价与终结性评价。诊断性评价目的在于了解和掌握评价对象的基础和情况，形成性评价目的在于及时了解教学效果，终结性评价目的在于测定成绩、确认对课程目标达到的程度。

（五）教师研修课程

1.课程说明

突出针对性，以解决其面临的问题为指向；富有实践性，力求达到"教师主动实践"与"指导学生实践"的统一；力求全员性，达到通识性与专业性的统一。课程开发程序见图4所示：

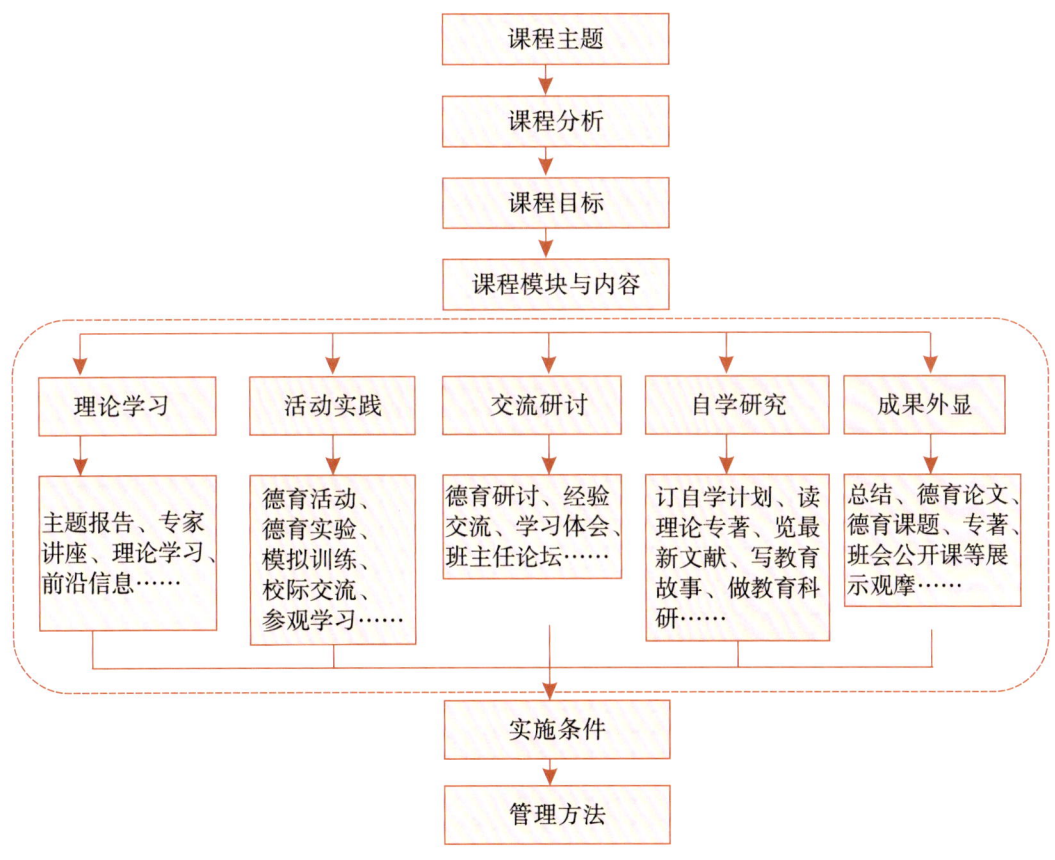

图4　课程开发程序图

2.课程目标

强化德育实践的认知；掌握说理的方法与技巧，提升"实践型"德育理论水平。

3.课程内容

理论学习，活动实践，交流研讨。

4.课程评价

直接评价与间接评价相结合。直接评价以试卷测评与问卷调查等方式进行，间接评价以班级参与实践性活动的表现进行评价。

（六）家校交互课程

1.课程说明

课程设置的三个原则：匹配性高，利用资源，学生家长共同学习；实践性强，引导家长在实践中体验、反思，加深对孩子的理解；交互性好，参与课程的家长相互交流，双方互动。具体见图3所示：

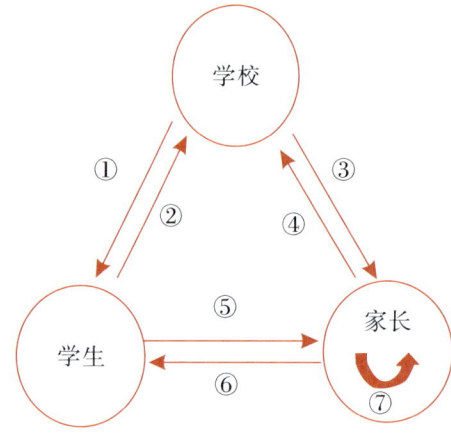

①学校对学生开展的课程，如"实践型"德育课程；
②学生参与学校管理，如值周班；
③学校对家长开设的课程，以家长学校课程、家长会等方式呈现；
④家长参与学校管理，如三级家委会；
⑤学生向家长开放部分活动、致家长的信等；
⑥家长对学生开设的课程，如真人图书馆；
⑦家长之间相互交流的课程，以家长沙龙、教子经验集等方式呈现。

图3 学校交互课程模式

2.课程目标

家长能体悟了解"实践型"德育课程要求，掌握一些亲子沟通的知识与技能，初步形成对学校的信任感与归属感。

3.课程内容

理论学习，活动实践。

4.课程评价

以问卷调查、访谈等方式进行评价。

（七）隐性课程

1.课程说明

隐性课程特点在于"润物细无声"式的潜移默化。隐性课程的影响力主要是靠丰富的学校文化来完成。隐性课程与显性课程一起构成了学校课程的两部分。

2.课程目标

学生从学校的制度特征、集体生活、学校的文化氛围、育人环境中感受学校主流价值观，体悟制度文化、精神文化、环境文化中隐藏的道德情感、榜样力量、公平正义等价值诉求，从而形成道德认同与升华。

3.课程内容

（1）物质形态的隐性德育课程。

我们建设了四个风格各异的园景："国学园""艺术园""思想园""科学园"。以"和谐"为主题雕塑的中心花园，校道两旁"厚德载物""自强不息"的石刻，源于古希腊传说象征着智慧的金苹果，图书馆大门两侧的大型石刻浮雕。学生通过体验感受思考这些校园文化，认同学校的办学思想、价值观念、道德规范、学校精神。

（2）制度形态的隐性德育课程。

学校的各种规章、守则、规范和组织都集中体现出学校思想和价值观念，都成为隐性德育课程的一部分。包括外在形式制度文化如各种成文的、条例化的和不成文的制度，也包括人们制定、对待制度的思维方式、对制度的价值判断与执行制度时的情感体验，这是学校制度文化的核心。

（3）精神形态的隐性德育课程。

精神形态的隐性德育课程复杂多样，包括了学校"真·爱"办学思想、校风班风、领导方式、人际关系、教师言行等。这些精神环境集中体现和反映了学校的历史传统、精神风貌、校园特征以及学校成员共同的目标追求、价值体系、道德情感和行为模式。

4.课程评价

通过学生入学教育、学生作文、学生对人文景观及制度感悟，使每一位南宁三中人既作为园景内涵的解读者，又作为园景内涵的创造者接受评价。

（八）随机课程

1.课程说明

随机课程是即时生成的课程，不是现成的和事先计划好的课程。随机发生在学生生活中的场景都可以成为有价值的德育课程资源，德育工作者在学生生活场景中去聆听，去寻找对学生的理解，在了解他们真实的感受和情感需求中去给予正确的引导。

2.课程目标

在学生生活随机场景中,给予引导、帮助、示范。给学生发声权,尊重学生的主体性和尊严。强调教师及时地介入、理解、对话和关心。这些要求让教育摆脱道德教育的抽象困境状态,在非预设的场景中使教师真真切切融入学生中,让情感的融合产生教育的实效。

3.课程内容

课程内容聚集于学生生活中的事件场景与心理、情感波动,如在校园生活、家庭生活与社会生活出现的一次冲突、一个矛盾、一次突发事件、一次痛苦的经历、一件欢乐的小事、一次有意义的师生对话等。

4.课程评价

事件过程记录、效果与反思、学生评价。

四、效果与反思

19年来,"实践型"德育在南宁三中德育团队的努力下发展、完善,取得了良好的效果,并体现了明显的示范辐射作用。

(一)人才培养富有实效,学生综合素养高(见表4)

表4 人才培养实效

人才培养	1999年以前	1999年以后
实践课程受益学生	0	每年超过3000名,至今共5万多名
高考一本率	40%	85%
获得国家专利	0	9
获科技创新大赛奖	每年<10人次	每年>30人次
获市级以上德育奖	每年<3%	每年>12%
大学中成为社团骨干	<10%	≥80%

"实践型"德育课程开展以来,每年校内直接受益学生超过3000名,十几年来共计5万多名学生受益。南宁三中的学生素质得到显著提升,人才培养美誉度不断提高。

"实践型"德育课程提升了学生的综合素质,对于新课改之后重视能力素养的高考起到了很好的促进作用。南宁三中高考一本比率从40%提高到85%,学生获得国家专利9项,每年有几十名学生获得科技创新大赛奖项。南宁三中学生每年获得市级以上德育奖项的学生占学生总人数的12%以上。在对2014届毕业生进行的跟踪调查中显示：学生认为在高中阶段的教育活动中,"实践型"德育课程对其大学生涯帮助最大。据不完全统计,南宁三中社团干部在升学后成为大学社团骨干的比例近80%。南宁三中先后被清华大学等众多重点高校授予"优秀生源基地"称号。

（二）团队建设与时俱进,学校发展再上台阶

2017年,南宁三中成为南宁市唯一荣获首届"全国文明校园"的中学。十多年来,学校获得众多荣誉,仅国家级荣誉就有全国教育系统先进集体、全国中小学文明礼仪教育示范基地、全国中小学科研兴校示范基地、全国中小学思想道德建设活动先进单位、全国五四红旗团委、全国文明校园等多项。

（三）教育成果广泛推广,示范辐射作用明显（见图5）

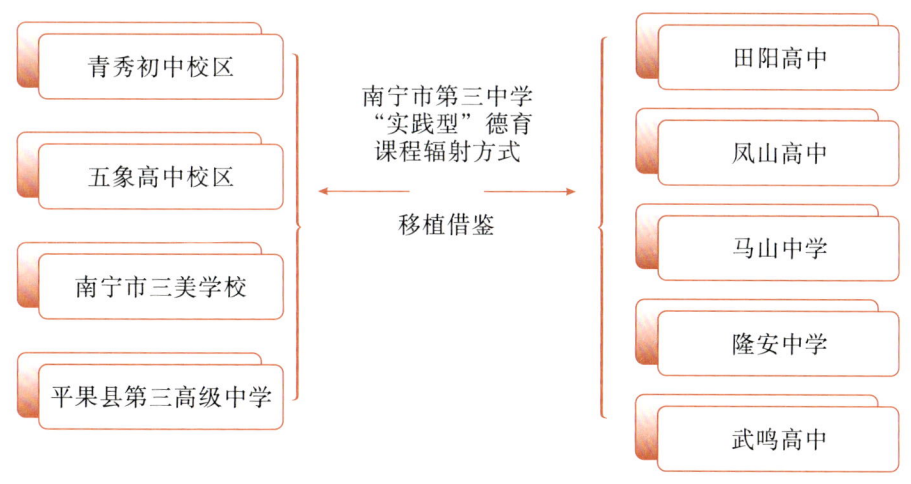

图5　教育成果推广

南宁三中实行"实践型"德育以来,取得了良好的教育效果,其教育模式被多所中学移植借鉴,产生了积极的影响,充分体现了"实践型"德育的示范和辐射作用。每年有2万多名校外学生、教师到学校参观取经。南宁三中与广西田阳高中、凤山高中、马山中学、隆安中学、武鸣高中签订了《精准扶贫支教帮扶协议书》,派教师和学生到被帮扶学校帮助学生开展实践型自主管理和校园文化建设活动。

（四）德育理论展现成效，成果提炼体现深度

实行"实践型"德育以来，南宁三中师生在实践中思考、提炼，形成了丰硕的理论成果。主要体现在：全校教师有60多篇德育论文获奖或发表，形成8本"实践型"德育校本教材，其中，自治区和南宁市课题4项，有4本成果汇编约60万字。

（五）教育同行充分肯定，社会各界广泛关注（见表5）

表5 "实践型"德育课程的社会反响

社会反响	数量
团中央全国会议交流	2次
自治区内研讨讲学	每年>10次
师生来校参观交流	每年>2万人次
跨省研讨	2次
中央人民广播电台报道	1次
《中国教育报》报道	2次
自治区内主流媒体报道	每年>3次

成果主持人贾应锋、校团委书记李浩铭先后2次在团中央全国会议上介绍南宁三中"实践型"德育课程，贾应锋老师在2008年的上海、桂林、南宁三地三校德育研讨会上做德育课程化专题报告，并在自治区和南宁市两级德育工作会议上多次宣讲，2004年中央人民广播电台对学校"实践型"德育教育模式进行了专题报道；2006年《中国教育报》大篇幅刊载文章《南宁三中的100个图书员》，介绍了学生社团课程的先进经验；2007年，《中国教育报》校长周刊以"文化管理引领学校和谐成长"为题报道了南宁三中"实践型"德育模式；自治区内的《广西日报》、《南国早报》、《南宁日报》、广西电视台、南宁电视台等主要媒体对学校各种"实践型"德育课程均进行过深度报道。

2018年4月，自治区内10多家主流媒体对南宁三中获得全国文明校园做了集中报道，尤其是对学校的"实践型"德育课程做了详细介绍。

2001年，教育部部长来校考察时称赞"南宁三中德育工作抓得有特色，有实效"，2017年，教育部部长到校考察时，赞扬了学校的德育工作。2010年，自治区党委书记来校考察时称赞："南宁三中有一种严谨又充满活力的办学理念。"

（六）专家高度评价

1.区潜（广西中小学德育专业委员会理事长）：该教育成果形成了"实践型"德育系列课程，有科学的设计、严谨的计划和有效的组织形式，该成果的推广效果良好，"实践型"德育已被广西多所学校借鉴推广。

2.张国宏（德育报社社长）：该成果选题意义重大，19年来进行了大量的德育实践，对德育工作进行了可贵的探索和有益的尝试，具有重要的理论价值和实践意义，在探索"实践型"德育课程体系方面取得了多项成果，为中小学生道德成长提供了新的支持，为中小学德育工作者提供了良好借鉴。

3.李越（清华大学教育研究院副院长）：成果具有较强的理论与实践价值，构建了整合中学多门学科的"实践型"德育课程体系，使这些资源成为教师德育教学过程及学生学习过程的有力支持，对教育改革背景下创建中学生德育新模式具有重要的现实意义。

（七）反思

反思一：如何进一步引领实践育人的观念，让教师自觉参与实践课程。

反思二：如何进一步提高教师对课程四个环节层层递进的把握能力。

反思三：如何进一步在文化课程中渗透实践思想。

所获奖项
2022年国家级基础教育教学成果奖二等奖
2019年广西基础教育教学成果奖一等奖

成果名称
三体融通：高中创新教育十八年探索与实践

成果持有者
韦屏山 贝伟浩 陈延燕 潘俊全 张栋 刘晓静

《三体融通：高中创新教育十八年探索与实践》成果报告

成果主持人　韦屏山

一、问题的提出

进入21世纪以来，国家先后颁布了《2003—2007年教育振兴行动计划》（2004年3月）、《国家中长期教育改革和发展规划纲要（2010—2020年）》（2010年7月）等重要文件，文件强调"以培养学生的创新精神和实践能力为重点，继续全面实施素质教育""培养学生创新思维和实践能力，提升人文素养和科学素养"。

南宁三中是广西首批重点中学，源自1897年维新人士余镜清创办的乌龙寺讲堂，迄今已有125年历史。办学中曾先后提出"敦品力学""勤奋学习，立志报国"等校训，形成了"保国爱生"的教育传统，培养了一大批如百色起义领导人之一雷经天、中国工程院院士李京文、火箭专家廖少英、中国原子能及核能专家曾文星等知名校友。进入新世纪以来，学校致力探索如何培养服务国家的早期拔尖创新人才，助力中华民族伟大复兴。

高中阶段是学生价值观和知识能力形成、思维发展与成熟的关键阶段。在实践中我们发现，受市场经济因素、多元化社会发展等因素影响，创新教育实施面临思想根基不稳、知识基础不牢、创新动力不足的问题。

2003年，学校入选全国青少年科技创新人才培养项目实验学校，经过不断研究、实践、反思、深化，逐步形成了聚焦"创新文化、创新意识、创新行动"、打造"活动课程、学术课堂、拔尖平台"的"三体融通"创新教育实施思路。学校通过打造人文科技并举的活动课程，培育中华文化自信，孕育创新意识，在人文力量与科技力量互动中筑牢根基；打造"创新视角、智慧品鉴、问题解决"学术型课堂文化，激发师生创新意识、巩固经验基础；重视科学创新和大学先修课程与"一联两赛"培尖平台建设，通过比赛和社会资源引入，将经验转化为行动，实现多平台不断激励创新发展。

当问题和思路明晰后，学校主要针对传统创新教育中单一侧重科技而人文创新不足，研究氛围不浓、忽视学术引领，培尖方式单一、平台建设不足等一系列具体问题，进行了长期的实践探索。

二、解决问题的过程与方法

（一）传统创新教育单一侧重科技而人文创新引领不足，需要建设人文创新和科技创新并举的课程

2003—2007年，学校主要依靠传统学科课程以及班会、小发明活动和进行秋季游学等创新活动整理成校本课程的雏形。2008—2012年，学校统整了传统文化、传统研究性学习、创客教育、通用信息实验室和STEAM课程（指由科学、技术、工程、艺术、数学等学科有机融合而成的跨学科课程）等课程，形成人文创新和科技创新活动课程。2013—2016年，学校明确人文创新的先导作用，用校本创新素养引领创新课程走向融合阶段，建立起了素养导向下的《创新课程实施方案》，强化了社团活动、学术研学，推动人文和科技课程融合育人。

（二）传统创新教育忽视学术引领、校园学术氛围不浓，需要打造学术课堂，探索学术小组学习方式

学校确立"学术引领，科研强校"发展战略，2009年以来大力推进微型课题、专项课题研究，以问题解决为中心，创设"创新视角、智慧品鉴、问题解决"学术课堂。定期召开教学大会、科研工作大会，以数学、英语、地理、化学4个自治区级学科课程基地为平台，深化"问题导学、小组合作学习、学科阅读、深度学习"4项教学研究行动。探索学生学术小组合作学习落实学术课堂的策略和方法，以师生学术发展激活创新思维。本阶段，每年教师立项课题200多项（包括微型课题），学生完成小课题2000多项，并通过校刊《方圆天地》《杏坛花雨》分享最新的研究成果。

（三）传统创新教育培尖方式单一、专门课程建设不足，需要打造"科创竞赛、学科奥赛、U-S科研"拔尖平台

2014年，学校成立学术委员会和学生奥赛委员会，负责规划和建设创新人才早期培养课程。面向全体学生开放选择学习科创课程、大学先修课程，以校、省市、国家三级科创竞赛和学科奥赛为选拔途径，激发潜能，为资优生提供成长平台，2016年探索形成了"校级自选、省市选拔、国家精选"的培养模式。同时，设立专门行政班，利于真正学有余力和学科潜质的学生继续深入学习拔尖课程，比赛结束后帮助他们快速回归国家课程轨道，打通国家课程和拔尖课程关系。通过"引进来，走出去"，培养了一批专门课程创新教师队伍，同时重点建设五类科创高端实验室，充分利用信息技术手段对于创新的支持。通过实施"鲲鹏计划"，展开"小课题研究"，形成了大学高中创新教育贯通式培养。

三、成果的主要内容

（一）构建"信念为基、三体融通"的创新教育模式

学校是广西首批重点高中、新课程新教材实施国家级示范校。高中阶段是学生志向、兴趣、潜能形成关键期，学校把坚定理想信念、厚植家国情怀、增强文化底蕴作

为培育底色，提出"家的支柱，国之栋梁"的育人追求，引导在校学生铸牢中国心、守好中华魂、坚信中国力量、坚定中国道路，努力成为担当中华民族伟大复兴的栋梁之材（见图1）。

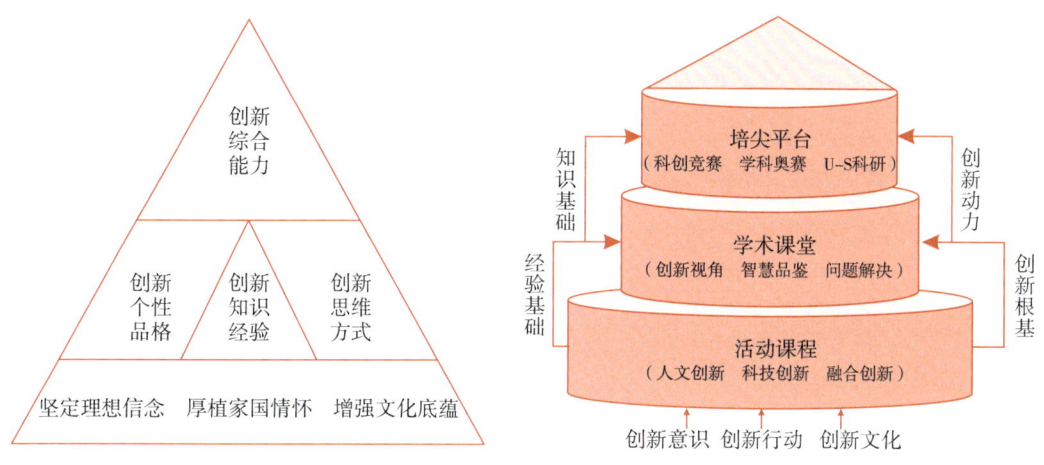

图1　创新素养校本化模型　　　　图2　"三体融通"高中创新教育实践模型

学校以活动课程（人文创新课程、科技创新课程、融合创新课程）为经验基础和创新根基。课堂教学崇尚学术型课堂文化，强调"创新视角、智慧品鉴、问题解决"教学理念，学术课堂不仅提供知识基础，更催生创新动力。培尖平台（科创竞赛、学科奥赛、U-S科研）是早期创新型人才的专门培育平台（见图2）。

（二）构建了"人文创新、科技创新、融合创新"活动课程

学校以课程视角打造人文科技并举的课程体系，实现由"科技活动"到"创新课程"的转变。以校本化创新素养为导向，搭建"人文创新、科技创新、融合创新"活动系列课程，营造宽容开放、勇于探索、尊重竞争的文化氛围，积累创新经验，激发学生的创新意识。

1. "人文创新"活动课程（见表1）

创新性地将中华优秀传统文化、红色文化融入学校历史文化基因中并构建"人文创新"活动课程，形成中华优秀传统文化、红色文化、人文融合三个系列活动课程，每个课程包含人文氛围、校本选修、主题活动三种形式。为学生创造学习感悟中华优秀传统文化、红色文化的浓郁氛围和培育人文素养的载体，在活动实践中让青年学生自觉传承民族精神、了解中国故事、感悟历史智慧、坚定文化自信。

表1 "人文创新"活动课程

系列课程	人文氛围	校本选修	主题活动	素养目标
中华优秀传统文化	1."流觞曲水"学院 2.孔子交流广场 3.图书馆"天下为公"壁画 4."和谐"雕塑	1.书法与篆刻 2.中国象棋 3.围棋入门 4.口述史研究 5.四大名著阅读	1."纸墨风华"艺术展 2.花灯赏评 3.祈福长廊 4.千人篝火新年晚会 5."修贤礼信，励志笃行"成人礼 6.经典图书分享会	尚德敦品 辩证思维 力行担当
红色文化	1.树立教育地标 2."为中华民族伟大复兴而读书" 3.红色书屋 4.井冈山精神报告厅 5.校史展览馆	1.国旗护卫队 2.军事训练 3.党史国史教育课程 4.学校文化解读 5.中华红色经典微型课程	1.红歌赛 2.建党日主题活动 3.国庆节主题活动 4."勿忘国耻 爱我中华"九一八事变纪念活动 5.五四运动纪念日主题活动	
人文融合（融合语文、历史、英语、地理）	劳动基地 诚信卖场	1."光阴的故事"——二十四节气系列课程 2."探索了不起的汉字"语文·英语融合课 3.大家来做口述史 4."游学世界——探秘月宫"课程	1."剧"匠心（课本剧编排大赛） 2."经典浸润人生" 3.课本剧表演大赛 4.中华经典诵读大赛 5."欢乐中国年"主题盛装巡游 6."珍珠球、极限飞盘"等课程	独立自信 多维理解 综合视野

2."科技创新"活动课程（见表2）

构建以素养层级递进、按年级进阶培养的"三层三步"科技创新活动课程。"三层"即趣味创新实验、开放科技活动、STEAM融合运用三个课程平台；"三步"即高一、高二、高三。高一年级侧重兴趣导向，智能分流，引导学生根据兴趣、个性选择研究发展方向；确定方向后，高二年级侧重夯实技术和提升学术；高三年级以综合运用、解决问题为发展目标。近5年来，"科技创新"课程先后编写了10本校本教材，向1.2万名学生开放。

表2 "科技创新"活动课程

进阶课程		趣味创新实验	开放科技活动	STEAM融合运用
素养目标		好奇开放 证据推理 务真求实	学思践悟 多元协同 创意物化	敏锐直觉 技术应用 综合实践
课程主题		心动不如行动	科创手工作品展 科技论坛	小创造发明 技术简单应用
课程内容	高一	1.生态微景观瓶制作 2.小火箭制作与可控发射 3.超轻黏土"玩转地形地貌" 4.奇妙瑰丽的化学晶体 5.植物的无土栽培	1.走进科学的故事 2.高空落体动能缓冲实验研究 3.伽利略实验拓展 4.生态劳动基地作物种植及养护实践	1.烘焙(纸杯蛋糕及曲奇饼干) 2.桥梁及其他建筑 3.结构的设计与制作 4.投石机的设计与改进 5.花灯制作——激光切割技术
	高二	1.测定固体的线膨胀系数 2.磁电式直流电表的改装 3.用堆尔效应测量磁场 4.研究光的夫琅禾费衍射现象 5.茶叶中某些元素的鉴定 6.用粉笔进行层析分离	1."系留气球"与"探空气球"模拟返回式卫星 2.广西特色植物色素提取及色牢度检验 3.模拟自来水厂净水器制作 4.Labplus创意编程硬件驱动(盛思初级实验箱)	未来空间3D打印 发明创造 专利研发
	高三	1.新装修居室内空气中甲醛浓度的检测 2.水果中维生素C含量测定 3.用石墨电极电解饱和食盐水干电池模拟实验 4.分光光度计和酶标仪的使用 5.考马斯亮蓝法测定蛋白质含量	1.动植物标本(人工琥珀)制作 2.生物解剖实验 3.趣味显微实验 4.机器人训练	1.热释红外电子狗的制作——"控制与设计"《电子控制技术》实践项目 2.机器人搭建

如学校2019届谭锋伟同学在学习STEAM融合运用课程时,运用C语言编程、Arduino IDE软件,自主拼装电子元件,调试仪器,研发了"二十四节气展示仪"作为课程作业。该项目改进了三球仪的缺陷,融合、联系二十四节气和黄道十二宫、西方十二星座知识,使难以理解的二十四节气、太阳直射点变化运行规律和特点具体化、形象化,于2017年荣获第三十二届全国青少年科技创新大赛科技创新项目二等奖。该同

学毕业后进入成都信息工程大学继续深造，在2020年第十九届全国大学生机器人大赛中再获一等奖。

3. "融合创新"活动课程（见表3）

通过社团活动和学术研学两大路径，推动人文与科技创新融合育人。

（1）社团活动：在协作互动中实现融合。

形成了"以社团文化为引领，以学生自发形成的科技、文化、艺术等团体为载体，以人文科技活动为平台"的融合路径。通过加强学生骨干队伍建设，完善社团管理架构和社团精神塑造。建立高年级带动低年级的"青蓝"机制，利用社团中优秀的学长学姐带动、帮助和支持学弟学妹，以指导比赛、团建活动、经验分享等方式将自己在实际竞赛、日常学习过程中积累的经验和教训等分享给学弟学妹，实现文化传承和科技创新活动的梯队建设，使科技创新在良性的循环之中。2015年开始，学校设立导师团项目孵化制度，导师团主要由高校老师、科技社团指导老师、通用信息指导老师等组成，为学生项目研究提供规划选择、研究评价等方面的指导。

截至2021年，学校已建成科技、人文、艺术、管理4类社团48个，IT社、天文社、物理社、化学晶体社等是科技类社团中的明星社团；社会主义核心价值观研究社、戏剧社、古风社、法学会等在人文社团中备受欢迎。如学校2016届曾承禹同学曾任化学晶体社的社长，对化学学习有浓厚兴趣，喜欢通过实验来解决化学问题，在第二十九届中国化学奥林匹克决赛中荣获金牌并保送北京大学化学与分子工程学院学习。受他影响，该社团2020届陆昱晓、马荣宸通过"强基计划"分别被北京大学生命科学学院、化学与分子工程学院录取。而化学晶体社也多次在学年评选中被评为优秀科技社团，长期位列"最受欢迎社团"榜首。

（2）学术研学：在项目研究中实现融合。

学校利用本地资源特色，形成了"自然探究、社会考察、文化体认、科技体验"四大研学主题，开设了25条研学路线，开辟了15个研学基地。依据"统筹规划—课题确定—细化研究目标—研学前培训—分组研学—交流分享—成果汇报—评价"的研学流程，学生实施研究性学习课题任务，形成规范化的研学报告。如学校2022届12班利用周末开展研学活动，设立了"后申遗时代广西花山岩画艺术遗产旅游可持续发展研究""壮族天琴文化的创新传承研究""如何利用虚拟现实技术对白头叶猴进行宣传保护"等研学任务，先后到广西崇左花山岩画遗址（教育部第一批全国中小学生研学实践教育基地）、"中国天琴艺术之乡"——广西龙州县展开研学实践。学生撰写的研学报告《广西花山岩画文化遗产旅游开发研究》发表在《左江日报》上，为当地旅游开发提供有益的建议。中国教育在线也对"学术研学培养创新人才"的探索进行了题为《在行走的课堂中立德树人》的专题报道。

表3　四大主题研学课程

研学课程主题	分类	内容	案例
自然探究	自然景观	植物、动物	青秀山植被
	地质地形气候分析	喀斯特地貌、河流、亚热带气候	伊岭岩喀斯特地貌研究
社会考察	参观考察	生产、技术、媒体	西津水电厂、花卉扦插、水稻种植、无土栽培技术
	调研探究	环保、科普、爱心、成长、励志	"非遗"小吃
	体验实践	社会实践	自来水厂供水系统、科学出版社一本书的诞生
		生活实践	古辣稻谷收割、种菜、横州茉莉花茶制作、砍甘蔗
	工农业生产	种植、收割	柳汽新能源汽车
文化体验	民族文化体验	节庆与习俗	三江侗族
		故事传说	花山岩画、太平古城
		建筑	榫卯结构园博园·藏式建筑与太阳
		音乐、歌谣戏曲与舞蹈	天琴
		美术与工艺	蜡染
	历史文化传承	传统文化	古法制作红糖
	红色文化教育	革命历史	湘江战役旧址
科技体验	设计制作	科学实践	太阳能水车、搭桥建屋
	发展前沿	清洁能源、人工智能	广投光伏、北港海上风力发电

（三）构建了"创新视角、智慧品鉴、问题解决"学术课堂

将课堂定位于学术，课堂活动是启迪创新、学术成长的探索性活动，旨在发展创新视角、智慧品鉴、问题解决的学术能力和课堂文化。学校以"六大学术成果"支持学术型课堂，以学生"学术小组"运行学术课堂，坚定以师生学术发展激活创新思维发展。

1."六大学术成果"建构学术课堂(见图3)

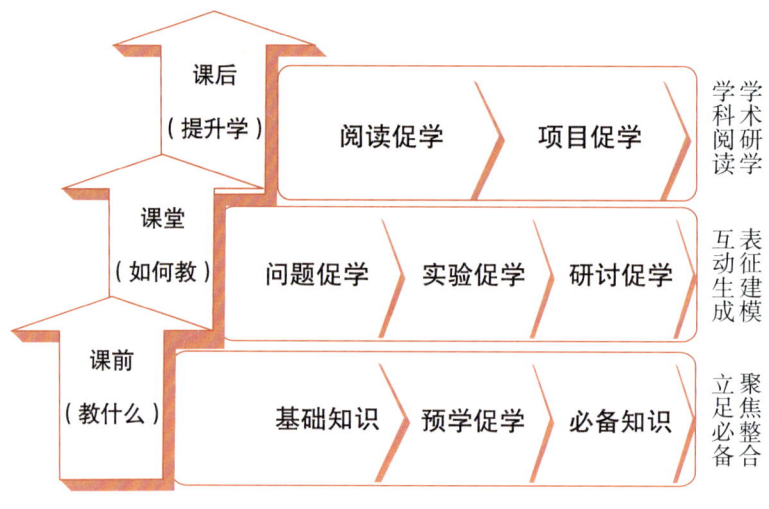

图3 "三阶递进、六维促学"学术课堂框架

近年来,学校根据学科特点,推动各学科的教学学术研究,整体形成了"三阶递进、六维促学"课堂学术研究格局。六维促学,指课前侧重预习促学,课中侧重问题促学、实验促学、研讨促学,课后侧重阅读促学、项目促学。六维促学探索了教学内容的现代性、教学方式的探究性、教学手段的数字化,有效推动师生学术发展,催生创新动力,营造浓郁的创新文化氛围。

预学促学,是指完成(基础知识→必备知识)主干知识点的提炼后,研制课前预学案,应用预学案促学,提升学习精准度。(承担部门:年级组。代表成果:《预学促学导向深度学习的实践研究》,2021年南宁市规划课题)

问题促学,是指以学术性问题为导向,鼓励表达表征,促进理解,共同建构知识,提升解决问题能力。(承担学科:数学组。代表成果:《中学数学"问题导学"教学策略》,2014年国家级教学成果二等奖)

实验促学,是指借助实验教学,挖掘实验本身的探究点、品质点、异常点、生成点促学,激发创新意识,提升创新能力。(承担学科:化学组。代表成果:《高中化学教学"三实融合"的探索与实践》,2021年广西教学成果特等奖)

研讨促学,是指在主题语境下,强调互动和对话,强调批判性思维培养。(承担学科:英语组。代表成果:《基于主题语境的高中英语"四同"教学模式十一年实践研究》,2020年南宁市教学成果二等奖)

阅读促学，是指以学科阅读为依托，延伸阅读，拓宽视野，提升智慧品鉴能力。（承担学科：语文组。代表成果：《高中语文"读写共构"教学策略》，2019年广西教学成果特等奖）

项目促学，是指课后开展研究性学习，提升创新意识和学术规范。（承担部门：科研处。代表成果：《研究性学习十七年探索和实践》，2019年南宁市教学成果三等奖）

以学术发展的思路创造性地改进学校教学，形成"创新视角、智慧品鉴、问题解决"为追求的学术课堂教学模式。该成果集中反映在《基于创新性思维培养的"三维耦合"教学模式的实践研究》（2019年广西教学成果一等奖）中。

2.学术小组计划保障了学术课堂的有效实施

学校在学术课堂建设中推行学术小组计划，鼓励学生自发组成学术小组。为各小组的学习和研究提供多媒体学习空间，学生在安全监管下上网。为各小组提供全国各版本教材，包括纸质资料、影像资料和多媒体资料。进行学术小组课堂的理念、模式与方法的培训。有计划地举办教学理念、模式、方法与学科教学等学术报告，学术小组派代表参加；或者小组主动邀请导师和教师作学科学术报告。

目前，各学科主要采用的方法有费曼小组学习法、项目式小组学习法、研究性学习法等。针对难题、有学术价值的问题举办学术课堂研讨会、经验交流会、成果答辩会、学术成果发布会，为学术小组搭建对话、互动、交流的平台。

（四）构建了"科创竞赛、学科奥赛、U–S科研"拔尖平台

1."科创竞赛"拔尖平台

自2009年至今，连续举办11届科技节活动，设置体验展示类、现场竞技类、评比类比赛，突出人才培养、淡化竞赛，重在体验和参与。最近五届科技节，每届均超过20个活动项目，参加师生超过6000人次，学生获奖人数超1000人；开设了16场科技专家课堂，其中8场为高校专家学术报告，8场为本校研究性学习指导老师的专题科技讲座；学生参与踊跃，活动收到数百份创新方案，评出20多个很有价值的研究方案。落实科技孵化跟踪制度，对于有潜力、有兴趣的项目给予跟踪指导，近5年已成功申请了近50项国家专利。这一模式也辐射至学校初中部，如初中部2020级罗跃宸同学的科创作品《语音控制的驾驶座虚拟遮阳板》荣获第七届全国青年科普创新实验暨作品大赛二等奖、中国（上海）国际发明创新展览会暨"未来发明家国际选拔赛"银奖，他

本人因此荣获第二届广西青少年科技创新自治区主席奖、第十三届中国青少年科技创新奖等荣誉。

2."学科奥赛"拔尖平台

2008年，学校确定"打造奥赛品牌名校"战略，面向学有余力的学生，学校开设大学先修课程，满足学生个性发展需求，夯实学科基础、开阔学科视野、提升高阶思维，培养有学科兴趣和学科潜力的拔尖创新人才后备军。

一是自主教练团队专业培训。学校已拥有专业而强大的五大学科奥赛教练团队，对所有奥赛学科都能传授大学专业知识，所有课程均为本校自主研发。二是面向全体，个性扬长。走进学校，每个学生都可以凭兴趣自主选择参加奥赛培训。三是奥赛课程常态化、模式化。设立奥赛学术委员会负责课程管理和运行，开创了周一至周五学习国家常规课程与周末参加奥赛培训课程并行的特色培训模式。四是聘请数理化生等学科的知名国家级教练，到学校奥赛培训课堂进行指导。

2017—2021年这5年间学校数学、物理、化学、生物、信息技术五大学科共计354人次获得省级奥赛一等奖，76人次入围省级集训队，获全国奥赛金牌7枚、银牌24枚、铜牌41枚。

3."U–S科研"拔尖平台

实施"鲲鹏计划"，与国内科研院所、知名高校联合建立实验室，聘请大学教授、行业专家为学生开设专题讲座，对学生进行培训、指导，提升学生的科研学术能力。在各大学实验室支持下，学校设计建设了物理、化学、生物、通用技术、信息技术五类科创高端实验室，满足拔尖学生个性化发展需求。

聘请大学科研专家指导开展课题研究，通过讲座指导—课题研究—汇报答辩—成果展示开展研究。利用高一高二寒暑假，每名学生至少开展4次小课题研究。高一主要通过教师引导、教师讲座，使学生具备初步研究知识，注重研究的规范性；高二通过专家讲座拓宽视野，根据需要选择研究方法，提升学生的研究水平和研究能力。每年组织1次汇报会，自2016年起组织优秀课题组答辩，近5年共提交学生课题报告11181篇，评选出1316篇优秀报告，汇编出版7本，推荐已发表21篇。

（五）探索新时代创新人才综合素质的模糊综合评价（见图4）

针对创新人才培养的评价难题，特别是一些指标具有一定的模糊性，我们以"智慧校园"系统为平台，探索模糊综合评价方法。研制三级评价指标：构建一级指标4

个、二级指标8个、三级指标16个,确定50个数据检测点。利用AHP层次分析法和德尔菲法构建权重向量,依托综合素质评价智慧平台采集数据。评价方法:根据评价指标的等级规则,运用加权平均算法,计算出各指标对应的加权分数,进行模糊集合变换,描述不同指标要素之间的模糊边界,最后通过复合运算来确定学生的综合素养等级,由评估专家组进行综合评估。

每年进行一次评估,个人评估情况写入综合素质报告。素养的整体呈现情况供学校课程中心作课程优化决策参考。

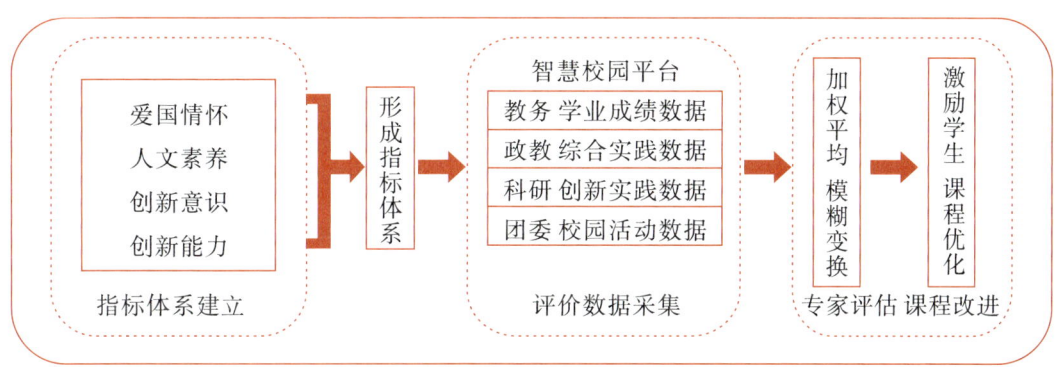

图4 高中创新教育校本模糊综合评价开展模型

四、效果和反思

（一）效果

1.改革育人方式,学生受益面大（见表4）

表4 实施创新教育学生发展情况

受益项目	2012年以前	2012年以后
课程直接受益学生	3000人	6000人（2016年8000人）
社会实践参与率	10%	90%
诵读国学经典篇目	70篇	130篇
诵读时间	不安排进课表	每周一、三、五各安排40分钟
中华优秀传统文化及中国梦征文获奖	0篇	70篇

续表

受益项目	2012年以前	2012年以后
中华优秀传统文化讲座（包括红色文化讲座）	0场/年	45场/年
获国家专利	0项	61项
获科技创新大赛奖	每年<10人次	每年>60人次
学科竞赛国家金牌	1次	7次
学科竞赛省级一等奖	每年<25人次	每年>60人次
创新活动参与率	20%	100%
研究性学习论文	每年<200篇	每年撰写3000多篇，出版2册优秀论文集
获市级以上德育奖	每年<3%	每年>12%
开设创新教育校本课程	每年20门	每年166门
高考一本率	53%	90%
大学中成为社团骨干	<10%	>80%

10年来，学校为国防科技大学、北京航空航天大学、北京理工大学、南京理工大学、南京航空航天大学、西北工业大学、哈尔滨工业大学、哈尔滨工程大学等18所高校输送942名学子。其中有不少学子已成为国防科技建设的青年骨干。

2.领导高度评价，主管部门表扬

2018年11月，共青团中央书记处第一书记到广西调研，和学校社会主义核心价值观研究社的同学座谈，高度肯定学校社会主义核心价值观培育工作。2021年4月，教育部党组成员、副部长对学校近年来的创新教育成果和学校"为中华民族伟大复兴而读书"的爱国主义教育表示高度肯定。

2017年，学校成为南宁市唯一荣获首届"全国文明校园"的中学，2018年被教育部评为全国中小学德育工作典型经验学校，2022年被共青团中央授予"小平科技创新实验室"建设学校，近7年来学校获得12项国家级荣誉。

3.社会广泛关注，新闻媒体报道（见表5）

表5 社会和新闻媒体关注情况

社会反响	数量
各级领导到校考察	每年>5次
团中央全国会议交流	2次
区内研讨讲学	每年>10次
其他学校师生来校参观交流	每年>2万人次
跨省区研讨	6次
国家级媒体报道	每年>4次
省级媒体报道	>30次
市级媒体报道	>20次

2022年5月，《人民日报》、《当代中国》节目中心对学校"红色基因成为校园文化鲜亮的底色"做了集中报道，充分展现学校红色文化的育人成果。

4.实践成果丰硕，辐射作用明显（见表6）

表6 创新教育推广辐射情况

主题	发言次数（次）	面向对象
新时代创新教育育人经验	3	各省市中学团委干部
创新素养培育新时代育人经验	8	贵州省铜仁部分教师 广东省茂名部分教师
新时代育人经验	8	全区中小学教育主管部门、学校负责人、广西各市骨干教师
新时代育人经验	42	南宁市中学领导干部
创新素养培育新时代育人经验	60	南宁市各校教师
创新素养培育经验	87	南宁市外各校教师

每年有上百批次逾2万名校外学生、教师到学校学习取经。近7年来，学校派出近千人赴帮扶学校指导工作。如2021年11月，第五届"一带一路"青少年创客营与教师研讨活动在南宁三中举行，活动通过新华社、科普中国、创客营官方网站同步直播，全球53个国家和地区众多青少年观看学习。学校是大学区长单位，指导了南宁市11所学校的教育教学。

5.教师同步成长，专业水平提升

近5年，创新教育类区市课题结题42项、发表相关论文35篇。创新教育教师撰写的论文获奖或发表475篇，完成结项课题65个。开发中华优秀传统文化课程55门；开发研究型校本课程166门，评选出精品课程25门。形成创新教育校本教材8本，成果汇编4本，共约200万字。

（二）反思

学校专用教室与专用设备不足，满足不了学生的日常学习与实践需求。课程没能充分发挥网络资源和信息化的优势，创新教育课程网络有待进一步提升。

《读写共构三步三层级模式：民族地区高中生语文深度学习策略及实践研究》成果报告

成果主持人　梁惠红

所获奖项
2022年国家级基础教育教学成果奖二等奖
2019年广西基础教育教学成果奖特等奖

成果名称
读写共构三步三层级模式：民族地区高中生语文深度学习策略及实践研究

成果持有者
梁惠红　李宬纹　韦红梅　李薇　温燕　阎增

一、问题提出

作为教育欠发达的省区，广西的高中语文读写教学长期存在读写割裂、读写浮泛等问题。就教师层面而言，相当一部分教师在阅读教学上过多依赖现成资料，独立备课能力不足，教学重讲授轻体验，作文教学普遍缺乏系统经营和效度研究，使得以生为本、素养立意的课改要求难在高中一线教学中落地生根。就学生层面而言，民族地区的区域文化大环境难以给学生提供文本深读的土壤，大部分学生课外阅读面极窄，消遣阅读居多，语文学习普遍存在读不深、写不好、思辨力弱、迁移应用能力不足等问题。

在缺乏科研引领的城镇普通中学、农村中学，上述问题尤为突出。

为缩小民族地区城乡教育差距，解决本区高中生的语文读写困境，引导一线教学从"知识重心"向"素养重心"转变，促进教与学的双向成长，成果研发团队经过12年的研究与实践，提出了促进语文深度学习的读写共构三步三层级模式。

二、解决问题的过程与方法

读写共构三步三层级模式是以美国心理学家卡尔·兰塞姆·罗杰斯的人本主义学习理论和建构主义教学理论为依托的行动研究成果。罗杰斯把学习分为意义学习和无意义学习，强调学生觉察学习内容与自身目的相关是产生意义学习的必要条件，学习者自我发起的学习最持久、最深刻。而建构主义学习观认为，学习是基于原有经验的知识整合与更新，一切新的学习都是建立在以前学习的基础上或在某种程度上利用以前的学习。广西高中语文教与学长期存在读写浮泛、读写割裂的困境，其中一个重要原因是缺乏适合本地区教情学情、能促进意义学习及知识建构的系统方法。

2008—2019年，研究团队以课题为导引，分解读写难题，循序渐进，分阶段开展各有侧重、互为关联的序列研究，不断丰富完善研究成果，研究实践过程见图1所示。

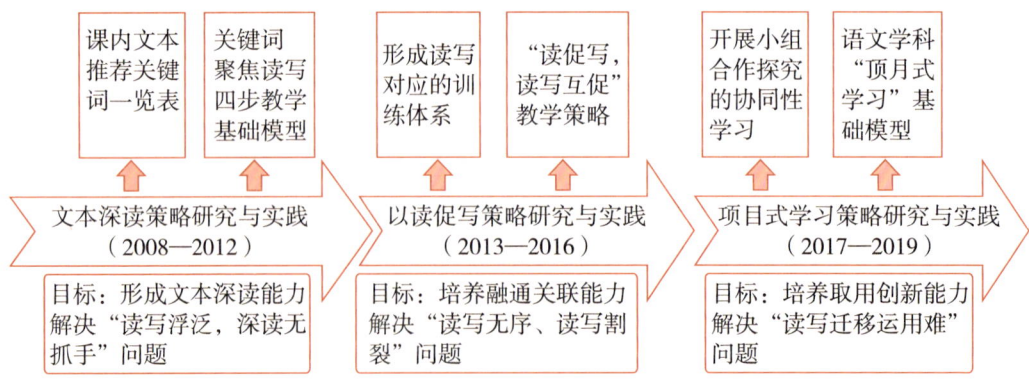

图1 读写共构三步三层级模式12年研究实践历程

（一）第一阶段（2008—2012年）：侧重解决"读写浮泛，深读无抓手"的问题

广西高中语文读写浮泛等问题，追本溯源，与师生同文本之间、师生之间、生生之间对话不足有极大关系。教师如果与文本对话不足，走不进文本的深处，讲授就易流于浮浅

和概念化；对于民族地区的许多高中生而言，没有力所能及的深读抓手，就无法真正与文本对话，与文本对话不足，学习就只是被动地短期存储，不会产生意义学习，知识建构就无从谈起。所以，找到适合本地区教情、学情的对话媒介就成为解决问题的突破口。

2005年，成果持有人以品析文本关键词为切口，在所教班级开展小范围文本深读教学实践。2008年，以此为基础，申报了市级"十一五"规划课题"语文阅读关键词教学研究"（2008C297），以人教版高中语文教材为研究对象，以关键词聚焦作为文本深读路径，开展师生共构的关键词聚焦读写对话性学习策略的研究与实践。

研究团队致力于把关键词品析从一个课堂教学环节变成贯穿高中三年读写活动的教学策略，把自觉聚焦关键词变成师生与文本对话的惯常思维。通过教学流程分解研究、同课异构、个案跟踪等方法，概括了"双关词、高频词、非常态词"等关键词提取路径，明确了关键词聚焦读写策略的实施要则，构建适用于示范性高中、城镇普通高中、农村中学的关键词聚焦读写四步教学基础模型；通过师生对话、师生共构，梳理了涵盖高中语文教材的"课内文本推荐关键词一览表"。2008—2021年，一览表随高中语文教材的变化三易版本，为本校及其他实验学校实践关键词聚焦读写四步教学基础模型提供持续支持。

2011年，关键词聚焦读写策略完成3年实践期，79%的2011届毕业生3年阅读量超过300万字，参加各类征文比赛获奖人数创学校近10年新高。2011年底，关键词聚焦读写策略向学校定点帮扶的2所贫困县中学推广。截至2012年，该策略已在自治区10多所不同类型的学校7届学生中推广使用，为广西薄弱学校师生提供深读文本的模仿范式，实验学校师生的语言敏感度普遍提升，初步解决了深读无门、表达浮泛的问题。

（二）第二阶段（2013—2016年）：侧重解决"读写无序、读写割裂"问题

2013年，成果团队在继续实践推广关键词聚焦读写策略的同时，申报了自治区"十二五"规划课题"以读促写，提高作文写作教学实效的校本研究"（2013C269）。针对"读写无序、读写割裂"等问题，开展读写互促主体性学习的策略研究与实践。

研究团队重点研究高中生读写能力的对应关系，把课外阅读纳入写作课程，确定了适用于本地区的3年阅读目标及3年写作分解目标，构建读写对应的训练体系，施行基于任务驱动的读写互促策略，通过"以题带文、以人带文、以文带文"等方法，形成师生共读共构，向经典学写作，打通读写通道，着重培养学生融通关联能力，促进教与学的互促共生、双向成长。

经过3年实践，实验年级教师阅读量为非实验年级教师的2.3倍，2016届学生的读

写状态出现了可喜变化。在课题"后测"中，48.82%学生能经常做分类阅读或主题阅读，71.6%的同学能完成老师的阅读任务，61.31%学生学会用思维导图构思作文，初步掌握打通读写通道的方法，大考中作文不完篇人数的比例大幅降低。课题前后测部分数据比对见下列饼状图2。

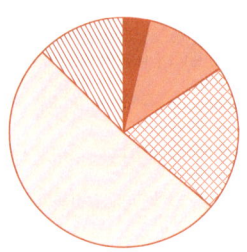

■A.都能　■B.大部分能　▨C.少部分能
□D.不确定　□E.完全不能

"前测"能否按照一定逻辑层次架构分论点

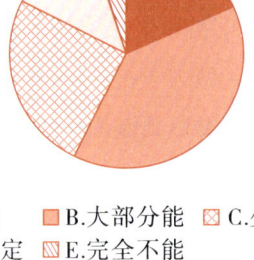

■A.都能　■B.大部分能　▨C.少部分能
□D.不确定　□E.完全不能

"后测"能否按照一定逻辑层次架构分论点

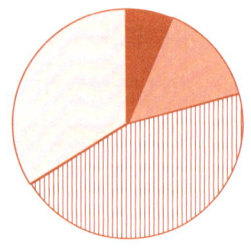

■A.都能　■B.经常能　▥C.偶尔能　□D.不能

"前测"能否多维度分析问题

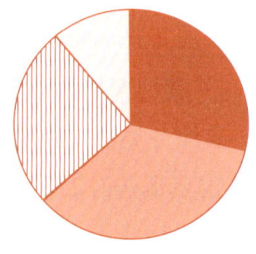

■A.都能　■B.经常能　▥C.偶尔能　□D.不能

"后测"能否多维度分析问题

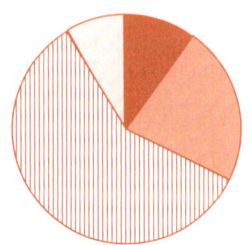

■A.都能　■B.经常能　▥C.偶尔能
□D.几乎每一篇都有

"前测"自己的作文评语中是否经常出现
"归因单一""表述不合逻辑"等评语

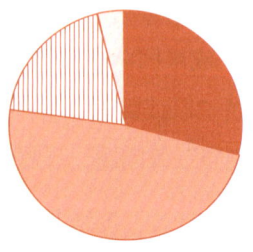

■A.都能　■B.经常能　▥C.偶尔能
□D.几乎每一篇都有

"后测"自己的作文评语中是否经常出现
"归因单一""表述不合逻辑"等评语

图2　课题前后测部分数据对比图

（三）第三阶段（2017—2019年）：侧重解决学生"读写迁移运用难"的问题

美国心理学家卡尔·兰塞姆·罗杰斯认为，当学生以自我批判和自我评价为主要依据时，其独立性、创造性、自主性就会得到促进。随着高中新一轮课改在全国渐次铺开，在知识迁移、综合运用、创新发展方面对学生提出了更高要求。研究团队针对"读写迁移应用难"等问题，开展了项目式学习策略的研究与实践，以协同性学习改变广西高中语文读写教学"讨论不足，分歧消除太快；整合不足，结论不能自得"的现状，促进协同合作、自主探究的深读学习成为课堂常态。

目前，国内高中语文的学科项目式学习研究多为散点研究，研究团队为此确立了"立足当地、形成序列、读写融合、重在效度"四个研究原则。经过2年课堂实践，研究团队明确了高中语文学科项目式学习的层级样态及目标指向，构建了教、学、测一体的项目式学习基础模型，形成涵盖单篇、单元、作文、整本书阅读、跨媒介阅读与交流的项目式学习示范案例，着力培养学生的迁移转化、运用创新能力。

2019年，为了更便于成果实验学校使用读写共构三步三层级模式，研究团队制定了"聚焦、关联、融通、取用、后续学习"的读写共构三步三层级模式五维实施指标，进一步明确了关键词聚焦读写策略、以读促写策略、项目式学习策略之间层层递进又互补互促的关系，编制了《读写共构三步三层级模式使用手册》，使成果的推广使用更规范、更普适、更具操作性。

2021年，广西进入新课改，使用手册随高中语文教材变化而做了改版更新。

为更好契合新课改大情境、大概念、大单元的教改理念，助力民族地区高中语文新课程改革，研究团队在总结项目式学习实践经验的基础上，申报了自治区教育科学规划2021年度B类重点课题《以项目式学习提升高中生语文学习力的策略及实践研究》（2021B219），进一步延展、丰富读写共构成果内容，把民族地区高中生语文学习力的培养纳入研究范围，体现了读写共构三步三层级模式的包容性与生长性。

三、成果主要内容

（一）构建聚焦问题、灵活互补、延展性强的读写共构三步三层级模式

"共构"原指不同体系共用同一载体，以期使各个体系的效能得到更大化、更优化

发挥的做法。"读写共构"借鉴交通领域"三铁共构"理念，以同一文本、同一个群文单元为载体，通过读写共构、跨界共构（如文学作品读写与影视欣赏、戏剧表演、游学活动的共构）等形式，在师生共构的阅读教学中渗透写作训练，或在作文教学中融通任务阅读，打通读写通道，强化思维训练，实现读写教学从"知识立意"向"能力立意"的教学转型，使浮浅学习、机械学习走向深度学习。

读写共构三步三层级模式以深度学习的三个视点"主体性学习""对话性学习""协同性学习"为指向，将激发学生探究欲望的"主体性学习"贯穿始终，并作为评判深度学习发生的重要依据。促进学生深度学习的前提是教师自身的深度学习，在实施该模式的过程中，教师主要的时间精力不再放在如何做精美课件、如何讲授，而是放在课前大量的前置阅读及无辅助资料的课本研读，放在学情研判，放在如何为学生缩短探究步骤并提供必要的资源支撑。这样，教师才能在课堂上既放得开手又兜得住底。

该模式涵盖的关键词聚焦读写、以读促写、项目式学习三个步骤，分别侧重于会读能写、融通关联、应用创新三阶能力层级，可作为循序渐进的完整教学链开展系统训练：第一步侧重单篇深读、片段练笔；第二步偏重主题群文联读、定向写作模仿；第三步侧重主题探究，着眼培养学生协同合作、主动解决问题的能力，在探究过程中实现知识结构化。模式构成见图3。

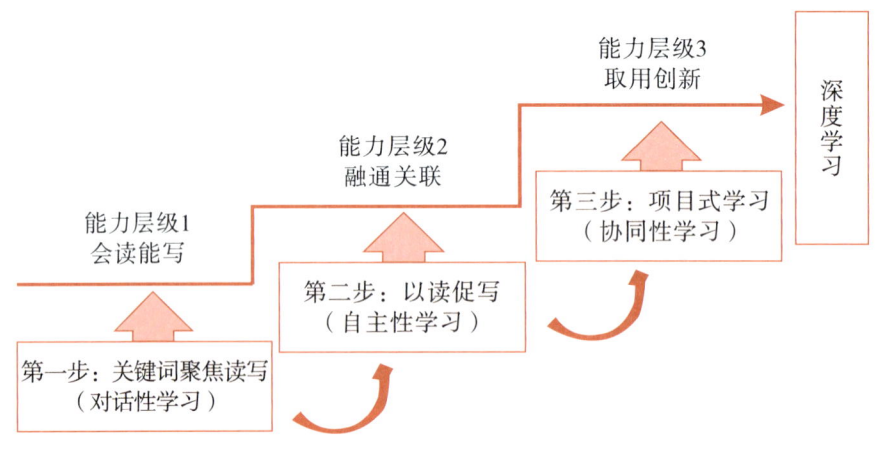

图3 读写共构三步三层级模式结构图

模式的三个步骤之间既有互补互促的关联性，又有较强的自足性。不同的学校可根据校情、学情灵活决定三步策略的使用比重和使用顺序，也可侧重一种策略，兼及其余。不变的是促进深度学习的指向不变，读写共构、师生共构的主体性学习始终贯穿。为了便于成果推广，研究团队在《读写共构三步三层级模式使用手册》中明确了读写共构三步策略的实施要则，具体内容如下。

1.第一步关键词聚焦读写策略实施要则

①篇幅宜短：所选文本不宜过长，以语言表现力丰富、情感鲜明的文本为佳。整本书的阅读若因信息庞杂而思维线长，可尝试通过分章提取关键词来引领章节阅读，忌硬套模型。

②切口宜小：以关键词为阅读切口，以关键词拆解、关键词串联品析提领教学流程，忌贪多求全。

③解读宜精：关键词的解读品析需结合文本语境，注重引领学生从文化意、语境意、言外意等角度对关键词作多维度思辨分析，忌脱离文本过度发散。

2.第二步以读促写策略实施要则

①一体性：精选难度适中的文本作为读写训练的共用文本，含英咀华，最大限度挖掘文本的读写价值，培养自能阅读，拓宽写作思路，为写作提供范式。

②互通性：找到读、写共构点，即在文本阅读中找到可作写作训练的融通点，或在写作训练中培养读者意识，悟情思法，以写促读，打通读写通道。

③稳定性：明确任务—以需定读写—提炼整合—服务读写的读写步骤相对稳定。

④课型分明：阅读课与写作课要明确课型特点及教学目标，注意根据课型调配读写比重，忌目标不清、主次不分、课型混乱、贪多浮泛。

3.第三步项目式学习策略实施要则

①协同性：在项目学习进程中，始终强调学生学习的主体性、协同性，关注学生在协同探究过程中的心智成长，注重知识的结构化过程，忌急于求成，形式大于内容。

②多样性：项目内容、资源选用、成果呈现方式要多样化，体现灵活性，重在实用性。

③持续性：项目式学习既有完整的闭环，又具开放性、持续性。探究过程产生的新问题，可做下一轮项目学习的起点。

（二）形成读写共构与师生共构贯穿始终、操作步骤明晰、自足性强的三步策略

1.关键词聚焦读写策略及实施支架

关键词聚焦读写策略指教师在阅读教学活动中聚焦能快速切入文本思想内核的关键词，以帮助学生形成文本深读能力、主题写作能力的读写教学策略。策略遵循篇幅宜短、切口宜小、解读宜精的实施要则，以文眼词、非常态词、双关词、高频词等作为关键词

提取路径，总结出语境精析、拆词赋意、反向比较等关键词聚焦方法，以关键词提取（或关键词精析）、关键词串联、关键词延展作为阅读教学的主要流程，以关键词导向练笔内化阅读收获，构建关键词聚焦读写四步教学基础模型，见图4所示。

图4　关键词聚焦读写四步教学基础模型

模型说明："提取"环节聚焦文本切入点，"串联""延展"环节则着重训练由"点"到"面"的整体思维及延展整合意识，避免只见树木不见森林的碎片化学习，"导向练笔"通过聚焦一点的方式梳理阅读收获，既让学生有话可说，又留出了延展发挥的空间。

由于关键词聚焦读写策略切口小，思维流程短，学生不需要有很强的口语表达能力，也不需要有很严谨的思维能力就可以参与到课堂分析讨论中来，对于广西民族地区的大多数高中生而言，这种关键词语品读的课堂讨论是可以插得上话的，更容易形成争论式的讨论，通过师生共构实现对文本抽丝剥茧的分析。关键词的解读品析要注意结合文本语境，注重引领学生从文化意、语境意、言外意对关键词作多维度思辨分析，以加深对关键词及其关联内容的理解，忌脱离文本过度发散。而长篇小说、学术著作等整书阅读，由于信息庞杂，阅读思维线性长，需灵活处理，可尝试分章提取关键词引领章节阅读，不可削足适履，生硬搬用关键词聚焦读写策略。

为便于关键词聚焦读写策略的推广，研究团队在成果使用手册提供了两个教学实施支架：关键词聚焦读写策略概要一览表、课文推荐关键词一览表。2008年至今，课文推荐关键词一览表已随高中语文教材的变化三易版本。需说明的是，关键词一览表仅提供一种阅读、授课的切入点，教师需根据学情及课堂生成问题随机调整。关键词聚焦读写策略旨在为学习力相对薄弱的学生提供形成问题的视点和线索，而问题是深度学习发生的前提，策略以关键词作为推进文本深读的突破口，通过师生对话、生本对话完成关键词的提炼、品读、串联、延展，把文本解读推向纵深的同时，让更多学生能主动参与到课堂讨论中来，在对话中激活师生的语言敏感力。这是实现深度学习的重要过程，在此过程中更为强调教师的思想参与，更为重视学生主体阅读体验。

2.以读促写策略及实施支架

以读促写策略针对读写割裂、读写无序等问题,把课外阅读纳入写作课程,以写作任务驱动,遵循"课型清晰、读写一体、读写互通、步骤稳定"的实施要则,通过"以题带文、以人带文、以文带文"等方法,引导学生变消遣阅读为学科主题阅读,从单篇研读走向群文联读、系列研读,丰富写作素材,拓宽写作思路,借鉴表达范式,让阅读切实成为写作表达的有效支撑,培养融通关联能力。以读促写教学基础模型见图5及以读促写策略见图6所示。

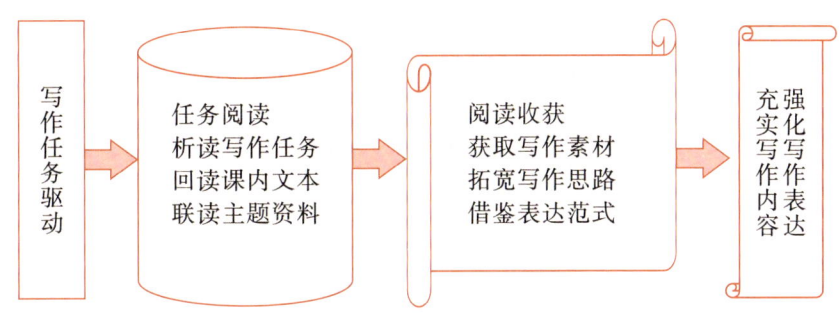

图5 以读促写教学基础模型

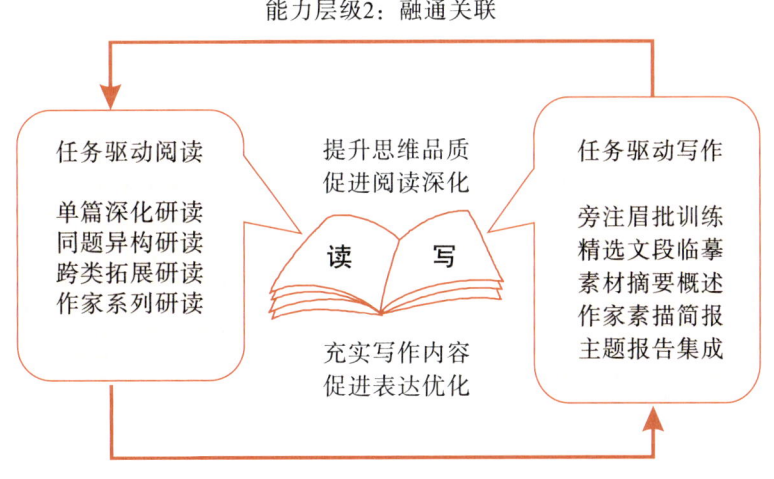

图6 以读促写策略

策略实施说明:①阅读任务可根据学情分层布置,忌强求统一;②写作任务应由易至难,忌求全贪多;③读写活动应兼具主体性学习(有解决问题的探究欲望和行动)、对话性学习(包括与写作任务、阅读文本、个体情感及既往经验的对话)、协同性学习(包括合作探究问题、分享收获、共同创作)的特点。

为强化策略实施的可操作性，研究团队以高中新课标中的写作能力目标为总目标，拟定适用于本地区的3年阅读目标及3年写作能力目标，构建读写对应的训练体系，打通读写通道，促进教与学的互促共生、双向成长（见图7）。

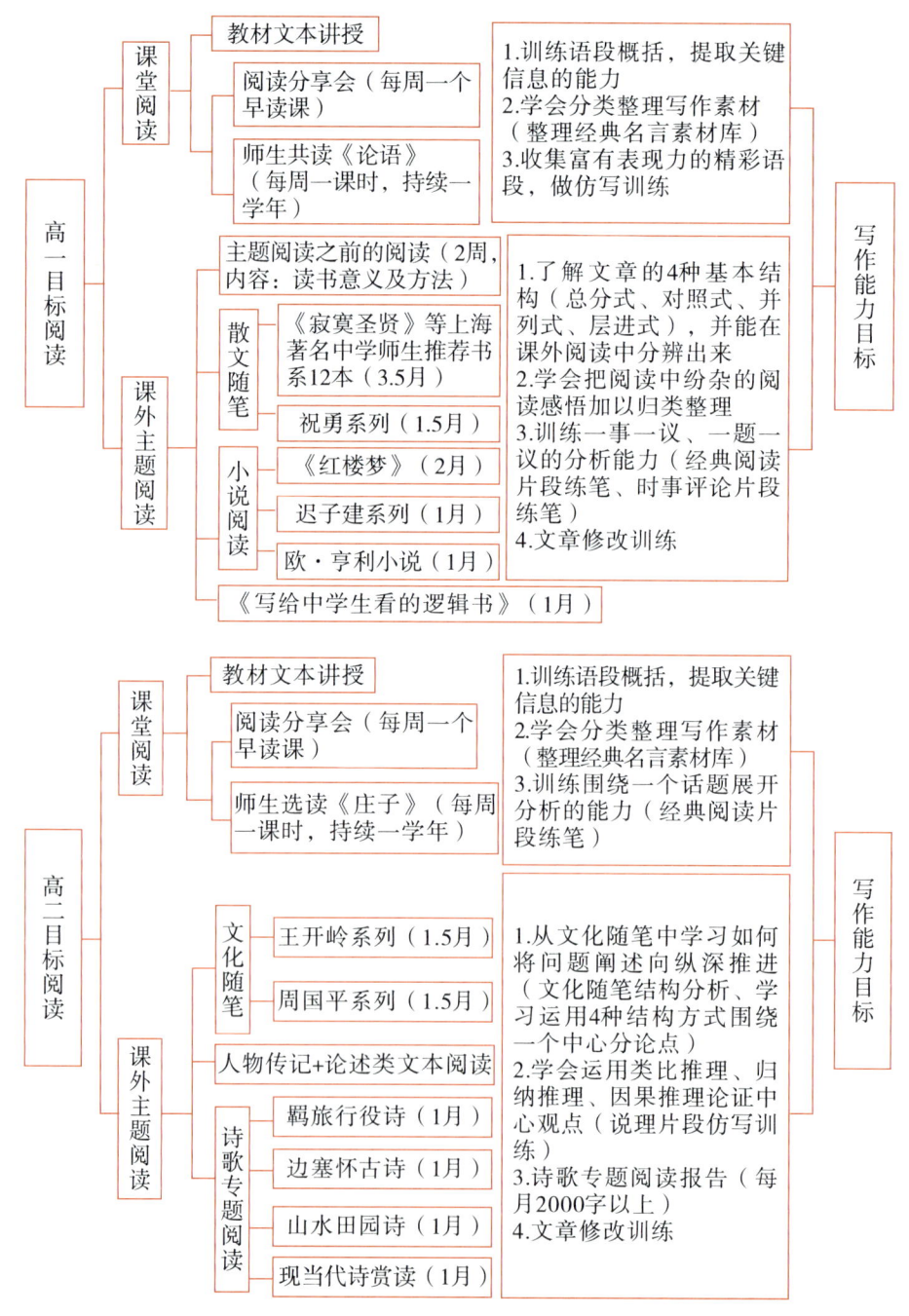

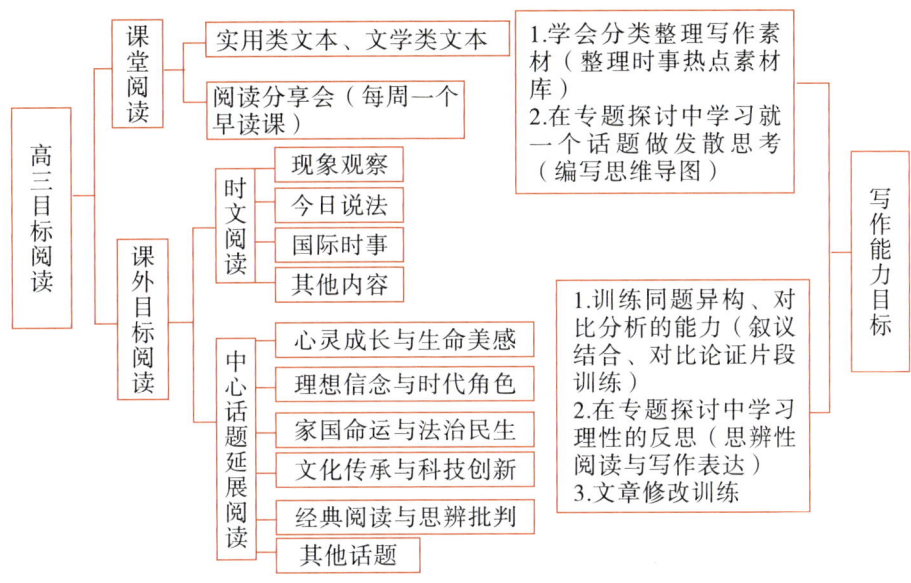

图7 阅读目标及写作能力目标结构图

说明：①3年读写训练体系是稳中有变、常教常新、不断删补的动态体系；②在具体实施中教师需做大量前置工作，要先于学生做更为广泛深入的阅读；③注意过程干预的分寸及效果检验，避免虎头蛇尾，有形无实。

3.项目式学习策略及实施支架

项目式学习策略针对民族地区相当一部分教师偏重讲授、高中生读写整合难、合作探究少、解决问题能力偏弱等现状，以真实问题驱动，以项目式协同性学习为载体，遵循主体性、多样性、持续性的实施要则，通过问题溯源、合作探究、成果展示、成效检验等环节，实现知识的结构化，促进薄弱学校改变长期存在的知识单向灌输、学生被动学习的现状，让读写共构、师生共构的深度学习过程可追溯，效果可检验。项目式学习教学基础模型见图8所示。

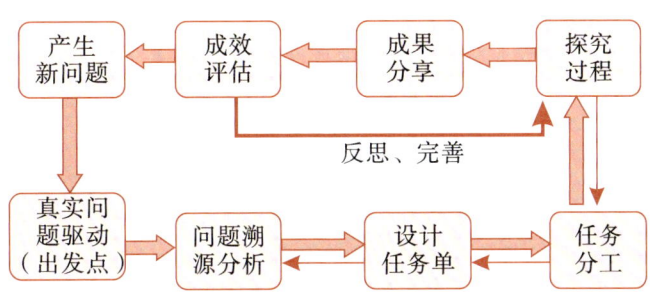

图8 项目式学习教学基础模型

模型说明：①基础模型各个环节为双向互补关系，即每一环节既以前一环节为基础，又可成为反思、修正前面环节的依据。②尚未解决或新生成的问题，可成为下一轮项目学习的起点，项目学习具有极强延展性、持续性。③有别于不求结果的其他语文激趣活动，项目须有成果呈现。④要有真实的探索过程。教师主要做学法指导、跟进观察、提供资源支持，忌急求结论。

研究团队编写的《读写共构三步三层级模式使用手册》提供了组织项目式学习的流程图及具体案例作为策略实施支架，实验学校可根据学情灵活变通项目式学习的深度及时长。

下面以跨媒介学习的"影视评析项目式学习"为例，呈现项目研习过程。

第一步：观察存在问题。高中生接触影视资源不少，但影视资源利用率低，表达交流思辨力弱。

第二步：问题溯源。原因有三：一是大多数学生看影视作品多是感性观影，疏于对影视作品的意义、价值的挖掘；二是观影有触动，却少做主题聚焦，没有把观影感受定格成文的自觉意识；三是学生缺少运用高阶思维分析问题的针对性训练，分析方法单一，分析能力不足。

第三步：拟定任务目标，设计任务清单。任务目标：学会从不同角度对影视作品做多维评析；学会提取有价值的聚焦点，围绕关键词撰写影视评析报告。任务清单：围绕"文化传承"这一主题词，按照"适用、互补、多元"的原则，以小组为单位推荐适合做项目学习的影视资源；从推荐的影视作品中提取项目学习的聚焦点；围绕聚焦点找到相关的延展阅读文本；围绕聚焦点、关键词开展主题写作。

第四步：同伴协作探究。小组长负责协调、推进项目学习进程，教师管控过程质量，注重引导学生从非此即彼、二元对立的低阶思维，走向多维互补、多元转换的相对性思维，促进学生的深度学习。

第五步：成果分享及成效评估。小组成员成果互评，组织影视评析分享会；学生以写小结等方式总结项目学习过程的得与失，教师根据学生呈现的成果来评估项目学习成效，发现新问题，为下一次项目学习活动提供情境问题及修正经验。

四、效果与反思

（一）效果

1. 学生层面

"读写共构"成果为民族地区高中生提供了深读文本的模仿范式，打开了深读文本的门径，有效解决阅读无抓手、分析浮表层的难题，突破了写作无蓝本、下笔少文采的瓶颈。三步策略普遍应用于实验学校的阅读课、写作课、讲评课、高三专题复习课等各类课型，2017年课题成果《作文素材多角度应用》（高、初中各一册）由广西教育出版社正式出版，受益学生超过10万。在成果实验校中，示范性高中的对话性学习、主体性学习、协同性学习成为常态，薄弱学校的学生课堂参与度明显提高，语言敏感度、学习理解力明显提升。学生自制书评比成为学校语文组的传统语文活动，学生作品涵盖小说、诗歌、剧本等多种文类，班级以及年级的公众号成为学生展示习作的新平台。

2. 教师层面

读写共构三步三层级模式的实施要求教师有更深广的阅读基底和更多的写作实践，促使更多教师从功利性阅读走向研究型的多文类阅读甚至跨界阅读，阅读积累明显加大，教研方向更加明晰。学校语文教研组围绕"读写共构"成果的实践活动，成立了教师专业成长共同体，带动一批教师积极参与成果的分支课题研究，98%的语文教师主持或参研课题，撰写论文、案例50多万字，在不同课型中开展深度学习探究的积极性明显提高，读写教学成效显著提升。2016—2021年，组内教师参加市、省、国家级各类比赛，荣获国家级赛课一等奖1人、二等奖1人，区级赛课一等奖2人，市级赛课一等奖5人，成果团队先后在自治区各市县做成果推广报告30多场，吸纳2个成果推广市县的骨干教师加入工作室，在广西5个市、8个县、5个定点帮扶校形成了良好的学科辐射力，为提高广西民族地区高中语文读写教学质量贡献了自己的力量。

（二）反思

一是如何进一步稳定读写共构三步三层级模式的使用效果，减少成效消解现象，仍有待进一步探索。

二是对学习成效评估的研究不够充分，如何更有效地提升民族地区高中生语文学习力有待进一步研究。

三是教学模式还可以进一步整合简化，以便更好适应多样化教学需求。

所获奖项 2021年广西基础教育教学成果奖特等奖

成果名称 高中化学教学"三实融合"的探索与实践

成果持有者 贝伟浩　张金恒　杨　欢　蓝仁敏　杨恒建　李冬英　罗蒂固　潘卫周　张　繁　韦骁珉

《高中化学教学"三实融合"的探索与实践》成果报告

成果主持人　贝伟浩

历经10年实践和探索，化学实验教学的创新实践在本校成果累累，经3所兄弟学校实践检验，并在5市11校推广应用，效果显著。

一、问题的提出

(一)"纸上实验"问题严重

以2013年广西学考的评价为例，该卷设置了实验探究问题。第5题考查淀粉与碘的特征反应："土豆中含有大量的淀粉，在新切开的土豆上滴加碘酒，看到土豆切面变_____？"在当年近26万考生中却有11%答错。2014年广西化学学考第39题："将N通入品红溶液，溶液褪色，则 N 的化学式为_____？"近 26 万考生中，近 15% 留空白。这些应答数据表明：考生更多是以"记忆实验题"方式答题得分，灵活情境下，僵化呆板的记忆性知识不灵了。如此"假实验、真写题"显然不能落实创新精神和实践能力的培养。

（二）"纸上实验"原因不一而足

1.实验教学未真正促进学习方式的转变

如何设计真实且具有探究吸引力的实验教学，通过实验教学变革推动学习方式转变，需要重视。

2.教师忽视实验认识中科学方法的揭示

例如，在一次化学教师培训中，当问到教材中为什么用胆矾为对象测结晶水合物中结晶水的含量时，没有一位教师能回答完整。

3.化学实验本体的改进和变换研究不足

实验设计思想落后、手段陈旧，没能通过创新实验设计激发学生的创新意识。

4.校本实验课程资源匮乏以及指导缺位

学生没有亲自参与实验，实验室的课程功能未得到延伸，科技活动不见化学身影，研究性学习化学教师缺位。此般种种触动了我们：如何真正让化学成为"实验中的化学"？实验教学又如何催化育人方式的变革？

二、解决问题的过程与方法

（一）解决的主要问题

1.实验课堂设计盲目性强、探究性弱

须建构可操作的实验教学设计模型，优化实验教学过程。

化学实验的"混沌态"（复杂性、动态性）导致了实验的"育人点"难以把握。我们需要从传统的"线式设计""板块式设计"模式走出来，构建一个新的设计模型以实现"设计有抓手""设计有程序"的目的。这个新模型要实现准确把握实验育人的"点"。在此，我们遇到的挑战：

（1）提出新的设计视角，找到新的设计抓手。

（2）一直缺失实验育人功能中"探究点""品质点"等"点"的设计脚手架（策

略），这个脚手架应该在教师开展教学设计前既已存在。

2.实验本体研究重视度低、手段陈旧

需研发易实施的实验本体改进策略，变革实验设计思想。

如何为实现教师实验设计思维方式的改善，寻找到一条可操作的路径。为此，我们要完成的任务是：

（1）我们想帮助老师建构一种怎样的实验设计思维方式，如何做到更简便和有效？这需要凝练化学实验设计思想。

（2）如何创新改进高中化学实验教学常用实验，以形成对实验教学和实验课程的支撑？需要研发易于实施的策略，形成具体案例。

3.校本实验课程结构不良、选择性差

需重构多层次的课外实验课程体系，拓宽实践参与空间。

在此，我们有一些问题要解决：

（1）高中化学实验校本课程应有什么样的结构？不同课程层级间是怎样的关系？

（2）结合本校实际，如何进行课程内容的建设，设置一系列有探究吸引力的实验主题？

（二）解决问题的过程和方法（见图1）

实验本体研究服务于实验课堂教学和实验课程，实验课程延伸素养培养。

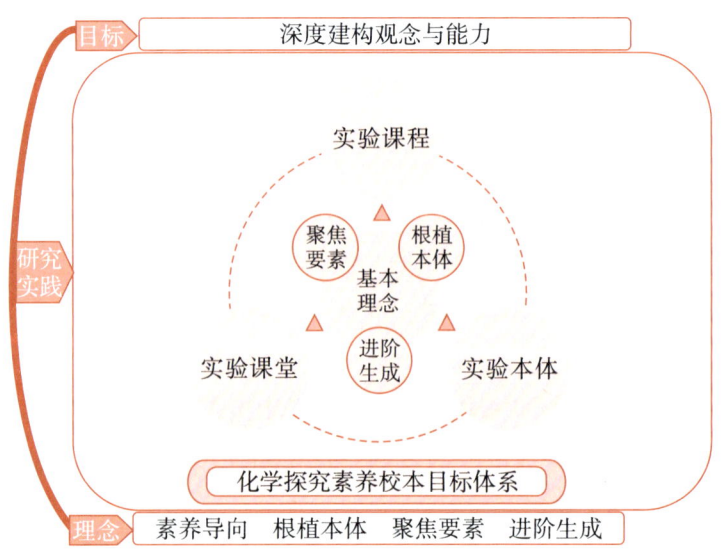

图1　项目运行框架

素养导向：深度建构观念与能力，提升学生素养。
根植本体：实验本体技术提升。
聚焦要素：聚焦育人点，精准设计。
进阶生成：实验课程四层进阶，内化生成（见图2）。

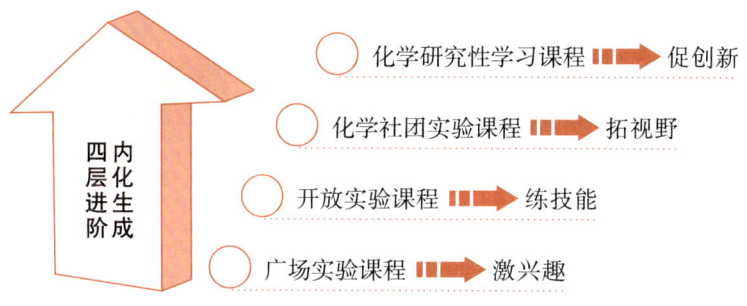

图2　四层进阶校本课程

2012—2022年"三实融合"10年探索实践过程（见图3）：

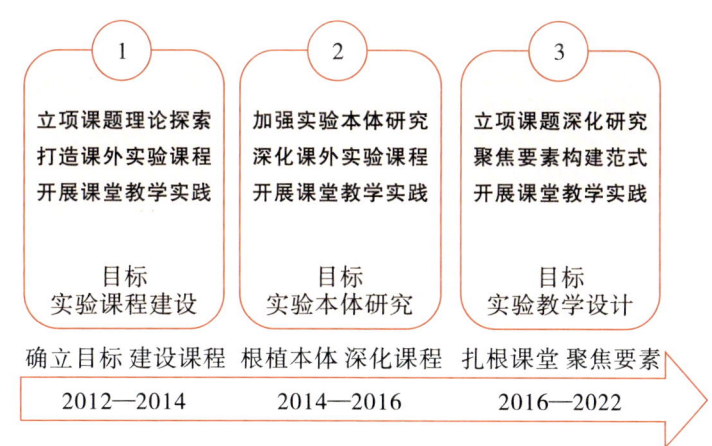

图3　2012—2022年"三实融合"10年探索实践

1.第一阶段（2012年6月—2014年7月）：依托课题建设课程——侧重化学实验课程建设

立项课题"高中课外化学实验校本课程的开发与实践"，开发实践四层进阶式校本实验课程体系。课程注重与物理学、创客教育、材料科学、生物学等多学科的融合教育。

（1）广场实验课程（见图4）：以学校"心动不如行动"学科活动为平台，设置近20项学生趣味化学实验。编写校本教材《化学趣味实验》。

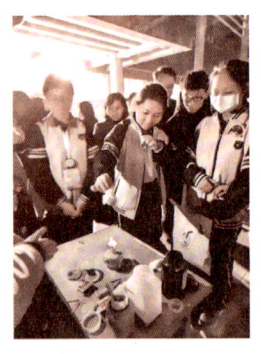 

星光飞舞　　　　　　　　　　　　　清水九变

图4　广场实验

（2）开放实验课程（见图5）：以选修课的形式开设，学习小组为单位（3～4人），每周1课时，学生主要为高中一、二年级的化学爱好者，通过小组合作进行学习。编写校本教材《化学实验DIY》。

二氧化硫性质实验的环保设计　　　　　　中和滴定实验

图5　开放实验

（3）化学社团实验课程（见图6）：社团申报实验项目，在实验室开展实验活动课。社团推选出一名社长，负责组织社员协助教师开展社团活动。编写校本教材《化学社团实验》。

 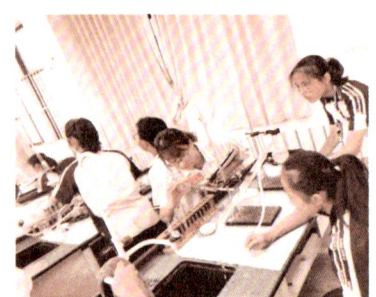

硝酸钾晶体的制备　　　　　　　　　模拟酿酒工艺

图6　化学社团实验

（4）化学研究性学习课程（见图7）：以学校传统的研究性学习课程为平台，设定每期（寒暑假）研究主题，以小组为单位（5人）开展研究，要求提交小课题报告一份。编写校本教材《化学研究性学习课程》。

图7　化学研究性学习答辩

2.第二阶段（2014年8月—2016年7月）：根植本体深化课程——侧重化学实验本体研究

立项课题"高中化学实验本体研究"，以学校"化学数字实验教学中心"为平台，以优质课、展示课为驱动，开展化学实验改进设计，形成六类实验本体改进策略。

3.第三阶段（2016年8月—2022年4月）：扎根课堂聚焦要素——侧重化学实验课堂教学设计与实践

立项课题"高中生化学探究素养的调查研究"，测量探查研制化学探究素养培养的校本目标体系。立项课题"化学实验课堂教学'四要素设计模式'的研究与实践"，抽取4个动态分析点：品质点、探究点、异常点、生成点，构建四要素"点式"教学设计模式。

学校以"广西化学学科课程基地"为平台，签约广西5市11所学校为研究实践合作体。2018年以来，合作体学校开展了76场教学研讨活动，进一步优化了实验教学设计模式运用和实验校本课程建设。

三、成果的主要内容

（一）基本内容、理念（见图8、表1）

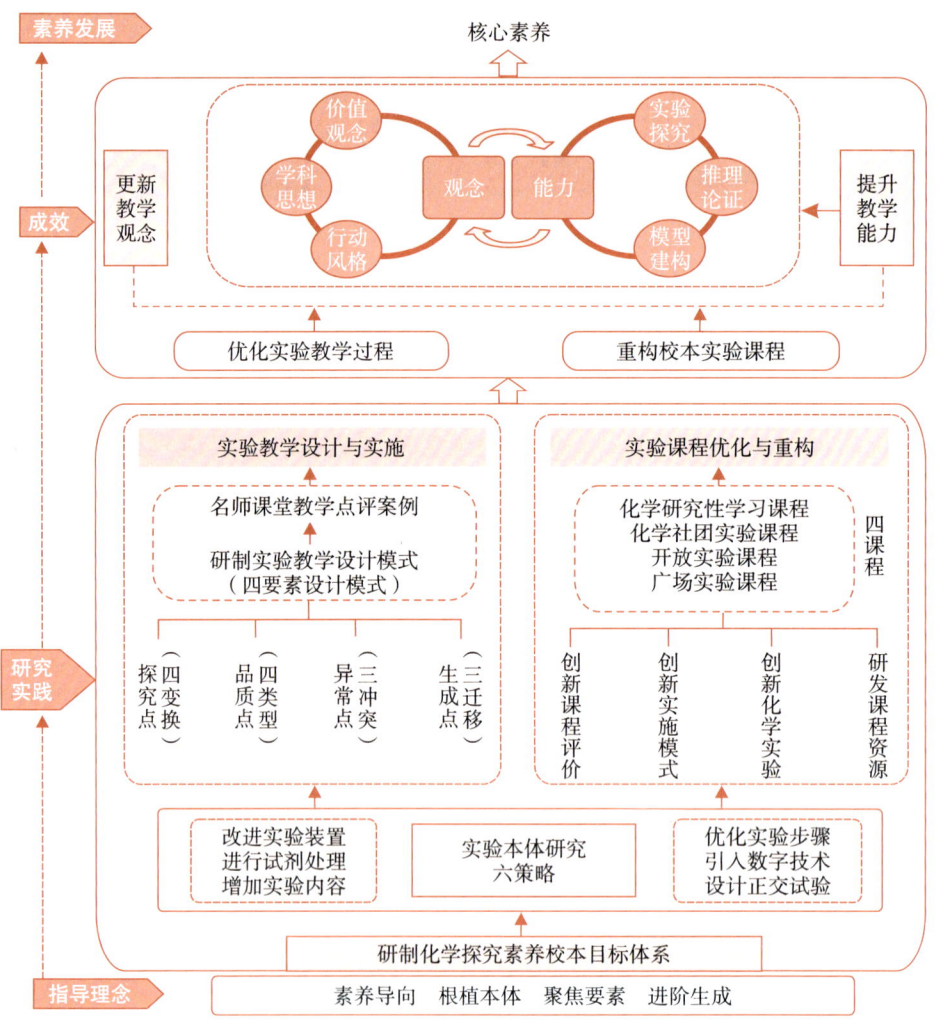

图8 "三实融合"教学模式

表1 "三实融合"的基本内容

	化学实验课堂	化学实验课程	化学实验本体
具体目标	科学探究与创新意识 科学态度与社会责任	技能训练 创新思维	发展设计思想 革新改进思路
核心内容	四要素	四课程	六策略
实施要点	要素目标设计 四要素模式设计课堂	学生自主选择 四层递进实践	教学活动需求驱动 本体创新激活课堂创新
理念	素养导向——以评促教,引导教学;根植本体——合理改进,激发创新 聚焦要素——点式设计,精准发力;进阶生成——四层实践,内化生成		
理念内涵	通过变革实验教学内容方式,有效实施国家课程,促进校本实验课程自然生成。内育学科思想,外化行动风格,形成价值观念,彰显实验强大育人功能		

(二)素养导向——以评促教,引导教学

研制二维度(探究实践、探究思维)、三水平的探究素养校本化目标,指引教学进阶定位,促进教、学、评有机衔接(见表2、图9)。

表2 化学探究素养校本化目标

		水平一	水平二	水平三
探究实践	实验设计	前设计 根据已有实验方案进行实验	简单设计 能完成简单化学实验	复杂设计 制定科学的探究实验方案
	实验操作	操作导向 能完成简单化学实验	数据导向 能完成简单化学实验并收集数据	目的导向 能按探究实验方案完成化学实验并收集特定主题所需的信息
	数据处理	事实性结论 能对实验数据进行初步整理,得到直观的结论	概念性结论 能分析数据,发现特点,形成结论	规律性结论 分析信息,发现规律,形成合理结论
探究思维	提出问题	边缘性问题 具有问题意识,能提出化学问题	本质性问题 提出可探究的化学问题	系统性问题 能提出并准确表述可探究的化学问题
	提出假设	直觉假设 能做出初步的假设	逻辑假设 能依据假设初步制定化学探究方案	理据假设 明确问题性质、解决问题条件与关系,做出有依据的假设
	结论解释	先验式推理 尝试用已有的化学知识进行解释	证式推理 能基于证据进行分析推理	发现式推理 能解释证据与结论之间的关系,能依据已知的证据生成新的观点

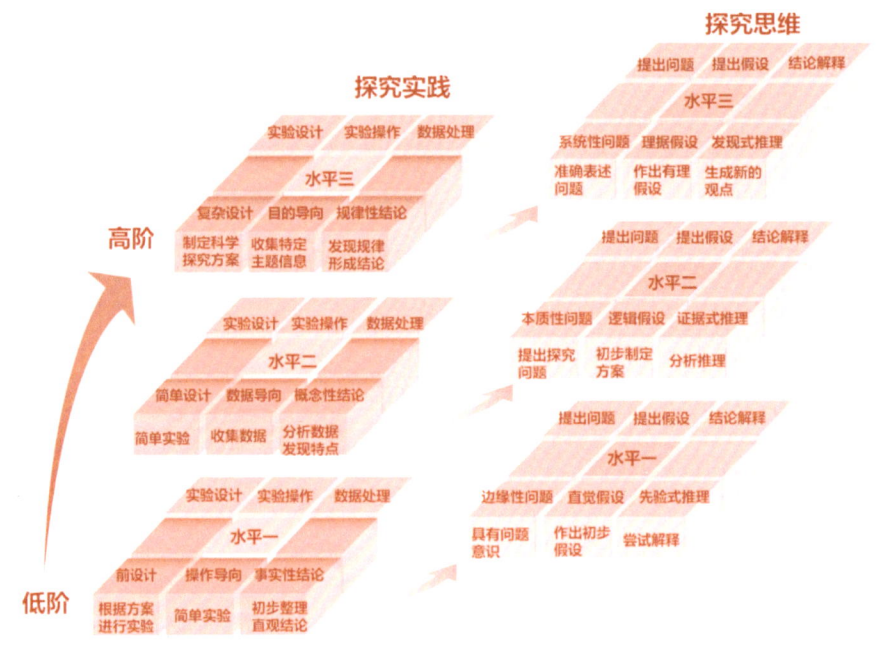

图9　化学探究素养校本化目标

（三）实验课堂：聚焦要素——点式设计，精准发力

研究目标：提炼实验教学设计要素，精准把握实验课堂教学；变革实验教学内容方式，培育学科思想，形成价值观念。

研究内容：以动态视角抽取"实验课堂教学"过程中"动"的因素，形成四个动态设计点——品质点、探究点、异常点、生成点（见图10）。在课堂实践中不断改进，形成设计模型。

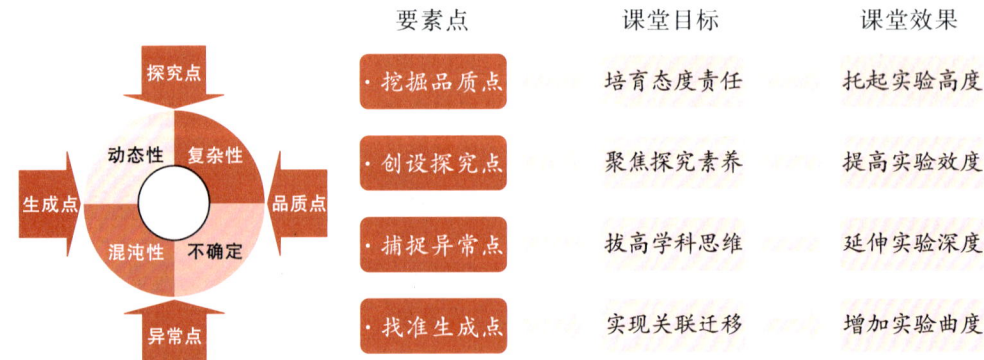

图10　化学实验教学点式设计

1.挖掘品质点托起实验高度

品质点的教学目标:培育科学态度与社会责任,托起实验高度。

品质点的教学原则:围绕必备品格设计。

品质点的设计策略:挖掘课本实验、习题实验中具有培养社会责任感、科学态度的实验素材。有机融入中华优秀传统文化、社会主义先进文化教育内容,努力呈现科技、生态等发展的新成果,培养学生社会责任感、创新精神。

品质点的设置方法:重点关注中华优秀传统文化、科学探究和创新精神、社会责任和决策能力、绿色化学和持续发展(见表3)。

通过品质点的定向选择提升实验高度,实现化学学习更高层次的价值追求。

表3 品质点设计"四类型"案例

品质点类型	实验内容	培养目标
中华优秀传统文化	青蒿素的提取,利用乙醚浸取法简单提取青蒿素	提升民族自信,厚植爱国主义情怀
科学探究和创新精神	探究出现蓝色的时间和温度的关系:$4H^+ + 4I^- + O_2 = 2I_2 + 2H_2O$,升温不一定颜色变快,可能出现温度高溶液变色慢或者不变色?	质疑批判教材实验,培养科学探究与创新精神
社会责任和决策能力	化学实验后,废弃药品怎么是否均回收?重金属废液怎么处理?	培养社会责任感、参与意识和决策能力
绿色化学和持续发展	完成乙醛的性质实验后,思考生活中如何除去醛类,如何除去甲醛?	培养环境保护意识

2.创设探究点提高实验效度

探究点的教学目标:聚焦化学探究素养,提升实验效度。

探究点的设计原则:提出化学学科本原性的典型实验问题。

探究点的设计策略:挖掘教材实验中自带的具有学科本源性知识的基础实验素材,对提升学生化学理解的根本性问题进行探究。

探究点的设计方法:氛围变换、载体变换、对象变换、条件变换(见表4)。

通过探究点的有效选择提升实验效度,促进学生形成化学学科知识及思维方式方法的深层次认识,驱动学生进行深度学习。

表4 探究点设计"四变换"案例

探究点类型	探究设计		设计意图
	实验内容	变换	
氛围变换	氯化钠在水中的导电性实验	变换溶剂(水、乙醇等);变换条件(通电、加热)	探究断键原因
载体变换	铁与水蒸气反应	变换载体(无载体、石棉绒、钢丝棉)	探究接触面的影响
对象变换	二氧化硫的漂白性	选择对象(品红+水、品红+乙醇、品红水溶液+盐酸、品红水溶液+亚硫酸钠溶液、品红水溶液+亚硫酸氢钠溶液、品红水溶液+亚硫酸溶液)	探究二氧化硫漂白实质
条件变换	电解水	电极材质(石墨、铂);溶液酸碱性(蒸馏水、2%氢氧化钠溶液、12%氢氧化钠溶液);电解电压(5V、15V);电极间距(5cm、15cm)	探究影响电解因素

3.捕捉异常点延伸实验深度

异常点的教学目标:培养化学高阶思维,延伸实验深度。

异常点的概念界定:异常点是指超越学生已有知识,貌似"错误""不可能"却真实存在的现象事实,不是错误点。有时,异常点是科学发现的起点。

异常点的设计策略:纵向关联大学,横向关联其他学科,提出学生在当前的知识背景下无法解释,但利用纵横相关知识可以解释的实验"异常"问题,将其适当简化补充衔接。

捕捉异常点的方法:关注三类冲突事实,即与"已有经验"冲突,与"应然现象"冲突,与"已知原理"冲突(见表5)。

通过异常点的选择延伸实验深度,引导学生深度思考,培养高阶思维。

表5 异常点设计"三冲突"案例

异常点类型	实验内容	正常	异常	深度解释
"已有经验"冲突	蒸馏水的制备	蒸馏水在标准大气压下的沸点为100℃	温度计指示馏分沸点为102℃	大学化学课程中稀溶液的依数性:非挥发性溶质使溶液的沸点升高

续表

异常点类型	实验内容	正常	异常	深度解释
"应然现象"冲突	氢氧化铝的制备	向硫酸铝溶液中滴加过量浓氨水，生成氢氧化铝沉淀	氢氧化铝溶解在过量浓氨水中	与氢氧化铝的晶型有关，非晶态的三水合氢氧化铝可溶于浓氨水
"已知原理"冲突	乙烯的加成反应实验	乙烯和溴水的反应为加成反应	乙烯和溴水反应后的溶液酸性明显增强	反应机理与溶剂有关，在质子溶剂（如水）中，水的亲核性大于Br^-，二者均可与乙烯发生亲核取代反应

4.找准生成点增加实验曲度

化学实验本身的复杂性、动态性使课堂中生成性资源难以预测、变化万千，不期而至的课堂生成会使教学主线受到影响，有"挫折"和"曲度"。

生成点的教学目标：强化知识关联，提升远迁移能力。生成点的处理原则：生成资源应为探究主线服务。

处理生成点的策略：特征迁移、关系迁移、模型迁移（见表6）。

捕捉生成点的策略：将错就错→刨根问底、别出机杼→刨根问底。

抓住课堂生成信息的特征、知识方法原型、概念的关系，进行知识关联，提升远迁移能力。

表6 生成点设计"三迁移"案例

策略	实验内容	生成性资源	关联迁移 服务主线
特征迁移	乙醛的银镜反应 乙酸与碳酸氢钠的反应	甲酸的性质实验	以原有官能团性质、特征实验，迁移到未知有机物，猜测、验证其性质
关系迁移	钠与水反应	钠与硫酸铜反应 钠与乙醇反应	钠与水反应的本质是水中氢离子反应，确定关系，拓展、推广到其他与钠反应的实验
模型迁移	电解水	电解氯化钠溶液 电解熔融氯化钠	原有认知电解水模型的基础上，建立电解实验总的模型，建构电解本质是微粒在电极端得失电子的竞争本原问题

5. 实验教学四要素设计模式（见图11、图12）

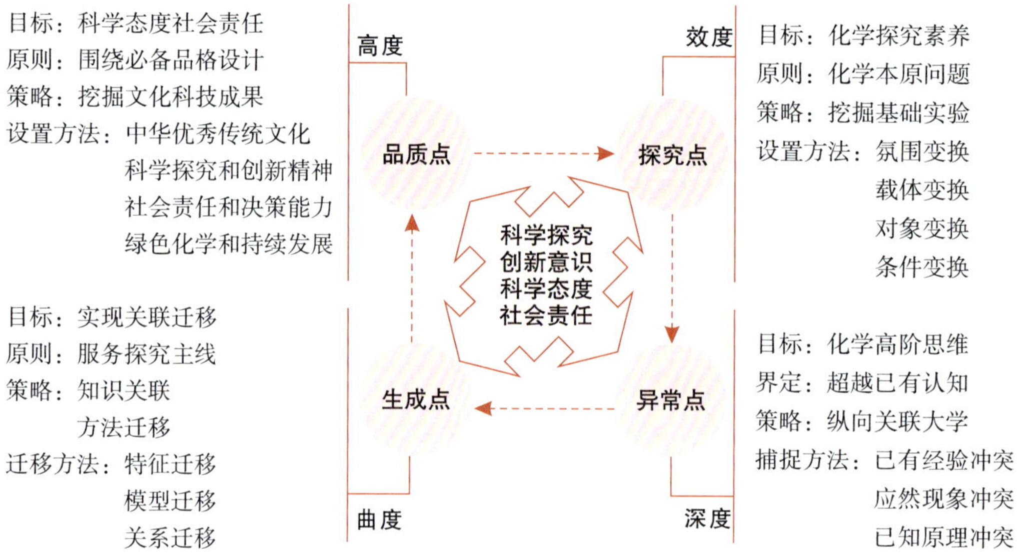

目标：科学态度社会责任
原则：围绕必备品格设计
策略：挖掘文化科技成果
设置方法：中华优秀传统文化
科学探究和创新精神
社会责任和决策能力
绿色化学和持续发展
高度
品质点
探究点
效度
目标：化学探究素养
原则：化学本原问题
策略：挖掘基础实验
设置方法：氛围变换
载体变换
对象变换
条件变换
科学探究
创新意识
科学态度
社会责任
目标：实现关联迁移
原则：服务探究主线
策略：知识关联
方法迁移
迁移方法：特征迁移
模型迁移
关系迁移
生成点
异常点
曲度
深度
目标：化学高阶思维
界定：超越已有认知
策略：纵向关联大学
捕捉方法：已有经验冲突
应然现象冲突
已知原理冲突

图11　四要素设计的目标、原则、策略和方法

实验教学内容分析
实验教学需要分析
品质点设计目标编写
学情分析
探究点设计目标编写
异常点设计目标编写
化学实验创新设计
教学策略设计
生成点捕捉
教学实施
教学评价

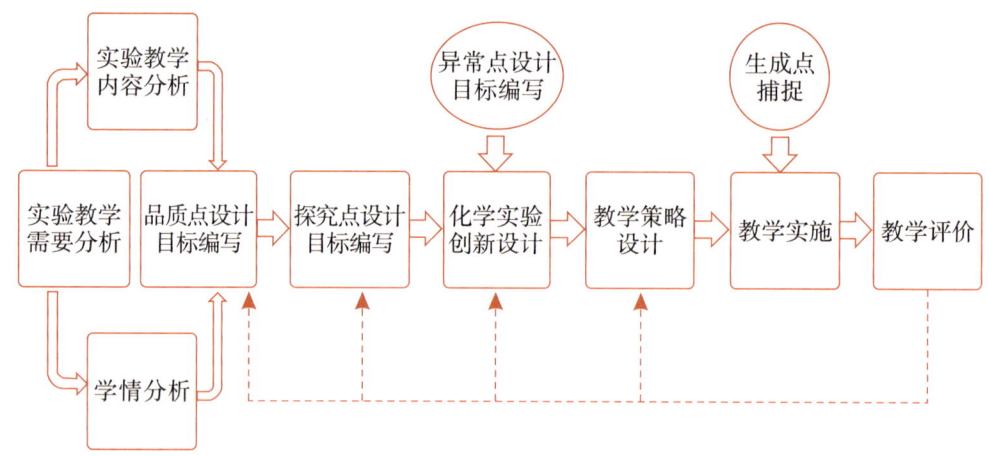

图12　四要素教学设计模式

品质点是统帅，优先设置；探究点是实验课堂教学主线，是核心要素；异常点在化学实验创新设计中视情预设；生成点为推进教学主线服务，侧重知识关联，提升远迁移能力。教学设计按品质点—探究点—异常点—生成点先后展开。

“点式设计”相对于传统的“线式设计”“板块式设计”，更易于把握育人点，精准发力，解决化学实验因动态复杂性缺少设计抓手的问题。

（四）实验本体：根植本体——合理改进　激发创新（见图13）

研究目标：发展设计思想、革新改进思路。以实验优化促进化学原理的探析和认知冲突的解决。

技术性目标：绿色环保、仪器简洁、重复使用、安全可控、操作简单、现象明显、合理数字化。

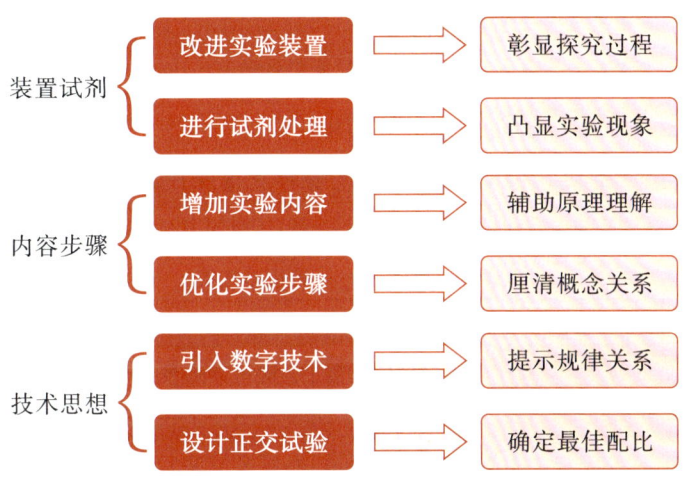

图13　化学实验本体研究六策略

1.改进实验装置，彰显探究过程（见表7）

以各级示范课、优质课、展示课为活动载体，集化学组全组之智慧，创新和改进装置32套，彰显了探究过程，增强了探究效果。

表7　案例——实验装置改进

课本实验	实验内容（略）	改进措施	优点
氨气制取与性质	制取氨气，喷泉的实验，氨与氯化氢的实验	装置一体化。利用固液反应，增加尾气吸收装置，增加一个音乐盒以及电导率的传感器	整套装置简单，产气快，不需加热，绿色环保，增加了趣味性，引入数字化技术
铝热实验	氧化铁和铝粉发生反应	以黏土做容器，在氧化铁和铝粉的混合物中插入两根铁丝，用火柴头做引燃物	简化装置，操作方便，成功率高，安全性好，趣味性强

2. 进行试剂处理，凸显实验现象（见表8）

对实验试剂预处理或调整，获得突出而明显的实验现象，使学生印象深刻，增强知识的直观性和可信度，有利于化学概念的生成。实践中，从试剂的浓度、颗粒度、表面处理、纯度等方面做了大量尝试，形成试剂预处理或调整的实验方案26项。

表8 案例——实验试剂处理

课本实验	实验内容（略）	缺点	改进	优点
浓度对化学平衡移动的影响	实验的第二步中（2）：向上述两支试管中各滴加0.01mol/L氢氧化钠溶液3~5滴，观察现象	需要分别滴加60滴和290滴0.01mol/L氢氧化钠溶液	将氢氧化钠溶液改为0.5mol/L	缩短操作时间，突出实验现象

3. 增加实验内容，辅助原理理解（见表9）

梳理教材上虽未提供，但对突破原理理解有支撑作用的实验。重视原理实验，充分挖掘发挥三大原理实验的教学价值。增设原理实验等共16项。

表9 案例——补充实验内容

增加实验题目	实验内容（略）	培养目标（校本化化学探究素养）
无机产品洗涤操作	洗涤含有氯化钠杂质的硫酸钡，并检验是否洗涤干净	制定科学的探究实验方案，能按探究实验方案完成化学实验收集特定主题所需的信息
熔融硝酸钾导电实验	固体硝酸钾和熔融态硝酸钾两种状态下导电性实验	根据已有实验方案进行实验，能完成简单化学实验并收集数据
氧化还原反应法滴定实验	用标准液草酸滴定待测液高锰酸钾溶液	根据已有实验方案进行实验，能完成简单化学实验并收集数据，分析数据，发现特点，形成结论
青蒿素的提取	利用乙醚浸取法简单提取青蒿素	根据已有实验方案进行实验，能完成简单化学实验并收集数据

4. 优化实验步骤，厘清概念关系（见表10）

针对部分无法更好促进学生建立新概念的实验设计，优化操作顺序或者增加后续验证性操作，促进厘清概念关系，达成实验探究目的。

表10 案例——优化实验步骤

实验名称	实验内容（略）	缺点	优化步骤	实现目的
碳酸钠和碳酸氢钠的相互转化实验	向饱和碳酸钠溶液中通入较纯二氧化碳气体	大约需要连续通二氧化碳气体30分钟	①取已经通入二氧化碳一段时间的反应液，滴加偏铝酸钠溶液。②取未曾通过二氧化碳的饱和碳酸钠原液，滴加偏铝酸钠溶液	实时转换问题，证明碳酸氢钠已经生成

5.引入数字技术，揭示规律关系（见表11）

开展数字技术与化学实验教学深度融合实践研究。引入数字传感技术，放大实验现象，呈现连续性过程，运用图像表征，促进概念理解。常态开展的数字化实验已有20余项。

表11　案例——开展数字化实验

实验题目	传统实验的不足	数字化实验的优势优点
酸碱中和滴定实验的数字化呈现	肉眼无法准确判断滴定突跃	利用pH传感器，呈现H^+浓度连续性变化过程，揭示突跃
金属镁和水的反应的数字化呈现	难以观察气泡的产生通过肉眼无法观察到氢氧化镁的形成	利用pH传感器监测OH^-浓度，用浊度传感器监测氢氧化镁分子的增长，放大实验现象

6.设计正交试验，确定最佳配比（见表12）

引入正交试验设计——多因素多水平的研究方法，进行课本实验的改良。对"浓度对碳酸溶液与酸性高锰酸钾溶液褪色反应速率的影响实验"等10多个实验采取正交试验法研究，获取实验最佳配比。

表12　案例——正交试验研究

课本实验	实验内容（略）	缺点	正交设计		研究结论最佳配比
			因素水平	正交表	
浓度对碳酸溶液与酸性高锰酸钾溶液褪色反应速率的影响实验	分别加入浓度为0.1mol/L和0.2mol/L的碳酸溶液2ml，比较反应时间	褪色用时：0.1mol/L碳酸用时8分钟；0.2mol/L的碳酸用时5分钟	1.高锰酸钾溶液浓度（mol/L）0.01/0.001/0.002） 2.高锰酸钾，溶液体积（ml）（1/2/4） 3.碳酸溶液浓度（mol/L)(0.1/0.5/1.0)	本实验为三因素三水平的实验，选用L_934正交表	酸性高锰酸钾溶液体积由2ml改为1ml；碳酸溶液改为1mol/L。褪色用时缩短为2分钟左右

（五）实验课程：进阶生成——四层实践，内化生成

课程目标：提升思维品质，培养解决实际问题和参与社会决策能力，实现学科育人独特价值。

能力目标——激兴趣，练技能，拓视野，促创新，提学术。

观念目标——秉承可持续发展意识和绿色化学观念，在科学态度和社会责任方面有更高层次的价值追求，能对化学性社会议题做出正确的价值判断。

课程载体：广场活动——趣味化学，化学实验室——开放平台，化学社团——晶

体社，研究性学习——专门研究。

课程特点：四层进阶、定位准确、适性扬才。

1. 广场实验课程——激兴趣

广场实验课程开设时间：学科活动周。

品牌名称："心动不如行动"广场学科活动。

情境设置：日常生活情境，生产环保情境。

内容设置：化学实验主题紧扣高中课程内容，安排"魔棒点灯、星光飞舞"等10多项化学趣味实验。

课程目标：激发化学学习兴趣。

课程实施（见图14、表13）：

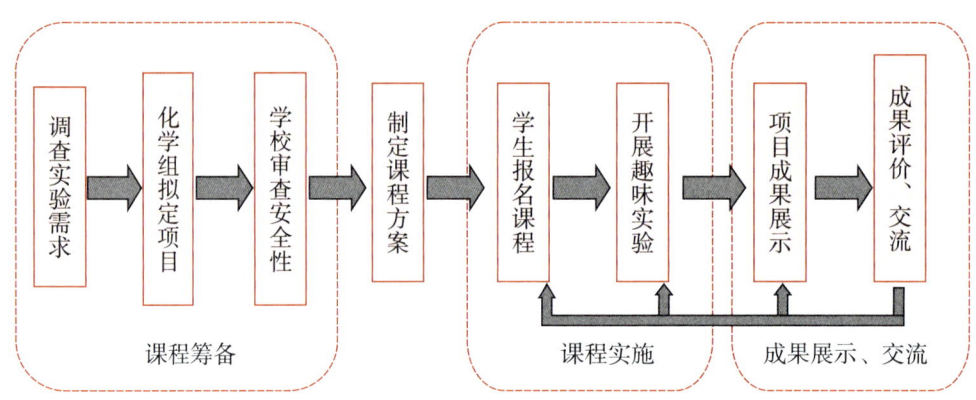

图14 广场趣味性实验课程开展模式

表13 广场趣味实验

编号	项目名称	对应课程学习内容
1	魔棒点灯	浓硫酸、高锰酸钾、七氧化二锰氧化性
2	揭开魔术"清水九变"之谜	酸、碱、盐的性质和综合电离平衡、难溶物质的溶解平衡
3	滴水点火	氧化还原反应（氯酸钾和过氧化钠）
4	星光飞舞	焰色反应
5	木炭化妆跳舞	氧化还原反应、硝酸钾和木炭
6	烧不坏的手帕	酒精性质（可燃性、易挥发性）；氢氧化铝的性质
7	玻璃棒点燃了冰块	乙炔的制取及性质、浓硫酸和高锰酸钾的强氧化性
8	鞭炮制作	黑色火药配制、蔗糖（气体发生剂）、镁粉（焰色反应、发光剂）
9	水火相容	磷的氧化（氯酸钾、浓硫酸、黄磷）

续表

编号	项目名称	对应课程学习内容
10	一色变四色	醛的氧化（氢氧化铜、葡萄糖） 酯化反应（纤维素与柠檬或洋葱头汁液中的有机酸）
11	人造雪景	苯甲酸的物理性质
12	化学种子	硅酸盐的性质
13	隐蔽墨水	氯化钴结晶水合物的性质
14	神奇的烟灰	糖在微量元素催化下的燃烧
15	口吞"烈火"	乙醇的挥发性（新鲜草莓+白酒）
16	鸡蛋入瓶	醋酸的性质（鸡蛋+醋酸）

2.开放实验课程——练技能

开放实验课程安排时间：每学期集中开放10周。

品牌名称："实验我来了"学科活动。

情境设置：课本教材情境，实验探究情境。

内容设置：化学实验主题紧扣高中课程内容，常态化开放实验9项。

课程目标：练习实验操作技能。

课程实施（见图15、表14）：

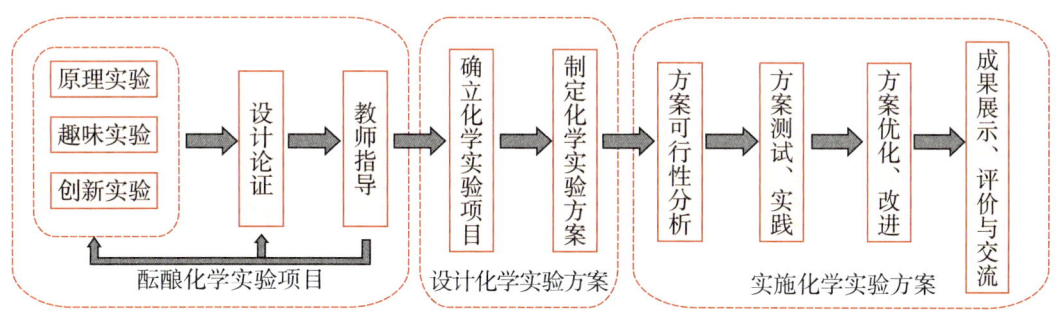

图15 开放化学实验课程开展模式

表14 2020年开放实验项目9项+创新实验3项

原理实验	性质实验	兴趣实验	创新实验
中和滴定实验	过氧化钠与水反应	制作水果电池	二氧化硫性质实验的环保设计
中和热测定	过氧化钠与二氧化碳反应	喷泉实验	钠与水反应创新设计
制备硫酸亚铁	检验醛基	焰色反应	八水合氢氧化钡与氯化铵反应的创新设计

3.化学社团实验课程——拓视野

化学社团实验课程安排时间：社团申请，实验室监管。

品牌名称：化学晶体社活动。

情境设置：实验探究情境，实验拓展升级。

内容设置：对应课本实验拓展升级，设置"茶叶中某些元素的鉴定"等九类拓展实验。

课程目标：拓宽实验研究视野。

课程实施（见图16、表15）：

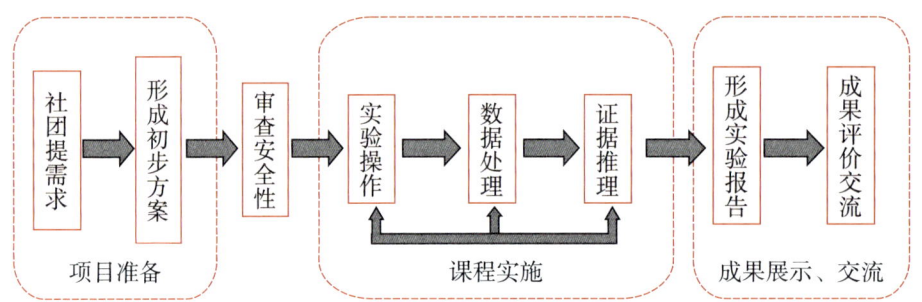

图16 化学社团实验课程开展模式

表15 化学社团拓展实验案例

序号	类别	拓展实验	对应课本实验
1	物质鉴定	茶叶中某些元素的鉴定	海带中碘元素的分离及检验
2	物质鉴别	真假碘盐的鉴别	鉴别亚硝酸钠和食盐
3	物质分离	用粉笔进行层析分离	分离铁离子与铜离子
4	物质提纯	硝酸钾晶体的制备	粗盐的提纯
5	物质检验	新装修居室内空气中甲醛浓度的检测	硫酸根离子的检验
6	无机物制备	用制氢废液制备硫酸锌晶体	氢氧化亚铁的制备
7	有机合成	对氨基苯磺酸的合成	乙酸乙酯的制备
8	控制条件	"蓝瓶子"实验	硫代硫酸钠与酸的反应
9	定量测定	水果中维生素C含量测定	中和热测定
10	原电池原理	干电池模拟实验	干电池实验
11	电解原理	用石墨电极电解饱和食盐水	用铜电极电解饱和食盐水

4. 研究性学习课程——促创新

研究性课程安排时间：高一年级安排寒暑假（2次），高二年级安排寒假（1次）。

品牌名称："研天地之理究人文之事"小课题研究。

情境设置：学术研究情境、化学史料情境、实验探究情境。

内容设置：结合时事开展实验专题研究。如在新冠疫情期间，开展"新型冠状病毒防护与各类化学消毒剂的安全使用""关于COVID-19的气溶胶传播特性及其防护建议""关于口罩熔喷布的研究"等研究项目。

课程目标：提升学术素养，促创新。

课程要求：研究小组（5人）提交研究报告、过程性材料，教师参与指导。组织优秀课题答辩，颁发证书奖品，优秀作品结集成册。

课程实施（见图17、表16）：

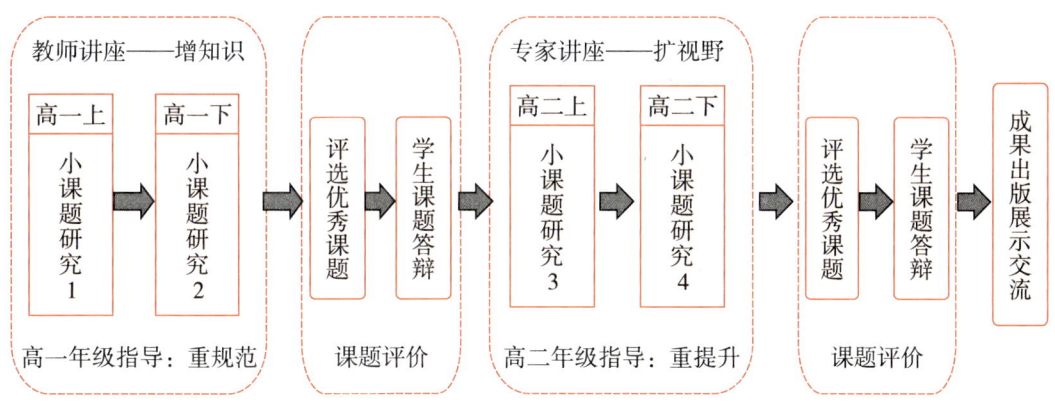

图17　化学研究性学习——小课题研究开展模式

表16　2018、2019级部分优秀化学研究性学习论文

序号	论文名称	班级	作者
1	新型冠状病毒防护与各类化学消毒剂的安全使用	19级22班	覃兴盛小组
2	化学消毒剂的成分探究	19级02班	杨嘉兴小组
3	塑料袋的危害	19级03班	王丹小组
4	关于COVID-19的气溶胶传播特性及其防护建议	19级11班	吴芷莹小组
5	化学消毒剂的安全使用	19级05班	阮科翰小组
6	关于口罩熔喷布的研究——气溶胶传播的神秘面纱	19级06班	杨晋清小组
7	口罩熔喷无纺布的现状研究	19级17班	吴正其小组
8	光污染的危害与防治	18级01班	蔡雨静小组

续表

序号	论文名称	班级	作者
9	酸碱指示剂的探究实验	18级12班	姚洋小组
10	废纸再造原理研究	18级23班	方妍小组
11	净化生命之源	18级13班	韦金欣小组
12	废电池的危害及处理方法	18级14班	黎海旭小组
13	南湖水质资源改善调查研究	18级05班	书方芳小组

四、物化成果（2012—2022年）

第一，发表论文：实验教学研究论文25篇。

第二，获奖情况：市级以上优质课、实验说课获奖40例。市级以上实验作品获奖5项。专利2项。

第三，结项课题：12项（市级和省级）。

第四，报告讲座：省际、省级、市级70余场。

第五，学生论文：共计863篇，优秀研究性学习论文53篇，收录于研究性学习校刊《风华浸远》和《研天地之理究人文之事》。

第六，学生获奖：5年来，共有24人在全国化学奥赛中获奖，其中金牌3枚、银牌10枚、铜牌11枚，入选国家集训队1人。

第七，校本教材：8种。

第八，改进实验：32套。

五、效果与反思

（一）效果

1.自身教学实践应用效果

（1）激发学习兴趣。研究性学习化学小课题研究已持续10年，近5年来，学生撰写863篇化学小论文，经答辩有53篇被评为优秀，发表21篇。

化学社团常态化开展的实验项目有4类12项，课余走进化学开放实验室的学生数量增加110%。共有24人在全国化学奥赛中获奖，其中金牌3枚、银牌10枚、铜牌11枚。特别是2017年蒋宇飞和刘松铭均以化学实验满分获化学奥赛金牌。

图18 参加化学奥赛

（2）提升教学质量。高考化学均分超出广西化学均分差值，从2015年的21.74分拉大到2021年的28.95分。化学实验题均分从2015年的6.5分增加到2021年9.02分。

（3）推动专业发展。近年来，主要完成人发表论文25篇，结项支撑课题12项。优质课、实验说课获奖40项。5项化学实验作品在全国、广西获奖。实验校本教材8种。改进优化32套实验装置，其中2项作品获专利认定。化学组培养出正高级教师2名，特级教师2名。

2.推广应用效果

成果主要通过以下三种形式推广，获相应效果。

（1）以教学指导形式推广。赴广西近50所基础薄弱学校支教帮扶、指导教学共200余人次，活动69场，为82所中学1000多名化学教师讲授实验教学经验。

（2）以共建研究实践合作体形式推广。依托学校"广西化学学科课程基地"，签约广西5市11校为研究实践合作体，成立化学实验教学指导中心。近10年来合作体举行教研讲座70多场。开展了76场教学研讨活动，线下线上共9000多人次参与。与20多所省内外合作校、高校、科研院所合作，在实践回访检验中提炼。

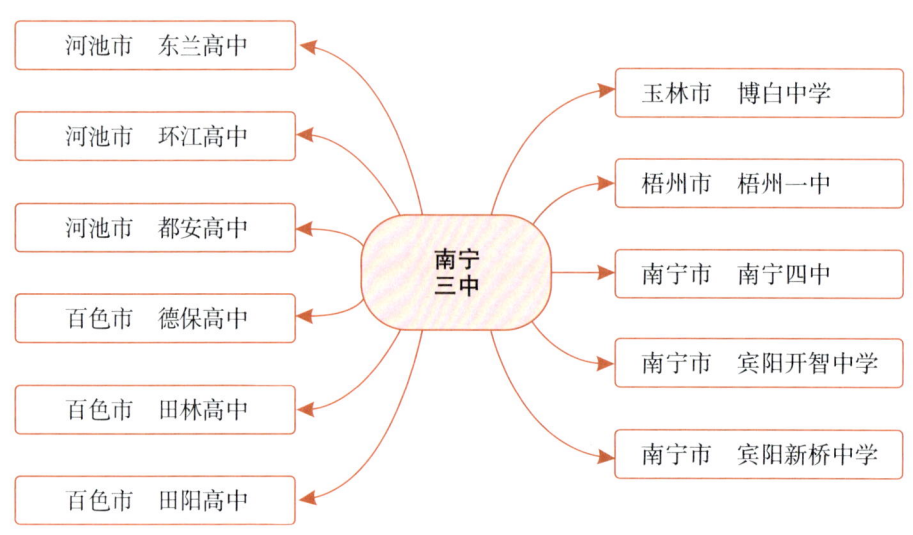

图 19 "三实融合"实践合作体（5 市 11 校）

（3）以讲座报告形式在四省推广应用。2012 年来，每年在各级视导活动中介绍研究经验。2016 年来，每年在四川、云南、贵州、广西西南四省区联合教研会做汇报交流。以教研方式向山东、福建、湖北、贵州等四省老师介绍研究成果，深受好评。

3. 新闻媒体报道

2015 年以来，《广西日报》、广西电视台、广西新闻网、中国教育在线等媒体 9 次报道学校化学实验课程建设。

（二）实验反思

1. 对促进学生实验能力、探究能力的"核心要素"的研究有待深入探索。
2. 思考如何重新设计化学实验校本课程，推动实验课程建设提升到一个新高度。
3. 现代实验技术方法和数字化技术的发展需要教师的自我迭代升级。

所获奖项 2017年广西基础教育教学成果奖一等奖

成果名称 基于LCCTT学情分析评价系统的教育教学改革实践探索

成果持有者 韦屏山 贝伟浩 张栋 陈延燕 谭锋

《基于LCCTT学情分析评价系统的教育教学改革实践探索》成果报告

成果主持人　韦屏山

一、问题的提出

（一）如何超越"经验传递""感觉决策"习性，迈向学校教育教学"科学化"进程

2008年6月高考期间，时任南宁三中教务主任的韦屏山照例巡视高三教室，发现很多教室的墙角堆满未开封的习题，他心生困惑：发这么多试题有什么用呢？这些未用习题可能是学生在高考应试的压力下自行购买，也可能是老师印发的。无论其来源如何，均折射出学生应对高考的盲目、无策甚至恐慌心态。如果教师团队能够通过研究，回答不同学生应该"用什么题？用多少题？

如何用题？"等问题，那么，作为学生素养发展和素养检核的重要一环——高考，就没有传说中的那么"高厉害""妖魔化"了。

随着城市人口规模的不断扩大，学校办学规模也在日益增大，南宁三中面临着师资队伍年轻化的问题，全校老师平均年龄长年居于27～31岁之间，对青年教师的培养虽然采取了"传帮带"经验传递措施，但仍然面临着青年教师"压力过大、方向不明、方法欠缺、发展迟缓"等问题。学校管理层提出新的想法：能否建立"数据驱动、理念外显、规则促教、程序正教、文化育人"学校教学管理新态势，以此弥补经验传递的不足，确保年轻教师队伍教学绩效长年进步的同时，还加快其专业成长。

（二）当前盛行的"学习分析"思想、方法能否从智能化网络学习环境"落地"到以大班制教育为主的学校教学系统之中

查阅有关文献得知，2010年，美国新媒体联盟发布的《地平线报告》，2012年美国教育部发布的《通过教育数据挖掘和学习分析促进教与学》，均指向学习分析与应用技术。学术界将学习分析界定为：通过对学习者产生和收集到的相关数据进行分析和阐释，来评估学习者的学业成就、预测其学习表现并发现存在问题的过程。在国内，也有诸多教育技术研究者开始转向学习环境设计和学习分析技术，其典型标志就是2017年国家自然科学基金增列了"F07-交叉学科中的信息科学"研究领域，学习分析是其中的重要研究方向之一，其目的是推动教育科学化进程。

然而，如此"高大上"的研究焦点和研究范式，对于当前基础教育的日常教学而言，似乎很难"高攀贵枝"。但其思想、方法却与我们日常教学大数据分析如出一辙。为此，我们提出了困惑：在教育大数据采集尚未达到高度智能化的日常教学情境中，能否超出基于深掘数据的教学管理与设计新常态？这一问题，虽然在本成果起步后期发现，但事实上我们已经用行动做出有效的回答。

（三）如何回答并处理好学校教学实际情形与国家民族人才培养规格定位之间产生的诸多矛盾问题

1.应对应试与素质教育的矛盾问题

在过去，一谈到学校教育成果，很多学校都有意识地避免"升学率""一本率"这些数据，潜意识里将之定位为"应试教育"的结晶。但实际上，这却是学校教育教学的轴心。如何将这种看似矛盾的"应试"与"素质"双方的力量统整出合力，协同育

人，这是我们一直思考并努力解决的问题。

2.学生成长发展和教师"给力"的非因果性问题

一线教师非常清楚，"好学生不是教出来的"，"好学生是自己'长'出来的"！而教师的努力是将一批又一批的学生由"不太好的学生"变成"好学生"。显然，用简单的因果关系来看待教与学的关系，会陷入无法解释的悖论。因此，我们只能用复杂系统、复杂思想来解决教与学的关系问题。一旦将教育教学系统视为复杂系统，又有人担心忧虑：系统的复杂性几乎无法驾驭，只能"谋事在人，成事在天"，无法找到具备高预测力的有效干预措施。事实上，我们并不这么看，本研究成果正是在力图驾驭教育系统的复杂性的基点上展开实践研究。

3.学生差异与"人人成才"的矛盾问题

无论是考试成绩还是日常观察，均能发现学生之间是存在潜在特质、成长发展的差异的，而作为教育者，我们描绘的"绚丽图景"是：在学校里，没有一个孩子迷失方向、懒散失职、孤立无助，所有人都沿着自己的发展目标和轨迹忙碌着。要绘制这幅美丽画卷，既需要依托良好的教育良知和教育信念，又需要技术的支撑。本成果亦试图通过实践回答这一问题。

二、解决问题的过程与方法

（一）构建LCCTT学情监控体系，解决实现"教考合力，协同育人"的动力系统问题

1.关键术语界定

本研究把"学情"界定为特定学习环境中的学生个体或群体的心智、能力、情感、情绪和行为结构状态的总和。学情分析指教师为了促进学生学业发展而开展的对影响学生学业各因素的观察、测量、描述、分析、诊断和评估。

2.确立正确的教育目标立场

坚决把学生综合素质培养置于首位，坚信升学、应试是综合素质发展的水到渠成的副产物。

3.力图驾驭教学系统的复杂性本真

遵循学生学习与发展过程的建构性、生成性、创造性、远离平衡态、混沌、涌现、

涨落等复杂性特征，从中抽取学力（Learning capacity）、课堂（Classroom）、班情（Class situation）、考题（Test）、考情（Test conditions）5个要素，耦合出学习目标、学习文化、学习差异、学习成效4个构面，形成LCCTT-"五点四面四层"学情监控体系，通过分析、调控系统变量催生能促进学生进步和发展的驱动力。

（二）研发系列学情监控工具，解决通达"精准干预，高效教学"的技术支撑问题

1.学习策略测量量表

通过对近三届高三学生进行全样本测查，得到重要的发现：尖子生群体的元认知水平最高，但元认知水平对学习成绩没有解释力；计划、监视、调控等元认知策略对后进生学习成绩的提高回归显著；男生的深度探究、合作探究和自主探究行为优于女生。

2.试题命制指导及质量监控系统

以提升测量题信度、效度为宗旨，从科学性、客观性、同质性、一致性、干扰性等维度来指导客观题命制，从情境性、真实性、本质性、适切性、层次性、逻辑性等维度来指导主观题命制；以"立德树人"为宗旨，从知识、能力、素养、认知水平或特殊性意图等角度来立意构思，从导向功能、诊断功能、区分功能、促学功能、教育功能等维度来选题组卷。

3.学情数据挖掘及应用体系

多层次、多维度采集学情数据，建立学情数据库。建立学校、年级组、班级三层级学情采集机制。研制具有中学使用价值、满足特色管理需求的EXCEL嵌入式模块，提升学情分析的效率。

采用逐点记分、SK失分抽样、"考生—试题—得失分"信息关联等方法生成原始数据，运用SPSS软件、EXCEL嵌入式模块，统计出功能各异的27项数据挖掘图表，实现教学质量评估、试题质量评估、学科素养评估、学生差异分析、科目差异分析、学生发展评估等测量目的。

4.课堂教学设计与评价指导系统

在国家级精品资源共享课"中学化学教学设计"建成的基础上，从学习科学的视角，构建了包括7个维度26个观测点的教学设计与评价指导系统，突出学习目标高格局、教师素养高学识、文化氛围高学术的课堂活动价值追求，彰显核心价值、教师引领、文化育人等教学理念。运用计量语言学方法对课堂语言进行词频分析，提升课堂

教学质量评价的客观性。

(三) 生成有效学习分类指导方法，解决学生"异步发展，同步达标"的教学策略问题

1.后进生指导方法

在分析学困生自我效能特征、学习策略特征、成绩走势特征、典型错题特征后，刻画出学困生群像。并在实践中总结出学困生培养策略：侧重成长性学科；不同阶段的辅导侧重不同的学科；放慢节奏，突破重点；有效训练策略——长信心、转方法、补知识、提认识、抓规范。

2.尖子生指导方法

抓学科素养，行合作探究，供其真需求，担任命题者，立学术带头人，分解学习难点。

3.课堂交互学习设计

课前——学情分析定"标靶"；课中——学术探究定"格局"，课后——聚焦靶点定"收益"。

4.课外自主学习设计

长线内容抓"累积"；短线内容重"深究"。

(四) 健全LCCTT学情监控体系高效运行和保障机制

建立学校、处室、年级、备课组四层级LCCTT学情监控管理体系。设立教学质量评估标准，确立教学成绩发展性评价原则，研究增量评价技术，确立教学质量评价指标，建立教师发展性质量评估机制，从而真正发挥评价的导向和激励作用。制定年级组、学科组、班主任考情分析要求和流程规范。重视考试命题的科学性，加强命题质量监控。研制素养为本的学科命题要求、阅卷要求。形成基于学情的学科精准测试要求。

注重体系文件的培训学习，促进全员掌握，常提流程机制，养成遇到问题先问体系，向体系文件要标准，从而实现引领教师主动发展的评价。

(五) 实践检验情况

1.个体实践

项目组成员在2008级进行实验。

2. 年级组实践

年级组在2011届、2014届进行实验。

3. 学校应用

2013年9月至2018年6月,全校各处室、班主任、各科教师参与实验。

三、成果的主要内容

近百年来关于人类学习本质的研究已经达成共识:知识理解、习惯养成、能力形成、素质发展,均是学习者自主建构、自主探究、自我反思的结果。这意味着,在特定的教学环境、教学系统中,我们给予学生学习、成长和发展的支撑途径是激活、唤醒、陪伴、指点、示范、交流和感染,而不是灌输、惩罚或放任。教学系统相当于土壤,学习者正如幼苗,调节土壤的酸碱度、离子浓度,可培育出优质作物。对教学系统的调控,可操作的因素很多。本成果历时10年研究,开创了LCCTT-"五点四面四层"学情监控体系,实质上找到了复杂系统中的关键变量,把这些变量分析、调控好,自然能收获优质的育人成效。

(一)构建了"数据驱动"的教学复杂系统调控模型

1. 形成LCCTT-"五点四面四层"学情监控体系(见图1)

10年探索,遵循教学系统的复杂性本真,形成以学力评估与促进为中心,以课堂、考题品质优化为牵引力,以考情、班情分析评价为驱动力的学情监控体系——LCCTT-"五点四面四层"学情监控体系,走出了面对复杂系统时束手无策、顾此失彼或盲目干预的困境,以大数据采集及应用为驱动力,促进了教学复杂系统的高水平运演。

提出了教学复杂系统调控的两个理念,对中学教育教学改革的普遍困惑做了破题。

一是"两个转变"的改革取向。即逻辑依据从"主观经验"向"深掘数据"转变;教学控制从"全面控制"向"重点控制"即科学命题方向转变。推动教学改革进入"深水区",实现教学改革从"表层修补"向"调筋动骨"转变。

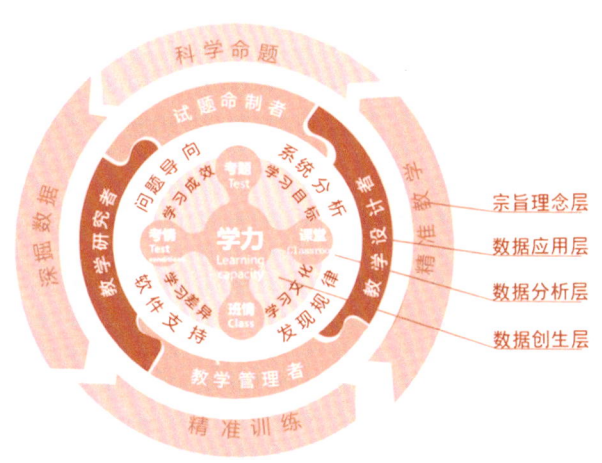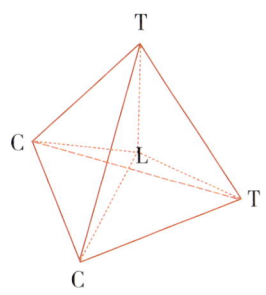

图1　LCCTT-"五点四面四层"学情监控体系

二是"系统改革"的改革思想。即教学改革不能"头疼医头，脚疼医脚"，需要注重整体思维，抓住关键要素，做好顶层设计，实现"碎片改革"向"系统改革"转变。

2. LCCTT-"五点四面四层"学情监控体系的运演

"五点四面四层"原始数据的创生，是师生互动、学生学习过程的数字信息化，其中，学力是指决定学习水平的智力和非智力因素，学力测量包括课堂表现、学习策略、问题解决表现、知识理解表现等可观察指标。以学力为中心的学情监控体系，可帮助教师走出孤立对待教学问题的境遇，建立系统观、关联观和复杂性思想。

体系的最外层，是我们提炼出来的理念和宗旨。

科学命题旨在明晰试题的结构与功能关系。能力立意的试题，考查和训练的是学生的某种能力；知识立意的试题，考查和训练的是学生对知识的理解和掌握水平；素养立意的试题，考查和训练的是学生在特定学科领域的基本常识、基本知识和基本能力。结构、功能明晰的试题，用于测试学生的潜在特质。只有通过科学命题所得到的数据才有效，才具有解释力。

深掘数据的前提是有问题、有需求，不同的需求可采取不同的数据处理方式，基础是数据必须真实、可信、可靠、有效。

精准教学的前提是知道学生缺什么、需要什么。缺乏动力的学生，教学要注重感染、鼓励、感化、规劝；缺乏方法的学生，应注重引导其尝试不同的认知方式和问题解决程序；缺乏问题解决能力的学生，要诊断其是知识欠缺还是技巧欠缺，然后再有针对性地予以补救。要做到这些精准，必须依托于数据挖掘。

精准训练的目的是夯实基础、提升能力。基于数据挖掘的精准训练，主要体现为基于单元测试题功能解析的分类、分层递进训练，其旨在优化课业负担，避免盲目训练、陷入题海。

次外层（第三层）是数据应用层，教师会根据自身工作角色需求，从命题者、管理者、监控者、设计者等多个角度去选择分析模型，结合实践经验，选取理论支撑，进行科学决策。

第二层为数据分析层，首先要整理好原始数据，其次是根据教学实际，提出问题和需求，再次是确定数据分析模型，呈现分析结果。

第一层为原始数据的来源，原始数据包括学力测量数据、考题结构数据、课堂教学实录、班级数据、考试数据。这些数据看似孤立存在，实则相互依存，共同构成学情数据体系。分析时，应注重五类数据的关联使用。

LCCTT-"五点四面四层"学情监控体系，不仅帮助一线教师厘清教学系统变量及其关系，还可以指导职前教师系统而全面地训练教师技能。

（二）开创基于科学命题和深掘数据的精准教学实践模式

统整试题测量目标与课堂活动目标，生成强大的"立德树人"合力，确保学情监控数据的科学性和有效性。形成"用数据说话""依数据决策"的新型管理、科研和设计文化，突破仅凭感觉经验确定教学着力点的局限性，实现"教、学、考、评一体化"之协同育人目标。

（三）实行了"以问题解决为导向"的软件技术开发及创新应用

教学系统复杂性需要教学控制来解决其面对的矛盾情景，而教学控制需要以新的价值取向为引导，选择合适的方法与技术方能发挥教学系统复杂性的功效。实践中，项目组开发了命题手册、"易命题"软件、考情分析集成软件、精准教学指导与评价量表等实用工具，突显学情分析规范性、操作性、结构化和可视化。

第一，开发"易命题"平台（http：//www.yimingti.com：8080/），便于命题教师输入各学科测量参数，制作命题蓝图，生成命题卡片，实现分工命题、交互命题、素材管理、题库管理、反思评价等功能，属国内首创。

第二，开发基于微信端的学习策略水平测量、基于学习科学的课堂教学评价量表。

第三，开发独具特色的学生成绩综合走势图绘制嵌入程序，对学生的个别指导效应极为显著。

第四，创新应用计量语言分析软件，提取核心素养课的词频，对课堂自然语言进行客观评定，避免了课堂教学评价的过于主观性。应用计量语言分析软件提取试卷文本的词频，做出关联，高效分析试卷。

第五，目前，已经在用的创新应用与开发软件共20余项，基于数据挖掘支撑的教学问题解决行动，已经成为一种教研、教学新常态。

（四）形成了有效学习指导策略体系

研究发现，元认知、努力程度和精加工策略是决定学力水平的首要因素；影响学绩进步最为显著的统计量是知识型失分，而不是技巧型失分；学生的学科学习，"异步发展"可以"同步达标"。整合多元智力理念、最近发展区等理论，形成了针对学困生、尖子生的有效学习指导策略体系。塑造"学生担任学科带头人""班级'心本—自主'管理"等新型学习文化。

（五）开创了"建模驱动"的精准教学实施范式，促进教师专业发展

精准教学的前提条件是目标精准，实现途径是方法有效，保障条件是教师水平。在实践探索过程中形成了提升教师水平的行动学习路径：数据信息采集行动→数据统计分析行为→问题诊断与分析行动→问题解决模型建构行动→模型实施及验证行动→数据信息采集行动……在模型实证研究方面，未来将采用结构方程模型等统计分析方法来作为技术支撑。

（六）物化成果

分阶段物化成果，成果形式有论文、教学设计指导课程、管理文件、教学设计、课例、量表、软件、工作技术规范。成果统计有：团队发表论文31篇，教学设计指导课程1项，管理文件21项，命题技术指南1册，试题研究文章100余篇，获奖教学设计30余个、获奖课例100余节，测量量表数10个，工作技术规范31篇，研制"易命题"平台，研制学情分析软件（嵌入应用）3个，试题参数数据库9个。成果以各种形式推广应用。

四、效果与反思

（一）成果应用及效果

本成果自2013年应用以来，已在全校推广，并在区内外产生较大影响，经过5年实践检验，取得了显著成效：

1.全面育人特长发展

本成果以学情挖掘的问题为导向，科学诊断、发现学生个性差异，合理引导，发展学生特长，让学生个性化成长。成果实践以来，学生的实践和创新能力显著提高，学生进行学术研究的氛围愈发浓厚，每个学生都有研究性课题。2015年以来全校学生撰写论文4000余篇，优秀论文汇编成册3本；2015年以来共有20多个作品申请实用新型专利及发明专利，共有9个项目已获国家知识产权局授权实用新型专利证书。

2.塑造新型学习文化

在实践中塑造"学生担任学科带头人""学生青蓝计划""班级'心本—自主'管理"等新型学习文化，促进学生学习能力快速提升。在研究成果的指引下，南宁三中2014年至2017年连续4年喜获南宁市教育教学先进单位殊荣"卓越奖"。学校一本上线率2011年54.54%、2014年71.6%、2017年85.2%，三年一飞跃。更重要的是，2015年以来的高三学习调查结果表明，学生学习自主性不断增强，学习能力提升较快。

3.教师专业发展加快

近年来，科学命题技术和LCCTT-"五点四面四层"学情监控的运用极大推动教师的专业发展。学校开展命题评比，撰写高考试题研究论文，每年编印出版1册命题研究专刊。学校每年开班情探讨会近100场，年级教学质量分析会20多场，教师们结合各种有益理论来分析课堂教学和学生学习，形成了浓厚的学术文化。学校每年产生的学科质量分析报告、班级质量分析报告300多份。近5年来，相关课题立项、结项省级2项，市级课题10项，获自治区教学成果一等奖1项。在专业期刊发表文章31篇。班主任每年撰写班情分析报告数百篇，教师撰写的试题分析报告近100篇。20多篇基于学情分析和评价的教学设计在全国、广西比赛中获奖，80多个教学课在全国、广西获奖。2013年以来在自治区、南宁市举办的基本功大赛和赛课活动中，项目组成员有100多人次获得自治区、南宁市二等奖以上；45节创新型课堂教学课例分别在市、县各种研讨会上展示。20多人被评为南宁市学科带头人、南宁市教学骨干；青年教师得到锻炼，成为学校教育教学、教育科研的骨干力量。

4.社会各界广泛认可

近年来，自治区、南宁市和自治区教育厅等各级领导对学校教育综合改革给予了高度关注和悉心指导，成果得到了区内外教育专家、同行和社会各界的充分肯定和广泛认同。南宁市教育局、南宁市教育科学研究所等领导到学校检查指导质量分析工作。韦屏山老师、黄都老师分别到青岛、深圳讲学培训。成果完成人作为专家赴市内外进行了超过100场的讲座和培训，深受教育专家和一线教师的认可和欢迎，带动广西近200所高中实施基于大数据学情监控的教改实践。科学命题技术以及学情数据分析的方法吸引了区内外十余个教育代表团到校学习与交流。

创新成果的检验和运用，形成了强有力的辐射和引领的作用。百色市隆林中学、南宁外国语学校、南宁市第三十六中学、南宁市第八中学4所单位积极参与本项目的实践研究，该项目产生了显著的教育教学效果。

5.新闻媒体集中关注

LCCTT-"五点四面四层"学情监控体系的实施，引起了多方关注，得到了主流媒体的充分报道。《广西日报》《南国早报》《当代生活报》《基础教育研究》和南宁电视台等多家媒体进行了报道或课堂拍摄，广西新闻网等多家平面媒体分别报道了项目成员的讲学活动。

（二）反思

1.学情基础数据库的建设难度很大

LCCTT学情数据库的建设需要教育行政大力推动。学校有阅卷数据库、学生行为数据库、心理测评数据库、学校管理数据库等多个数据库，但至今尚未打通建立统一的基础信息库。更为重要的是，学生学业信息的多头采集，导致各信息库的完整性、准确性、及时性都不够理想，其应用也受到条块分割、互联不畅等问题的限制，未能发挥更多效能。离建成智能学情监控系统，学情预警自动发送等目标还很遥远。

2.教育教学数据分析人员严重不足

学习分析技术人员培训力度要加大。一线教师在数据分析技术方面很薄弱，而校内专业技术人员大多为硬件或网络管理人员，不懂教学且数据把握能力也欠缺，如何推动基于数据挖掘的研究尚需努力。

3.一线教师在测量理论方面存在薄弱环节

部分一线教师在学习理论、教育测量评价理论、命题技术和评价等方面能力不足，阻碍了学情监控体系的改进和发展。

五、结语

通过深化对LCCTT-"五点四面四层"学情监控体系的教学综合改革，确立了"两个转变"和"系统改革"的改革思想，形成了有效学习指导策略体系，促进了学生学业的进步和发展。精准教学实践模式和建模驱动的精准教学实施范式，有效促进了教师专业发展。该成果使南宁三中的教学改革实现了质的跃升，产生了显著的社会效应。我们将继续进行LCCTT-"五点四面四层"学情监控体系教学改革的研究实践与完善，为广西基础教育发展做出新的贡献。

《"三课"联动引领高中育人方式变革的研究与实践》成果报告

成果主持人　黄河清

所获奖项 2019年广西基础教育教学成果奖一等奖
成果名称 "三课"联动引领高中育人方式变革的研究与实践
成果持有者 黄河清　李杰　周代许　韦先鲜　戚志涛　王祥斌

一、问题的提出

（一）育人方式变革是新时代国家教育改革新要求的迫切需要

党的十八大以来，习近平总书记多次指出：教育要坚守为党育人、为国育才，培养担当民族复兴大任的时代新人。2014年，教育部发布《关于全面深化课程改革　落实立德树人根本任务的意见》指出，要建立健全综合协调、充满活力的育人体制机制，落实立德树人根本任务。2019年6月，国务院办公厅印发《关于新时代推进普通高中育人方式改革的指导意见》，进一步要求"德智体美劳全面培养体系进一步完善，立德树人落实机制进一步健全"，要"突出德育时代性，坚持把立德树人融入思想道德教育、文化知识教育、社会实践教育各环节"。这些文件精神，充分说明"立德树人"已成为教育的国家战略。因此，变革育人方式，培养担当民族复兴大任的时代新人，是新时代国家对教育改革的总要求，也是新时代国家发展战略的迫切需要。

（二）育人方式变革需要标准引领、示范带动、立体推进

育人作为教育的根本使命，怎样育人、通过什么方式育人是关键问题。要让广大一线教师对新时代教育的新要求内化于心、外化于行，关键在于要构建以"为党育人、为国育才"为统领的课程体系，大力加强课堂教学"学科育人"教育功能，使育人方式变革有明确的标准、可具体实施的策略、有力的示范引领，助力形成改革的氛围，改变目前高中教育仍集中聚焦于高考"指挥棒"、没有全面构建育人方式变革体系的现状，促进"立德树人"目标深入推进。

基于此，从2014年6月起，学校开展了《"三课"联动引领高中育人方式变革的研究与实践》，经过8年的探索实践，取得了"学生成长、教师进步、学校发展、示范带动"的显著成效。

二、解决问题的过程与方法

（一）解决的主要问题

一是解决了学校缺乏以"课程引领"育人方式变革的问题。
二是解决了课堂教学缺乏实施学科育人"路径"的问题。
三是解决了育人方式变革理论与行动研究缺乏"联动"的问题。
四是解决了教学改革"不重视、不会做、难推动"的老大难问题。

（二）解决问题的过程与方法

"三课"联动，是指以促进育人方式变革为目的而构建的"课程建设、课堂实践、课题攻坚"相互融合、协调推进的实施策略。以课程改革为引领，为育人方式变革提供目标导向和实施载体；以课堂实践为重点，为课堂教学提供"学科育人"策略和实践路径；以课题攻坚为保障，为课程建设进行顶层设计，为教学改革提供理论支持和解决方案。

"三课"相互融合、相辅相成、相互支撑,形成强大合力,促进改革落地(见图1)。

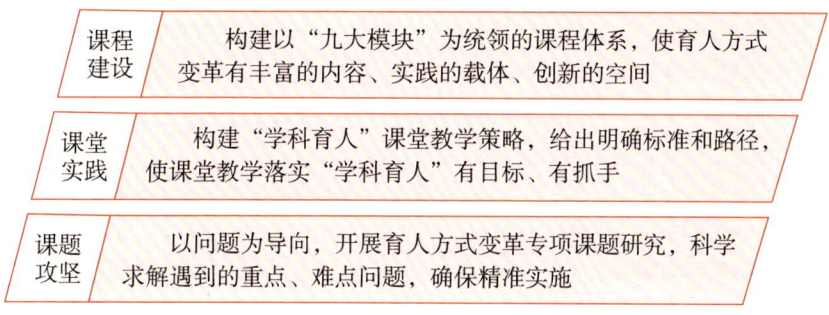

图1 "三课"联动引领高中育人方式变革框架图

1.构建模块化课程体系,为育人方式变革提供实施载体(见图2)

结合办学历史积淀和办学思想,以区情、红色文化资源为依托,构建了含理想信念、红色研学、民族团结、生涯规划、学科育人、劳动育人、德育实践、以体育人、以美育人9个模块化课程体系,使课程更加聚焦学科核心素养、思政教育更加融入课程体系、课堂教学更加适应新时代育人要求,以课程学习助力学生实现德智体美劳全面发展。

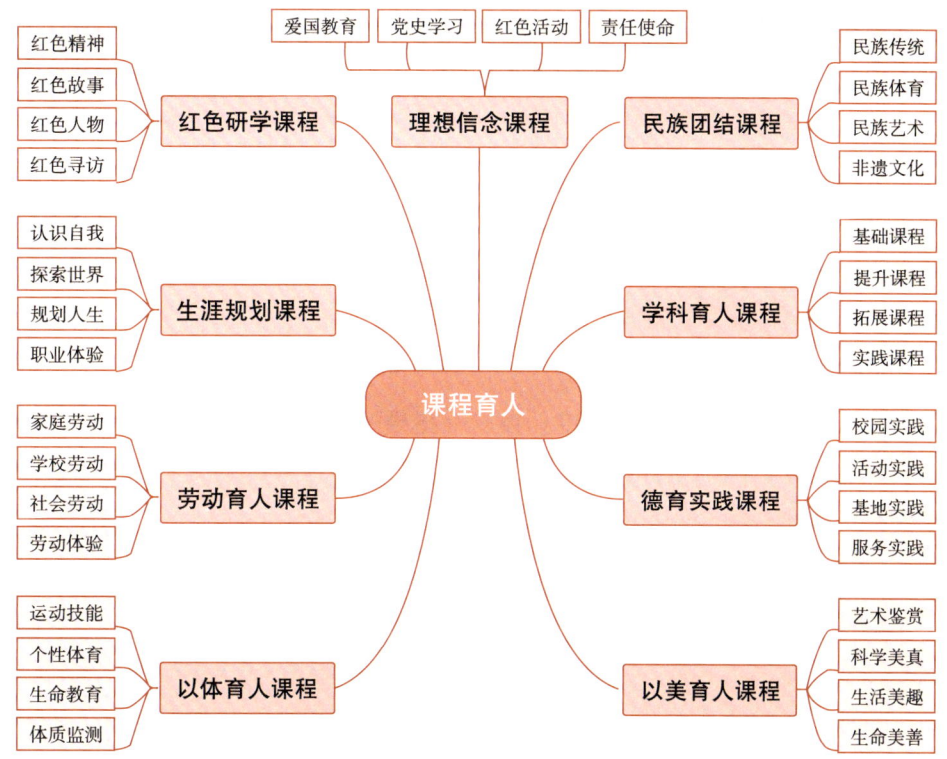

图2 模块化课程体系框架图

（1）理想信念课程。

开设"理想信念课程"，旨在通过爱国教育、党史学习、红色活动、责任使命等课程的学习，引导学生转思想、聚共识、树信念、砺精神，帮助广大青年学生用初心砥砺信仰、用理论坚定信念、用实践增强信心，努力使学生成为担当民族复兴大任的时代新人。

（2）红色研学课程。

区内有丰富的红色资源，是开展革命传统教育的理想之地。我们把"红色研学"作为校本必修课程，通过传红色精神、讲红色故事、学红色人物、踏红色寻访，讲好爱党爱国故事，赓续红色血脉，厚植爱国主义精神。

（3）民族团结课程。

广西为民族聚居地区，聚居着多个少数民族，让学生树立民族大家庭观念、增强民族团结意识，是学校重要的教育任务。学校开展包括民族传统、民族体育、民族艺术、非遗文化等学习活动，让学生全面了解民族文化，深化民族团结意识。

（4）生涯规划课程。

开设生涯规划课程，让学生了解国家发展的战略和需求，学会把自身发展与祖国的发展紧密联系在一起，树立高远的理想信念，以国家需要为目标，提高职业生涯规划的选择力、决策力和行动力。

（5）学科育人课程。

基于《普通高中课程方案（2017年版）》，学校重构学科育人课程，按基础课程、提升课程、拓展课程、实践课程四大类重新整合、补充完善，将国家课程和校本课程一体化建设与实施，满足不同学生的发展需求。

（6）劳动育人课程。

劳动育人课程目标重在四个维度：体验—指导—感悟—内化。开设家庭劳动、学校劳动、社会劳动、劳动体验四类课程，定期举行劳动教育成果展示交流活动，对学生劳动次数、劳动态度、劳动技能、劳动成果进行系统评价，记入学生综合素质档案，实现劳动"树德、增智、强体、育美"的多元目标。

（7）德育实践课程。

以校园实践、活动实践、基地实践、服务实践为载体，开展德育实践课程学习。通过岗位实践，进行角色体验，激发学生对社会问题的思考、反省、内察、体悟，提高道德思维、评判与选择能力，在陶冶情操、磨砺意志的过程中达成自律境界。

(8) 以体育人课程。

以体育人课程围绕"享受乐趣、增强体质、健全人格、锤炼意志"四个层面,将体育思政、生命教育融入教学各环节。通过"教会、勤练、常赛"路径,培养学生"健康第一"的理念;打造体育"选项课"品牌,满足学生个性体育运动需求,掌握1~2项终身运动技能,促进学生全面健康发展。

(9) 以美育人课程。

以美育人课程开设了艺术鉴赏、科学美真、生活美趣、生命美善四类美育课程,通过艺术课堂、艺术社团、学科课堂、生活课堂、班会课堂、志愿服务等平台,构建让学生发现美—认识美—体验美—创造美的美育认知体系,激发学生爱党、爱国、爱校、爱家、爱己的情感体验并升华,成为新时代全面发展的高素质人才。

2.构建"学科育人"课堂教学指标体系,为育人方式变革搭建实践路径

课堂教学是学科育人的主阵地,我们坚持把育人方式变革的重心放在课堂上,构建明确的教学实施策略,使教师教学有明确的目标引领。据此,我们提出了各学科课堂教学要设立标准、执行标准,全面开展学科育人的教学实践。

(1) 构建课堂教学"学科育人"教学策略。

根据各学科特点,构建了14个学科课堂教学推进育人方式变革的核心指标体系,形成50个课堂实践核心素养观测点,为教师开展学科教学改革提供标准和路径,使立德树人真正落实在课堂教学中,实现教学改革入脑、入心、入行(见表1)。

表1 "学科育人"课堂教学指标体系

学科	课堂教学落实"学科育人"重点抓手
语文	语言建构、文学鉴赏、文化认同、思维发展
数学	思维拓展、史料渗透、审美培育、角色体验
英语	语言能力、文化意识、思维品质、学习能力
物理	物理世界、科学方法、科学精神、审美情趣
化学	史料"渗"美、科技"展"美、实践"悟"美
生物	感悟自我、关爱他人、回馈社会
政治	马克思主义原理、民族精神文化、社会主义理想信念
历史	历史视野、民族传统、国家意识、历史素养
地理	情境感知、社会实践、爱国情怀
艺术	以美育人、以美化人、以美培元
体育	养成良好习惯、培养审美情趣、渗透传统德育
信息	信息意识、计算思维、学习创新、社会责任
通用	技术意识、工程思维、创新设计、服务社会
心理	科学发展、规律育人、创新实践、助人自助

例如，数学学科课堂教学落实"立德树人"目标策略应用示例如下。

指标体系：数学学科从"思维拓展、史料渗透、审美培育、角色体验"四个维度落实推进育人目标落地。

"思维拓展"：数学是思维的体操，课堂教学中的思维拓展训练，体现了数学学科育人的独特价值。在新授课教学"五环节"中，"新课引入"重点抓"关联性"，将数学史、中华传统经典故事等内容作为切入点，让学生在了解数学家的故事和中华优秀传统文化的过程中，形成忠于科学、忠于事实的思维习惯；"概念形成"环节重点抓"合理性"，注重培养学生实事求是的精神和积极探索的精神；"概念深化"环节抓"内涵、外延"，让学生学会思辨，透过现象看本质，培养学生思维的广阔性，提升数学核心素养；"应用探索"环节抓"深刻性"，掌握数学的思想方法，学会"用数学眼光观察世界、用数学思维思考世界、用数学语言表达世界"；"总结归纳"环节抓"延伸性"，提高数学抽象能力和概括能力，培养学生注重本质、去粗存精、触类旁通的思维能力，培育理性精神。

"史料渗透"："讲好学科背后的故事"是数学学科育人的重要载体。中华民族拥有许多如《墨经》《九章算术》等优秀中华数学文化，教学中要抓住"讲述数学发展经典故事、再现知识创新探索过程、暴露前人发现思维脉络"三个关键环节，让学生了解数学知识的时代背景和历史意义，拓宽学生数学视野，培养学生爱国主义、人文主义精神。

"审美培育"：数学美体现在对称、和谐、简洁、明快、雅致、统一，更体现在方法美，从某种意义上说，数学即智慧，数学即美德，数学即文明。我们提出"审美培育"要围绕"结构美，方法美"去拓展教学，让学生感受数学问题解决时构造的巧妙、推证的严密、精确的结果，体会数学思想方法的魅力之美，提高对美的理解和追求，这是数学学科育人的重要任务。

"角色体验"：建构主义学习理论认为，知识的学习是学生在与自然的对话中主动建构的。教师要精心设计课堂教学活动，鼓励、引导学生积极参与到学习的探究过程中来，让学生从研究者的角度出发，感受知识发生、发展的艰辛的探索过程，培养学生敢于创新、顽强拼搏的奋斗精神，在更深层次上培育理性精神、创新意识与积极状态。

（2）围绕"学科育人"教学策略开展多元化教学模式研究。

经过多年探索实践，产生了一批有影响力的教改成果，成为课堂教学改革的典型范例。以下是各学科已推出的多元化教学模式（部分）（见表2）。

表2 各学科多元化教学模式（部分）

学科	多元化教学模式
语文	1."读写一体、课内外共构互补"教学模式 2."做中学"项目式教学模式 3."观、读、写、测、评"教学模式
数学	1."问题导学"教学模式 2."问题导学"引领下"课堂育人、实践育人、科研保障"的学科育人模式 3."五育并举"教学模式
英语	1."主题语境"教学模式 2."输入—内化—输出"语言实践活动教学模式 3."语言能力，学习能力，思维品质，文化意识培养"模式
物理	1."少教多学"五步教学模式 2.高中物理模型教学模式 3."问题解决"教学模式 4."事、数、型、算"教学模式
化学	1."三实融合"教学模式 2."三阶递进 六维促学"导向深度学习的教学模式 3.基于创新性思维培养的"三维耦合"教学模式
生物	1.基于"模型建构"的生物学核心概念教学模式 2.关注"体验—内化"的生物学实践活动教学模式 3.立足"课程思政"的生物学社会责任教育模式
政治	1.课堂教学采用"知—信—行"的教育模式 2.各类课型课堂教学模式各有侧重 新授课——"情境体验式" 讨论课——"问题导学式" 探究课——"多维开放式" 复习课——"拓展提升式" 实践课——"研学沉浸式"
历史	1."计划—行动—观察—反思"循环教学模式 2."初高中衔接"与"高中高校互鉴"三学情融合教学模式 3."课内主题教学"与"课外文博实践"相结合教学模式
地理	1.深度教学"五环四步耦合式"课堂教学模式 2.情境教学"二阶五步一体式"课堂教学模式 3.活动教学"二维五项循环式"课堂教学模式 4.单元教学"三横六纵整体式"课堂教学模式
艺术	1."引—探—发"艺术模块课堂教学模式 2.视觉与听觉相结合的审美体验式教学模式 3.探究型学习—艺术实践多维互动教学模式 4."鉴—思—测—评"德育与美育培养的教学模式
体育	1.体育选项走班制教学模式 2.以学定教教学模式 3.学、练、赛、评一体化体育课堂教学模式

续表

学科	多元化教学模式
信息	1. 基于"真实情境"引导的教学模式 2. 强调"解决真实问题"的实践教学模式 3. 突出"真实能力"的学科核心素养教学模式 4. 基于STEAM理念的"真实融合"跨学科项目教学模式
通用	1. 微视频新型混合式教学模式 2. 对分课堂教学模式 3. "赏、研、创"三阶教学模式 4. 大项目多维融合式教学模式
心理	1. "课堂教学+校内外实践"体验式教学模式 2. "生生互助+朋辈成长"互助式教学模式 3. "教师—家长—学生"三维共振的心理教学模式

3.围绕改革重点难点开展课题研究，以育人方式变革助推教学提质增效（见图3）

围绕育人方式变革中遇到的问题，以学生全面发展为核心，开展专项课题攻坚，按课题研究规范，用科学的方法、手段寻求解决问题的办法，破解育人方式变革实践中的难点、重点、痛点、困点问题，形成常态化的教师研究自觉，保障课程建设、课堂实践的高质量发展，实现育人目标。"十二五"以来，学校立项省级课题61项，市级课题177项，取得丰硕成果，为育人方式变革起到强大的推动作用。

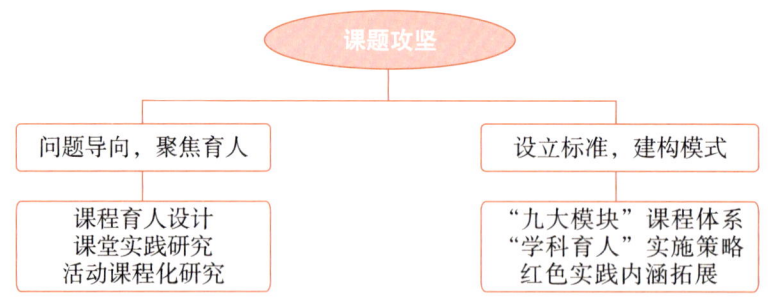

图3 课题攻坚框架图

同时，数学、地理、化学、英语4个学科获批省级普通高中学科基地，进一步提升了教师教育科研水平，为课程建设和课堂教学改革提供强大支持。

4.构建立体式成果推广体系，促进育人方式变革全面落地（见图4）

构建"校内研究实践—全区辐射引领—省际交流合作"立体式成果推广体系，发挥示范辐射作用，引导高中育人方式变革，引领广大一线学校开展育人方式变革的创新实践。

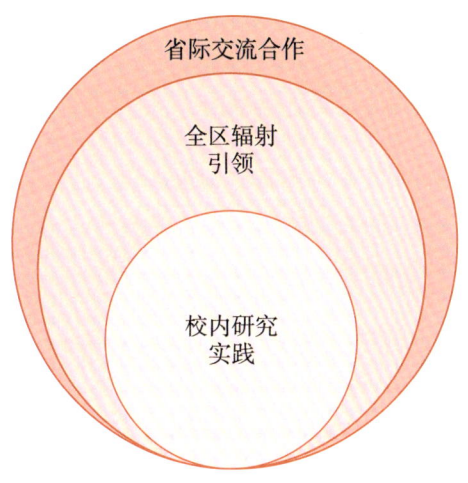

图 4　成果推广体系

校内研究实践。2014 年以来，学校开展校内育人方式变革专题学习数百次，每年发表相关论文上百篇，共出版专著 10 多部。学校大力开展促进学生发展的专项研究，开发校本课程 140 多门，建立学生实践基地 10 余处，组织学生开展研学、美丽家乡建设、教育扶贫等丰富多彩的学科育人实践活动。

全区辐射引领。注重发挥名校引领作用，近年来，开展支教帮扶活动讲座数百次，研究课 2000 多节，参与帮扶工作的教师上千人次。学校与区内 50 多所学校建立"学科育人"研究合作体，分层指导，分类推进，取得良好效益。合作学校在学校发展、教学创新、教学成绩上都取得优异成绩，学科育人之花开遍八桂大地。

省际交流合作。学校拓展实践空间，先后与广东省罗定中学、吴川市第二中学、贵州省荔波高中、四川省宜宾市叙州区第二中学签订了《"学科育人研究合作体"协议》，开展了专题成果讲座、示范课、教师互访交流等活动，为教学成果的立体化推进做出不懈努力，取得良好成效。

三、成果的主要内容

2014 年 6 月，依托省级课题"'三课'联动引领高中育人方式变革的研究与实践"，以课程建设、课堂实践、课题攻坚"三课"联动为实践路径，全面推进育人方式变革创新实践，实现学生成长、教师进步、学校发展、引领示范的显著成效，被誉为高中育人方式变革的一面旗帜。

（一）以课程建设为引领，推动育人方式变革全面实践

以"育人"为核心，将特色乡土资源、红色历史文化等融入课程，构建模块化课程体系，包括理想信念、红色研学、民族团结、学科育人等九大模块，实现以课化人、培根铸魂，培育德智体美劳全面发展的高中生。

（二）以课堂实践为重点，推进育人方式变革全面实施

构建各学科课堂教学推进育人方式变革的核心指标体系，凝练出50个课堂实践核心素养观测点，使教师教学目标明确、有章可循、有法可施，促进"学科育人"目标达成。

（三）以课题攻坚为保障，助力育人方式变革科学推进

以课题攻坚为保障，切实破解育人方式变革中遇到的问题，为实践难题提供解决方案，形成以研促教、以研促改、以研提质，助力育人方式科学、有效、增效。

（四）构建"校内研究实践—全区辐射引领—省际交流合作"立体式成果推广体系，以示范引领带动育人方式变革深入推进

发挥名校示范引领作用，成果直接辐射区内50多所学校，引领区内高中育人方式变革全面实践，并将成果推广至周边省市学校。

四、教学效果

成果经过8年的应用、实践，取得明显成效：

（一）学生坚定理想信念，全面发展

1. "三课"联动，使学生增强了爱党、爱国情怀

学校通过核心价值观教育、入学教育、成人教育、系列红色活动等，形成爱国主义教育课程体系，增强学生责任使命担当，为国育才。

2."三课"联动，使学生的学习能力、创新能力明显提升

注重学生能力、创新能力的培养，近年来学生获得多项世界级、国家级科技创新大赛奖，荣获五大学科国家级竞赛金牌8枚，银牌1枚，铜牌52枚。每年培养大批优秀学子进入高等教育继续深造，为国家输出人才后备军做出贡献。

3."三课"联动，让五育并举坚实落地，学生德智体美劳全面发展

注重学生文体艺术等综合素养的全面发展，近年来学生获得国家级文体艺术奖6项，区级文体艺术奖30余项，成为学生综合素质全面提升的典型学校。

(二) 教师师德高尚，学术拔尖

通过"三课"联动，教师的教育观念、师德水平、专业素养得到了全方位的提升，表现在多方面：

1.高水平教学成果不断涌现

2014年以来，学校共获得国家级教学成果奖3项，省级基础教育教学成果奖特等奖3项，一等奖7项，二等奖7项。2014年首届国家级基础教育教学成果奖二等奖：《高中数学"问题导学"教学法》。2018年国家级基础教育教学成果奖二等奖：《"精准帮扶"贫困地区高中提升教学质量的创新实践》《高中"实践型"德育课程十九年改革与探索》。

2.科研课题数量领跑全区

"十二五"规划以来，学校共立项省级课题61项，市级课题177项，极大地提升了教师研究水平。学校结合课题研究，深挖学科思想、学科方法、学科价值，探索学科育人路径与策略，转变学科育人方式，助力学生全面发展。

3.教学改革不断取得新突破

实践以来，学校教育教学理论成果丰硕。出版了《教育理论与实践丛书》《创新教育理论与实践丛书》《特级教师教学思想与教学艺术丛书》等教师学术专著数十部，教师每年发表论文上百篇。2021年，3项成果入选全国中小学思政课典型经验，在教育部平台上展示，成果在中国—东盟博览会教育论坛上展示。

(三) 学校竞争力提升，跨越发展

2016年，学校规模由1个校区2000多名学生扩展为如今4个校区10952名学生，形成优质教育集团。学校先后荣获"全国文明校园""全国教育系统先进集体""先进基

层党组织""五一劳动奖状""全国科研工作先进单位""新课程新教材实施国家级示范校"等数十项荣誉。

（四）教育帮扶助力一线学校共同发展，辐射带动

构建"校内研究实践—全区辐射引领—省际交流合作"立体式成果推广体系，带动一线学校育人方式变革的研究与实践，推动育人方式变革全面落地。

全区辐射引领：

学校与60多个县市百余所高中建立帮扶关系，推广育人方式变革的"三中经验"，为推动一线学校落实立德树人。

省际交流合作：

先后与广东、贵州、四川等周边省份学校签订了《"学科育人研究合作体"协议》，开展了专题成果讲座、示范课、教师互访交流等活动，为学科育人成果的立体化推进做出不懈努力，取得良好成效。

在全国、全区性学术会议上作育人方式变革的经验交流发言，并通过电视、报刊、微信公众号等形式，广泛宣传改革成果，得到社会广泛赞誉。

所获奖项 2019年广西基础教育教学成果奖一等奖

成果名称 基于创新性思维培养的"三维耦合"育人模式的实践研究

成果持有者 李杰 徐星 邓荣 魏远金 展军颜 周代许

《基于创新性思维培养的"三维耦合"育人模式的实践研究》成果报告

成果主持人 李 杰

一、问题的提出

2017年新课程标准的课程理念提出"培养学生的创新精神和实践能力",《国家中长期教育改革和发展规划纲要2010—2020》和《中国学生发展核心素养》均突出强调创新精神的培养,且把"实践创新"列入学生发展六大核心素养之一。高中教育阶段以学术探究为主要教学方式,以增强学术素养和培养创新人才为培育目标,促进学生深度学习和创新思维发展是高中教育的重要研究课题。针对课堂听课状况较差、学习主动性不强,学习停留在记忆、理解为主的浅层学习层次,缺乏分析、应用、评价、创造等创新思维能力,老师对学生思维的培养停留于记忆、理解、应用的浅层思维层次，教育定位模糊、内容碎片化、主体责任弱、评价单一等问题，学校于2008年提出打造以学术型、创新型人才培养为重点的学术型高中，将"创新"作为一种"性质"内化于学校机体并渗入学校师生的日常工作和学习中，通过为学生提供丰富的课程和多样的机会，尊重学生的个体思维差异性和发展性，致力于让每个学生都得到充分的发展。基于此，我们从2009年开展《基于创新思维培养的"三维耦合"育人模式的实践研究》，以"创新性思维"为目标引领，通过教学活动、课堂观察和实践反思有效耦合，以思维链为耦合线，将"一点一线一面"有效耦合，实现知识点、创新思维点和能力点有效耦合，取得了教学理念创新和育人模式创新的显著成果，促进了教师专业明显成长，为创新型人才培养提供可行模式，经过14年的实践检验，学生全面成长效果显著、社会和同行认可度高。该成果理论有突破、实践有亮点，提供了一种能示范、可借鉴的教育范式。

二、解决问题的过程与方法

（一）解决的主要问题

一是解决培养思路不清问题，构建创新性思维培养"三维耦合"育人模式。
二是解决培养课程缺乏问题，构建创新课程图谱，实现人才创新性发展。
三是解决培养路径混乱问题，构建六种课堂模式，融合课外项目化学习。
四是解决评价机制单一问题，构建多元评价机制，实现创新性思维培养。

（二）解决问题的过程与方法

1.第一阶段（2009—2011年）：模式引领（见图1）
确立创新性思维培养的"三维耦合"教学思想，实现育人模式引领。
聚焦一点：聚焦创新性思维——真实情境下自觉能动地综合运用学科知识解决特定问题，形成开拓性成果。
构建一线：学科六种课型构建——新授课、探究课、复习课、实验课、习题课、活动课六种课堂模式，实现学科知识螺旋上升。
打造一面：多课联动项目学习——以线带面，打破学科间壁垒，建立多学科联动项目学习，构建跨学科联动模式，实现创新性思维培养。

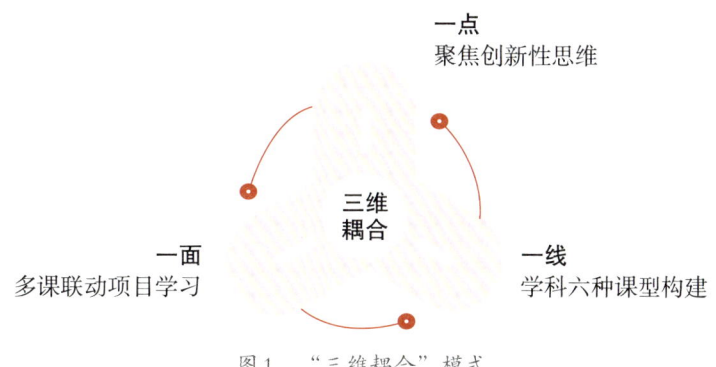

图1 "三维耦合"模式

（1）明确基于创新性思维培养的"三维耦合"的课堂教学要求。基于创新性思维培养的"三维耦合"教学要求教师在课堂教学中，以学科知识为载体，基于学生思维发展，设置阶梯性关键问题，通过启发、引导学生解决问题，从而逐步培养学生"创新性思维"。

（2）以课堂观察为抓手，开发基于创新性思维培养的"三维耦合"课堂观察表。在实施课堂观察的过程中，被观察者按照自己对基于创新性思维培养的"三维耦合"课堂的理解进行教学设计，并且与观察团队共同讨论自己的教学设计。接着，观察团队按照基于创新性思维培养的"三维耦合"课堂的理念来设计课堂观察量表，这种设计的过程又是一个建立标准的过程，把上述理念细化为课堂上的几个部分，进而再细化为一个个的观察点。观察过程中，观察团队对照自己建立的标准去观察对照不同老师的课堂，既能发现和概括基于创新性思维培养的"三维耦合"课堂的普遍特征，又能及时发现理论建构过程中一些不切实际的地方和需要改进的地方，并对自己的观察量表不断进行调整。深入教学现场，并以课堂教学实况录像作为辅助收集汇总记录资料的工具，并详细分析教师在课堂中的运用情况，从学科本质出发，初步探索出了重构学科认知体系、引发学生认知冲突、概念辨析、提炼教学主题等关键性问题的设计原则。在问题解决中，学生不断尝试"倾听—外部对话—自我对话"的学习机制，逐渐将倾听构筑为理性的学习策略。

（3）从课堂观察到教学改进。教师通过课堂观察捕捉课堂关键事件，深化对课堂教学的理解，反思教学进而改进教学，探索并提出能有效提升教学水平的建议从而促进专业发展。

（4）探索教、学、评一致性的教学要求。参照课程标准，突出目标导向、系统设计、评价伴随，通过教学目标、学习活动与评价要求三者的整体设计，推动教、学、评的一致，将课堂的目标设置、教师的教、学生的学及学习效果的评价进行有机融合，体现了目标对课堂教学活动的引领作用,以及教师的教和学生的学对目标达成的促进作用,以及课堂评价对目标达成程度的检测作用。教、学、评一致性的教学实践更有利于促进目标的达成,打造高效课堂,促进学生深度学习的发生,从而提升学生的核心素养(见图2)。

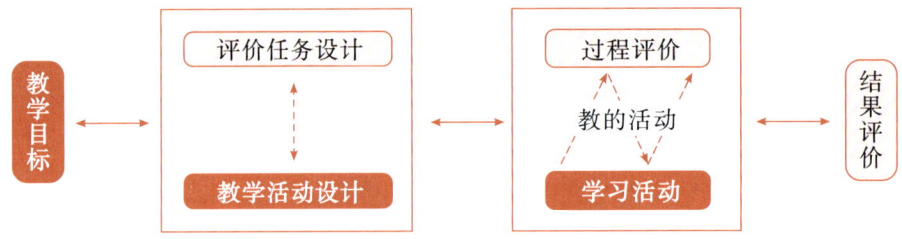

图2 教学目标、教学活动与评价的关系

2.第二阶段(2012—2014年):课程建设

以"创新性思维"为核心,注重课程开发,最大限度地满足学生个性需求,形成"多样性、多层次、多选择"创新课程图谱,为学生创新性思维的发展提供最充实的载体。创新性思维课程由八个课程模块组成,包括创新课题研究、创新哲学、创造力开发、创新游戏展示、微创家、创意科技节、创客培育营和创新大视野。该特色课程从不同层次和维度致力于培养创新思维,涵养创新人格,加强创新实践,提高创新能力。从校园文化、学科课程、拓展课程、特色课程四个维度,全面支持学生创新性思维发展(见图3)。

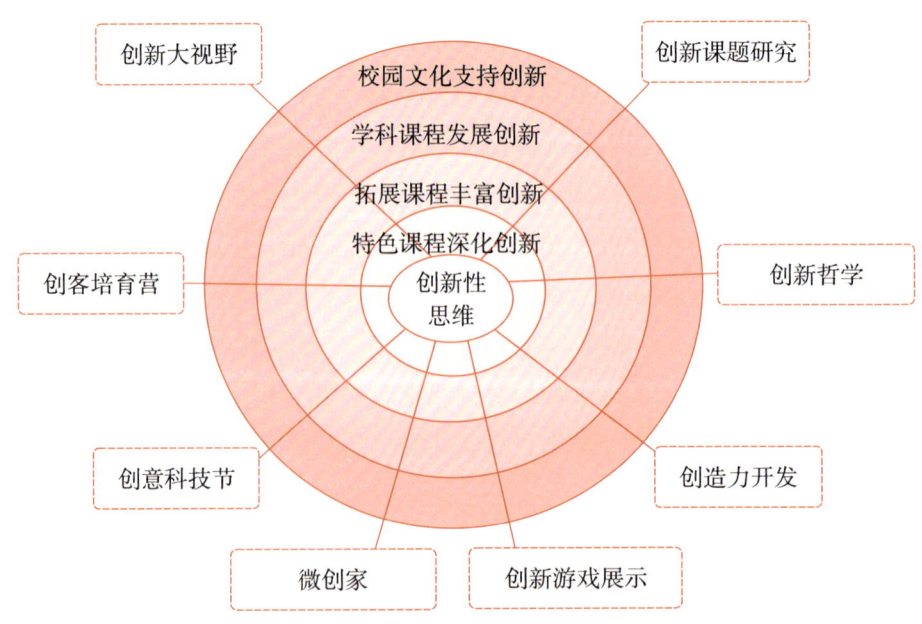

图3 创新性思维课程模式

(1) 校园文化支持创新型人才培养。

学校营造民主自由的校园师生文化，为学生创新发展提供软硬件支持。学校环境建设为创新型人才培养提供创新平台，包括物理、化学、生物、通用技术等高水平创新实验室的建设。开展丰富多样的创新校园活动，包括创意科技节、校园科创大赛、科技成果展示活动等，积极承办各级各类科技创新比赛，开展科技研学和科技创新教育活动，以此搭建资源共享、展示交流的科学教育活动平台，增强全校师生科技创新意识，营造浓厚的科技教育氛围，为学生创新性思维的发展提供沃土。

(2) 学科课程发展创新型人才能力。

学科课程是学校课程的最重要部分，通过学科知识发展学科能力，结合学科实践，形成学科思维，是学科课程教学的关键，也是落实学科核心素养的路径和方法。各学科都有其独特的学科思想和学科方法，都有助于培养学生的创新性能力。要融通各学科课程中的创新因素，开发系列科创课程，发展学生创新能力。充分发掘并培育学生对科技创新的兴趣与潜能，促进学生综合素养的提高。学生积极运用学科知识参加各类科技创新类大赛，捷报频传。

(3) 拓展课程丰富创新型人才内涵。

学校组建了一支由各学科教师组成的科创导师团队，以活动和课程为抓手，重点打造了一批由各学科导师牵头组建的科创课程，根据《校本课程管理制度》的相关要求，开发了一系列科创校本课程。形成"面向全体、兴趣导向、技术提升"的研究型校本课程共166门，并每年举办"欢乐中国年""文化大观园活动""数学游园活动""英语世界""化学梦工厂""趣味物理实验""生物乐园"等拓展活动课程。创新实验室已成为学校研究性学习的重要平台，是创新科技大赛、科技社团的支撑载体和活动根据地。初步形成了物理探究、化学趣味实验、实用生物工程、技术整合、机器人五大学习领域，每个领域都开发了校本选修课和相应研究项目。其中"光阴的故事·二十四节气"课程，融合了历史、人文、地理等学科知识，促进了学生多元思维和发散思维发展。

(4) 特色课程深化创新型人才发展。

从2014年起，学校重点打造把课堂教学和课外探究融合的新型研究性组织"特色研学"空间，把科技活动中的创新实验独立出来，形成新型载体"创新实验"，融合STEM（是科学、技术、工程、数学四门学科英文首字母的缩写）教育学科，以兴趣为导向，项目为牵引，创新实验室为平台，激发培育学生的创新思维。引入校外科技机构与组织，长期保持与中国科学技术协会、中国科学院、中国国家天文台、中国科学科技馆等单位的科创教育项目深度合作,通过科创大赛、科创研学等方式,为深化学生创新性思维发展提供更专业的技术支持与更广阔的平台。

(5) 搭建多元互通科技创新平台。

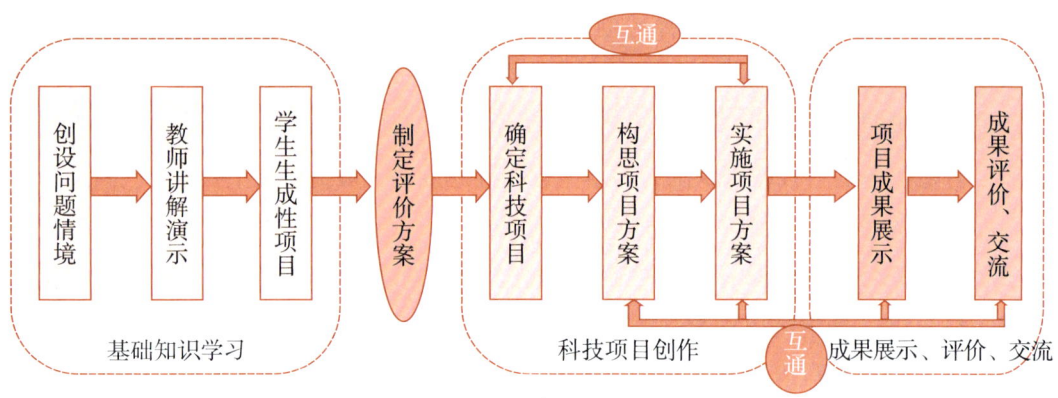

图4 三维"多元互通"创新平台

从2010年起,每年一届的科技节活动主要分为体验展示类、现场竞技类、评比类比赛。科技节以突出人才培养,淡化竞赛,重在体验和参与为目的,同时有针对性地集中开展各项培训讲座,重点提升学生的设计能力与实践能力。逐渐形成三维"多元互通"创新平台(见图4)。最近3届科技节,每届均有超过20个活动项目,参加师生超过6000人次,学生获奖人数超1000人;开设了16场科技专家课堂,其中8场为高校专家学术报告,8场为本校研究性学习指导老师的专题科技讲座。学生踊跃参与,收到252份创新方案,评出20多个很有价值的研究方案,并落实科技孵化跟踪制度,成功申请了专利。

3. 第三阶段(2015—2020年):路径探索

(1) 构建学科六种课型实施路径,实现学科知识与学科思维培养。

以"创新"为核,以"研究"为引领,以"特色"课程做支撑,由多学科教师共同实施,打造一线的"新授课、探究课、复习课、实验课、习题课、活动课"六种不同课型(见图5),围绕着课型特点、教学目标和学生思维发展,设置四个进阶环节,构建具体的实施策略和操作平台,促进学生多元思维和发散思维的发展。

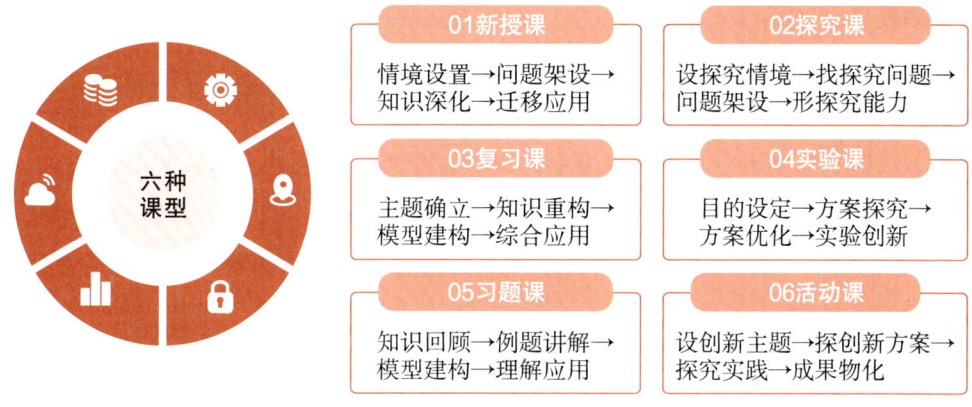

图5 六种课型模式

(2) 以项目化学习为载体，驱动多学科创新思维融通。

从2015年开始，学校深度发掘学科的核心知识和关键能力，深度提炼地域、学校文化元素，基于学习任务型课堂变革，以"融通"为关键词，聚焦"创设怎样的情境""设计怎样的驱动性问题""设计怎样的出项方案""怎样进行项目实施"等关键标准，致力践行核心素养视野下的项目化学习实践，探寻学科项目化学习三大路径（见图6），梳理校本化实施的主要流程、要素特征。学生在项目化学习中亲历知识间的深度关联与融合，摆脱知识细节的纠缠，超越碎片化知识，在情境问题中既实现知识与生活、社会、世界的联结与迁移，更实现了项目与知识、能力及素养的耦合。

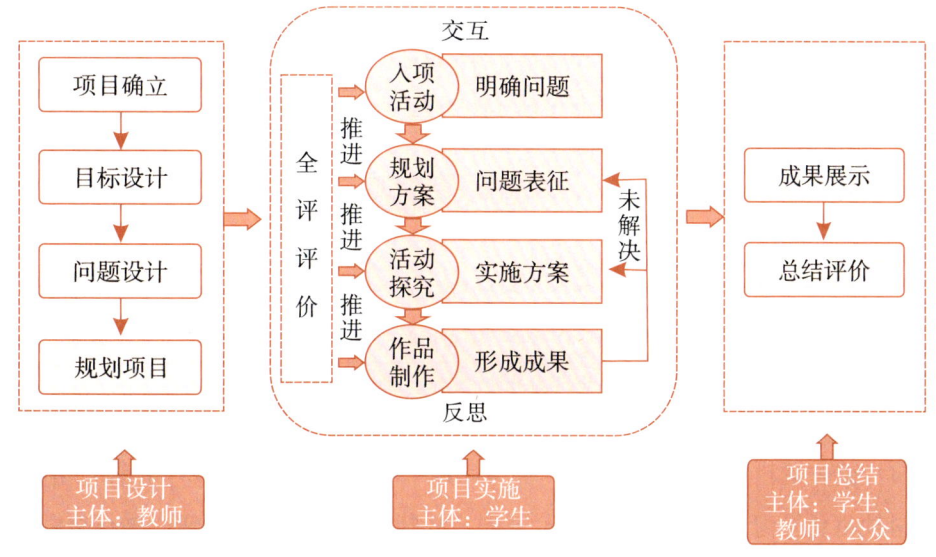

图6 项目化学习三大路径

通过跨学科项目学习实践,学生打破学科边界,创造性地解决真实问题,形成综合迁移应用思维能力。

(3)构建多元化评价机制,实现创新性思维培养。

课堂教学评价机制:开发课堂观察多元评价量表(见图7),诊断教学质量。

基于"课前评价的认知存在""课中评价的教学存在"以及"课后评价的社会存在"的多元耦合评价,开发课堂观察多元评价量表,为课堂诊断、教学质量评估提供标准化的科学依据。

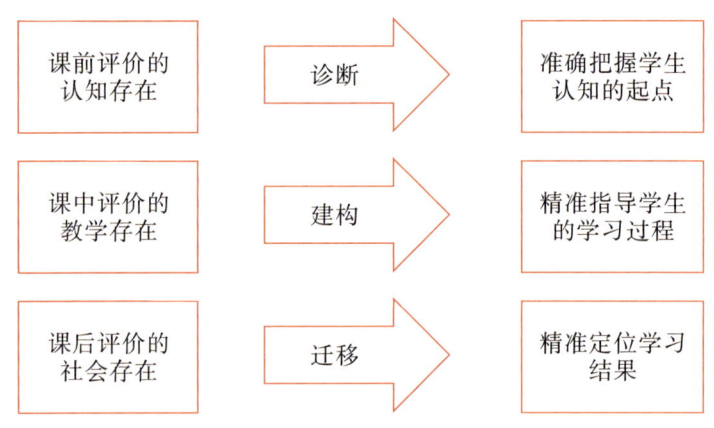

图7 课堂观察多元评价量表

项目学习评价机制:教师与学生共同制定评价量表(见表1),教师在学生的学习实践中进行全程性的评价,注重学生在学习实践中的全面表现。

表1 评价量表

评价指向	评价类型	方法或工具	评价主体	评价呈现
核心知识	过程性评价 总结性评价	纸笔测试、量规	教师、专业人士	分数、等级、评语、奖励
学习实践	过程性评价	量规、档案袋	学生自己、同伴、教师、家长	分数、等级、评语、奖励
阶段成果	过程性评价	量规、档案袋、纸笔测试、KWL表	学生自己、同伴、教师、家长	分数、等级、评语、奖励
最终成果	总结性评价	展览、汇报、报告、概念图、KWL表	学生自己、同伴、教师、家长	分数、等级、评语、奖励

积极探索跨学科项目化学习评价,充分体现了项目化学习指向学生心智自由的宗旨,为跨学科项目化学习的评价方式提供了方向。教师在学生的学习实践中进行全程性的评价,注重学生在学习实践中的全面表现,寻找学生的突出表现并以此带动其他学习活动的

发展，促进学生学习能力的不断提高。通过评价，学生在学习实践活动中获得了满足感，寻觅到自己的所得、所长，能够做出自己的思考和选择，真正地去自主学习。教师与学生共同制定评价量表，不仅有助于学生明确项目核心，更有助于学生核心素养的深度提升。

4.第四阶段（2021—2022年）：推广应用（见图8）

构建三级推广应用体系，将成果的思路、主要内容、方法在南宁市内、广西区内外推广，建立多样化推广路径和平台，最大化扩大成果的社会效益和辐射引领功能。

（1）南宁市内推广。

借助南宁市基础教育成果推广系统，通过对推广示范校的确立、培养、发展，将成果的内容、方法和路径推广。同时，通过举行现场观摩交流会和组建校际课题研究团队，搭建市内交流平台，实现共研共享，推动成果应用推广。学校与各教科研机构合作，积极承办各类成果展示与交流活动，从而扩大成果的社会影响力。

（2）自治区内推广。

作为区内基础教育领头学校，与各地市近百所学校建立长期帮扶交流关系，为成果推广建立稳定的路径和网络。以成果报告交流、现场课堂展示、跟岗交流学习等多种形式，保障成果的辐射引领，实现对薄弱地区基础教育教学的帮扶与引领。在一次次支教帮扶的过程中不断扩大成果的社会效益。

（3）自治区外推广。

通过建立跨区域教学研究联盟，与云南、贵州、四川等地建立共研关系，搭建线上线下推广交流平台，通过学术成果发表、开展专题学习研讨会等形式，对成果的内容、方法等进行交流展示。通过共同筹办区域性教育教研活动，以及不断将成果凝练发表到各类学术期刊等方式，实现成果的区外推广，最终实现共研共赢，提升育人质量。

图8 三级推广应用体系模式

三、成果的主要内容

（一）构建创新性思维，培养"三维耦合"育人模式

构建创新性思维，培养"三维耦合"育人模式，即聚焦创新性思维（"一点"）、构建学科六种课型（"一线"）和开展多课联动项目学习（"一面"），从知识到能力再到思维创新培育，实现知识点、能力点和创新思维点有效耦合，培养创新型人才。

（二）构建创新课程图谱，实现人才创新发展

以"创新性思维"为核心，开发"创新大视野"等八大课程，形成"多样性、多层次、多选择"创新课程图谱，从四维度加强创新实践，致力培养创新思维。

（三）构建六种课堂模式，打造课外项目化学习

打造六种课堂教学模式，围绕着课型特点、素养要求和学生思维发展需求，设置四个进阶环节，构建具体实施策略和操作平台，实现学生知识与思维融合发展。

通过跨学科项目学习实践，打破学科边界，创造性地解决真实问题，形成综合、迁移、应用的思维能力。

（四）构建多元化评价机制，实现创新性思维培养

课堂教学评价机制：开发课堂观察多元评价量表，实现教学质量诊断。

项目学习评价机制：教师与学生共同制定评价量表，教师在学生的学习实践中进行全程性的评价，注重学生在学习实践中的全面表现。

四、成效与反思

（一）成效

本项目自2009年以来，历经14年的理论研究和实践探索，取得了一定成效。

1.学生自主创新能力得以发展

课程实施以来,校内受益学生累计超过3万人,成果被区内外近百所学校借鉴,被《中国教育报》《广西日报》等多家主流媒体相继报道。2018年,团中央书记处第一书记到学校调研,高度评价"社会主义核心价值观研究社"研学活动。学生撰写研究报告1.2万篇,优秀论文800余篇,汇编成15册优秀成果集;发表研究性学习论文54篇,获发明专利授权61项;各级创新大赛获奖超千人。2017年至今,学校参加各类竞赛获金牌7枚、银牌25枚、铜牌40枚,学生入选省队72人次,获奖260人次。学校开发研究型校本课程166门,精品课程25门。近3年,学校在科技创新大赛、机器人大赛等各项比赛获市级及以上奖项92项。

2.教研评互促,以点带面,激发内生动力,促进学校深化教学改革

14年来,学校通过各种"基于创新思维培养的三维耦合教学"研讨会、活动课、讲座等活动,优化师生的思维方式,使教学成绩显著提升,实现学校、教师、学生共同发展,有效解决边疆民族地区学生思维水平低的问题。基于创新思维培养的"三维耦合"教学模式成为学校教师队伍建设的重要抓手,成绩显著。学校在不断创新"三维耦合"教学模式的同时,以点带面,不断在其他学科推广应用"三维耦合"教学模式的教学思想,促进各学科特色发展、创新发展,取得了可喜的成绩。如化学组将创新思维培养的"三维耦合"教学模式应用于化学教学,构建思维课堂,发展学生思维。数学组的《高中数学关键性问题探究课堂教学模式研究》,以关键性问题促进学生思考,提高思维能力。地理组《生活情境化的地理教学实践与研究》提出有效的地理课堂教学的预设与生成策略,实现了从"教"到"学"的课堂教学设计。

3.构建创新课程体系:人尽其才,创新发展

基于集群式课程理论,开发学科思维拓展性课程,构筑多层次、立体化创新思维培养的"三维耦合"教学发展新体系,以点带面,全面发展,围绕"创新素养"的养成逐层向外扩散课程知识的内容和范畴,增强知识呈现形式的丰富性和灵活性,形成一个由显性层面的"特色课程""拓展课程"和隐性层面的学科课程中的创新因子以及校园文化中的创新因子组合而成的同心圆式课程结构框架。

课程开发:构建立体多维的学生课程体系。构建创新特色课程、创新拓展课程等校本课程166门(面向全体课程81门、兴趣导向课程65门、技术提升课程20门),评选出25门精品课程,效果显著。

聚焦学科竞赛课程，培养学生的创新意识和实践能力：学科竞赛课程很好地培养学生创新思维能力，让学生体验解决关键性问题的过程，从实验中去学习、探索和发现学科规律，促进了学生学习方式的改变，激发了学生的学习兴趣和创新意识，为学生国家课程外的拓展学习提供了丰富的课程资源，而且成绩突出（见表2）。

表2 学科竞赛取得优异成绩人数

年份	2015	2016	2017	2018	2019	2020	合计
省一人数（人）	31	37	55	56	65	63	307
省队人数（人）	4	10	13	14	12	20	73

4.教研耦合：教师学术素养全面提升

教师的教育观念发生了明显的变化。教师深刻地认识到课堂不仅是传授知识的地方，而且是师生情感沟通、健全人格、诠释生命发展历程的神圣殿堂。教师的教育观念不断更新，教学行为发生了积极变化，专业素养和教学水平也都得到相应提高。在职正高级教师20名，特级教师20名。

5.实现课堂结构性与功能性的转型，辐射引领作用明显

基于创新性思维培养的"三维耦合"教学特别强调学生"能自主、善倾听、乐分享、会创造"，为此，形成了"问题驱动、板块推进、交流创新"的基本形态，强调问题驱动，使学习目标更聚焦。学生通过自主、合作、探究学习获得知识建构和能力提升。课堂已经成为师生平等的课堂、和谐共进的课堂、积极思维的课堂、相互倾听的课堂、协同学习的课堂、合作探究的课堂、共同创造的课堂。学生成为课堂的主人和学习的主人。全区10余所学校开展了基于创新性思维培养的"三维耦合"教学模式专题讲座和示范课活动，"三维耦合"教学模式在南宁市和全区得到宣传推广。学校以创新性思维培养的"三维耦合"教学模式为推手，深入广大贫困地区学校开展多层次、多形式的教育帮扶工作，为教育质量提升作贡献，在促进广西学校和教育上实现重大突破。

据不完全统计，10年来，学校派出上千人次教师先后到全区50多个市、县讲学、支教，仅2017年，共计160人次赴贫困地区支教扶贫，为基础教育的发展做出了应有的贡献。

（二）反思

如何建立学生创新性思维的成长模型需要进一步探讨。学生的思维发展是动态的，个体间也具有差异性，而动态的成长认知模型构建研究时间较短，因此还需经过长期的教学实践，并在这过程中不断改进、丰富、完善。

如何有效评价学生创新性思维能力还需要进一步探讨。健全学生多元考评机制，应从学生的学习、生活、综合实践等方面进行全方位、多层次的考评，以培养学生的自主能力和创新精神，这将成为下一步的研究重点。

所获奖项 2019年广西基础教育教学成果奖一等奖

成果名称 思政课引领下文综"三位一体"育人模式十五年探索与实践

成果持有者 陈小妤 李杰 刘立昌 毛秀英 廖丹萍 林凡

《思政课引领下文综"三位一体"育人模式十五年探索与实践》成果报告

成果主持人　陈小妤

"文综"是文科综合的简称，由高中思想政治（简称思政、政治）、历史、地理3个学科组成。2005年，广西高考科目设置实施重大改革，"文综"这一概念开始进入人们的视野，成为高中基础教育教学改革关注的热点。同年，教育部提出了坚持学校教育"育人为本、德育为首"，全面加强和改进中小学思想道德建设和大学生思想政治教育的工作要求。我们从2005年以来，就开始了政治、历史、地理3个学科联动育人的探索与研究，确立了文综"三位一体"联合育人模式，"三位"即政治、历史、地理3个学科，"一体"即以立德树人为核心、思想政治为引领的文综共同体。15年来，思政课引领下文综"三位一体"育人模式在指导南宁三中以及同类学校文综教学改革和服务选拔的实践中取得了显著成果，2019年获得南宁市基础教育教学成果二等奖。

一、问题的提出

（一）基于中国特色社会主义教育根本问题的回应和落实

党的十八大以来，围绕着培养什么人、怎样培养人、为谁培养人这一教育根本问题，中国共产党全面加强对教育工作的领导。学校是立德树人、培养人才的主阵地，如何在学校教育中培养德智体美劳全面发展的社会主义建设者和接班人，这是我们要回答和落实的教育命题。

传统的中学教学模式中，德育任务主要由思政课承担，政治、历史、地理作为中学的文科科目，有着许多共通性和交叉性，如果学科之间相互独立，不利于立德树人目标的实现和综合型人才的培养。如何发挥文综各学科的育人功能，实现全程育人、全员育人、全科育人，这对文综三个学科相互协调与整合提出了要求。

（二）基于教育理念深入发展和人才选拔评价机制的育人导向

2015年教育部提出了将核心素养作为重要的育人目标，是从教书走向育人的重大变革。但由于多方面原因，在唯"智"是举的氛围下，育人手段片面，课程设置单一，教育方法偏重教材的间接经验，这些都限制了学生的全面发展和个性潜能的充分实现。这对文综加强课程内容和形式综合化，关注学生学科素养，实现育人改革提出了任务。

教育理念的深入发展引领着人才选拔与评价机制的转变。作为国家统一的人才选拔与评价机制，高考不仅承载选拔和评价的功能，也是拓展、培育和实现立德树人的有效途径和重要的育人方式。考试中反映出来的能力、素养、方法、心态等智力因素和非智力因素是人才培养不可忽视的品质。2005年广西高考科目在设置上将政治、历史、地理由原来分科考查改为三科合卷考查。如何应对这一变化，文综三个学科如何优化组合，备考方法、考试心理和策略的研究，便成为在加强知识深度广度的同时必须面对的一项重要工作。

（三）基于学生个体发展差异和自主发展的客观要求

每一个学生智力、能力、身心发展具有相似性与差异性统一、稳定性与可变性结合的特点。针对学生的个体差异，教师常常采用一种笼统含糊的标准对学生进行评估和分层，或者是分不清学生的层次类别，在教学中平行推进，不利于学生异步发展。

如何对学生进行科学、合理的分层分类，避免教学过程的随意性和盲目性，这对"三位一体"的文综联动育人模式提出了挑战。

促进学生的自主发展是教育的出发点和归宿。长期以来的"灌输式"教育在很大程度上忽视了受教育者的主体性和选择性，不重视主体在教学活动中的发展性和创造性，背离了教育本真使命。如何通过文综的教育教学改革为学生提供自主发展的空间和平台，让学生受益，这是文综三科要面对和完成的教育使命。

二、解决问题的过程与方法

（一）解决的主要问题

第一，管理层面，构建文综协同育人机制，形成强大合力。
第二，教师层面，创建文综特色育人模式、教学备考模式。
第三，学生层面，探索科学分层分类模式、自主学习模式。

（二）解决问题的过程（见图1）

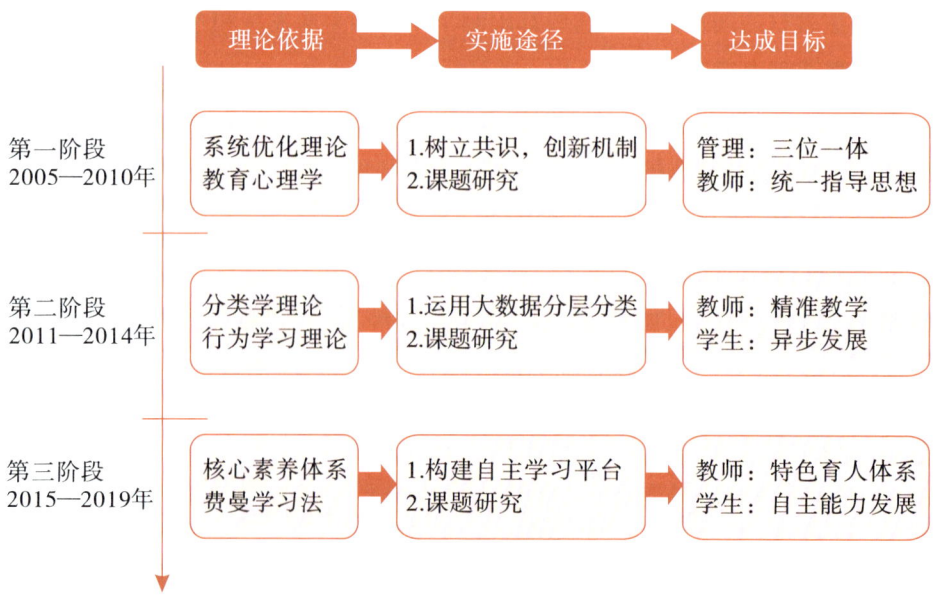

图1　研究过程示意图

（三）解决问题的方法

1.管理层面，创新教学组织管理，生成强大的育人合力（见图2）

在"培养什么人、怎样培养人、为谁培养人"这个问题上，我们必须提高政治站位，旗帜鲜明地把立德树人的根本任务落到实处。文综三科作为一个共同体，我们形成共识，确立了一个核心、两个立足点的学科定位，以思想政治的价值观引领即"立德树人"为核心，立足历史（时间）与地理（空间），把"立德树人"融入思想政治教育、历史、地理知识教育之中，并贯穿课堂教学与实践，从管理机制、评价机制、合作机制入手。文综三科联动，生成强大的育人合力，引导学生树立正确的国家观、历史观、民族观、文化观，树立为中华民族伟大复兴而勤奋学习的远大志向，实现教育的根本任务和目标。

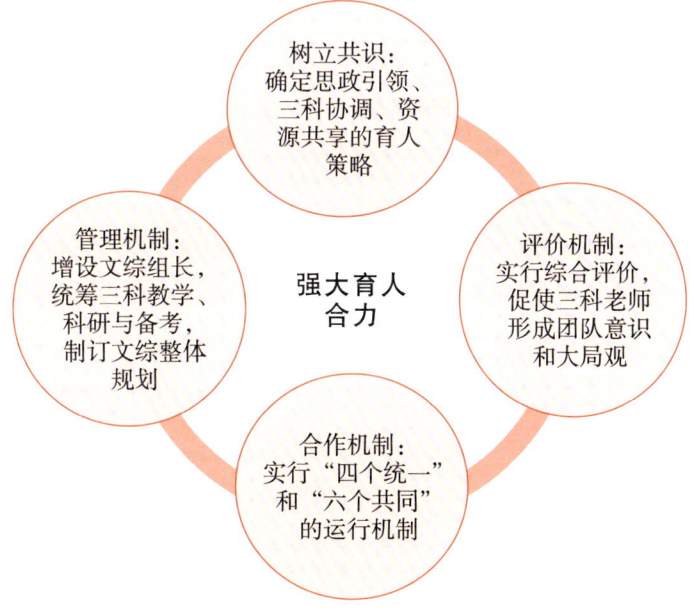

图2　文综联合育人示意图

2.教师层面，统一文综策略指导，构建核心素养培育体系

2005年开始的文综考试对于广西文科考生来说是一场全新的考查方式，地理、历史、政治三科合卷，总分300分，考试时间150分钟。确立怎样的答题顺序，时间不够怎么办等一系列非智力因素的问题，是每一届文科学生都要面对的一个难题。如果文综三科教师没有统一思想，只从本学科角度考虑指导学生，会导致学生无所适从。

每一次高考改革都撬动中学教育教学改革。我们从2005年开始，以考试心理和策略作为校级课题研究，2008年9月结题，被评为南宁三中优秀科研成果。2011年立项为南宁市教育科学"十二五"规划A类课题，获得南宁市培养新世纪学术和技术带头人专项资金资助。2015年，广西参加新课程标准全国卷的考试，学科考试的内容有所变化，试卷的顺序和题型也进行了调整，对学生的学科素养要求有所提高。文综组与时俱进，对原有的成果进行调整完善，总结了学生主要答题方式有4种，并指出4种主要答题方式的利弊，应用时要注意的问题和时间安排，还提出了10个方面的考试策略，并把这些策略归纳为4个法则。2018年6月课题结题，2019年5月获得南宁市教育科学研究优秀成果评选一等奖。

文综备考策略的研究过程与方法（见图3）：

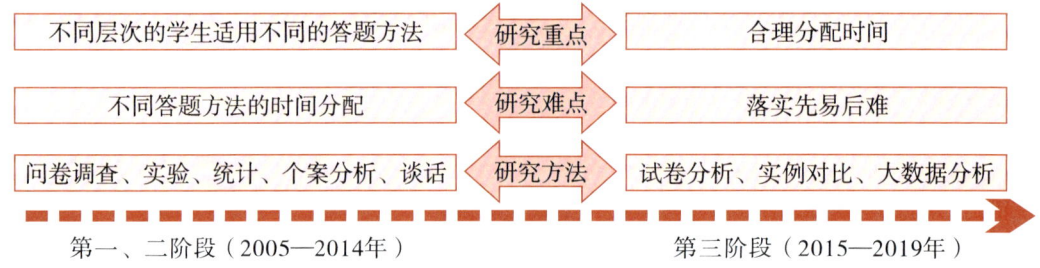

图3　文综备考策略研究过程与方法

文综三个学科根据核心素养体系，依托学生在不同年级、不同学科的学习内容和育人目标、任务，融入社会主义核心价值观的基本内容和要求，把核心素养和学业质量要求落实到各学科教学中，按照思想性、科学性、时代性、适宜性、实用性、整体性原则，从文化育人、课程育人、实践育人三个方面，构建了具有文综特色的校本育人体系（见图4）。

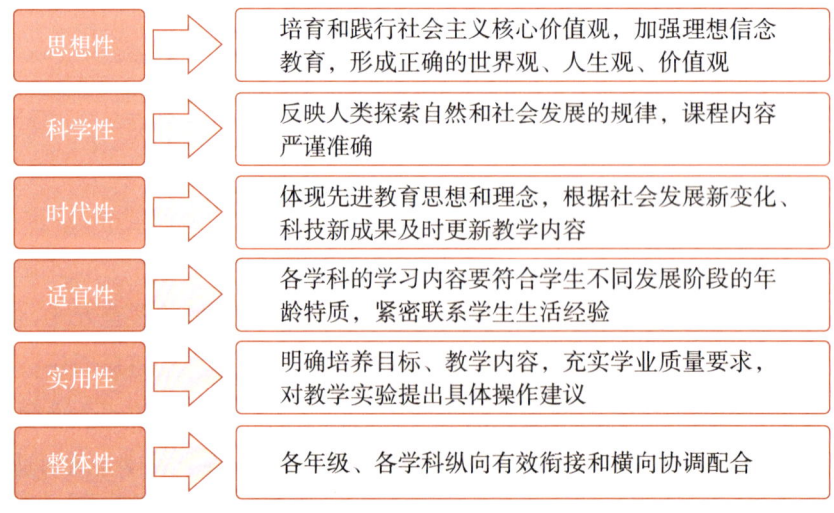

图4　文综联合育人原则

文化育人：

思想政治课是落实立德树人根本任务的关键课程，历史、地理学科与思政课相结合，充分发掘和运用本学科蕴含的文化育人元素，使专业课也能承载育人功能，三个学科文化相互融合，相互渗透，贯穿于学科教学之中，共同承担育人重任。

课程育人：

优化课程资源配置，除了依托国家学科课程（必修课、选修课），还根据本校学生实际情况，结合文综学科特点，开发校本课程、专题课程、研究性学习课程，实现各类课程的育人功能。

实践育人：

育人的阵地不仅在课堂，更在广阔的实践中。从2001年起，学校每年开展元旦活动，政治学科策划的"美食一条街"、历史学科策划的"花灯赏评"、地理学科策划的"拓展乐园"，都是深受学生喜爱的活动，充分发挥了实践的养成作用。

3.学生层面，以生为本分层分类，创建自主学习文化模式

复杂多变的学生个体发展差异是一种普遍存在现象。每一个体不一定都能达到发展的同一水平。我们依据布鲁姆分类学理论，测量和评估学生个体的发展水平，并得到具体、确定的依据，避免了过去笼统含糊的弊端。但是，学生水平和能力处于动态变化之中，分层指导体系的建立还必须能够体现出这种动态关系，才能实现教学过程中对人才培养的科学性和精准性。

大数据时代的到来，海量的数据运用和处理能力为教学研究与学情分析提供了新的可能与方式。运用大数据，多层次、多维度采集学情证据，进行动态变化分析、学生差异分析、科目差异分析、学科素养评估，解决凭经验发现学生问题的弊端，有助于形成针对性强、科学的分层分类指导体系。

分层：分析学生哪一维度存在问题。结合文综三科的学科特点，按基础知识、运用能力、学科素养三个维度分层，逐层提升。

分类：分析学生哪一学科、哪一方面的知识、能力、学科素养欠缺，通过精细指导、精确训练、精准落实，避免教学过程的随意性和盲目性。

自主性是人作为主体的根本属性。学生是学习的主体，老师所有的教学理念和方法都必须内化为学生自身的能力才有可能转化为学生的素质。文综三科老师在教学实践中互相学习、借鉴，开展自主学习、同伴教育等"主体驱动型"学习活动，把知识的掌握和能力的培养统一起来，把常态教学与核心素养的培养统一起来，唤起学生的主体意识，激发学

生的发展潜能，通过学生独立的分析、探索、实践、质疑、创造等方法来实现学习目标。

三、成果的主要内容

15年来，思政课引领下的"三位一体"联动育人模式经历了初步形成、完善发展、融合深化的过程，文综共同体意识越来越增强，育人路径越来越清晰，在立德树人的过程中，三个学科实现了共建、共享、共赢（见图5）。

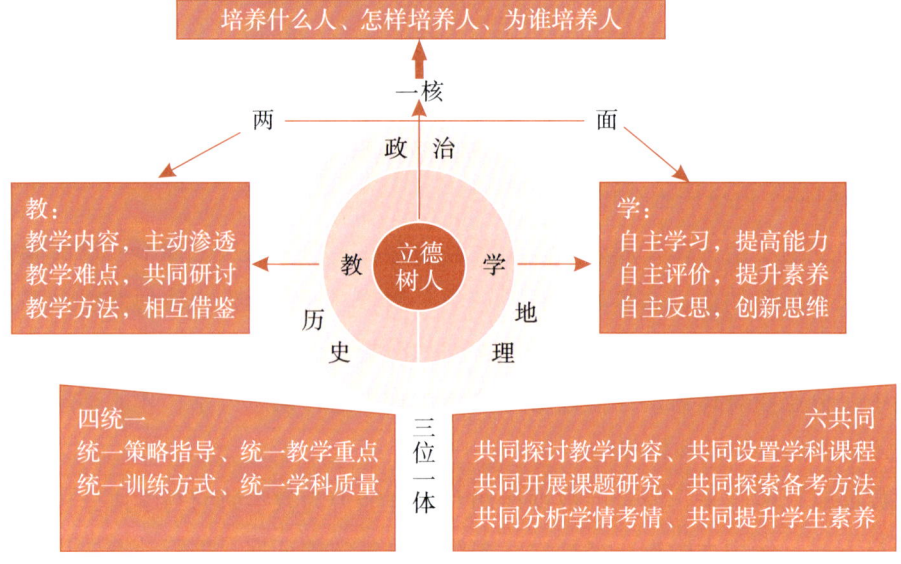

图5 思政课引领的文综"三位一体"育人模式

（一）一核：以立德树人为核心

思政课引领，把"立德树人"融入思想政治教育，历史、地理知识教育之中，贯穿课堂教学与实践，以回应和落实培养什么人、怎样培养人、为谁培养人的教育根本目标。

（二）两面：教与学

1.教：教学内容，主动渗透；教学难点，共同研讨；教学方法，互相借鉴

知识传授和思政价值引领是相互渗透的一个有机整体，思政、历史、地理课程从多角度遴选和挖掘具有德育功能的知识点和素材，进行课程思政转化，共同推进课程思政的开发。

以"社会参与"核心素养为例（见表1）。

表1 文综学科课程思政德育元素

核心素养 （社会参与）	思政	历史	地理
社会责任	劳动与就业，有序参与政治生活，权利与义务统一，在奉献中实现价值……	儒学的发展历程，商鞅变法，近代先进分子挽救民族存亡……	我国资源调查，中国人口政策，农民工现象，环境保护，防灾减灾，城市交通……
国家认同	中国经济、政治制度，中国特色社会主义文化，培育和弘扬民族精神……	古代中国的辉煌文明，新中国的建立，现代中国的发展，改革开放历程……	国土资源管理与开发规划，区域经济发展，现代化、工业化进程，城市化建设……
国际理解	当代国际社会，外交政策，对外经济关系，经济全球化，文化多样化……	东西方文明比较，近现代西方与中国，三次工业革命，各国新制度的创制……	人类活动与气候，人类对太空的探索，世界地域文化，世界人口分布与迁移……

2.学：自主学习，提高能力；自主评价，提升素养；自主反思，创新思维

教师为学生创设学习环境，引导学生主动参与，学生以主动的姿态探索未知，以合作的方式寻求规律，以成熟的技能应对选拔，使知识、能力、素养得到有效提升，创建了"主体驱动型"自主学习文化模式。

以小组合作学习、微课程为例（见表2）。

表2 "主体驱动型"学习文化模式

类别	形式	学科	目标	任务或内容	评价
自主学习	小组合作学习	文综	加强理解，深化记忆	构建知识框架	教师诊断、生生互评
			总结规律，掌握方法	探究解题方式	活动记录、教师反馈
			举一反三，灵活运用	合作选材命题	教师点评、生生互评
			自动纠错，规范思路	评卷寻找差距	个人总结、考试测评
			查缺补漏，修正内化	反思回顾考题	个人总结、考试测评
同伴教育	微课程	思政	获取新知，思维互补	热点追踪、时政点评、命题分析	活动记录、现场表现
		历史	拓宽视野，重组知识	口述历史、电影故事、家族文化传承	活动记录、成果呈现
		地理	自我教育，深化认识	文字阅读类、视频动画类、图文并茂PPT类	活动记录、师生共评

（三）三位一体

三位：根据政治、历史、地理的学科定位、学科特点、学科素养，突出思想政治

课关键地位，以思想政治的价值观引领为核心，立足历史（时间）与地理（空间），充分发挥各学科德育功能。

一体：在发挥各学科育人功能的基础上，整合学科间综合育人功能，树立文综共同体意识，确立思政引领、三科协调、资源共享的育人策略。

管理机制：增设文综组长统筹三科教学、科研与备考，制订文综整体规划。

评价机制：三科综合评价，促使三科老师树立团队意识和大局观。

合作机制：实行"四个统一"和"六个共同"。

（四）四个统一

统一策略指导，以共同研究的课题成果为依据，确保应考策略指导的一致性；

统一教学重点，以核心素养和评价体系为标准，研究三科教学内容的交叉点；

统一训练方式，以文综三科效能最大化为宗旨，确立训练目标、时间、频率、难度；

统一学科质量，以提高单科教学质量为立足点，分科把关，三科协调均衡发展。

（五）六个共同

1.共同研讨教学内容，共同设置学科课程，创建了独具文综特色的校本育人模式

文综学科坚持立德树人根本目标，以文化为切入点，课程为载体，实践为平台，形成文综特色育人模式，提升学生人文素养和科学素养，培养学生家国情怀和全球视野，锻炼学生创新思维和实践能力（见图6）。

图6 独具文综特色的校本育人模式

文化塑造人生，以文化为切入点，提炼政治、历史、地理学科中的文化元素，使之融会贯通，形成文综特色文化，以文化人，以文育人，在潜移默化中对学生的综合素质和终身发展产生深远持久的影响，达成"立德树人"教育目标（见图7）。

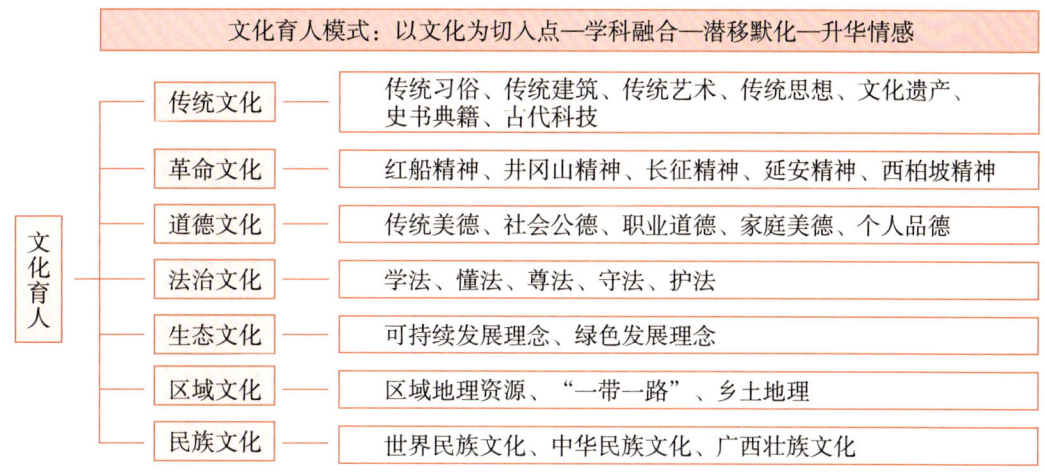

图7　文化育人模式

课程育人是实现"立德树人"目标的载体。课程不仅有学科课程，还包括选修课程、校本课程、专题课程、研究性学习课程等，文综三科根据学科特色，打造了一整套相对完备的文综课程体系（见图8）。

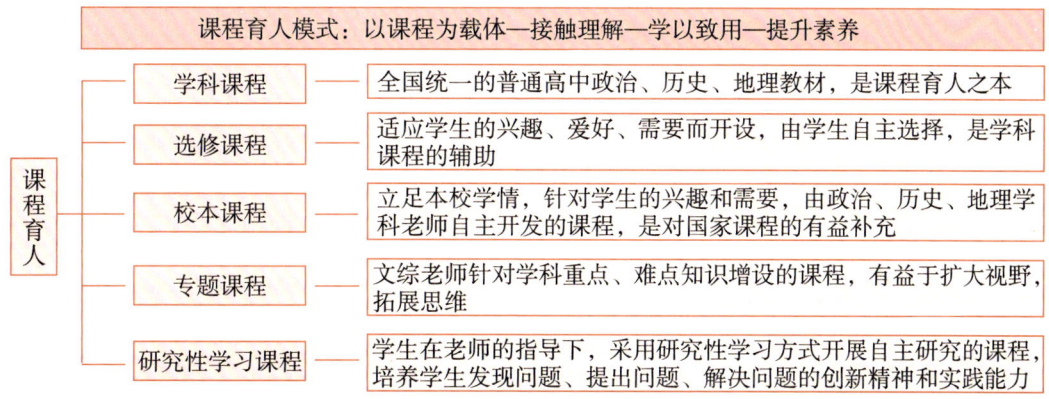

图8　课程育人模式

实践是"立德树人"的平台，实践中育德，实践中育人。丰富多彩的实践活动培养了学生的人文素养和科学精神，引导学生在实践中升华对社会主义核心价值观的认知、理解和践行（见图9）。

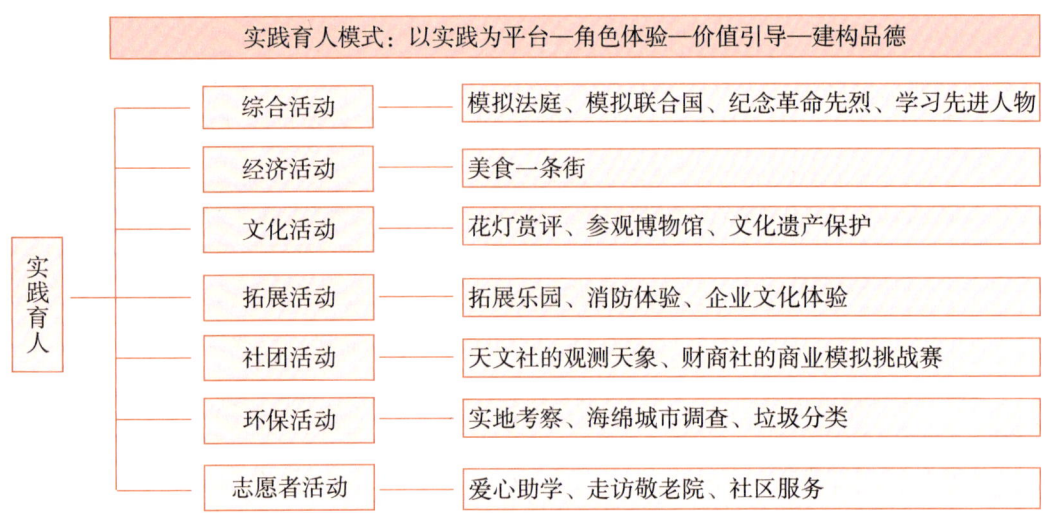

图9　实践育人模式

文综特色育人模式将文化育人、课程育人、实践育人深度融合，不仅教学生读书（知识），还要教学生学会做事（能力），更要教学生学会做人（素养），让学生在活动中体验感悟并内化为自身品质，从而实现育人目的。

以"美食一条街"活动为例（见图10）：

"美食一条街"实践活动

【活动说明】以培养学生终身发展和社会发展需要的必备品格和关键能力为宗旨，培养政治认同、科学精神、法治意识、公共参与等综合素质，实现德智体美劳全面发展。

【活动目的】通过开展经营活动，增强学生理论联系实际能力，组织协调活动的能力，参与经济生活的能力和应对市场变化的能力，培养学生热爱劳动的良好品质，形成通过诚实劳动和合法经营获取利益的正确金钱观，树立正确的价值观和职业道德，培养公平竞争意识、市场风险意识、法治意识、诚信意识、合作意识、创新意识，增强对社会主义市场经济体制的认识和国家宏观调控政策的理解。

【活动方案】以校园为场所，全真模拟市场经营场景。以班级为单位，以学生为主体，设立"市场管理处"，分为宣传动员、组织培训、报名申请、发布信息、审核验证、进程监督、总结评价七个阶段。

【活动拓展】以"美食一条街"活动作为研究对象，指导学生从消费心理、供求关系、经营方式、销售策略、投资结构、市场监管等多方面开展研究性学习。

图10　"美食一条街"活动设计与实施

2.共同开展课题研究，共同探索备考方法，形成了有效指导文综教学的备考模式

文综组共同开展文综答题方式与策略研究，课题研究成果为文综老师在教学中统一思想、有的放矢、提高效率提供依据，为文科学生了解文综各种答题方法的利弊及时间分配，选择适合自己的文综答题方式并掌握应考技巧和策略提供参考。

（1）回答文综"十问"（见图11）。

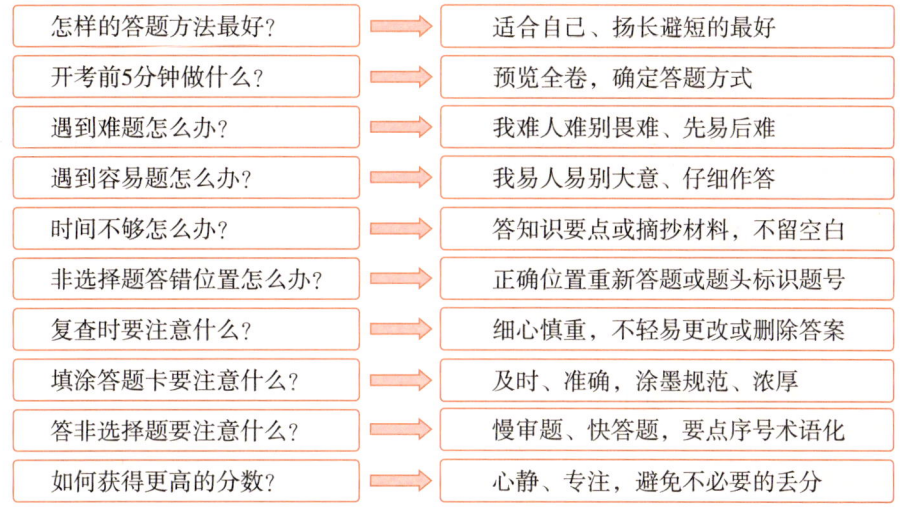

图11 文综答题"十问"

（2）提出文综"四法则"：整体性、效率性、技巧性、规范性（见图12）。

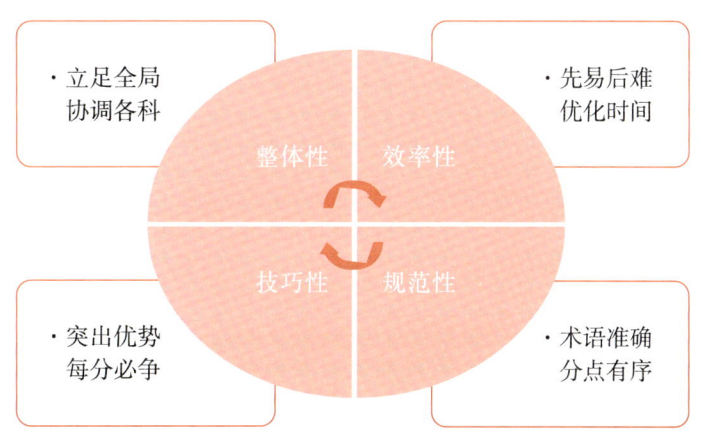

图12 文综答题策略"四法则"

整体性：树立大局观，把文综当作一个整体，力争在相同时间内实现总分最大化。

效率性：遵循先易后难原则，合理规划时间，确定每个板块、科目和每道题用时。

技巧性：发挥个人学科优势；遇到难题巧妙应对，学会利用推理、猜测等方法解决。

规范性：答题要点化，要点序号化、术语化，字体整齐，卷面清晰。

（3）文综四种答题方式与时间安排（以2015年以后新课标高考为例）（见图13）。

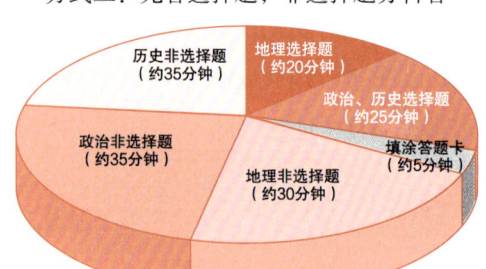

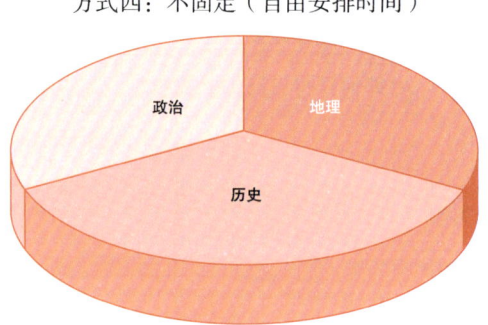

图13　文综答题方式与时间安排

3.共同分析学情考情，共同提升学生素养，构建了大数据下的分层分类指导模式

将大数据引入教学研究，依据文综学科的特点，分层分类指导体系建立了三个基本维度，第一维度是基础知识，第二维度是运用能力，第三维度是学科素养，三个维度逐层提升（见图14）。

第一层：基础知识。厘清哪一学科知识、学科内哪一部分知识不足，政治、历史、地理三科教师对人对点有效干预，采用识记主干知识，构建知识框架等办法，运用填空、复述、默写等实用手段，夯实知识基础。

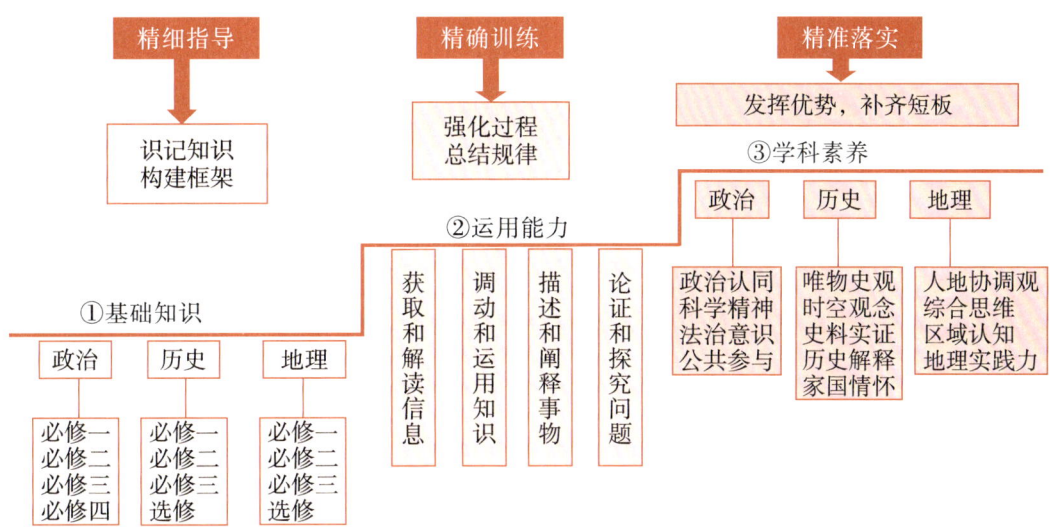

图14 大数据下分层分类模式的三个基本维度及实施方式

第二层：运用能力。教师要从学生是哪一方面的能力欠缺入手，通过针对性的训练解决问题，让学生在训练中学会找到方法和规律，进行归类总结，从而提高运用知识的能力。

第三层：学科素养。三个学科素养各具特色，各有侧重，但都是以人的全面发展为核心，培养学生自主发现问题并创新解决问题的综合能力。第三层的学生常常表现为学科素养不均衡发展，教师要帮助学生找到自己的优势与不足，指导学生发挥优势、补齐短板，把有相同需求的学生集中起来，采取小班教学方式更为有效。

分层分类指导体系的建立，为精准教学的开展创造了条件，教师更加明确各阶段的具体教学要求，针对学生存在的问题和不足开展精准补救，以及分层递进的训练，有效实现对教学的调控和教学目标的达成。

三科联合育人的教学过程协调、通畅，通过学生这个环节进行衔接整合，引导学生均衡发展。"三位一体"跨学科联动育人模式带来了1+1+1>3的效果（见图15）。

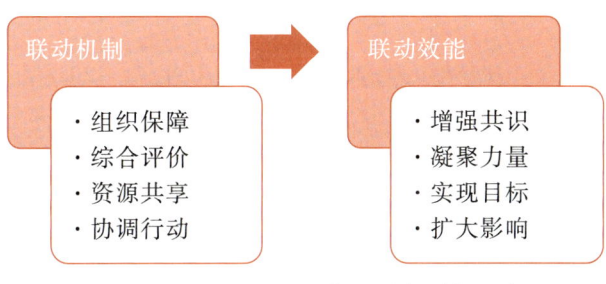

图15 文综"三位一体"联动机制与效能

（六）其他物化成果

第一，教学成果：主持市级2项，参与国家级2项，省级3项，市级1项。

第二，学科论文：51篇，在国家级、省级核心刊物发表46篇。

第三，学术讲座：省际、省级、市级83场（2006—2019年）。

第四，学生获得校级优秀论文奖每年100多篇，获得优秀研究性学习报告奖53项，收录于校刊《风华浸远》，学生优秀课件设计每年200多项。

四、效果与反思

（一）效果

本成果于2005年开始研究，2006年开始服务于教育教学实践，不仅在本校推广运用，在广西区内外也产生较大影响，在长期的实践中取得了显著成效。

1.丰硕的高考成果（见图16）

本成果在科研服务教学的思想指导下，有效指导了学校高考文综的备考。

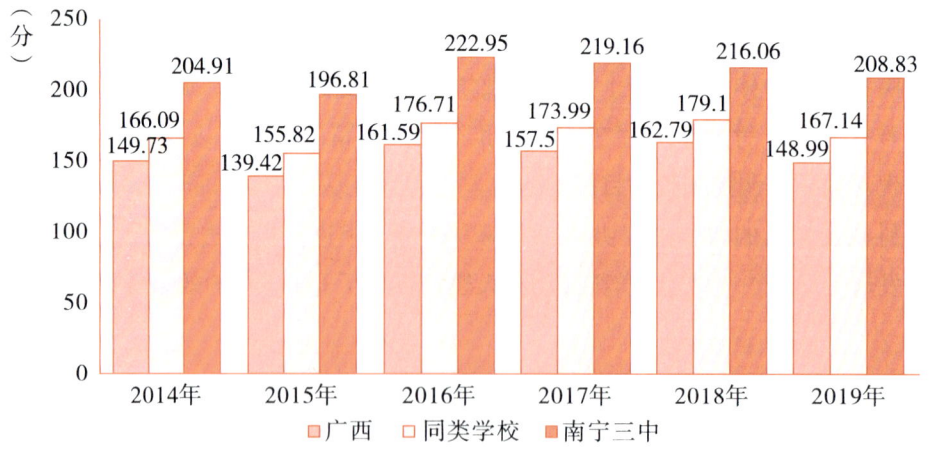

2014—2019年文综科目高考数据

2014—2019年地理科目高考数据

2014—2019年历史科目高考数据

2014—2019年政治科目高考数据

图16　2014—2019年高考文综数据（数据来源：广西招生考试院）

2.学生的可持续发展

本成果以学生为中心,以学生全面发展为目标,强调个人修养、社会关爱、家国情怀,注重自主发展、合作参与、创新实践。成果实践以来,每年本校直接受益学生超过3000名,15年来近5万名学生受益,获得了终身发展必备的能力和素养。不少学生在进入高等学府学习或走上工作岗位后,一直都能感受到高中阶段的教育带来的深远持久的影响。更可喜的是,我们培养的学生中,有10多名学生完成学业后回到母校工作,成为学校教学科研的骨干力量。这是我们能长期跟踪到的学生获得可持续发展能力的缩影和证明(见表3)。

表3 学生发展统计表

类别	2005年以前	2005年以后
成果受益学生	0	每年超过3000人
获市级以上德育奖	每年<6%	每年>12%
高考一本率	50%	逐年提升至85%
校级优秀论文	0	100多篇
校级优秀研究性学习成果	0	53项(收录于校刊《风华浸远》)

3.教师的专业发展

本成果6名主要成员都承担学校教育教学科研的领导和管理工作,坚持教学第一线,能力突出、经验丰富,近年来主持和参与科研课题30项,完成学术论文51篇,其中46篇在国家级、省级教育教学核心刊物发表。他们在区内外开设的专题讲座超83场、讲授示范课300多节,在所属学科中发挥了引领作用(见表4)。

表4 6名主要成员专业发展统计表

2006—2019年	国家级	省级	市级	总计
基础教育教学成果奖	2	3	2	7
课题研究(已结题)	/	4	4	8
著作	5	3	/	8
学术论文(已发表)	22	24	/	46
讲座、示范课	/	24	59	83
指导青年教师获奖	12	22	53	87

5年来，成员积极推广研究成果，指导和推动了学校文综教师的教学科研能力不断提升，全科育人，全程育人，全员育人，教师成长迅速。李杰等3人被评为广西特级教师，陈小妤、廖丹萍等10人被评为南宁市学科带头人，毛秀英、刘立昌、林凡等10人被评为南宁市教学骨干（见表5）。

表5　南宁三中文综教师专业发展统计表

2006—2019年	国家级	省级	市级	总计
基础教育教学成果奖	3	5	2	10
课题研究（已结题）		4	20	24
著作	6	6		12
学术论文（已发表）	22	24	>100	>100
讲座、示范课	2	>60	>58	>200
青年教师获奖	15	30	73	118

15年来，政治、历史、地理教研组被广西教育学会评为广西优秀教研组，成为引领广西文综学科发展的主力军。每年有超过500多人次广西各地及南宁市各学校的文综教师到学校交流、学习或跟岗，实现了教学能力的二次提升。每年约有6名以上师范院校学生来学校实习，打下了坚实的岗前基础，提升了就业能力。

4.积极的示范效应

成果6名主要成员在广西和南宁市都享有较高的声誉，成果的辐射和带动作用显著。2007—2019年，每年在南宁市的备考视导活动中宣讲并推广相关研究成果，得到与会领导与教师的高度评价。团队成员每年都应邀赴百色、田东、东兰、凤山等广西各地和南宁市其他学校上示范课、做汇报和讲座、开展经验交流，为当地文综高考备考提供了有益的帮助和指导。2016—2019年，每年在四川、云南、贵州、广西西南四省区联合教研会做汇报，进行经验交流。

5.广泛的社会影响

由文综老师策划的学科活动"美食一条街""花灯赏评""拓展乐园"是学校每年元旦通宵活动的重头戏，自2001年开展以来，在社会引起广泛反响，得到学生、家长、老师、学校的认可，其巨大的教育教学成果使之声名远扬。2004年5月中央人民广播电台在《新闻联播》节目中进行了录音报道，中国教育电视台、广西电视台、南宁电视台、《中国教育报》、《南宁晚报》、《都市生活报》、《南国早报》等多次进行相关报道，外省和广西本地不少中小学专程到学校观摩、取经并开展类似的实践活动。

6.专家的高度评价

陈友芳（华南师范大学科学技术与社会研究院副院长；教育部高考考试内容改革专家工作委员会委员，教育部"高考评价体系"核心成员）：

《思政课引领下文综"三位一体"育人模式》是一项非常典范意义的研究。第九轮基础教育课程改革和新高考改革均强调构建基于"学科核心素养"为本位的教育教学与考试评价体系，而"学科核心素养"的精髓之一就是强调基于实践的学科整合。思政课是立德树人的关键课程。本项目以思政课为引领整合文综，形成一体化育人模式，这是非常富有价值的研究，且项目组形成了切实可行的育人策略，非常值得其他学校、其他学科借鉴。

刘石成（华南师范大学哲学与社会发展学院教授，思政教育硕士导师及负责人，教育部领航工程名师班政治学科导师）：

广西南宁三中《思政课引领下文综"三位一体"育人模式》在目前国内跨学科融合育人研究领域方面走在前列，非常创新，契合当前党和国家提出的课程思政的重要指示和要求，对各个学科如何提取思政元素共同承担育人重任具有非常强的理论和现实意义，取得的成果十分丰富，对各个学科落实立德树人教育目标有着很好的指导作用。

童绥宝（中国教育学会历史教学专业委员会理事、湖北省教育学会历史教学专业委员会学术委员会副主任、湖北省教学指导委员会历史学科指导委员）：

《思政课引领下文综"三位一体"育人模式》实践与探索探究，站位高、时代感强，问题导向明确，研究方法得当，研究成果显著，是新形势下学校教育教学改革、学科教研模式探索的成功案例与典型示范。

（二）反思

第一，实践活动受社会大环境影响多数只能在校内开展，制约了课程实践活动的设计和策划。

第二，"微课程"是学生主动参与学习的过程，受到学生欢迎。但是文综课时安排不足，给予学生充分发挥的时间不够，不少学生感觉意犹未尽。

第三，合作学习的小组成员结构对学习效果有一定影响。在实践中出现由老师指定人员，学生不一定满意，由学生自愿组合，效果不一定最佳。这需要师生之间做好沟通，集思广益。

以上是成果的综述，我们文综全体教师将不忘初心，带着开创精神和专业素养继续走在探索和引领的道路上，与时俱进，使这一成果不断深化和发展，为广西中学基础教育发展做出贡献。

所获奖项
2019年广西基础教育教学成果奖二等奖

成果名称
新时代背景下高中数学学科课程建设的研究与实践

成果持有者
黎承忠 黄河清 魏远金 王学建 计启宏 钟慧

《新时代背景下高中数学学科课程建设的研究与实践》成果报告

成果主持人 黎承忠

随着新一轮的课改实施，如何培养创新型人才再次引起社会的关注。《国家中长期教育改革和发展规划纲要（2010—2020年）》指出"我国教育还不完全适应国家经济社会发展和人民群众接受良好教育的要求。教育观念相对落后，内容方法比较陈旧，中小学生课业负担过重，素质教育推进困难；学生适应社会和就业创业能力不强，创新型、实用型、复合型人才紧缺"。

南宁市第三中学是一所有着122年悠久历史的自治区示范性高中。多年来，我们一直走在课程改革的前列，在数学学科课程建设的实践中取得了显著的教育教学成果。

一、问题的提出

（一）基于时代发展对学生成长的要求

新时代对课程的培养目标应体现时代要求。要使学生具有爱国主义、集体主义精神，热爱社会主义，继承和发扬中华民族的优秀传统和革命传统；要逐步形成正确的世界观、人生观、价值观；要具有初步的创新精神、实践能力、科学和人文素养以及环境意识；要具有适应终身学习的基础知识、基本技能和方法等。

（二）基于教师专业化发展的迫切需要

传统的教研活动具有不定期性和随意性，没有形成具体的课程规范。教研组更多地扮演行政角色，主要负责教学指导、督查与管理，处于较为被动的地位。例如教研活动的次数偏少，规模偏小，教研活动停留在听课评课的简单活动上，满足不了对一线教师的培训需求，对学科的指导作用不明显，青年教师的成长更多依赖师徒结对、自我学习等单一途径，教师专业化发展缺乏规划，没有科学合理的发展模式等。

（三）基于学校学科课程建设的迫切需要

数学学科的重要地位不言而喻，如何开发整合教学资源，建立高中数学学科教学资源库，并形成科学的课程评价体系，如何提升课程质量，甚至打造示范性课程样板是学校发展迫切需要解决的问题。

二、解决问题的过程与方法

从数学学科现状和未来发展趋势出发，结合南宁市第三中学的实际情况，我们在必修课的基础上，提出了建设"初高中衔接课程、学生成长研究性学习、教师发展研究性学习、校本选修课程、数学竞赛课程、精准帮扶课程"六大学科课程体系，形成"1+6"数学学科课程模式。这一建设思路符合数学学科课程"以学生为中心、以教师为中心、符合学校实际要求"的建设目标。

我们认为：数学学科课程的建设具有循序渐进的阶段性，具有依据实际的实践性，具有辐射引领的示范性。

我们建设数学学科课程的过程和方法（见图1）：

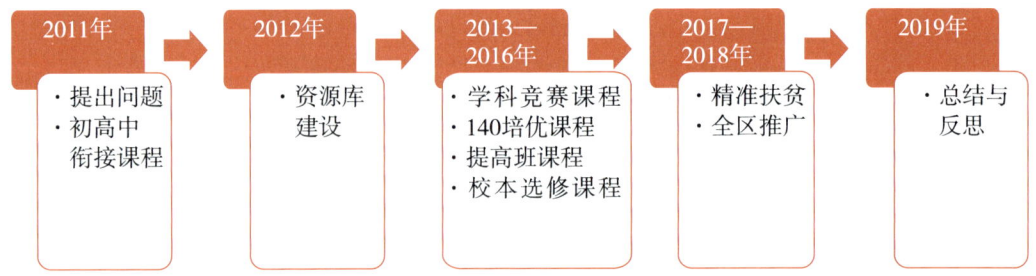

图1　建设数学学科课程的过程和方法

（一）以学生成长为中心，解决学生发展需要

第一，我们在高中必修课学习之前开设初高中衔接课程，补齐高中和初中教学内容的"脱节"，为学生学习高中数学知识打下坚实打基础和坚定的信心。

第二，在高一二年级开设校本选修课程，分设"数学基础类课程""数学拓展类课程""数学实践型德育课程"，认真全面执行学期教学计划，保证了校本课程的全面发展，促进学生发展，发展学生兴趣，形成学生的特长，取得了令人瞩目的成绩。

数学基础类课程的开设，充分体现校本课程与国家课程、地方课程的培养目标的一致，其提高了课程的适应性，促进学生个性成长，使学生的个性能得到充分而自由的、全面的发展；通过促进学生发展，发展学生兴趣，形成学生的特长，培养学生基础性发展素质。

数学拓展类课程的开设，将数学知识有效拓展，丰富了数学教学的主要形式，并保证了数学知识教学的全面发展。学科拓展类课程对学生的发展给予极大的关注，保证学生的个性化全面发展，并将学生在数学学习过程中的不同层次水平以及需求加以满足，保证学生最大限度的全面发展。

数学实践型德育课程的开设，成立助推实现梦想的数学学生社团。数学社团开展丰富多彩的实践活动，培养创新精神、实践能力、科学和人文素养以及环境意识。

第三，开设学生成长研究性学习课程。为了适应学生的个性化发展，高三年级开设"140培优课程""数学基础提高班课程"。高三年级组建以高考数学成绩突破140分为目标的"140团队"，通过专题辅导，稳扎稳打，提升学生数学素养。又开设数学基础提高班，以在高考中达到一本院校录取线为目标，借助现代化信息技术辅助教学，针对性地解决学生学习中的问题。

第四，组建竞赛教练团队，开设数学竞赛课程。为学有所长同学的发展创造机遇和条件，分析每个学科竞赛选手的人格特质，进行有针对性的教学和辅导，按照不同选手的特点给予相应的训练，高一年级开设竞赛基础课程，学习高考要求的内容；高二年级开设竞赛提高课程，主要攻破全国联赛一试内容；高三年级开设冲刺课程，以争金夺银为目标。

（二）以教师成长为目标，促进专业化发展

学校重视青年教师的成长，打造一支师德好、作风硬、责任强、技术高的师资队伍直接关系到学校的生存与发展。"百年大计，教育为本，教育大计，教师为本。"学校通过建立教师成长档案，让每一位教师明确专业发展的时间表，积极鼓励教师参加课题研究，帮助教师在教育教学期刊上发表论文，积极推荐教师参加课例比赛，积极联系科研机构进行教师访问或跟班研修培训，派出骨干教师到其他学校指导交流。真正做到立章立制，有法有规，为教师发展提供硬性和软性的支持。

特级教师工作室是研究的平台、成长的阶梯、辐射的中心，对指导和培养骨干教师、研究与探讨骨干教师成长规律、不断充实和提高青年优秀教师的教育理论水平和教育科研水平有着非常重要的作用。数学组有黄河清特级教师工作室、黄俊珍特级教师工作室、陈康特级教师工作室、黎承忠特级教师工作室、王强芳特级教师工作室，通过教师工作室的开展引领促进师资队伍的快速成长，造就具有学科研究特色的骨干教师队伍。

（三）推广研究成果，精准扶贫

2015年学校申报成立了广西普通高中学科课程基地并获广西教育厅批准，广西师院、玉林师院、南宁市教科所、南宁三中、柳州地区民族高中、南宁沛鸿民族中学、凤山高中、宁明中学、环江高中、南宁十三中、南宁二十九中等广西11所学校（单位）参与基地建设工作，为贫困地区学校教师专业化发展、学科核心人物培养、教师跟班研修提供指导、服务、示范，取得了良好效果。

以课题"问题导学：发展学生核心素养的实践研究"为重点，全区原有三所帮扶学校的情况下，在广西7个地市确立了南宁三中、柳州市民族高中、贵港市民族中学、

防城港市实验高中、东兴中学、都安高中、田阳高中、宁明中学等8所学校为推广"问题导学"实验学校。每月轮流在各校举行一次研讨活动,各校重点汇报本校实施课堂教学改革情况。举办学校负责研讨活动的主题设计、教学安排、聘请专家、教学录像等工作,促进各学校充分发挥研究的积极性和创造性。该课题也被立项为广西教育科学"十三五"规划2016年广西普通高中数学课堂教学改革实验研究专项课题。

2013年,学校以"广西普通高中课程资源库建设研究"为重点,带领部分帮扶学校教师参与以南宁三中数学组为骨干的研发团队,完成了高中必修教材面向广西教师、学生的课程资源研发工作,开发出了包括教案、学案、微课、视频等在内的系列成果。2017年7月14日,"广西普通高中课程资源库建设研究"课题的结题鉴定会通过,获得A等优秀成果,提升了帮扶学校教师的科研水平。

三、成果的主要内容

我们建设数学学科课程的主要内容(见图2):

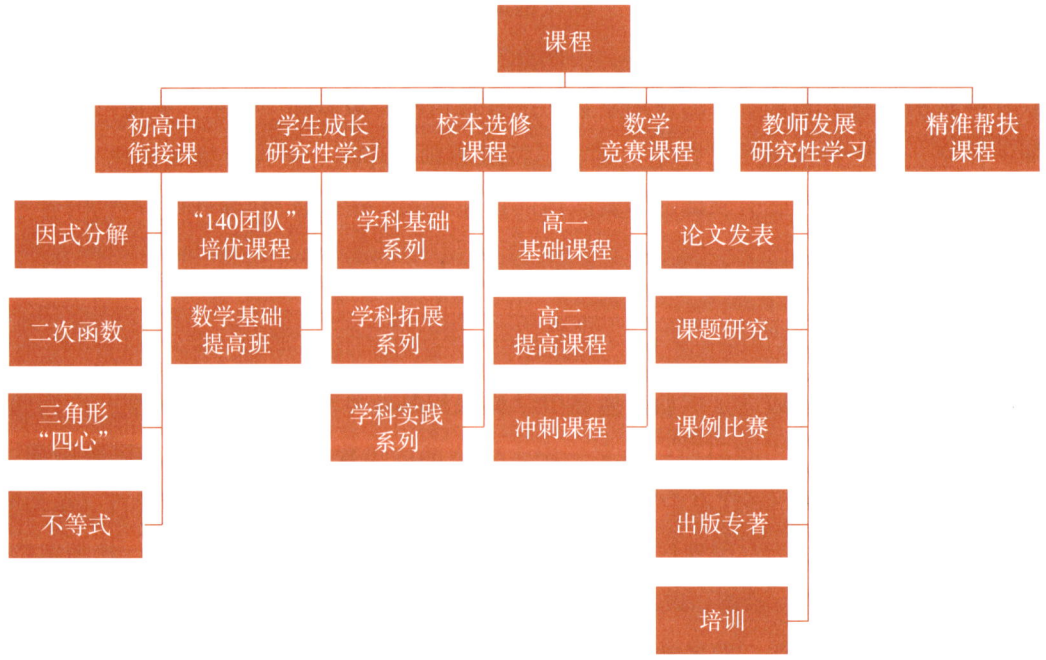

图2 数学学科课程模式

（一）初高中衔接课程

1. 课程说明

研究初高中数学衔接教学内容，明确高中数学起始教学的学法指导方案，帮助学生尽快适应高中数学学习。

2. 课程目标

学习初中与高中数学必修课程脱节的部分内容，培养学习兴趣，渗透数学思想方法。

3. 课程内容

学习因式分解、二次函数、三角形"四心"、不等式四大板块知识，听取"高中数学学法指导"讲座。

4. 课程评价

通过纸笔测试、学生总结、问卷调查和座谈等形式评价学习效果。

（二）学生成长研究性学习

1. 课程说明

合理安排专题讲座，对以高考数学140分以上为目标和总分达到一本线的两部分同学开展个性化辅导。

2. 课程目标

通过专题学习，提升学生数学素养，大力培育学生创新意识与能力。

3. 课程内容

（1）"140团队"培优课程。

①建立团队成员的数学学情档案情况。

先了解他们的特点和长处，找到他们学习上的不足，建立学情档案，再根据学情设计合适的课程和习题，为成员打好数学基础。

②根据学情进行"每日一练"。

为了切实提高学生水平，根据近日所学进行每日一练：每天印发一份训练题，包含1~2道解答题或1~3道选择填空题，选题的宗旨是最近所学或所练，学生未能熟练掌握的内容，题量不大，周一至周五每天都训练，周末进行总结反思。

③训练"一题多解、多题一解、一题多变"的意识和能力。

教师强调重常规方法的同时，训练一题多解、多题一解能锻炼学生的灵活思维，提高他们的解题能力。一题多变，能更好地把握问题的层次性，由易到难，易充分启发、引导学生，激发其学习兴趣，提高他们分析问题和解决问题的能力。

④引进数学竞赛中的部分内容和思维。

对部分特别优秀的学生，推荐参加数学竞赛，使学生的数学知识更加系统，数学视野更加开阔，解题思维更加灵活。学校有支数学奥赛团队，每周进行2～3次辅导，让学生在不同的高度、从不同的角度思考问题。

（2）数学基础提高班课程。

①一周速测。

通过每周的统一测试，准确给学生完成个人能力定位，借助信息技术自动生成不同程度学员的个性化分层作业和举一反三的题目，分层作业和举一反三是适合该学生目前能力内且能够帮助他完成小目标的题目。

②名师MOOC（慕课）。

借助资源库学生在自由时间自己支配学习板块，分为基础和提高两部分，学员根据自身能力自主选择名师MOOC章节，从教学视频中掌握解题思路。

③攻关试题训练。

该板块可以让学员感受学数学的乐趣，在兴趣中锻炼做题速度和提高做题正确率。

④针对性辅导。

按照课程的要求，从题库中选择相对应的题目，出一份50分钟的限时训练，布置给学生做。教师针对错得比较多的题目进行讲解（见表1）。

表1　教师辅导内容

序号	辅导内容
1	基本不等式、线性规划、立体几何
2	高考四个基础大题（解三角形、概率统计、立体几何、参数方程）
3	立体几何大题（1）
4	立体几何大题（2）
5	立体几何中的平行问题
6	立体几何中的垂直问题
7	选择填空限时训练
8	选择填空限时训练
9	月考四
10	自习答疑

续表

序号	辅导内容
11	颁奖大会
12	解三角形中的面积问题
13	自习答疑
14	解三角形中的周长问题
15	自习答疑
16	解三角形中的不等式问题
17	月考五
18	选择填空限时训练
19	自习答疑
20	概率统计大题（1）（求概率、分布列）
21	自习答疑
22	概率统计大题（2）（求概率、分布列）
23	自习答疑
24	概率统计大题（3）（统计案例）
25	自习答疑
26	期考答疑
27	概率及分布列（1）
28	自习答疑
29	概率及分布列（2）
30	统计（1）（线性回归）
31	统计（2）（独立性检验）
32	极坐标与参数方程
33	不等式
34	圆锥曲线第一问
35	导数第一问
36	选择填空限时训练
37	选择填空限时训练
38	基础大题限时训练
39	选择填空限时训练
40	基础大题限时训练

4.课程评价

通过纸笔测试、学生总结、问卷调查和座谈等形式评价学习效果。

（三）校本选修课程

1.课程说明

结合本校学生的具体学情设置校本课程，丰富学生课程选择，满足学生个性化需求。

2.课程目标

开设丰富多彩的校本课程更有力地促进和保障学校数学学科特色发展，促进学生发展，发展学生兴趣，形成学生的特长，使得学生全面发展。

3.课程内容

南宁三中数学校本课程结构设置分为：学科基础系列、学科拓展系列及学科实践系列（见表2）。

表2　数学校本课程结构设置

序号	书名	编者	类别	课时
1	平面几何	崔朝杰	学科基础	70
2	数列与差分探究	刘辉	学科基础	18
3	初等数论	王强芳	学科拓展	20
4	图论与组合数学	王强芳	学科拓展	24
5	圆锥曲线的性质探索	黄永福	学科基础	10
6	三角形中的三角函数	霍玉鑫	学科基础	20
7	立体几何进阶	计启宏	学科基础	18
8	密码学初步	於慧锋	学科拓展	5
9	生活中的数学	罗佼佼	学科拓展	10
10	数学学生社团	黄樱	学科实践	10
11	数学建模与实验	王学建	学科实践	10

结合学校实际，以选修系列3为基础（"数学史选讲""信息安全与密码""球面上的几何""对称与群""数学建模"）开设校本课程，丰富学生的选择。

数学学生社团在元旦活动中承担数学游园活动，在各位社员的积极参与下，游戏设置、奖品设置、活动秩序都安排得井井有条，也得到了学校老师的认可。在学校举办"畅想科技，畅想未来"的科技节活动上，数学社团参与了"圣诞树承重"项目比赛的评委工作，现场进行测量、记录、计分等工作。学生将课堂知识应用于实践，体会生活中的数学，提高了数学学习的兴趣。

4.课程评价

通过学习过程记录、综合表现、团体评价、成果呈现、个人总结感悟等方式评价。

（四）数学竞赛课程

1.课程说明

课程学习培养思考问题、解决问题的数学能力，为学有余力的同学提供更深一层次的学习，为学生继续从事高深科学领域的学习奠定所必需的数学基础。

2.课程目标

夯实学生数学基础，熟练掌握各种数学基本技能，努力拓宽数学视野，激发学习数学的兴趣，探索从事科学研究的精神与方法，增强学生数学应用意识与数学创新意识。

3.课程内容（见图3）

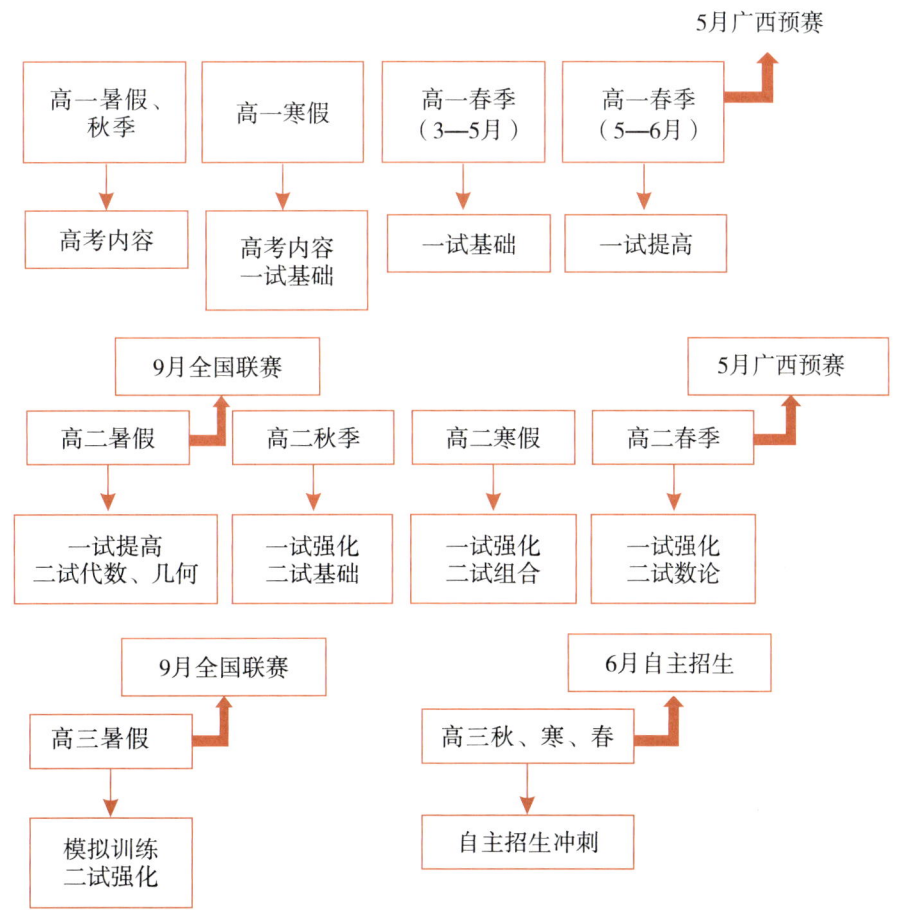

图3　数学竞赛课程内容

4.课程评价

包括诊断性评价、形成性评价与终结性评价。诊断性评价目的在于了解和掌握评价对象的基础和情况；形成性评价目的在于及时了解教学效果；终结性评价目的在于测定成绩、确认对课程目标达到的程度。

（五）教师发展研究性学习

1.课程说明

把培养教师上升到一门课程，真正做到立章立制，有法有规，为教师发展提供硬件和软件的支持。打造一支师德好、作风硬、责任强、技术高的师资队伍直接关系到学校的生存与发展。

2.课程目标

构建教师专业成长培训平台，完善个人职业规划及集体备课等，促进处于职业生涯各阶段的教师有所成长。

3.课程内容

（1）建立教师成长档案。

建立教师个人成长档案，记录教师职称、获得荣誉情况、论文发表情况、参与课题情况。根据成长档案，帮助教师了解发展的时间表。

（2）积极鼓励教师进行各种课题研究。

课题研究的重要性和意义不言而喻，通过课题研究，可以提高教师研究能力和研究水平，可以把课题研究的结果用在教学上，使教学更加精准、有效。学校积极推动老师进行各种课题研究，从培新、选题、开题、研究、结题等方面进行指导，力争使更多的老师通过课题得到锻炼和提高。

（3）积极推荐教师参加优质课比赛。

推荐合适的教师参加优质课比赛，在赛前集中全校力量进行指导，从选题、备课、听课、磨课、反思、总结进行全方位无死角的辅导，通过参加优质课，促进教师特别是年轻教师的成长。

（4）通过集体备课，让教师享受专业成长的快乐。

新课程改革的全面推广对教师的专业素质提出更高的要求，着眼于教师最平凡、最普遍的也最急需的集体备课来改进备课和课堂，提高教学质量。每周四下午，各个备课组都开展集体备课活动，备课活动做到有主题、有主讲教师，形成老教师引领指导、年轻教师逐步跟进的良好局面，以行动促进各个层次教师的专业成长。每次市公开课、校公开课、比赛课，都是全体教师集体提出建议，不断取得各类业务竞赛的优秀成绩。

（5）积极联系科研机构或先进学校进行教师培训。

积极联系科研机构或先进学校为教师创造学习的机会，经常组织教师到区外比如广州、衡水、重庆等地学习调研，除此之外，还积极安排各种讲座，比如举行了"衡水中学、南宁三中备考研讨会"，平时积极承办或协办区教育科研机构、南宁市教育局、教科所的各种讲座，多为老师创造学习的机会和环境。

（6）特级教师示范引领、青蓝工程促成长。

学校高度重视青年教师的成长，因为一支师德好、作风硬、责任强、技术高的师资队伍直接关系到学校的生存与发展。"百年大计，教育为本，教育大计，教师为本"，对于学校来说，必须高度重视教师的专业成长，必须立章立制，有法有规，为教师发展提供硬件和软件的支持，必须落实常规，抓重点，督促指导，必须加强研究创新服务。

特级教师工作室是研究的平台、成长的阶梯、辐射的中心，对指导和培养骨干教师、研究与探讨骨干教师成长规律、不断充实和提高青年优秀教师的教育理论水平和教育科研水平有着非常重要的作用。数学基地有黄河清特级教师工作室、黄俊珍特级教师工作室、陈康特级教师工作室、黎承忠特级教师工作室、王强芳特级教师工作室，通过教师工作室的开展引领促进师资队伍的快速成长，造就具有学科研究特色的骨干教师队伍。

4.课程评价

学校通过活动观察、教师总结、问卷调查和座谈，对教师专业化发展的效果进行了解评估。

四、教学效果

（一）学生成长显著

第一，2016年10月21日，引入了"智能数学教室实验"，以高三数学组为试点，开始了一本临界生的辅导。总共设立了两个实验班，每班60人左右，每班配一位高三数学骨干老师（罗佼佼、梁竹）。一周上2次大课，每节课2个小时。开课3个月，在高三上学期期末考中取得优异成绩，总提升人数比例54.62%，多位同学月考成绩有了大幅提升。

第二，激发其学习兴趣，提高他们分析问题和解决问题的能力。

第三,2010—2019年,学校学生参加数学奥林匹克竞赛入选省队15人,获得省一等奖74人,入选省队、获得省一人数领跑广西!

南宁三中近7年全国数学奥林匹克竞赛获省一等奖名单(略)。

(二)教师发展加快

1.课题成果丰硕(见表3)

表3 数学课题成果

课题编号	负责人	课题名称	类别	备注
2014B204	李春阳	运用问题导学实施高中数学学生自学的问题设计研究	B类课题	南宁市教育科学"十二五"规划课题
2014B205	梁 竹	新课程高中数学微课资源的建设与应用	B类课题	南宁市教育科学"十二五"规划课题
2016B009	黎承忠	智能数学教室的创建与高三一本临界生辅导研究	B类课题	南宁市教育科学"十三五"规划课题
2016B013	王学建	普通高中数学实验室的创建与使用研究	B类课题	南宁市教育科学"十三五"规划课题
2016C013	陈 康	新形势下数学尖子生的培养	C类课题	南宁市教育科学"十三五"规划课题
WHJS002	黄河清	基于学校文化的学校课程建设研究	A类课题	2016年度南宁市中小学学校文化建设专项课题

2.课例比赛成绩优异

李春阳老师获南宁市政府"第九批南宁市培养新世纪学术和技术带头人第二层次人选";梁竹老师和黄樱老师获得2016年南宁市高中数学优质课比赛一等奖,梁竹老师一鼓作气又拿下2016年广西高中数学优质课一等奖和全国高中数学优质课一等奖;栾功老师获2018年广西优质课比赛一等奖,并在全国优质课上展示;高岩老师和罗佼佼老师获得2015—2016年度"一师一优课、一课一名师"活动自治区级"优课"荣誉。

3.培训讲学活动精彩

(1)林玲老师于2017年4月参加由广西教育研究院组织的田阳县教育精准帮扶暨2017年送教下乡活动,主讲专题《提升高三备考冲刺阶段数学复习效益》,效果良好,受到教师学生的欢迎;

(2)崔朝杰老师于2017年2月27日赴马山中学参加由南宁市教育局组织的高三视

导课活动，在1402班授课《直线参数方程的应用》，效果良好，受到教师学生的欢迎；

（3）罗佼佼老师于2017年3月7日赴武鸣高中参加由南宁市教育局组织的高三视导课活动，在418班授课《随机变量及其分布列》，效果良好，受到教师学生的欢迎；

（4）庞启满老师于2017年4月5—6日在南宁市教育局领导的带领下赴百色凌云高中进行支教活动，上课的内容是立体几何中的《直线与平面所成角》，圆满地完成了教学任务，获得带队领导的一致好评与认可。

（三）社会各界广泛认可

南宁三中实施的"精准帮扶"贫困地区高中提升教学质量的创新实践，取得了显著成效。

1. 12所帮扶学校对南宁三中"精准帮扶"给予了高度评价

经过南宁三中与12所帮扶学校全体师生的共同努力，"精准帮扶"取得了丰硕成果。办学方向更加明确。通过探讨互动，办学思路、办学理念和特色发展方向更加明确。新的教学理念深入人心，全体教师进一步明确了课堂教学改革的目标，掌握了发展有效课堂教学的方法，教师的教学力、引领力和科研力得到了有效的提高，教学教研成果明显。

2. 成果示范辐射效应明显，得到社会肯定和媒体报道

（1）"互联网+帮扶"互动信息平台面向帮扶高中及区内其他薄弱高中开放，覆盖了全区其他薄弱学校；课题开发出了包括教案、学案、微课、视频等在内的系列成果被全区100多所高中应用，为提升广西普通高中教育质量做出了积极贡献。

（2）得到教育部部长的肯定。2017年，教育部部长在考察南宁三中时对于"精准帮扶"模式给予了充分肯定。

（3）帮扶模式理念得到推广。参观学习学校300多所区内外高中来校学习，黄河清老师及团队成员在全国、全区开展"精准帮扶"系列活动上百场次，听众超2万人次，成果得到广泛推广。

（4）媒体广泛关注。近10年来，新华社、《光明日报》、《广西日报》、《半月谈》、今日头条、新浪网等20多家媒体对南宁三中推进教育"精准帮扶"进行了广泛报道。其中新华社记者采写的报道《点线面体——南宁三中教育精准帮扶广西贫困县纪实》发表在《高管信息》周刊（2018年第4期）。各贫困县电视台、电台都对帮扶活动进行了广泛报道。

所获奖项
2021年广西基础教育教学成果奖二等奖

成果名称
高中思想政治与生涯规划"双向融合、四维联动"育人体系的构建与实践

成果持有者
李晓翎　林凡　陈小妤　周晶　万力菲　董杨　宗焕波　陈现永

《高中思想政治与生涯规划"双向融合、四维联动"育人体系的构建与实践》成果报告

成果主持人　李晓翎

广西南宁市第三中学全面落实"立德树人"的根本任务，以"提高综合素质、扩展基础学力、促进个性发展、促使个体社会化"为培养目标，11年来不断探索和优化高中育人方式，构建和实践了高中思想政治与生涯规划"双向融合、四维联动"的育人体系，取得了显著的教育教学成果。

一、问题的提出

（一）基于国内外形势变化与"立德树人"根本任务的要求

随着经济全球化深入发展，国内外形势发生深刻变

化,亟须培养高素质人才促进我国社会可持续发展、综合国力提升。国家深入实施"人才强国战略",对教育提出了更高的要求。国务院《关于基础教育改革与发展的决定》强调,要增强德育工作的针对性、实效性和主动性,构建符合素质教育要求的新的基础教育课程体系。党的十八大首次提出:把立德树人作为教育的根本任务,培养德智体美全面发展的社会主义建设者和接班人。习近平总书记在2016年全国高校思想政治工作会议上强调:"要坚持把立德树人作为中心环节,把思想政治工作贯穿教育教学全过程,实现全程育人、全方位育人。"

教育的根本任务是立德树人,思想政治课是落实这一任务的关键课程,但不是唯一课程。当前,许多学校仍采用将德育工作主要交给思想政治课或班主任的"单线式"工作方法,忽略了其他学科在德育工作中的协同作用。这就需要加强思想政治课的价值观引领,调用整个教学体系开展"全员全程全方位"育人。

(二)基于我国高中教育实效性和青少年可持续发展的思考

青少年时期是形成正确"三观"和树立正确家国观念的重要阶段,高中思想政治课的价值引领作用尤为重要。与此同时,2015年开始,上海多所高校公布高考专业(类)选考科目要求,为新高考变革、高中学生专业发展、职业选择等方面提供了方向。基于"三位一体"的多元录取机制的新高考改革,意味着学生的选择权由"被动"变为"主动",可以依据自己的学习兴趣、认知特长、专业志向自行选择学习科目。

我国生涯规划教育相对滞后,基础教育尤其是高中教育长期偏重学业成绩,忽视正确价值引领和学生个性发展需求的重要性。许多学生对自身的兴趣、能力和优势不确定,对大学专业以及未来的社会需求、职业类型不了解。尤其在信仰缺失、价值观偏差的情况下,极易导致人生规划、职业选择出现问题,甚至与社会发展需求背离。因此,思想政治的价值引领与生涯规划的教育导向对推进青少年学生可持续发展极其重要。

二、解决问题的过程和方法

(一)解决问题的过程(见图1)

坚持"探究问题—研究对策—实践探索—形成体系—试点完善——应用推广"的六个步骤、三个阶段:

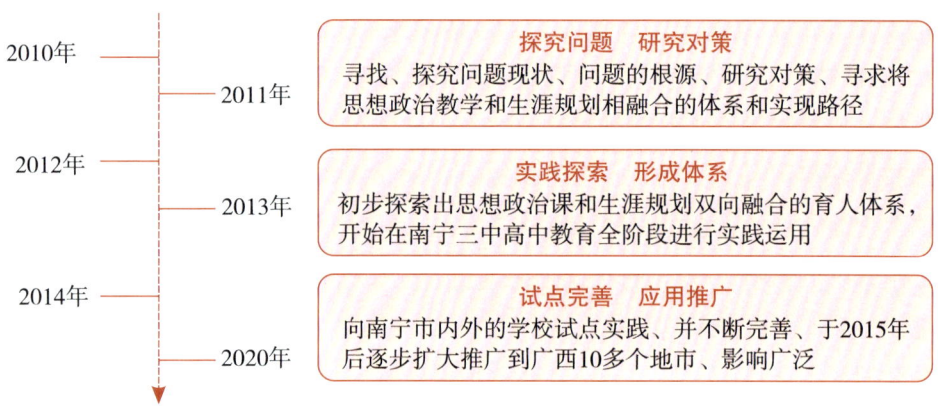

图1 解决问题的过程

（二）解决问题的方法

我们针对存在的问题实施了相应的解决方法（见表1）。

表1 存在问题和解决方法

存在问题	解决方法
1.育人课程不完整：国内高中开设相关课程较晚，学生缺乏生涯规划指导	思想政治课堂的教学引导+校园特色活动的实践体验
2.育人配备不专业：普通高中缺乏专业教材和专职教师，指导专业性不强	生涯规划校本课程专门引导+学校科研部门专业指导
3.育人结构有缺憾：国内鲜有关于思想政治教学和生涯规划融合育人的案例	思想政治课程价值观渗透+生涯规划活动的实践引导

1.问题一：育人课程不完整

2006年以前，国内高中普遍没有开设职业生涯规划方面的相关课程，高中学生缺乏生涯规划指导。在学校《高中生涯发展指导（学生问卷）》报告中显示：学生对自己兴趣、爱好、性格、优势比较了解，自我意识程度高，但对于当前和未来职业的发展和人才需求了解甚少，未能将自身情况与外部发展相结合，导致在职业选择和人生规划上存在迷惑和矛盾。

解决方法：思想政治课堂的教学引导+校园特色活动的实践体验。

（1）以思想政治教材为基础，以思想政治课堂为主阵地，引导学生制订职业生涯规划。

充分挖掘高中思想政治教材的理论内容资源，依托经济、政治、文化、哲学四大板块知识，进行学生职业生涯规划引导，力求帮助学生形成正确的职业价值观、人生价值观，合理规划未来的人生道路。以《经济生活》模块为例（见表2）：

表2 《经济生活》中的生涯指导示例

课程板块	思政课程理论内容	引导职业选择和生涯规划
经济生活	第一单元《生活与消费》	用正确价值观引导正确认识经济发展的基本要素和基本状态等，培养适度、求实、环保等消费方式和消费观念，培养科学精神
	第二单元《生产、劳动与经营》	引导理解和接受我国基本经济制度的政治认同，培养参与生产经营的正确行为，培育正确的劳动就业观念，培养对银行、投资理财等行业的兴趣和行为
	第三单元《收入与分配》	引导理解和接受我国基本分配制度的政治认同，在培养对国家财政、税收等行业的认识与兴趣的同时，增强科学精神、法治意识引导认识和理解我国选择和发展社会主义市场经济
	第四单元《发展社会主义市场经济》	道路的政治认同，渗透培育市场健康发展的法治观念，了解培育现代经济体系下的社会需求结构变化，培养面向世界的经济眼光

（2）以校园特色文化为依托，以校园活动和实践基地为载体，体验生涯和职业规划。

依托"美食一条街""模拟法庭""模拟联合国""商业挑战赛"等校园特色文化活动载体，借助南宁三中德育教育、劳动教育、研学交流等基地的支持，开展生涯活动实践体验，培养职业生涯规划意识，力求让学生在"参与—体验—感悟—升华"的过程中，形成正确的职业价值观，规划合理的人生道路。以"美食一条街"活动为例（见图2）。

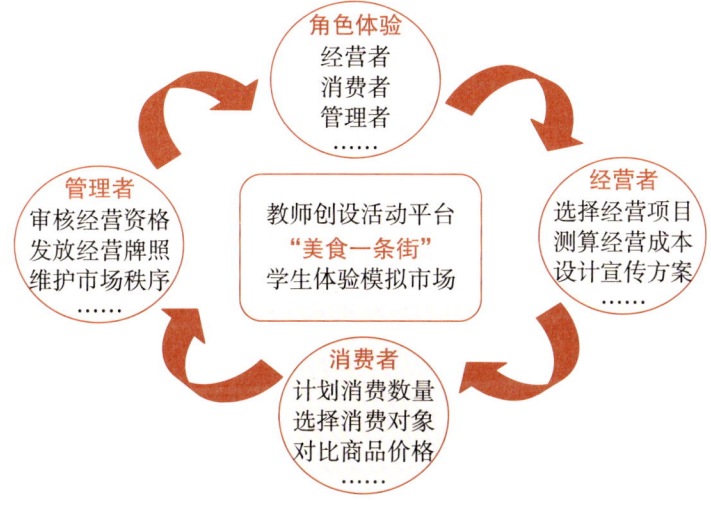

图2 "美食一条街"职业体验活动

解决效果：弥补了国内高中育人课程中缺失生涯规划课程的不足，丰富了育人课程体系。通过这一方法，我们将思想政治教学和校园文化体验相结合，实现在教学中潜移默化地引领学生形成正确价值观，在实践活动中润物无声地培养学生生涯规划和决策能力。

2.问题二：育人配备不专业

2008年开始，北京、上海、浙江的部分学校开始了生涯规划课程探索，走在全国领先位置。而广西作为欠发达地区，至今大部分学校生涯规划课程在整个高中阶段只零星开设一两节，或交由心理老师在心理课穿插讲解，或交由班主任在班会课简单传授，既没有专业的生涯规划教材，也没有专职的教师配备。

解决方法：生涯规划校本课程的专门引导+学校科研部门的专业指导。

（1）编写生涯规划校本教材，开设生涯规划校本课程，开展生涯规划专门学习。

自2012年开始，学校在广西率先开展生涯规划专业课程教学和实践。多次派出各学科老师到北京、上海等生涯规划课程先行地区借鉴学习，编写形成了《理想启程》《职业星空》《心灵导航》等8本校本教材；每学期开展专门的生涯规划校本课程，并始终渗透思想政治的价值正向引导。以"生涯规划校本课程安排表"为例（见表3）。

表3　生涯规划校本课程安排表

课程主题	课程名称	课程目的
时间管理	1.时间平衡论（1课时）	回顾初中三年的生活及时间管理，为高中三年生活规划做准备；增强同学之间的熟悉感，提供任务导向的交流机会
环境适应	2.校园地图（2课时）	增进学生对校园环境的熟悉，更好地利用校园资源
人际适应	3.三中教师访谈（2课时）	促进学生与三中教师的沟通了解，促进学生适应高中老师的教育教学方式
生涯起航	4.生涯彩虹（1课时）	通过生涯彩虹活动认识自我的人生角色的变化，拓宽生涯视角的宽度、深度、广度
人际支持	5.天使行动（2课时）	增强团队成员之间欣赏、支持、互助、鼓励的成长氛围
认识自我	6.职业兴趣岛（1课时）	了解自己的职业兴趣，为生涯规划做准备
职业探索	7.职业访谈分享（1课时）	通过职业访谈社会实践活动，促进学生了解职业世界
认识自我	8.性格色彩（1~2课时）	了解自己的性格特点及性格优势劣势，促进学生更好地在生活、人际、未来工作中发挥自己的优势
认识自我	9.职业价值观（1课时）	通过价值观卡片交换活动，让学生了解自己内心中最重要的东西，并结合职业价值观，了解适合自己的职业
生涯实践	10.大学专业访谈（2课时）	通过对大学及专业的采访社会实践活动，促进学生对大学及专业的了解

（2）学校科研部门提供技术、信息支持和专业指导，开展生涯规划系列活动。

自2012年开始，学校科研处先后采取建立生涯规划与心理辅导中心、邀请生涯规划专家到校培训、指导学生开展研究性学习活动和生涯规划课外实践活动、组织教师参与生涯规划相关科研课题等方式，给予了师生大量技术支持和专业指导。见图3所示。

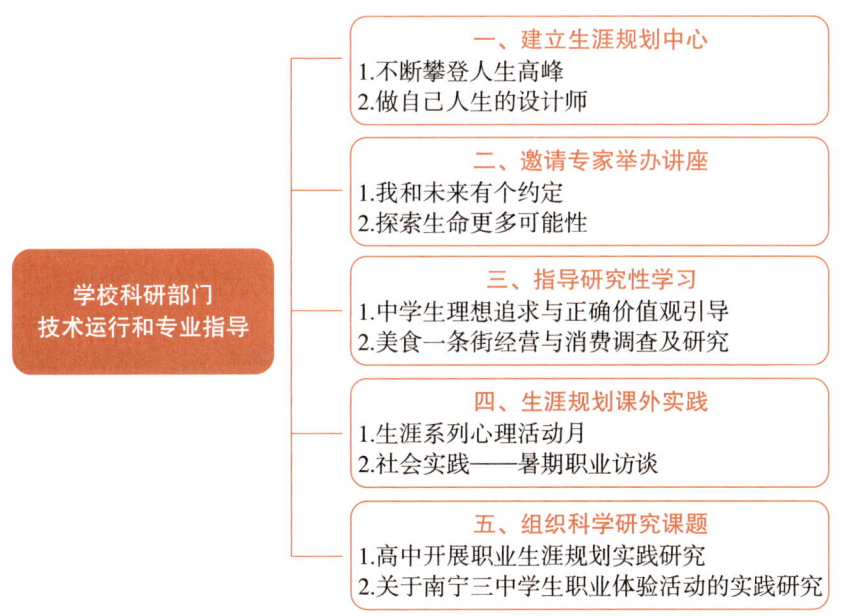

图3 学校科研部门技术支持和专业指导

解决效果：弥补了广西校本教材、课程、专职教师缺失的不足，促进了育人配备的专业化。在专门教材中推进生涯规划课程的落实，在专门课程教学中促进生涯规划的专业性，渗透了思想价值的正确导向，促进了学生对职业发展和生涯规划的科学认知。

3.问题三：育人结构有缺憾

青少年时期是形成正确"三观"和树立正确家国观念的重要阶段，因此高中思想政治课的价值引领作用尤为重要。2015年开始，上海多所高校公布高考专业（类）选考科目要求，为新高考变革、高中学生专业发展、职业选择等方面提供了方向。基于"三位一体"的多元录取机制的新高考改革，意味着学生的选择权由"被动"变为"主动"，可以依据自己的学习兴趣、认知特长、专业志向自行选择学习科目。

解决方法：思想政治课程价值观渗透+生涯规划活动的实践引导。

（1）充分促进思想政治课程的价值观渗透，调动学校课程体系实施"三全育人"。

"三全育人"的理念要求坚持显性教育和隐性教育相统一，挖掘其他课程和教学方式中蕴含的思想政治教育资源，不断推进"课程思政"。因此，学校政治教研组与其他学科组进行了多次教学研讨活动，积极推进"全员全程全方位"育人。以表4为例。

表4 思想政治和生涯规划融合育人示例

学科	思想政治	生涯规划
主题	价格变动的影响	南宁三中入学教育
教材知识	1.价格变动会影响人们消费需求 2.价格变动也会影响生产经营，调节生产	1.理想信念和爱国爱校教育 2.各学科学法指导 3.高中生活习惯养成与实践指导
实际情境	部分省市对燃油车上牌进行限制，鼓励购买新能源汽车	高一学生刚开始高中生活，斗志昂扬却又迷茫
理论实际结合	1.消费者降低对燃油车的购买，刺激了新能源汽车的消费市场，从而影响人们的生活方式 2.燃油车生产商会选择缩小生产规模、降低成本或研发新能源汽车，即影响生产者的生产方式，数量、方向。促进汽车行业供给侧结构性改革	1.培养爱国爱校情怀，树立阶段奋斗目标，树立生涯意识 2.了解高中学习方法与实践活动，尽快完成角色转变，适应高中生活，为成长、成才奠定基础
价值升华	1.作为消费者：要形成绿色生态文明观，贯彻落实新发展理念，合理科学地规划个人和家庭消费 2.作为生产者：要顺应经济发展的趋势，不断改进技术、提高劳动生产率，适时调节生产规模和要素投入，同时关注新的经济增长点，延长产业链 3.作为劳动者：要转变劳动、就业观念，终身学习全面发展，提升劳动技能，适应社会的转型升级	1.弘扬培育民族精神，自强不息、艰苦奋斗 2.传承南宁三中优秀传统与名校基因 3.明确自己的义务和责任，发掘兴趣与闪光点。确立成长方向与奋斗目标，将个人理想与国家、民族命运相结合，成长为担当民族复兴大任的时代新人

（2）积极联合校外生涯规划专家，充分调用社会优质资源推进育人工作进程。

广西属于欠发达民族地区，学校普遍存在生涯规划课程理论体系不完善、专业人才配备欠缺等多方面问题。因此，学校充分调用社会优质资源，与生涯规划领域全国权威专家赵世俊、生涯规划师覃誉强等开展联合工作，构建合作育人关系，开展了生涯规划讲座、咨询、访谈、活动、实践等多方面工作。见图4所示。

图4 社会优质资源育人活动

解决效果：实现了思想政治价值观渗透与生涯规划教育专业性指导的有机融合。这一方法既有利于学校全面落实"立德树人"根本任务，也引导了高中生在正确价值引领下提升生涯规划的社会契合度，将个人职业目标、人生选择与国家、民族的需求相结合，成长为担当民族复兴大任的时代新人。

三、成果的主要内容

经过11年积极地探索研究，学校构建和实践了高中思想政治与生涯规划"双向融合、四维联动"的育人体系，并取得了良好的教育教学效果（见图5）。

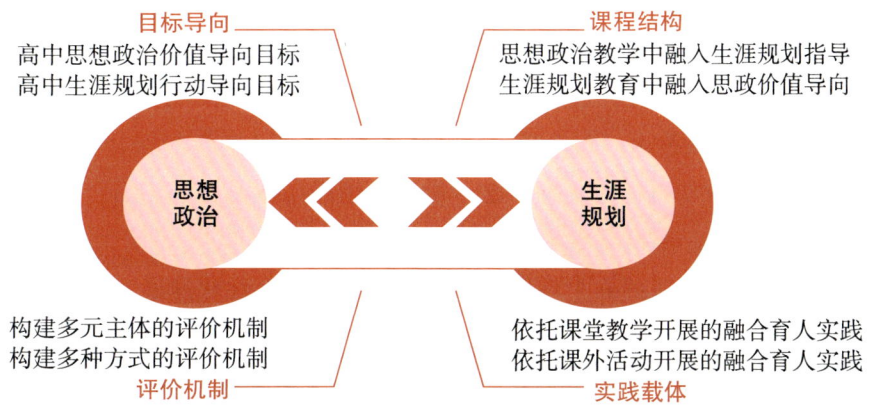

图5 高中思想政治课与生涯规划双向融合育人的目标体系

（一）"双向融合、四维联动"育人体系的第一维度——目标导向（见图6）

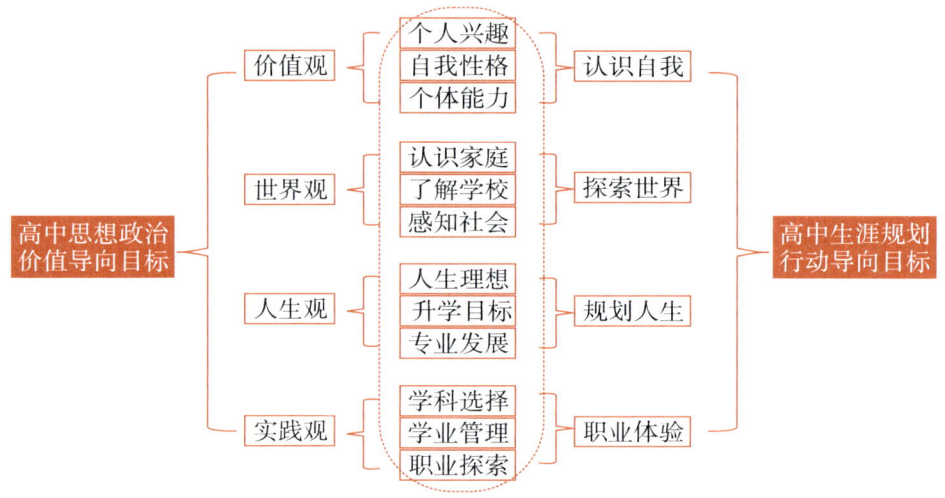

图6 高中思想政治与生涯规划双向融合育人的目标导向

1. 目标一：思想政治课"价值观"与生涯规划"认识自我"的融合

（1）提高学生综合素质，坚持以生为本，帮助学生树立正确的人生价值导向，能正确认识和评价自我价值，促使学生身心健康和谐发展。

（2）唤醒学生内在潜能，提升学生元认知能力，能准确定位自我兴趣、特长，提高职业生涯规划的选择力、决策力和行动力。

2. 目标二：思想政治课"世界观"与生涯规划"探索世界"的融合

（1）引导学生运用发展、思辨、科学、理性的思想政治课程观点认知、判断周围的世界，多角度、多层次认识家庭、学校、社会，促使学生构建正确的世界观。

（2）扩展学生的基础学力，具备足够的认知和探索能力，充分运用个人成长过程中的家庭、学校、社会的有利条件，促进生涯规划和生涯实施的合理性和有效性。

3. 目标三：思想政治课"人生观"与生涯规划"规划人生"的融合

（1）培养学生树立高远的理想信念，把个人理想与国家发展相结合。培养新时代条件下的高素质人才，培养担当民族复兴大任的时代新人。

（2）促使学生形成正确而个性鲜明的人生观，促进个性化发展。引导学生规划合理的学业目标和专业发展，促进个人专业成长发展。

4. 目标四：思想政治课"实践观"与生涯规划"职业体验"的融合

（1）帮助学生形成稳定的实践观系统，实现恒定的自我管理。在学业实践操作中对个体生涯发展实现理性抉择，实现自我管理、自我规划、自我服务和自我发展。

（2）促进学生逐步转变角色，推动个体社会化发展。在多样化的职业体验中不断明确成长目标，为自身的专业性发展和职业倾向选择提供决策依据。

（二）"双向融合、四维联动"育人体系的第二维度——课程结构

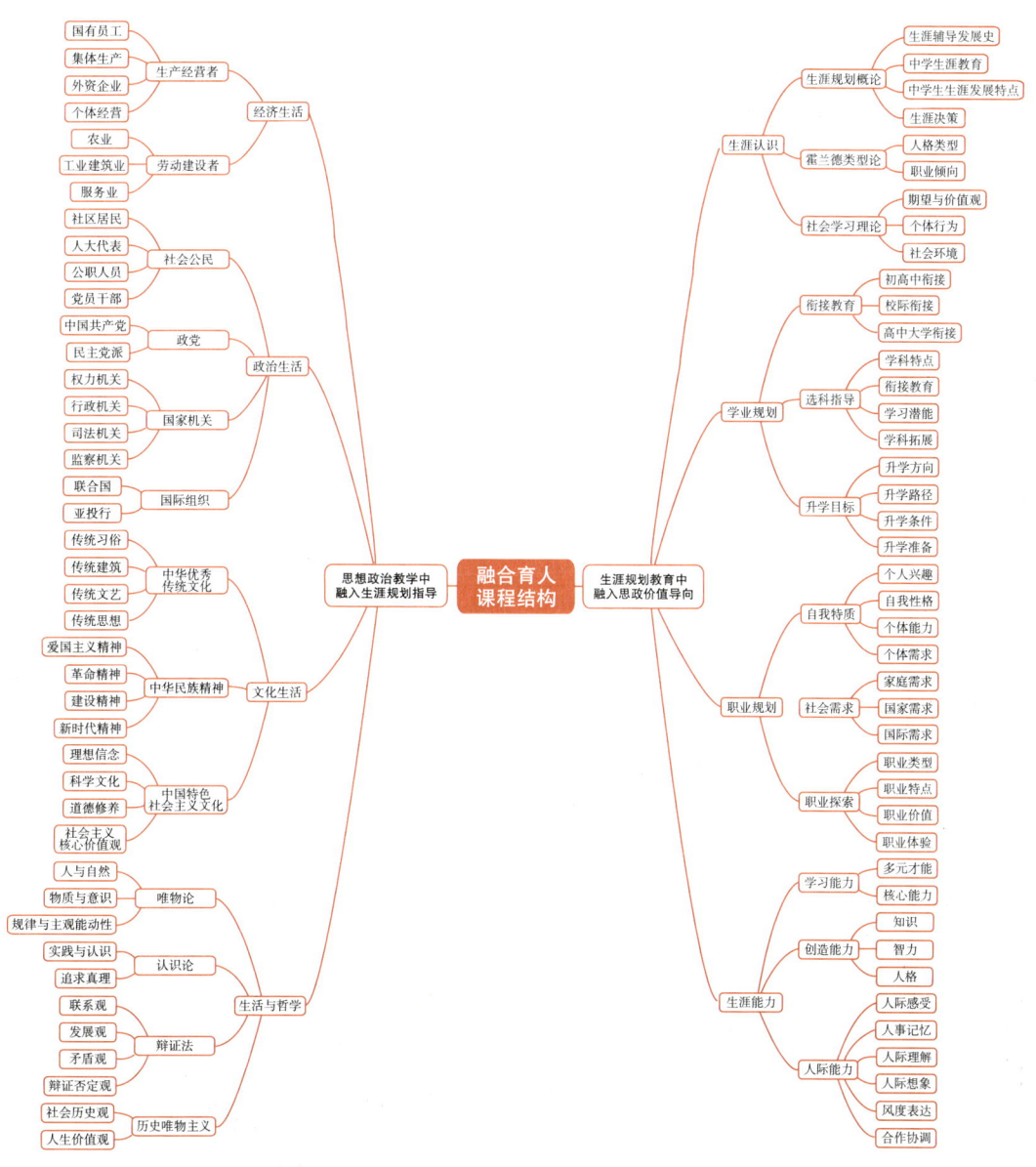

图7　高中思想政治课与生涯规划双向融合育人的课程结构

1. 在思想政治课教学中融入生涯规划指导

坚持"立德树人"的目标引领，以人教版高中思想政治教材《经济生活》《政治生活》《文化生活》《生活与哲学》为依托，充分研究教材，深入挖掘生涯规划教育资源，积极探寻思想政治教学和生涯规划教育的结合点，设计渗透生涯规划指导的相关课程，引导学生在知识学习的过程中，逐步形成生涯规划意识，开展职业探索，形成正确的职业价值观，合理规划未来的人生道路。以表5为例。

表5 思想政治课教学中融入生涯规划指导的典型课例

	思想政治课教学的典型课例	融入的生涯规划指导
经济生活	课例1：《企业的经营》	体验生产经营者角色，撰写创业计划书，参与生产劳动
	课例2：《收入分配与社会公平》	体验脱贫攻坚进程中县长、经理和职员等角色，参与社会建设，积极贡献个人价值
	课例3：《新时代的劳动者》	认清就业与创业形势，畅想未来职业规划，培养劳动意识和职业意识
	课例4：《面对经济全球化》	关注国际油气产业，了解国际经济形势，培养竞争意识
政治生活	课例5：《民主决策：做出最佳选择》	了解公民、人大代表、公职人员的政治地位和社会作用，参与公共事务，提升社会责任感
	课例6：《政府：国家行政机关》	了解政府工作，参与政治生活，树立公民意识
	课例7：《始终坚持以人民为中心》	明确党员干部的职责和要求，树立先锋模范意识
	课例8：《国际组织》	体验模范代表角色，放眼世界，形成国际视野
文化生活	课例9：《文化在继承中发展》	体味戏曲文化，投身传承中华优秀传统文化事业
	课例10：《中华民族精神》	感受疫情下不同的职业贡献，增强家国情怀，凝聚精神力量
	课例11：《培育和践行社会主义核心价值观》	了解工匠精神，认识思想道德修养和科学文化素质对个人成长的重要意义
	课例12：《加强思想道德建设》	了解时代楷模，规划成长路径，争当时代新人
生活与哲学	课例13：《创新是引领发展的第一动力》	了解现代科技发展，找准未来职业方向
	课例14：《社会历史的主体》	树立劳动观念，把个人规划与国家发展和社会需要相结合
	课例15：《价值的创造与实现》	了解航天航空领域，培养创新精神，规划职业发展路径
	课例16：《坚定理想铸就辉煌》	了解航母工作，树立坚定理想，投身国家建设

通过发挥思想政治课的价值导向作用,引领高中学生宏观感知国家的过去、现在和未来,用先锋人物和先进事迹感染学生、升华情感,把自我理想与社会理想、国家梦想相结合,自觉成长为社会、国家需要的人才(见图8)。

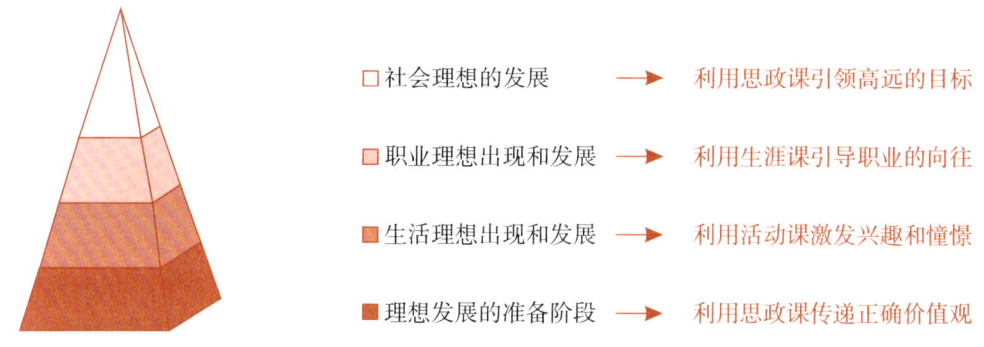

图8 思政课程、生涯课程助力树立人生理想

2.在生涯规划教育中融入思想政治价值导向

坚持思想政治的正确价值导向,以生涯规划校本教材《理想启程》《职业星空》和思想政治校本教材《经济与哲学》为依托,积极探寻生涯规划教育和思想政治教学的结合点,设计渗透思想政治价值的相关生涯课程,引导学生在规划人生、探索学业发展和未来职业方向的过程中,形成正确的人生观、价值观、职业观,增强学生的社会责任感、家国情怀。以表6为例。

表6 生涯规划教育中融入思想政治价值导向的典型课例

生涯规划教育教学的典型课例		融入的思想政治价值导向
生涯认知	课例1:《生涯理念面面观》	在唯物论指导下,引导学生从实际出发做出生涯规划,形成正确世界观、人生观、价值观
	课例2:《人生之路,从规划开始》	在正确人生观指导下,规划合理人生,探索发展道路
	课例3:《霍兰德职业理论》	在社会历史观指导下认识个人特质、职业类型、社会需求,树立职业发展目标
	课例4:《为生命发现更多可能性》	在人生价值观指导下,探索生命价值,追求丰富多样的价值实现路径和方式
学业规划	课例5:《拉开生活新一幕》	在辩证法指导下,认识发展的前进性和曲折性,用积极的生活态度、发展的眼光面对未来
	课例6:《时间平衡轮》	在唯物论指导下,遵循规律发挥主观能动性,制订科学的高中三年学习规划
	课例7:《我的高中生涯》	在辩证法指导下,用系统优化的方法有序推进高中学业规划
	课例8:《说说文理分科那些事》	在辩证法指导下,一分为二看问题,认清学科优势,做出最佳的文理分科选择

续表

	生涯规划教育教学的典型课例	融入的思想政治价值导向
职业规划	课例9：《兴趣引我前行》	在人生价值观指导下，充分认识自我发展需求与未来社会需求结构，树立崇高的理想目标
	课例10：《我性格我色彩》	在人生价值观指导下，正确认知自我与社会、国家的关系，培养社会责任感、家国情怀
	课例11：《价值天平》	在人生价值观指导下，做出正确价值判断和价值选择，促进价值、理想的实现
	课例12：《发现人生指南针》	在辩证法指导下，全面认识自我，树立高远理想信念，形成正确的劳动就业观念，适应社会转型升级
生涯能力	课例13：《世界那么大，我想去看看》	在社会历史观指导下，把个人理想与社会理想结合起来，在个人与社会的统一中实现人生价值
	课例14：《开拓生涯之路》	在认识论指导下，开展职业体验，规划人生发展，树立人生理想
	课例15：《走进工作大未来》	在辩证法指导下，树立全局观念和团队意识，培养合作探究、创新精神力

在生涯规划教育过程中，我们坚持从学校和学生的实际出发，合理规划高中不同阶段生涯规划教育的内容与重点，开设不同主题"生涯教育课程""生涯问卷调查""生涯分享会"，因地制宜开展教育，并持续贯穿高中三年教育过程（见表7）。

表7 高中三年生涯规划教育主题

主题	高一	高二	高三
课程	南宁三中入学教育	生涯规划——探索世界	生涯规划——职业体验
	生涯规划——认识自我	生涯规划——职业星空	生涯规划——理想启程
调查	初高中衔接适应问卷调查	学科诊断问卷调查	压力管理问卷调查
	优势学科探索问卷调查	多元升学规划问卷调查	大学规划志愿填报问卷调查
分享	学习成效分享会	时间管理分享会	学科训练营，自招分享会
	预设目标分享会	情绪管理分享会	冲刺计划分享会

（三）"双向融合、四维联动"育人体系的第三维度——实践载体

1. 实践载体一（见图9）

探索个人成长有利资源，助力生涯规划和发展，培育形成正确价值观体系。

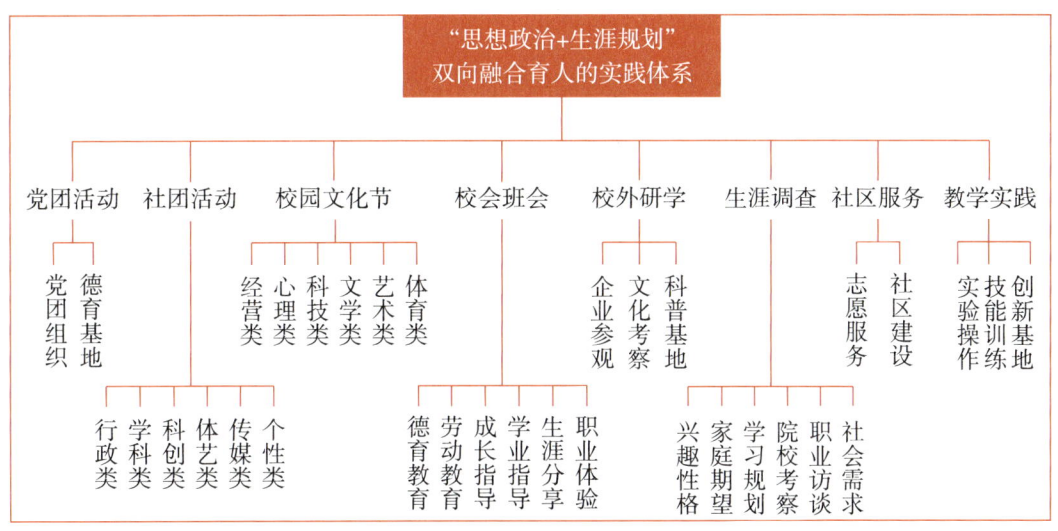

图9 高中思想政治课与生涯规划双向融合育人的实践体系

（1）了解家庭，助力个人生涯成长：通过家庭问卷调查、家校交互课程、亲子互动课程、家校沙龙活动、家校沟通平台等方式，引导学生多角度了解家庭经济状况、职业分布、文化结构、生活方式、家长理念、个人在家庭中的定位、肩负的家庭责任等信息，形成正确的家庭观、合理的职业观，做出准确的职业生涯规划。

（2）认识学校，获取生涯发展资源：充分了解学校的办学思想和宗旨、教育教学理念、师资队伍力量、教学课程安排、学科竞赛训练、社团文化建设、校园设施设备、学业规划指导、心理健康辅导等与个人发展需求的契合度，认真选择和充分利用学校资源，正确制订和实施个人学业、职业生涯规划，促进个人理想目标的实现。

（3）感知社会，积累生涯发展素养：通过思想政治课时政演讲、研究性学习活动、社会调查活动、德育基地活动、校外研学活动等多种方式，积累社会知识、获取职业信息、丰富个人生涯发展素养，引导个人形成正确的学业观、社会观、实践观（见图10）。

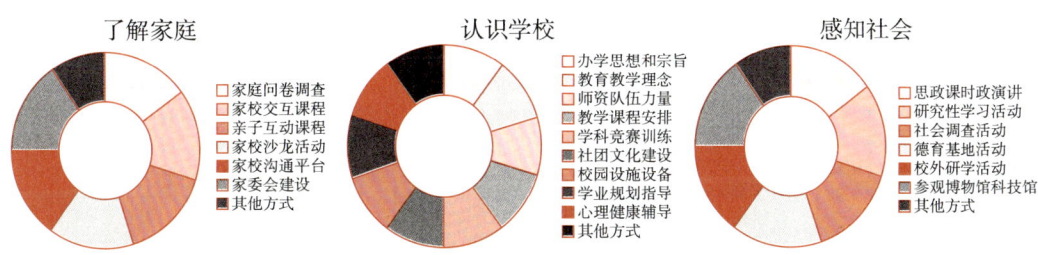

图10 探索助力个人成长的家庭、学校、社会资源

2.实践载体二

创建校园特色活动平台，探索个人生涯发展方向和途径，促进个性化成长。

（1）确定个人升学目标，引领专业成长发展：用正确的价值观引领学校教育教学，构建完备的基础学科教学体系，与时俱进、不断完善校园社团体系（52个学生社团），调动和挖掘学生的个人兴趣专长，提供多种升学途径与方式选择，最终确立升学目标，促进学生多样性、个性化专业成长发展（见图11）。

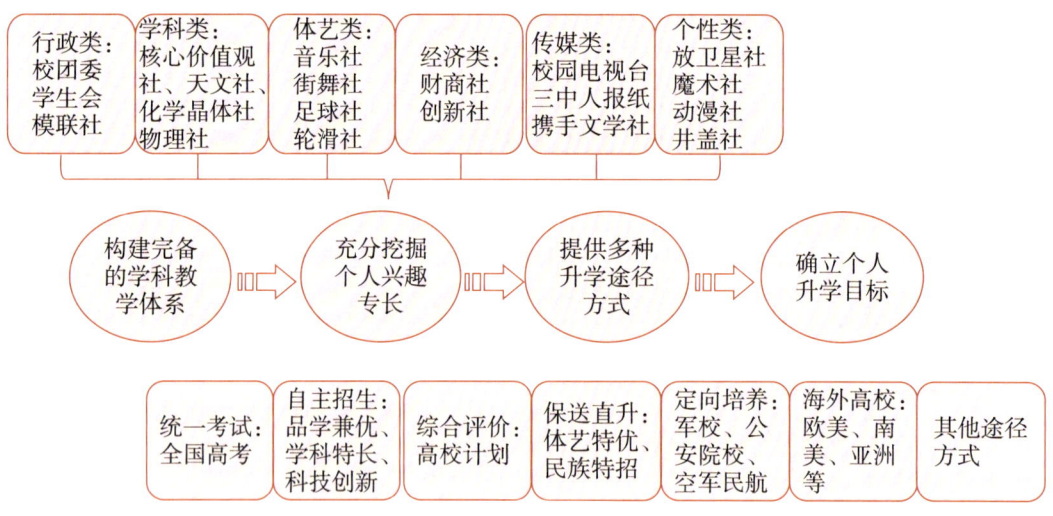

图11　生涯体验平台和升学途径方式

（2）结合个人生涯目标，开展准确高效的学科选择和学业管理：引导学生了解高中课程、学科知识体系、学习要求的差异化和自我认知的基础上，快速实现初高中衔接，发掘自身学习潜能，发展自身学科特长，动态找寻符合自身特质的学习方法和策略，有目标、有梯次地开展高中三年学科选择和学业管理的实践体验（见图12）。

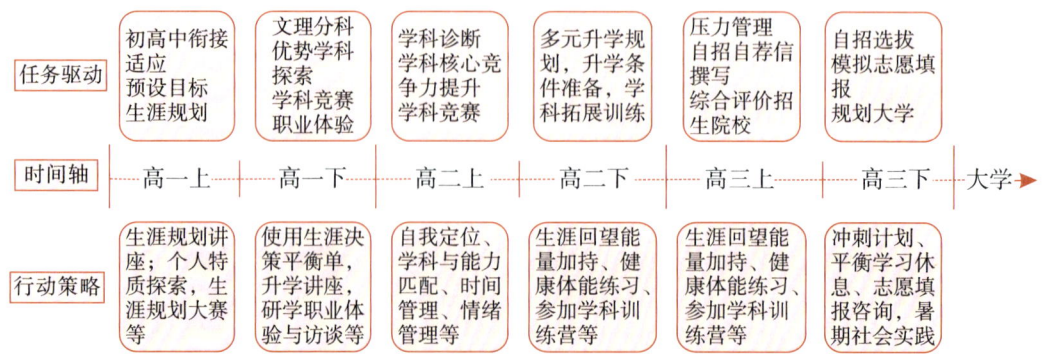

图12　高中三年学科选择和学业管理安排

（3）参与多样化的职业体验，进一步明确个人职业方向：了解国内外高校的专业信息以及与社会职业的衔接、人才市场变化需求与专业发展趋势，通过了解和体验不同职业的特点，不断明确学习成长目标，培养职业素养和职业技能，选择适合自身的发展方向，树立积极向上的人生价值观，努力做一个对社会有贡献的人（见图13）。

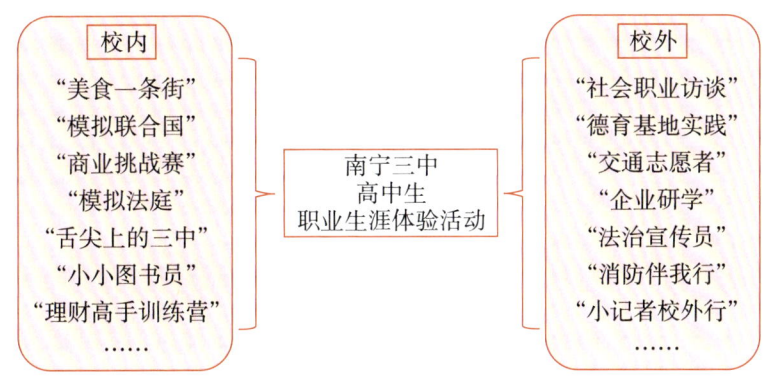

图13　校内、校外职业体验

（四）"双向融合、四维联动"育人体系的第四维度——评价机制（见图14）

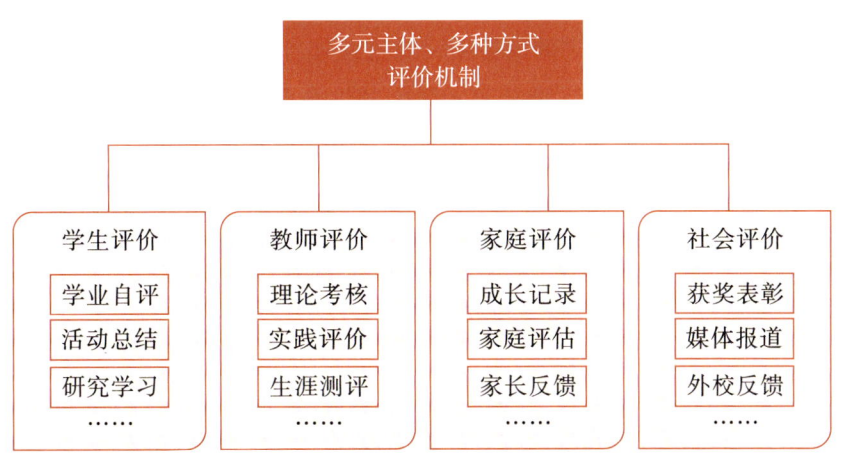

图14　高中思想政治课与生涯规划双向融合育人的评价机制

1.从学生主体角度，提供学生自评、生生互评的多种方式，促进学生自我认识、自我反思、自我提升

设计《学业质量自我管理手册》，指导学生从"目标、课堂、复习、预习、作业、考试"六个层面开展学业自我管理和评价；撰写社团活动和研学活动的总结，评价个人实践活动中的表现和收获；开展小组研究性学习，评价个人在团队研究实践中的性格特征、调研能力、写作水平等。

2. 从教师主体角度，从思想理论、行动实践等多个角度对学生开展评价，给学生提供科学有效的评价参考

根据学生的年龄结构和心理特点，在学业发展和实践活动中实行分阶段、分层次的培养模式和培养方案。如在高一、高二和高三的不同阶段开展不同形式的学业理论考核；在开展校内、校外的实践活动中进行"前期准备、过程表现、结果反馈"等多角度评价；在生涯教育过程中开展生涯测评、生涯调查等方面的评价。

3. 从家庭主体角度，记录学生的成长过程，评估学生的成长收获，与学校育人活动同频共振

建立"家校互动、协同育人"三年规划，充分借助现代信息技术手段，及时、合理地了解、收集学生成长信息，实现多渠道、多手段合作育人。如家长对孩子高中三年期间的学业表现、实践活动、思想观点等进行相应记录，通过"成长记录""写给孩子的一封信""毕业典礼上的寄语"等方式反馈给孩子，进一步提升育人效果。

4. 从社会主体角度，获取不同领域、多种形式的科学评价和广泛认可，进一步激励学生的成长

搭建学生表现与社会评价之间的桥梁，通过参加各级别、各领域的综合荣誉评选、学科知识竞赛、志愿实践活动，充分展示学生的综合能力、个性特长，给予学生充分的表彰和认可；借助新闻媒体报道和外校评价反馈，多角度、多方式、多频次地展示学生表现，挖掘学生潜力，培养自信心和荣誉感，为个人发展提供充分助力。

四、效果与反思

11年来，高中思想政治与生涯规划"双向融合、四维联动"育人体系在广西南宁三中政治组、心理组与学校各部门的合作下探索、发展和完善，取得了显著成效，具有广泛的引领、示范和辐射作用。

（一）人才培养富有实效，学生综合素养提高

这一育人体系的实践，使每年校内直接受益学生超过3000名，11年来超过3万名

学生受益,增强了学生的学业规划、学业管理能力,大大提升了学生的综合能力素质,促进了学生的终身发展。

对历届毕业生进行跟踪调查显示:87.37%的学生认为在高中阶段接受"思想政治课与生涯规划'双向融合、四维联动'育人体系"的指导实践,对其学业发展、职业能力提升有很大效用。据不完全统计,南宁三中社团干部升学后成为大学社团骨干比例近80%,科学有效的自我规划和自我管理使很多学生成为高校保研的首推对象,或工作领域中提拔升职的种子选手(见表8)。

表8　学生综合发展成效

学生发展项目	2010年以前	2010年以后
成果受益学生	0	每年超过300人
获市级以上德育奖	每年<6%	每年>12%
高考一本率	43%	逐年提升至88%
升学后成为大学生社团骨干	45%	逐年提升至80%
学科竞赛	参加人数5人以下	逐年增加至80人,获奖人数10人以上
研学活动	0	逐年增加至600人
市级综合荣誉	50人以下	逐年增加至200人

(二)育人建设与时俱进,学校发展再上台阶

近10年来学校获得众多荣誉中,国家级奖项14项,自治区级奖项达4项。此外,学校还获得清华大学、北京外国语大学等高校授予"优秀生源基地",连年入选"全国百强中学",育人品牌影响力不断增强(见表9)。

表9　学校发展荣誉

荣誉	级别
全国文明校园	国家级
全国教育系统先进集体	国家级
全国五四红旗团委	国家级
教育部首届基础教育国家级教学成果奖	国家级
全国青少年课外科技活动先进单位	国家级
全国科协青少年科技创新人才培养项目实验学校	国家级
全国青少年文明礼仪教育示范基地	国家级

续表

荣誉	级别
全国文教系统先进单位	国家级
全国立志成才先进集体	国家级
全国推行体育锻炼先进单位	国家级
全国现代教育技术实验学校	国家级
全国首届中小学校园文化百佳创新学校	国家级
全国中小学思想道德建设活动先进单位	国家级
全国百强中学	国家级
广西基础教育教学成果特等奖	区级
自治区先进基层党组织	区级
广西中小学生发明创造示范单位	区级
广西五一劳动奖状单位	区级

（三）教育成果广泛推广，辐射示范引领明显

南宁三中这一育人体系实践效果突出，被广西12个地市、25个学校学习借鉴，逐渐开展了相关育人实践活动。此外，学校还与田阳高中、凤山高中、马山中学、隆安中学4所学校签订了《精准扶贫支教帮扶协议书》，每年派出不少于30人次教师到支教帮扶点开展育人实践指导，引领被帮扶学校。

（四）育人理论展现成效，成果提炼体现深度

实行双向融合育人体系以来，南宁三中师生在实践中思考、提炼，形成了丰硕的理论成果。促进了学生思辨、合作、探究能力，也促进了教师专业化成长（见图15）。

主体	成果
学生	活动总结：共540篇小论文，共9000篇研究性学习，共242次成果合集，收录《风华浸远》53篇
教师	著作教材：《生涯规划》著作1本，《法治教育》系列教材3本，《我班有个理论家》读本1本。校本教材：撰写"生涯规划"系列校本课程7本。课题研究：自治区级2项，市级11项。教学成果：自治区级4项，市级3项。学术论文：发表21篇论文。讲座、示范课：自治区级、市级、县级共86人次。指导青年教师获奖：国家级、自治区级、市级共55人次

图15 理论能力和专业成长

（五）教育同行充分肯定，社会各界广泛关注

成果主持人李晓翎作为广西中小学唯一的代表，2019年3月18日受邀参加全国思政课教师座谈会，受到习近平总书记亲切接见，被省级、市级多家媒体大篇幅报道。同时，还入选了教育部大中小思政课一体化建设指导委员会专家指导组成员、广西思政课一体化建设专家，几年来在广西各地讲学、指导近百场，推广研究成果；南宁三中政治教研组长陈小妤及备课组长林凡、万力菲作为广西教育厅青少年法治教育宣讲团专家，在北海、来宾、玉林、贵港、百色、防城港、崇左等地宣讲中介绍推广这一育人体系；校教务处主任宗焕波、心理组教研组长董杨到广西和外省数十个学校开展了超过50场生涯规划讲座和指导，反响巨大；校团委书记、校办公室主任周晶，年级组长陈现永每学期均向来校参观师生介绍和推广研究成果，得到同行高度赞誉，并陆续开展学习借鉴和实践。

2017年教育部部长到校考察，赞扬了学校的育人实践成效。中国教育电视台、《中国教育报》、《广西日报》、《新华每日电讯》、《南国早报》、《南宁日报》、广西电视台、南宁电视台等主要媒体对学校育人实践活动进行了上百次深度报道。

（六）专家学者大力肯定，成果极富前瞻性、启发性

钟瑞添（广西师范大学原副校长，中国科学社会主义学会常务理事、广西高校师资培训中心主任、教育部广西师范大学基础教育课程改革研究中心主任）：

南宁三中设计的《高中思想政治与生涯规划"双向融合、四维联动"育人体系》，具有显著的时代性和前瞻性。把思政课与学生的生涯规划相融合，不仅拓宽了思政课渗透的领域，使思政课有了坚实的实践基础，更是在中学生的生涯规划中引入了价值引领的理论基础和实践指向，拓展学生的素质能力，适应培育新人的时代要求。

赵世俊（全国优秀教师，江苏常州市未成年人成长指导中心首席心理咨询专家、督导，江苏省学校心理专业委员会副主任委员）：

高中生涯教育最终必须走向指导教师全员化、各学科全融合。南宁三中将思政课与生涯教育结合起来，用好思政课丰富的生涯教育资源，来帮助学生探索自己和世界，确立未来方向，这是一种积极而可行的探索。本方案有特色、可操作，且对其他学科进行生涯教育富有很强的启发性。

（七）反思与努力方向

1.培养学生能够适应职业变化所需要的核心能力与重要品格是我国教育当前面临的新挑战。许多普通高中存在教学资源不足、教材配备不齐，教师配备结构不合理等问题，尤其广西是欠发达地区，推广这一育人体系还存在一些现实困难。

2.广西还没有真正进入新高考，高中学生普遍还没有具备生涯规划意识，这一育人体系对他们在学业发展、职业方向等人生选择中的重要影响不能及时体现，其效果评价还要在未来的教育教学和学生的成长发展中不断追踪。

3.推进思想政治教学与学校教育其他领域的融合是一个教育发展的必然要求，"高中思想政治课与生涯规划双向融合育人"是一个先行探索，还需要充分调动中小学全学科体系共同参与，真正实现"三全育人"，任重道远。

所获奖项 2019年广西基础教育教学成果奖二等奖

成果名称 立德树人视域下高中思想政治课培育学生"政治认同"素养的实践研究

成果持有者 姚敏 李晓翎 韦晓宁 蒙立珠 黄继 莫焜贤

《立德树人视域下高中思想政治课培育学生"政治认同"素养的实践研究》成果报告

成果主持人 姚 敏

一、问题的提出

（一）研究背景和意义

"立德树人"是现阶段我国教育的根本任务与目标，2018年9月，习近平总书记在全国教育大会上指出："要把立德树人融入思想道德教育、文化知识教育、社会实践教育各环节，贯穿基础教育、职业教育、高等教育各领域，学科体系、教学体系、教材体系、管理体系要围绕这个目标来设计，教师要围绕这个目标来教，学生要围绕这个目标来学。"

"政治认同"是新一轮高中思想政治课程标准确立的核心素养之一,高中生"政治认同"素养,即认同中国共产党领导地位,自觉践行社会主义核心价值观,认同伟大的祖国,认同伟大的中华民族,认同中华文化。

本成果在"立德树人"视域下,探索高中思想政治课培育学生"政治认同"的实践路径,深入回答了"培养什么人、为谁培养人、怎样培养人"这一根本问题,抓住了时代热点,紧扣时代问题,具有较强的创新性和实效性。

(二)相关概念及研究的理论依据

1.相关概念

(1)"政治认同"的内涵。

《中国大百科全书·政治学》中指出,"政治认同"是指人们在一定的社会关系中确定自己的身份,自觉地维护某一政党和阶级,参与政治过程,形成政治信念并表现相应的政治行为。总体来说,是人们在政治生活中表现出来的认可、同意的情感倾向和认可、同意的心理归属。

(2)"政治认同"核心素养。

2014年教育部颁布《关于全面深化课程改革落实立德树人根本任务的意见》,明确规定核心素养是学生应具备的适应终身发展和社会发展需要的必备品格和关键能力,《普通高中思想政治课程标准(2017年版)》明确提出"政治认同、科学精神、法治意识、公共参与"四个思想政治学科核心素养,其中"政治认同"居于首位,规定和影响着其他核心要素,是其他素养的内在灵魂和共同标识。

2.研究的理论依据

本研究以"人本主义"理论为理论基础展开。

"人本主义"理论主要代表人物是马斯洛和罗杰斯。马斯洛认为人类具有真、善、美、正义、欢乐等内在本性,具有共同的价值观和道德标准,达到人的自我实现关键在于改善人的"自知"或自我意识,使人认识到自我的内在潜能或价值。

罗杰斯主张教育的目的是要学生学会适应不断变化的社会与人生。而对这种变化的适应取决于学习过程,而非静态的结果。这个过程不仅是学生获得自主学习的方法的动态过程,也是促成其健康人格形成的过程。

因此,在教学思想上,人本主义强调人的尊严、价值、创造力和自我实现,教育的目的绝不只限于教授知识或谋生技能,更为重要的是针对学生的情感发展,开发学生的潜能、激发起其认知与情感的相互作用，这也恰恰回答了本课题研究的"立德树人"即"培养什么人、为谁培养人、怎样培养人"等一系列问题，也进一步从理论层面厘清了"政治认同"中"认同"和"情感"发生的心理机制和规律。

（三）研究解决的主要问题和现实依据

中国特色社会主义进入新时代，我国社会的主要矛盾已经转化为人民日益增长的美好生活需要和不平衡不充分的发展之间的矛盾，新时代的高中思想政治课就必须处理好落实学科核心素养与顺应时代发展需要以及更好地满足学生需要、更好地满足社会发展需要之间的关系，这要求高中思想政治课程必须凸显思想政治学科的课程性质和课程理念以及独特的立德树人的任务要求。

从全球范围看，当今世界正处于大发展大繁荣大变革大调整时期，在经济全球化、世界多极化、社会信息化、文化多样化进程中展现出的各种价值观、各种文化现象交织激荡。西方敌对势力一直图谋遏制中国的发展。在这样的国际环境下，培养学生的政治认同，使学生拥护中国共产党的领导，坚定中国特色社会主义理想信念，弘扬和践行社会主义核心价值观迫在眉睫。

二、解决问题的过程与方法

（一）通过问卷调查明确目前高中生"政治认同"素养的现状和问题

从调查问卷中得出目前高中生在"政治认同"素养方面存在以下问题：

一是学生在政治认知、政治情感和政治信念多停留在感性认知阶段。

二是在社会参与方面，政治行为是一个人"政治认同"的外在表现和综合反映，学生的政治行为锻炼亟待加强。

三是从深层次上看，高中生囿于其知识、社会阅历和生活经验的不足，缺乏对"政治认同"的深刻理解和认知，并受到"功利型"升学压力的影响，处于被动式的认同状态。

(二) 通过访谈明确目前高中思想政治课对高中生"政治认同"素养培育的现状和问题

通过对一部分学生和教师进行访谈，发现高中阶段培育"政治认同"素养方面还存在以下问题：

一是在现实学习生活中，学生政治课学习内在动机不足、政治认知存在偏差、自身理性批判的发展以及群体伙伴效应也影响着高中生的"政治认同"素养的形成。

二是在受访的学生中30%的学生认为教材编写的抽象性、枯燥性和滞后性，使得学生对政治课产生一些抵触情绪，直接影响到对学生"政治认同"素养的培养。

三是有相当一部分学生不喜欢政治课堂教学的模式，不乐于接受某些教师授课的方式等原因造成了某些学生"政治认同"度不高。

四是在和思想政治学科教师的访谈中，还显现出某些教师本身对"政治认同"素养的认识以及重视程度不够，造成对学生"政治认同"素养的培育能力不强。

(三) 解决问题的方法和路径

针对当前高中生"政治认同"素养培育方面存在的问题，我们从教材、课堂、学生、教师四个维度探索总结了解决问题的方法和路径（见图1）。

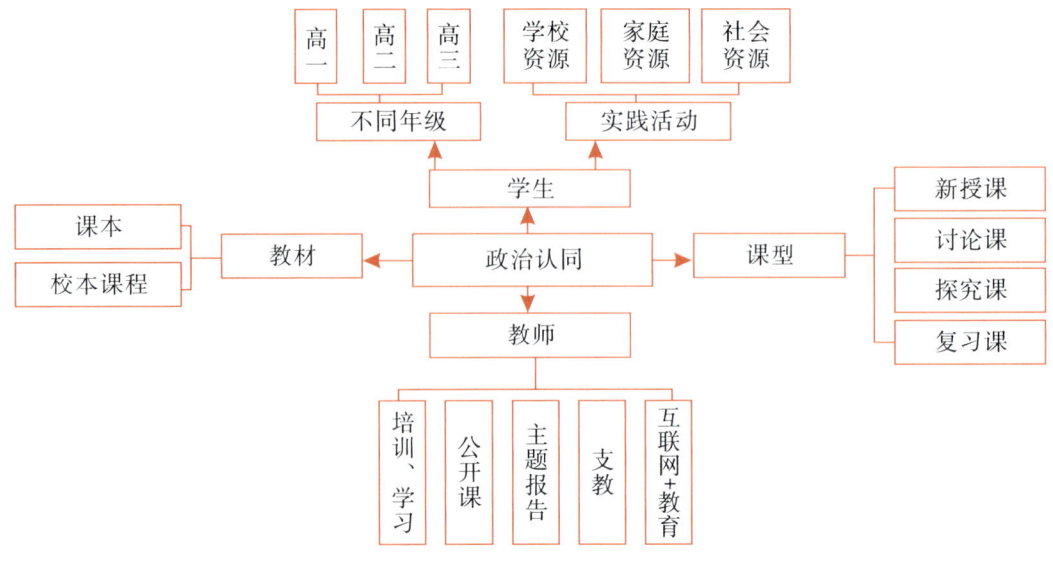

图1 四个维度的解决方法和路径

第一，全面挖掘和整合高中政治四本必修教材中"政治认同"素养的培育点，并开展教材校本化课程研究，编写了两本校本课程教材，以解决因教材编写的抽象性、枯燥性和滞后性影响培育学生"政治认同"素养的问题。

第二，建构了不同课型的培育路径，解决因政治课堂模式单一导致学生不乐意接受继而影响培育学生"政治认同"素养的问题。

一是新授课——"情境体验式课堂"教学模式。

二是讨论课——"问题导学式课堂"教学模式。

三是探究课——"多维开放式课堂"教学模式。

四是复习课——"拓展提升式课堂"教学模式。

在实际的教学中，多种模式可以灵活使用。

第三，建构了不同年级的培育模式——解决因学生政治课学习内在动机不足、自身理性批判的发展以及群体伙伴效应和被动式接受等原因影响培育学生"政治认同"素养的问题。

高一年级"生活化教学"，高二年级"活动型教学"，高三年级"模块教学"。

第四，建构了实践活动中的路径和培育模式——解决因学生社会阅历和生活经验的不足使其政治认知、政治情感和政治信念多停留在感性认知阶段影响学生"政治认同"素养培育的问题。

善用学校资源，智用家庭资源，巧用社会资源，组织了丰富多彩的社会实践型课程。

第五，建构了教师内涵式发展的模式——解决因教师本身对"政治认同"素养的认识以及重视程度不够，培育能力不强的原因影响学生"政治认同"素养培育的问题。

三、成果的主要内容

（一）"政治认同"在高中思政课四本必修中的体现和渗透

1.认同伟大祖国

必修一：第八课"财政与税收"，第十课"新发展理念和中国特色社会主义新时代。"

必修二：第一课"神圣的权利庄严的义务"，第一课"参与政治生活，把握基本原则",第八课"国际社会的主要成员",第八课"坚持国家利益至上",第九课"世界多极化:深入发展"。

必修三:第六课"我们的中华文化",第七课"我们的民族精神"。

必修四:第七课"用联系的观点看问题"。

2.认同中华民族

必修二:第七课"我国的民族区域自治制度",第九课"世界多极化:深入发展"。

必修三:第六课"我们的中华文化",第七课"我们的民族精神"。

3.认同中华文化

必修三:第三课"文化的多样性与文化传播",第四课"传统文化的继承",第六课"我们的中华文化"。

4.认同中国共产党

必修一:第三课"多彩的消费",第四课"生产与经济制度",第十课"中国经济发展进入新时代",第十一课"经济全球化与对外开放"。

必修二:第六课"中国共产党执政,历史和人民的选择",第六课"中国共产党:立党为公 执政为民",第六课"中国特色社会主义政党制度"。

必修三:第六课"源远流长的中华文化"。

必修四:第七课"唯物辩证法的联系观",第十课"创新意识与社会进步",第十一课"社会历史的主体"。

5.认同中国特色社会主义

(1)认同中国特色社会主义道路。

必修一:第一课"神奇的货币",第四课"发展生产,满足消费",第九课"走进社会主义市场经济"。

必修二:第三单元综合探究"中国发展进步的政治制度保障"必修四:第八课"用发展的观点看问题"。

(2)认同中国特色社会主义理论。

必修一:第九课"走进社会主义市场经济",第十课"新发展理念和中国特色社会主义新时代"。

必修二:第六课"中国共产党的指导思想",第六课"中国共产党:立党为公,执政为民",第七课"中国共产党的宗教工作基本方针"。

必修四:第二课"唯物主义和唯心主义",第三课"时代精神的精华",第九课

"唯物辩证法的实质与核心",第六课"人的认识从何而来",第六课"在实践中追求和发展真理"。

(3) 认同中国特色社会主义制度。

必修一：第四课"生产与经济制度",第五课"新时代的劳动者",第七课"个人收入的分配"。

必修二：第一单元第一课：人民民主专政：本质是人民当家作主,第三单元"发展社会主义民主政治",第九课"我国的外交政策"。

(4) 认同中国特色社会主义文化。

必修一：第一课"神奇的货币",第三课"多彩的消费"。

必修三：第四单元"发展中国特色社会主义文化"。

必修四：第四课"世界的物质性"。

(二) 立德树人视域下高中思想政治课在不同课型中培育学生"政治认同"素养的教学模式研究（见图2）

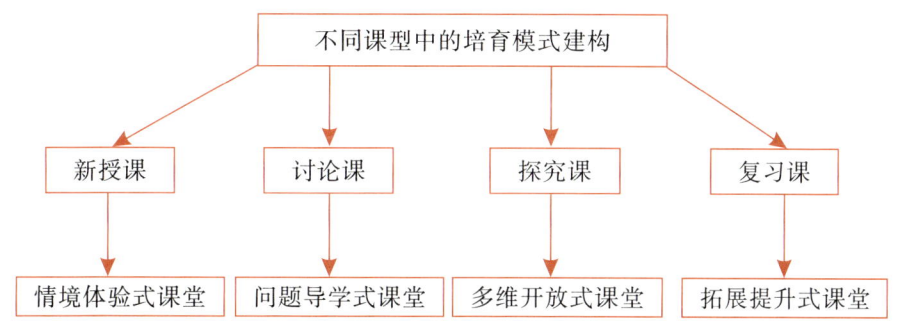

图2 不同课型中的培育模式

美国著名教育家、心理学家布鲁姆的"有效教学"理论,作为理论科学,它研究教学的现象、问题,揭示教学的一般规律,作为应用科学,它研究利用和遵循规律解决教学实际问题的方法策略与技术。依据这一理论我们构建了高中思想政治课在"不同课型"中培育学生"政治认同"素养的教学模式,实现学生的有效学习。

1. 新授课——"情境体验式课堂"教学模式

"情境体验式课堂"教学模式以学生为主体,通过情境设置,让学生在情境中体验角色,发生角色思考,做出角色行动,在情境中体验、感悟、反思、生成和内化,建构和增强政治认同感。

2.讨论课——"问题导学式课堂"教学模式

"问题是深入的阶梯,是长进的桥梁,是触发的引信,是觉悟的契机。"要想在课堂教学中培养学生的政治认同,必须以问题为纽带善于创设有效问题,层层推进,引领学生积极思考,创设认同发生的契机。

3.探究课——"多维开放式课堂"教学模式

高中思想政治的探究课堂,就是学生在教师的引导下,自学或合作讨论,通过个人、小组等多种活动,将课本知识应用于实际问题的解决。探究课可以通过角色扮演、情景模拟、社会调查、主题探究等多维开放式的活动培养学生的情感认同。

4.复习课——"拓展提升式课堂"教学模式

复习课是教学过程一种非常重要的课型,对夯实学生的基础、培养和提高学生运用知识、解决问题的能力起着举足轻重的作用。复习课的意义是归纳、总结和进一步拓展,并以具体的题目练习对知识进行巩固和拓展,从而使学生的知识得以巩固和拓展,情感再次发生和升华,认同得以内化和升华。

（三）立德树人视域下高中思想政治课在不同年级培育学生"政治认同"素养的模式和路径探究（见图3）

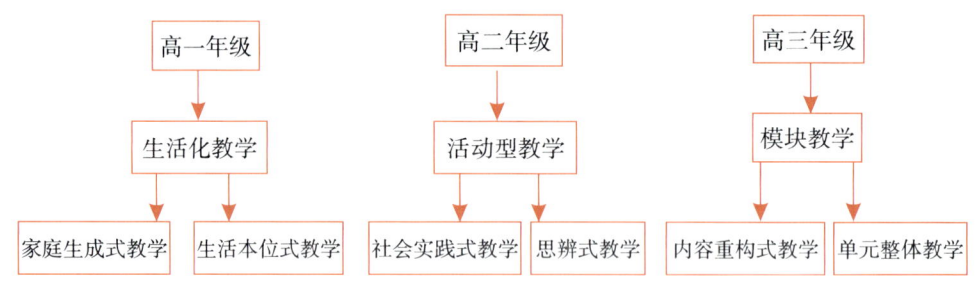

图3　不同年级培育模式

苏联教育家维果茨基提出"最近发展区"理论,即教学应着眼于学生的最近发展区,为学生提供带有难度的内容,调动学生的积极性,发挥其潜能,超越其最近发展区而达到下一发展阶段的水平,然后在此基础上进行下一个发展区的发展。本研究在不同年级的培育模式的构建过程中,有效运用了这一理论,通过在高一、高二、高三分别开展以生活化教学、活动型教学、模块教学为主的教学活动,遵循学生的学科发展规律,有效调动学生的学习积极性,激发学生的学习潜能,提高学生认知和学习能力,从而促进学生对"政治认同"的理解。

1.高一年级：生活化教学

（1）构建家庭生成式教学模式，夯实高中生成长的原初基础。高中生成长的第一位环境是家庭，所以，家庭生活是绝佳的思想政治教育资源。

（2）构建生活本位式教学模式，优化社会环境的单体空间。高中思想政治教育是一项内隐的、长久的工作，需要在将高中思想政治教育目标任务和内容融入社会生活中，营造积极向上的环境。

2.高二年级：活动型教学

（1）构建社会实践模式，强化个体意识的隐性存在。社会实践是最好的检验认知和理论过程，也是助推思想政治教育向社会延伸，培养"政治认同"素养的有效途径。为此，可以通过一定的社会实践活动，帮助高中生实现思想落地和认知精准。

（2）构建思辨式教学模式，增强学生思辨能力。思辨逻辑思维是一种更高水平的思维方式，对人的心理素质的提升有着重要的意义，特别是在高二年级的《哲学与生活》中开展更为有利，以辩证唯物主义和历史唯物主义的基本观点和方法为例，切实提高参与现代社会生活的能力，逐步树立建设中国特色社会主义的共同理想，培育学生的国家认同素养。

3.高三年级：模块教学

（1）构建内容重构式教学模式。教材内容的重构，一方面要以既定教材为依托基于教材，另一方面又要超越教材。在教材内容的重构过程中要时刻以学生为中心，这样利于学生把教学内容转化成为自己知识结构的一部分。

（2）构建单元整体式教学模式。高中政治课单元整体式教学模式围绕单元主题整合教材内容，充分体现新课标提出的避繁就简，突出重点，加强整合，注重知识与能力、核心素养之间的联系等思想，达到全面提高学生"政治认同"素养的目的。

（四）立德树人视域下高中思想政治课在"实践活动"中培育学生"政治认同"素养的路径和模式研究

运用著名教育家陶行知"教学做合一"理论指出：行是知之始，知是行之成。"政治认同"的培育要把"教"与"学"同"做"结合起来，建构培育学生"政治认同"的课外实践活动体系。

1.善用学校资源创设活动,拓宽学生"政治认同"渠道

(1)紧跟时政,引领学生思想动态。我们设计了以"政治认同"为主题、以时政为载体的时政演讲、新闻播报、辩论赛和时政小论文等形式活动,让学生养成关注时政、关心国家大事的习惯。

(2)借力社团,形成"政治认同"培养合力。学生社团是高中思想政治课"第二课堂",是培养"政治认同"的得力助手。首先,在学校内设立社会主义核心价值观研究社、国旗班、国风社、中医医药文化社等特色社团,聘请有相关专业知识或兴趣爱好的教师特别是思想政治课教师担任社团指导老师,让这些社团成为学生课外生活重要的组成部分。其次,指导老师精心设计和组织社团开展有关"政治认同"方面的研讨和实践活动。

(3)创设特色学生活动,潜移默化中提升"政治认同"。特色学生活动是培养学生"政治认同"的重要阵地。在新生入学教育活动中,我们设置了一系列爱国主义教育和中华文化系列讲座;高一有红歌赛和经典诵读比赛;高二有课本剧比赛,将中华优秀传统文化深深植入学生内心。高三有中国传统的成人礼;每年的元旦"欢乐中国年"通宵晚会上,设计并融入"政治认同"的元素的特色活动,让学生潜移默化感受和提高"政治认同"素养。

2.智用家庭资源形成合力,构建"政治认同"家校和谐共同体

政治认同教育也要做到"天时、地利、人和",让学校教育和家庭教育有机地结合起来,形成一股合力。

(1)进行家访活动,深入了解学生家庭教育情况。了解学生原生家庭的情况,特别要了解家长对党的领导、国家发展、社会稳定、人民幸福等方面的认知及价值观,充分挖掘家庭一切有利资源,也要及时纠偏,形成家庭学校的协同发展的形式,优化教育效果。

(2)组建校级、班级家委会,形成"政治认同"领导团队。班级管理中选取有代表性的来自不同岗位的不同阶层的家长组成学校班级委员会并健全组织,向家长传达党和国家教育方针政策,让他们了解学校的教育改革、学校活动目的等;向学校反馈家长对学校办学的意见,形成统一育人思想,落实立德树人的根本任务。

(3)通过家长学校,建立"政治认同"的网络平台。学校召开家长会,建立微信、QQ等家长群,在网络平台上宣传宣传党的路线、方针和政策,宣传教育教学的改革,传递正能量。

3.巧用社会资源加强实践，助力"政治认同"内化于心，外化于行

（1）开展社会调查活动，深入了解社会现实。学校积极倡导学生积极开展社会调查活动，由学生社团组织或自行组织在寒暑假进行有关"政治认同"主题社会调查活动。

（2）借助"互联网+"，提高学生政治参与的热情。首先，高中思想政治课教师应利用课外时间开设网络交流平台（微信、微博、论坛等），就网络上的社会热点问题引发学生思考，开展交流研讨，并加以正确的引导，提高学生的政治参与热情。其次，高中思想政治课教师可以引导学生在网络上以正确、合法的方式向政府部门和其他政治机构发表自己的意见和建议，让学生真正地实现政治参与，提高学生对国家和中国共产党领导的认同感。

（五）立德树人视域下通过培育学生"政治认同"素养建构了教师内涵式发展的模式

思政教师作为"政治认同"素养培育的施教主体，必须肩负起培养学生政治认同素养自觉性责任，树立教师政治认同教育的自觉意识。解决因教师本身对"政治认同"素养的认识以及重视程度不够，培育能力不强的原因影响学生"政治认同"素养培育的问题。

借助"互联网+教育"，让教师通过培训学习、科研、公开课、主题报告和支教实践等途径，不断提升自身素质，以实际行动加强对政治认同的研究，增强政治认同的培育能力。

四、效果与反思

（一）应用效果

1.学生人才培养质量

（1）助力南宁三中高考成绩傲视广西。

通过对学生"政治认同"素养的培育，南宁三中的文科成绩屡创新高，2012—2019年文综成绩都保持在广西前列。

（2）促进学生综合素养特别是政治素养提高。南宁三中学生积极参加各级竞赛、

演讲和书画等比赛均取得了优异成绩，各级各类演讲比赛捷报频传；南宁三中学生积极主动成立、参与各类学生社团，特别是社会主义核心价值观研究社，已然成为南宁三中社团的一面旗帜，学生在社团和各类活动中不断得到涵养和提升，综合素养特别是政治素养显著提高。

2.教师职业生涯发展

（1）丰富了教师的职业情感。成果研究的开展过程也是成员体验教育教学的幸福的过程。当学生在思想政治课堂内外，将"政治认同"核心素养内化于心、外化于行时，收获的是学习的快乐与满足，而这带给老师的同样是职业的幸福感和成就感，并使教育教学过程由师生间的智力交往过程转化为师生间的情感交流和认同的过程，这是一种无以言表的幸福体验。

（2）成为各级教学名师。

李晓翎：获得"特级教师"称号和正高级职称，被评为"全国优秀教师"并光荣参加了2019年3月18日在北京召开的学校思想政治理论课教师座谈会。

姚敏：被评为南宁市"学科带头人"、南宁市"先锋示范岗"和高级教师，多年担任南宁市思想政治学科中心组成员。

韦晓宁：被评为南宁市"教学骨干"和高级教师，多年担任南宁市思想政治学科中心组成员。

黄继：荣获2019年南宁市教育系统"优秀共产党员"称号。

莫焜贤：荣获南宁市"优秀党务工作者"和南宁市"优秀共青团员"称号。

蒙立珠：荣获南宁三中"我最喜爱的班主任"和"我最喜爱的老师"荣誉称号。

（3）教育科研能力显著提高。

参与成果研究的成员负责或参加相关课题研究11项，参与编写3本相关论著，在各级期刊发表相关论文9篇，获奖论文8篇。

3.成果推广应用情况（见图4）

本研究注重教师内涵式发展，不断提升教师自身素质，参与研究的教师及取得的成绩在教育界和社会上产生了广泛的影响力，同时本成果也得到了广泛的推广和应用。

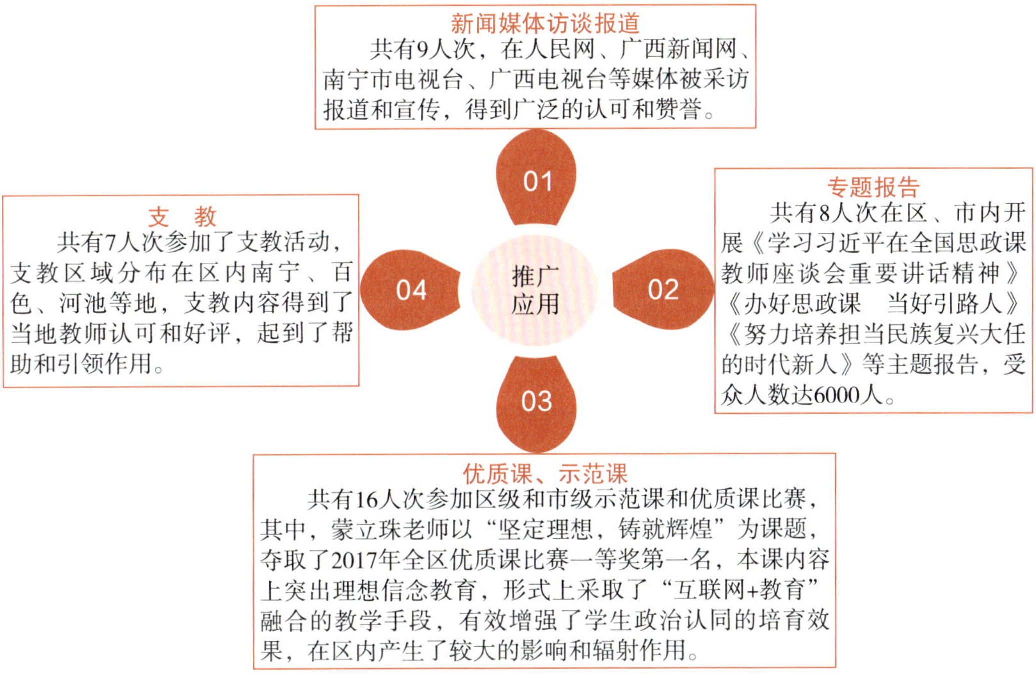

推广应用

01 新闻媒体访谈报道
共有9人次，在人民网、广西新闻网、南宁市电视台、广西电视台等媒体被采访报道和宣传，得到广泛的认可和赞誉。

02 专题报告
共有8人次在区、市内开展《学习习近平在全国思政课教师座谈会重要讲话精神》《办好思政课 当好引路人》《努力培养担当民族复兴大任的时代新人》等主题报告，受众人数达6000人。

03 优质课、示范课
共有16人次参加区级和市级示范课和优质课比赛，其中，蒙立珠老师以"坚定理想，铸就辉煌"为课题，夺取了2017年全区优质课比赛一等奖第一名，本课内容上突出理想信念教育，形式上采取了"互联网+教育"融合的教学手段，有效增强了学生政治认同的培育效果，在区内产生了较大的影响和辐射作用。

04 支教
共有7人次参加了支教活动，支教区域分布在区内南宁、百色、河池等地，支教内容得到了当地教师认可和好评，起到了帮助和引领作用。

图4 成果推广应用

（二）反思

1.研究中需要进一步解决的问题

（1）如何在高考成绩的巨大压力下，进一步提高教师在思想政治课堂教学中对培养学生"政治认同"核心素养的重视程度。

（2）如何使学校思政课教育与家庭教育相结合，培养有信仰有担当有作为的时代新人和德智体美劳全面发展的社会主义的建设者和接班人。

2.努力方向

2020年秋季学期广西将进入新一轮新课程改革，高中思想政治课课程性质与特点（理论性、思想性、政治性、德育性、时代性）决定了思想政治课需要重点培育"政治认同"素养，也是加强学生世界观、人生观、价值观教育的必然要求。我们希望在使用新教材进行课堂教学的过程中，可以从教师的重视、教学方法的灵活运用、教学内容的挖掘、学生自身的努力以及构建课堂五个方面继续进行深入研究。

所获奖项
2019年广西基础教育教学成果奖三等奖

成果名称
运用问题导学实施高中物理课堂探究教学

成果持有者
杨丽红 杨泰金 胡颖毅 周玉环 刘珑

《运用问题导学实施高中物理课堂探究教学》成果报告

成果主持人 杨丽红

一、问题的提出

（一）教学改革背景

早在我国新课程改革试点阶段，我们就开始关注学习新的教育理念和教学方法，并逐步认识到：新课程改革把"以学生发展为本"作为基本理念，倡导以发展学生的主体性为宗旨的教学，高中物理课堂教学，要让学生主动参与、乐于研究、勤于动手，经历科学探究的过程，形成积极主动合作学习的习惯，让学生在获得知识和技能的同时，学会学习，学会发现问题和解决问题的方法，培养学生的科学精神，提高学生科学探究能力。2008年9月，在理论学习和教学经验积累的基础上，老师们开始摸索如何引导学生的"学"，尝试通过创设情境，激发学生探索的欲望，进而以"问题"引"导"学生进一步探究"学"习，使学生真正成为课堂教学的主体。

（二）教师缺乏探究实施指导方案造成教学的随意和无序

2012年广西全面进入新课程改革，许多教师由于缺乏较全面的教育教学理论指导，思想上认可新课程物理课堂探究教学的理念，但实际教学中不知道怎样的"教"才能让学生"学"得更主动、更有成效、更具发展性，缺乏具体可操作的实施指导方案。高中物理课堂教学，不同课题的特征不同，教学的过程目标不同，对学生侧重培养的能力要求也不同，如何做教学整体的规划设计，教学的每一个环节又怎样激发学生探究欲望，怎样诱发思考，怎样引导探究等，这些问题必须要有明确的教学实施原则和指导方案，否则，教学常常就会是随意和无序的，导致教学效果低下。

（三）课时少与探究耗时多的矛盾困扰课堂教学改革

新课程高中物理课堂探究教学实践中，一方面要让学生主动探究学习，经历科学探究的过程，进行探究、实验、讨论、合作交流需要时间，教师常常觉得时间不够用，完不成教学任务；另一方面教学课时有限，教师要在有限的教学时间内，完成必需的教学任务。因此，如何更高效引导学生进行探究学习，有效解决教师教学指导性与学生探究自主性难协调的困惑，提高教师贯彻新课程理念、实施新课程的教学水平，提高课堂教学效益，成为一线教师新课程实施中亟待解决的问题。

基于以上原因，老师们在前几年教学研究和学习基础上，2009年9月开始"运用问题导学实施高中物理课堂探究教学"的研究与实践，努力提高物理课堂探究教学的实效，争取为广西新课程改革收获最新成果。

二、解决问题的过程与方法

（一）确立"运用问题导学实施物理课堂探究教学"的教学思想

新课程高中物理课堂探究，要求教师努力创造适宜的学习环境，使学生积极主动地构建他们的知识，更注重教与学的过程体验，培养学生分析问题、解决问题和创造性思维能力。"问题导学"教学法，是教师在课堂教学中以问题为载体，通过启发、引导，将学生引向学习的核心问题，导向寻求解决问题的关键，从而达到以学生"学习"为根本目的的教学方法和策略。

运用"问题导学"于课堂探究教学，通过教师精心设计的符合教学目标和学生实际的恰当问题，激发学生参与探究学习的冲动，再通过教师的有效引导，启发学生积极的思维，促进学生认知的主动发展，将学科知识、技能、方法、思想相互渗透，学习过程、结果与情感相互整合，培养学生科学探究意识，提高科学探究能力；同时，也促进教师不断提高和完善自身的教学素养，使"教师主导，学生主体"的师生关系得以充分构建。

运用"问题导学"实施课堂"探究教学"，能真正实现教师由"传授"转换为"导"，学生由"接受"转换为"学"，"教"为重心转换到"学"为重心，以"学"为本，"教"服务于"学"的新课程改革目标的有效方法。

（二）构建"运用问题导学实施物理课堂探究教学"的教法体系

以"问题"为载体，以教师之"导"为引线，以学生之"探究"为核心，以学生之"学"为目标，这是运用"问题导学"实施物理课堂"探究教学"的本质内容。"问题""导""探究""学"作为此教学法的四个核心要素，具有丰富的内涵。

以"问题"为载体。问题不是简单的"问答"，它包括问题情境的创设、对话设计、问题的提出、问题的解决、教学的组织、教学的实施方法等系列丰富而有序的过程，通过问题系列把学生引向"独立思考、积极探索、合作学习"之路，是我们构建新型课堂教学方式的指导思想。

教师之"导"是教学实施的引线。它要根据教学内容和教学目标设计导的方式，把学生引向学习的核心内容。"导"的标准要义有三：问题的需要、学生的兴趣和经验匹配度。它也是检验"导"的效果和水平的重要尺度。

学生之"探究"是教学的内容。培养学生科学精神和探究能力，是新课程高中物理教学的要求，探究是学生学习自主性的体现，为学生设计探究行为、让学生体验探究过程，是提高学生科学探究能力的关键。

学生之"学"是教学的目标。学生的"学"有三个层次：一是学会学习的方法。学生首先要学会学习的方法和策略，这是迁移学习的基础。二是学会自我学习、自我探究。实现自主性发展，使自身素质优化提高。三是掌握继续学习之经验。这是学习的最高层面，是学生终身学习的必要技能。

(三) 形成"运用问题导学实施物理课堂探究教学"教学模式

教学模式，是指在一定教育思想、教学理论和学习理论指导下，为完成特定的教学目标和内容，围绕某一主题建立起来的比较稳定的教学活动结构框架和活动程序。作为结构框架，突出了教学模式从宏观上把握教学活动整体及各要素之间内部的关系和功能；作为活动程序则突出了教学模式的有序性和可操作性。

高中物理课堂探究过程结构主要包括"五环节"：提出问题，做出假设——制定计划和方案——收集数据和信息——分析论证，合作学习——做出评估，形成结论，不同的教学课型又有着其鲜明的教学指导思想和实施策略，实施的手段方法多种多样，学生学习的思维、行为表现和生成各不相同，"运用问题导学实施物理课堂探究教学"教学模式，能帮助教师构建教学组织、实施的框架和努力方向，能使探究教学的展开有具体的操作模式，有助于教师更好地理解和运用这一教学思想设计规划组织课堂教学。

(四) 编制"运用问题导学实施物理课堂探究教学"实施指导书和系列课件集

运用问题导学引导学生进行探究学习不仅可以在不同的课型中实施，应贯穿于探究教学的各个环节，渗透在整个物理教学过程中。高中物理课堂教学的课型主要有概念课、规律课、实验课、研论课、复习课等，虽然物理规律的探究、实验课的教学更能让学生全方位地参与到探究活动中，在科学探究的活动的进程中，也更有利于培养学生的探究能力和实验能力，但在物理概念课、习题课等其他的教学活动中，为学生规划设计探究问题和探究行为，同样对学生在发现问题、提出质疑、做出假设、因果分析、归纳总结等探究要素的能力发展起着重要作用。

"运用问题导学实施物理课堂探究教学"实施指导书和系列课件集，从提高新课程课堂教学效能的角度，研究如何运用问题导学设计最优化的探究教学实施方案，能为一线教师课堂探究教学的实施提供重要指导和具体操作参考。教学实施的重要关键在于导学问题的设计，怎样的情境和问题才能让学生去发现、去质疑，怎样的情境和问题才能让学生去假定、去解释，又是怎样的问题才能激发学生去制定计划和设计实验，进一步探究学习，进而实现让学生自主学习，体验过程，感悟收获，又怎样引导能让学生去交流、表达和倾听，达到情感态度价值观的提升，这是每一位教师需要深入思考的。

（五）提出学生发展性评价方法体系

"学生的发展"可表现为：一是注重结果的可量化的、可操作的预期目标；二是注重体验的过程性目标；三是注重创造的表现性目标。从教学实践看，虽然后两种目标都是我们无法完全清楚鉴定的东西，但它对学生的成长却具有非凡的意义。我们结合课堂观察，探索利用教学分类体系课堂观察编码系统，对教师和学生在课堂教学中的语言和行为进行观察记录，以了解运用问题导学实施课堂探究教学的实施情况，对学生学习发展性做出预测和评价，引导教师规范课堂教学行为，既要关注学生知识的增长，也要关注学生科学过程的体验，关注学生科学素养的培养和可持续发展，促进问题导学教学实施策略的完善。

（六）实践检验

1. 个体实践

2008年9月至2012年7月，部分教师任教班级与全校同年级班级实验对比。

2. 团队实验

2012年9月至2017年10月，全校同一年级进行实验。

（七）构建理论，物化成果

分阶段物化成果，成果形式：专著、论文、课例分析、研究报告、教辅读物编著。实验以来，论文、丛书30余篇（本），团队成员成果宣讲报告数十篇（次），成果以各种形式在推广应用。

三、成果的主要内容

（一）"运用问题导学实施高中物理课堂探究教学"的理论体系

构建"运用问题导学实施高中物理课堂探究"教学法的理论体系，阐述了高中物理课堂探究教学中运用"问题导学"的原理、方法策略和目标。分以下五个方面：

1. "运用问题导学实施高中物理课堂探究教学"的理论支撑

"运用问题导学实施高中物理课堂探究教学"是指，教师在课堂教学中以问题为载体，通过创设情境、启发引导，把学生引向"独立思考、积极探索、合作学习"的探究学习之路，从而达到学生主动学习，主动发展为根本目的的教学方法和策略。

这一教学方法的理论基础：基于"探究教学"和"问题导学"教学的基本理论；基于建构主义学习理论；基于奥苏贝尔的认知学习理论；基于多元智能的学习理论；基于最近发展区理论；基于我国新课程教学改革的理论。

2."运用问题导学实施高中物理课堂探究教学"的四个核心要素

"问题""导""探究""学"为此教学方法的四个核心要素：以"问题"为载体，以教师之"导"为引线，以学生之"探究"为内容，以学生之"学"为目标，这是运用"问题导学"实施物理课堂"探究教学"的本质内涵。

3."运用问题导学实施高中物理课堂探究教学"的五个环节

围绕课堂探究教学中，学生主动探究的行为要素，运用问题导学实施教学时。主要有以下五个环节：

（1）创设情境，发现问题——提出问题，做出假设。

（2）再设情境，启发思考——制定计划和方案。

（3）问题引导，自主探究——收集数据和信息。

（4）问题引导，思辨交流——分析论证，合作学习。

（5）问题引导，反思建构——做出评估，形成结论。

4.导学问题设计的四个维度

导学问题的设计应把握以下四维度：问题的密度、设问的角度、问题的难度、设问的广度。

5.学生学习成长的四性

教学改革的最终目标是为了学生的学习和成长，要关注学生：知识的增长性、科学的体验性、思维的创造性、发展的可持续性。

（二）"运用问题导学实施高中物理课堂探究"的教学模式

成果研究实践以来，我们以本校为依托，全面研究设计实施方案，经过研究—实践—反思—再实践，瞄准学生探究的行为要素，在探究要素的问题导学上多下功夫，研讨和反思，不断改进实施方案，总结出运用问题导学实施物理课堂探究教学的教学模式。

1.概念课探究教学模式

创设情境，引起质疑；抽象和概括，概念形成；再设情境，概念深化；问题引导，应用探索；问题引导，总结归纳。

2.规律课探究教学模式

创设情境，发现问题；再设情境，做出假设；问题引导，探究实验；问题引导，交流论证；问题引导，形成结论。

3.实验课探究教学模式

创设情境，激发兴趣；再设情境，制定方案；问题引导，实验探索；问题引导，思辨交流；问题引导，反思评估。

4.复习课探究教学模式

问题引导，回顾知识；创设情境，应用探究；问题引导，方法辨析；问题引导，归纳总结。

5.习题课探究教学模式

问题引导，回顾知识；创设情境，构建模型；问题引导，错因辨析；问题引导，方法归纳；问题引导，应用拓展。

(三)"运用问题导学实施高中物理课堂探究"的教学指导与方案

运用问题导学实施的物理探究教学可以渗透在不同课型的物理课堂教学中，问题导学还应贯穿于探究教学的各个不同环节，而运用问题导学实施课堂探究教学的关键就是导学问题的设计。

我们编写了《运用问题导学进行新课程高中物理探究教学实施指导书》，详细介绍了问题导学实施五环节和包括概念课、规律课、实验课、习题课和复习课等多种课堂教学模式。从提高课堂教学效能的角度，研究设计最优化的探究教学导学方案，编制完成了运用问题导学实施新课程高中物理课堂探究教学课件集，课件集涵盖了新课程高中物理必修一，必修二，选修3-1、3-2、3-3、3-4、3-5的各个教学模块的主要章节，充分应用问题导学来引导学生进行探究学习，切实帮助教师理解和运用问题导学实施探究教学，避免探究的随意性和无序性，解决了探究耗时与课时有限的矛盾，提高了教学实效。

(四)"运用问题导学实施高中物理课堂探究"发展性评价方法体系

为规范问题导学在课堂探究教学中的实施，我们创造性提出了运用问题导学的物理探究教学的分类体系课堂观察编码系统，每隔3秒钟观察取样一次，用代码记录下发生在该时间区间内的课堂语言行为，这些事件按照顺序连接成一个序列，能呈现出课堂教学的结构、模式和效果，以此形成课堂观察记录，进而对教与学的效果做出理性评价，促进了学生科学素养的形成和可持续发展。编码系统见表1所示：

表1 运用问题导学的物理探究教学的分类体系课堂观察编码系统

分类		编码	表述	内容
教师活动	直接语言影响	1	介绍	陈述实验、实验装置、故事或见解
		2	设问	提供事实或见解，引出疑问
		3	解释	就内容合理地说明原因、联系或规律
		4	举例	列举有代表性的应用
		5	总结	概括结论及分析归纳经验
	间接语言影响	6	鼓励	称赞或鼓励学生
		7	接受	承认学生的说法
		8	疑问	企图改变学生的观点，引导辨析
		9	提问封闭式问题	询问学生问题，并期待学生问答
		10	提问开放式问题	
		11	重复	重述学生的说法或教学内容
	教师动作	12	演播	演示实验；模拟操作或播放视频
		13	指导	对学生实验、练习等巡视指导
学生活动	学生动作	14	观察	细察事物的现象、动向或观看视频
		15	质疑	观察基础上，提出自己的疑问和看法
		16	思考	就内容进行分析整合处理
		17	设计实验	自主进行实验方案制定
		18	动手实验	合理运用实验仪器、方法，进行实验操作等
		19	记录数据	对实验结果（数据和现象）进行表述和记录
		20	数据处理	对实验数据进行计算分析和归纳
		21	练习	运用得出的结论分析解决问题
	学生语言	22	回答	学生回应教师的提问
		23	主动提问	主动提出问题或表达自己的见解
		24	举例	列举生活和生产实例
		25	讨论	学生交流意见或辩论
沉寂		26	无效	暂时停顿、短时间的安静或混乱

四、效果与反思

（一）效果

1.学校内的应用和推广

随着研究与实践的推进，"运用问题导学实施高中物理课堂探究教学"的教学思想和方法，得到学校老师和学生的普遍认可，物理教学成绩显著。近几年，先后在校内各年级8届学生中广泛应用，在南宁三中五象校区以及三美学校等推广应用，并在实践中不断完善和提升，取得了较好的效果，累计受益学生近1万人。

（1）教学成绩显著。

"运用问题导学实施课堂探究教学"，让学生对课堂探究兴趣更浓、更充满期待，学生真正成为教学的主体，积极体验科学探究的过程，课堂问题引导的有效性与探究学习方式的多样化，使学生的潜能得以开发、主动发展、全面发展，科学探究能力明显提高，学习效果显著。

2009—2012年参与实验的班级2009级（13）班、（12）班、（1）班高考物理平均分均名列年级前茅；2012级学生进一步实践研究与检验，教学成绩更是突出：学生参加首届新课程物理学科学业水平考试，约1100名学生，通过率100%，A率达84%。近年来，学校物理学科学业水平考试保持通过率100%，A率逐年提高，2017年已超过88%；高考物理平均分稳居南宁市第一，均位列广西前三；大批学生考取清华、北大、复旦等重点大学。

（2）教学方法深受欢迎，学生学习物理兴趣浓厚。

在"运用问题导学实施高中物理课堂探究教学"的研究实践中，通过对学生的问卷调查显示：93%的学生表示很喜欢这一教学方法，72%以上的学生认为对提高学习效果起较大作用。学生普遍热爱物理科学，乐于探究，善于思考，能较长时间保持浓厚的兴趣，积极参与课外探究学习，每届学生在高一、高二年级坚持两年参加物理竞赛学习与培训的都有80人左右。多年来，学生参加全国中学生物理竞赛，每年都有40~50人获省级二等奖，10多人获省级一等奖，2~3人进入广西代表队；2017年竞赛成绩再创新高，获得省级二等奖52人，省级一等奖13人，4人代表广西参加全国决赛，人数居广西第一。

2.学校外的辐射引领和示范

9年来,老师们积极研究,主动实践,发挥了团队合作探研的积极作用,使成果得到了不断的完善,同时我们也将理论研究与实践的成果以公开课、示范课以及报告讲座的方式尽可能地推广出去,先后应邀到南宁市、柳州市、岑溪市、博白县、东兰县、凤山县、那坡县,北流高中、都安高中、武鸣高中、宾阳高中、桂平浔州高中、隆安高中、阳朔中学、崇左高中、防城港市高级中学、凭祥高中等市县近30所中学,给教师作运用问题导学进行课堂探究教学的设计与实施讲座与交流。其中影响较大的有:

(1) 2013年,广西名师、特级教师杨泰金作为唯一的高中名师代表,为广西中学物理优质课评比暨名师展示观摩活动上"磁感应强度"示范课;

(2) 2015年,广西名师、特级教师杨泰金为广西高中物理课堂教学展示暨成果展示活动,作专题讲座《把准方向,夯实高效》;

(3) 2013年,广西优秀物理教师杨丽红为广西师范学院物电系本科生和研究生,作《新课程物理课堂教学的设计》和《做学生喜爱的教师》两个报告;

(4) 2015年,广西优秀物理教师杨丽红为都安高中新课程课堂教学"名师示范课"活动上"动量守恒定律"示范课;

(5) 2012年,南宁市学科带头人胡颖毅在广西新课程改革交流活动中与广州专家同课异构,上"自由落体运动"示范课

(6) 2014年,南宁市学科带头人周玉环老师为南宁市高考研讨会,作《从高考试题研究谈2014年高考复习策略》的报告;

(7) 2015年,南宁市骨干教师刘珑在广西高中新课程改革成果展示活动中,上"超重和失重"示范课;

(8) 2016年,南宁市骨干教师刘珑在广西普通高中课程资源库建设总结展示活动中上"摩擦力"示范课。

这些活动收到了良好的效果,在南宁市以至全区起到了引领和示范作用,为推动广西新课程改革,促进高中物理教师教学的水平和教学质量的提高,产生了积极的影响,取得了良好的社会效益。

3.提升了教师的专业水平

本成果的研究与实践过程中,经过研究—实践—反思—再实践,不断总结和完善,教学方法的指导性和可操作性更强,教学效果明显,物理组越来越多的教师踊跃参与

到这一方法的应用中来，走上研究的道路，成为反思型、研究型、创新型教师，教师专业水平得到提升，专业化发展取得丰硕的成果。

近年来，物理组内先后有10多名教师发表了以"问题导学"运用为主要内容的论文《新课程背景下高中物理课堂问题导学方法探究》《将问题导学法融入科学探究教学中》《新课程理念下高中物理习题教学策略研究》《高中物理规律探究教学中的问题导学设计》等20多篇；有8名教师在全国、全区、全市优质课比赛中获一等奖；6名优秀教师评为南宁市学科带头人；2人成为南宁市新世纪学术和技术带头人第一层次培养人；2人成为南宁市新世纪学术和技术带头人第二层次培养人；2人被授予广西优秀物理教师称号；1人被授予全国模范教师称号，成为广西教坛明星、中学正高级教师；一批教师获多项专业荣誉。

（二）反思

"运用问题导学实施高中物理课堂探究教学"的理论和实践，尽管在一定的时间、空间范围内表现出一定的成效，但由于教学是一个长期的实践过程，对象条件千变万化，涉及的问题很多，经常反思和总结，能更好地指导实践，不断提高教学质量。主要有以下几个方面：

1. 努力提高教师的教育教学水平

"运用问题导学实施高中物理课堂探究教学"成功的关键是导学问题的设计，是在教师自我监控下的一种有选择的教学技艺。这种选择的成败依赖于教师的认知结构、教学能力和在教学实践中积累起来的有关教学经验，要求教师既要有深厚的物理科学功底，还要有适应时代发展的教育教学理论。只有切实提高教师的教育教学水平，使导学问题的设计自然、到位、流畅，才能艺术性地激发学生学习动机，引发学生创造性思维，从而喜爱科学探究，主动发展。

2. 不断改进教学实施策略

在"运用问题导学实施高中物理课堂探究教学"中，教师的"问题"和"导"都是为了学生的"探究""学习"，要求学生主动参与，独立思考，逐步养成质疑问难的习惯。不同课型教学有不同的侧重点，不同学生的知识能力基础不同，问题导学的设计起点、方式也会有不同，教师应根据教学对象、条件等，不断调整和改进教学实施策略，尽量把握设问的密度、角度、难度和广度，使教学更符合学生实际，符合学生发展成长性。

3.教学实验成效要用时间检验，需要宽松环境

运用"问题导学"实施课堂"探究教学"，是为真正实现以学生为主体、以学生的主动发展为目标的教学策略，其效应不是短期能达到的，甚至可能考试成绩一时不如那些直接讲结论、一味训练学生解题的教师，但我们一定要坚信：学生的学习是靠独立思考、体验和感悟、反思与提升，才能真正学会、会学、乐学，坚持下去，学生的综合能力一定会更有成长性和生命力。所以教学实验需要时间检验，也希望学校的领导能给一线教师更宽松的改革实验的环境和空间。

所获奖项 2019年广西基础教育教学成果奖三等奖

成果名称 国家课程二次开发的教学创新实践研究——以"经济生活"课程校本化为例

成果持有者 李晓翎 陈小妤 林凡 周晶 韦娉婷

《国家课程二次开发的教学创新实践研究——以"经济生活"课程校本化为例》成果报告

成果主持人 李晓翎

一、问题的提出

在世界范围内，校本课程开发兴起于20世纪60年代末期。1973年7月爱尔兰阿尔斯特大学举行"校本课程开发"国际研讨会，菲吕马克（Fulumark.A.M）和麦克米伦（McMullen.I）首先提出"校本课程开发"这一概念，引起教育界的广泛关注。校本课程研究在20世纪80代进入全盛时期，代表国家是美国、英国和澳大利亚。

20世纪90年代后，随着人们对高新技术突破的更高要求，校本课程开发进入了新的发展期。

教育部2001年颁布的《基础教育课程改革纲要（试

行）》中明确提出，新课程改革要"改变课程管理过于集中的现状，实行国家、地方、学校三级课程管理，增强课程对地方、学校及学生的适应性"。可见，在课程的体制上，建立国家、地方与学校"三级课程"结构是本轮课改的主要目标之一。2004年教育部印发的《普通高中思想政治课程标准（实验）》中提出"学校要从具体的地域特点、学校特点、教师特点、学生特点出发，发挥各自的优势，使课程资源的开发呈现出多样性、丰富性、独特性，有效实现特色开发"。《国家中长期教育改革和发展规划纲要（2010—2020年）》中提出的"深入推进课程改革，全面落实课程方案……创造条件开设丰富多彩的选修课，为学生提供更多选择，促进学生全面而有个性的发展"，都为校本课程开发提供了政策保障。2014年教育部研制印发《关于全面深化课程改革落实立德树人根本任务的意见》中提出了"核心素养体系"，并将其置于深化课程改革的基础地位，这必将深化课程改革。

2012年，广西壮族自治区正式进入新课程改革，探索高中校本课程成为迫切任务。思想政治校本课程的开发是校本课程开发的延续与深化。聚焦到思想政治学科领域，国内部分优秀的思想政治教育专业的教师对高中思想政治校本课程的开发进行过研究，但大多停留在开发的意义以及一般程序方面，对开发中存在的问题以及针对性的解决措施的研究并不多见。而基于"经济生活"教材进行二次开发，结合学校特色形成校本课程的研究几乎为零。

综上，本研究以"国家课程二次开发的教学创新实践研究"为主题，以思想政治教材为基础，以南宁三中"经济生活"校本课程开发为研究对象，对如何将高中思想政治学科国家课程、校本课程以及学校特色活动有效结合，形成学科特色校本课程这一具体实践进行研究、分析，旨在提出实践的路径；反思开发中存在的问题，同时提出解决问题的对策，为今后的思想政治校本课程开发提供借鉴，即如何把专业教学、学科研究与课程开发有效地融合在一起。

这一研究的现实意义重大，不仅有利于兼顾学生个体差异，关注学生个体发展，还能促使高中思想政治课教师，提高专业技能，促进专业成长，更能助推学校构建"在教学中研究，在研究中教学"的良好教研模式，突显学校办学特色，增加学校教学多样性，对提高思想政治教育的针对性及完善高中思想政治学科建设发挥着引领作用，具有很强的参考价值。

二、解决问题的过程与方法

(一) 第一阶段 (2001—2007年)

基于经济理论的二次开发:"教师创设活动平台,学生参与经济活动能力提升。"

随着改革开放进程的加快,社会主义现代化建设对人的素质提出了更高的要求,素质教育的呼声越来越高,我国的教育面临着改革与创新。2001年6月8日教育部印发《基础教育课程改革纲要(试行)》,强调基础教育课程改革的具体目标:改变课程过于注重知识传授的倾向,强调形成积极主动的学习态度,使获得基础知识与基本技能的过程同时成为学会学习和形成正确价值观的过程。改变课程实施过于强调接受学习、死记硬背、机械训练的现状,倡导学生主动参与、乐于探究、勤于动手,培养学生搜集和处理信息的能力、获取新知识的能力、分析和解决问题的能力以及交流与合作的能力。改变课程评价过分强调甄别与选拔的功能,发挥评价促进学生发展、教师提高和改进教学实践的功能。改变课程管理过于集中的状况,实行国家、地方、学校三级课程管理,增强课程对地方、学校及学生的适应性。

从心理学角度看,皮亚杰认为"实践活动尤其是协作活动是儿童思维和道德发展的根本动力",鲁宾斯坦和维果茨基指出"心理不仅通过人的活动表现出来,而且是在活动中形成的"。南宁三中作为一所全日制寄宿制中学,在长期的教育管理中,深知不仅要培养学生具备扎实的科学文化知识,也要关注学生德智体美身心全面发展。因此,丰富学生的在校生活,培养学生正确的价值导向,使之发自内心地拥护学校、热爱班级、关爱他人,拥有良好的人际交往、协调组织能力,激发学生的个性潜能,成为南宁三中育人的重要导向。

基于以上因素,2001年12月31日,作为南宁三中元旦通宵活动的重要组成部分,由南宁三中政治组全体教师牵头负责的"美食一条街"实践活动正式启动,成为全广西首个将思想政治课程与校园实践活动相结合的开创者和先锋者。"美食一条街"活动的经营模式以学校为场所,以班级为单位,以学生为主体,通过设置模拟具体的市场经营场景,各班积极开展美食售卖美食,充分调动了学生的积极性和创造性。这一创造性的举措不仅给学生留下难忘的回忆,也带来了巨大的社会影响力,吸引了来自广西当地媒体、其他学校、社会群体的关注和好评。

这一阶段活动的开展和成功举办，基本实现了两个目标：一是使思想政治课程实践化、生活化。学校通过"美食一条街"的售卖经营活动，使学生在活动中感受经济、理解经济、运用经济，通过具体的实践切实掌握经济生活中的理论，符合基础教育课程改革纲要的目标。二是引领学生的情感价值导向。"美食一条街"经营活动规模宏大，气氛热烈，强烈地激发了学生爱校爱班、师生和谐、生生融洽的情感，使学生培养起良好的人际交往能力、协调组织能力，形成了劳动创造价值、劳动使人光荣等意识，符合南宁三中一贯的育人目标。

从思想政治课程角度看，这一阶段的活动存在一定遗憾：一是课本理论与实际经营脱节。虽然在活动前期，南宁三中政治教师分别对所教班级进行了一定的经营指导，也以教研组为单位对全校班级的经营负责人进行了相关经济知识的集中培训，但是学生未能将课本理论与现实经营有效结合，大部分班级的经营行为还处在较初级、稚嫩的水平，以纯粹的售卖为目标，没有结合价值规律、经济效益和利润、企业信誉形象、市场交易原则、消费者权益等知识进行思考和运营，活动过程常常出现一些不成功、不真实、不合法的表现：如前期没有宣传少人问津、标价过高难以销售、没有核算成本随意抛售、缺乏监管经营乱象等。二是缺乏有效的评价机制，使活动效果难以延续利用。各班在活动开始之前要上报经营项目、预估成本和收入，活动结束之后要提交经营活动小结。但是，教师对这一要求不够具体，也没有对学生的经营活动进行点评和归纳，使得各班的总结反思流于形式，活动结束后基本没有下文，错失对活动效果再挖掘、生成、运用的机会。

（二）第二阶段（2008—2011年）

基于三维目标的二次开发："教师指导实践课程，学生情感认知能力提升。"

《国家中长期教育改革和发展规划纲要（2010—2020年）》指出，深入推进课程改革，全面落实课程方案，保证学生全面完成国家规定的文理等各门课程的学习。创造条件开设丰富多彩的选修课，为学生提供更多选择，促进学生全面而有个性的发展。

从2001年第一次开展"美食一条街"活动，南宁三中政治组就已经开始了课程实践化的探索。在第一阶段6年的活动中，基本呈现出学生对课本知识实践化的应用不足，活动过程欠缺较系统和专门的理论指导，难以真正实现理论和实践良好结合的共同问题。基于这一点，2008年，南宁三中政治组又提出了要将"美食一条街"活动课程化的想法，将"经济生活"和"美食一条街"活动进一步深度结合，形成了一套系统化、有逻辑、操作性强的实践活动课程。这一实践活动课程完全符合两年后发布的《国家中长期教育改革和发展规划纲要（2010—2020年）》中"创造条件开设丰富多彩的选修课，为学生提供更多选择，促进学生全面而有个性的发展"的要求。

"美食一条街"活动不仅仅是跨年当日的活动，整个活动由宣传动员、组织培训、报名交费、信息发布、审核发证、进程监督、总结评价等七个阶段组成，其中重点是组织培训、进程监督、总结评价三个阶段。如根据经济生活的课程标准，我们编写了"美食一条街"活动指南，全程指导和帮助学生参与活动，提升学生实践能力；在培训过程中，我们以经济学理论为依据，以上一年的经营情况为实例，深入浅出，巧妙地将经济学知识融会其中，从食品卫生管理、安全须知、项目策划与经营管理、资金筹集与人员分工、经济效益与成本核算、广告宣传与市场营销、其他注意事项、经验教训等八个方面对全校各班学生代表进行了培训指导，让学生系统化、综合化、具体化地了解市场经济的相关知识，从而实现活动学科化的目标；在"美食一条街"经营活动中，政治组教师要身穿工商、税务制服，进行相应的角色扮演，对各班的经营行为展开巡查，巡查内容包括经营证件是否齐全、物价是否在合理范围、经营行为是否违反市场交易原则等，一旦存在违规问题，进行及时的提醒和处理；在"美食一条街"经营结束之后，学生需要撰写小论文，深入思考本次经营活动的各项环节与实际经济生活的关联，进行总结反思。这些小论文将由政治组全体教师集中审阅批改，并评比出一、二、三等奖。

第二阶段活动的开展，较好地实现了以下目标：一是解决了第一阶段经济学理论指导和运用不足的问题。通过将"美食一条街"活动课程化，使整个活动能在一个较完备的课程方案下顺利开展。学生有了前期的理论培训，后期的小论文总结，能更深入领会经济知识并运用于实践操作，极大地激发了学生参与活动的热情，鼓励了学生思考总结的欲望，提高了学生理论联系实际的能力。二是完善对学生的评价机制，促进学生个性化发展。在"美食一条街"活动实践中，学生的知识、能力以及他们对社会问题的态度、情感和价值观得以展现。通过对学生参加活动的表现、体验及活动成果进行评价，能更直接、更合理、更有效地评价学生的情感、态度、价值观。在新课程体系下，单一的书面作业已发展到实践作业、口头表达作业、表演作业等多种形式，通过学生的"美食一条街"小论文总结，教师既能够评价学生掌握理论知识的程度，也可以评价学生的反思总结能力、创造性思维能力等，更好地实现对学生的全面、综合性评价，促使学生个性化发展。

当然，在实践操作中，仍有一些需要完善的地方。一是通过把"美食一条街"活动课程化，教师对学生的理论指导较前一阶段已经水平与第一阶段相比虽有了提升，但是学生对理论知识的综合运用还不足，表现在前期准备、中期经营、后期总结三个环节的实际操作存在脱节现象，如对市场的调研和实际经营时的情况关联性不强，前期产品宣传和经营中的售卖行为不相符，后期的小论文总结更多的是实际经营行为的描述和概括，缺乏从理论的层面分析。经济知识虽然贯穿整个经营过程，但没有从理论的高度进行指导运用、总结提炼，导致效果与预设不符。二是学生在"美食一条街"活动中获得和强化了学科知识、培养了分析思考能力、增强了适应社会的能力等，但是这些能力对于学生今后的成长、发展而言仍显不足，尤其是实践创新能力、理性思维能力等方面，还需要进一步提升。

（三）第三阶段（2012—2017年）

基于核心素养的二次开发："教师深化课程研究，学生终身发展能力提升。"

2014年教育部研制印发《关于全面深化课程改革落实立德树人根本任务的意见》，提出"教育部将组织研究提出各学段学生发展核心素养体系，明确学生应具备的适应终身发展和社会发展需要的必备品格和关键能力"。2016年中国学生发展核心素养研究成果发布，强调中国学生发展核心素养以培养"全面发展的人"为核心，分为文化基础、自主发展、社会参与三个方面，综合表现为人文底蕴、科学精神、学会学习、健康生活、责任担当、实践创新等六大素养。2012年，广西正式进入高中新课程改革，研究性学习是其中的一个重要内容，是以学生的自主性、探索性学习为基础，通过教师引导及学生自主研究，发现问题、认识问题并解决问题的科研活动。通过专题讨论、课题研究、方案设计、模拟实验、实践操作、社会调查等形式探究各种现象和问题，能有效提升学生探索求知的欲望、培养学生的科学素养，这也是政治教研组在"美食一条街"活动开展进程中的培养目标。

借此契机，南宁三中政治组在学校科研处的支持下，鼓励学生以"美食一条街"活动作为研究对象，指导学生从消费心理、供求关系、经营方案、销售策略、投资结构、市场管理等多方面展开课题研究。如2012级学生陆红秀等8人的课题《南宁三中美食一条街经营与消费调查研究》、黄美青等4人的课题《商品经济及其一些规律》、林书毅等3人的课题《如何在三中美食一条街活动中赚更多钱》、申鹏宇等6人的课题《从美食一条街的消费状况看消费心理》、班滢茜等2人的课题《南宁三中美食一条街——广告对商品销量的影响》、罗融等3人的课题《"不合常理"的价格战》等，都是围绕着"美食一条街"活动展开的课题研究。还有一些范围比较大的课题，也涉及了对"美食一条街"活动的研究，如2013级9班的《关于初中毕业生选择南宁三中的研究性学习》中提到"在校园文化类原因中，86.55%的学生因为校园社团活动丰富而选择来三中。丰富的校园文化是三中的一大特色，也是学校招生的一大优势"。

　　这一阶段的活动开展，达成以下目标：一是通过学生主动探究社会生活、提炼经济理论，丰富了文化基础，增强了自主发展能力。研究性学习改变了原来简单的感悟、体验经济生活的方式，也超越了原来简单的总结、概括经济理论的层面，由学生通过亲身参与研究探索的体验，丰富了自身人文底蕴，形成乐于探究、喜爱质疑、努力求知的心理倾向，激发探索和创新的积极欲望，培养了学生搜集、整理、分析、利用信息的能力，形成了初步的科研习惯，培养了学生的理性思维、创新意识，提高了学生的科学素养。二是学生在具体实践中培养了社会参与能力。通过进行社会调研活动，了解社会现状，明确社会发展需要的人力资源，增强了公众参与意识；通过团队合作，明确个人在团队中的角色定位和作用，培养了责任担当意识。这些目标的培养与达成，符合了中国学生发展核心素养研究成果的六大素养培养要求。

三、成果创新点

（一）首创了"实践—体验—引导—升华"的实践型德育教育新理念

　　南宁三中的"美食一条街"实践活动始于2001年，是广西首例课程实践化的新形式。这一新形式把课堂扩展到生活，不仅锻炼了学生的实际操作能力，更重要的是培养学生热爱劳动的品质，形成通过诚实劳动和合法经营获取利益的正确金钱观，树立正确的价值观和职业道德，培养公平竞争意识、市场风险意识、法治意识、诚信意识、合作意识、创新意识。学生在实践活动中体验和理解经济生活知识，在教师的指导下由知识的感悟升华到情感、态度和价值观的形成，潜移默化中实现了思想政治课程德育的目标，提高了学生的学科素养。

（二）首创了教师指导监督，学生参与研究的活动课程化新模式

南宁三中的"美食一条街"整个实践课程活动分为宣传动员、组织培训、报名交费、信息发布、审核发证、进程监督、总结评价等七个阶段。首先，根据经济生活的课程标准，编写了"美食一条街"活动指南。其次，在培训过程中，注重以经济学的理论为依据，以上一年的经营情况为实例，对各班学生代表进行培训指导，让学生初步了解市场经济的相关知识，懂得如何进行成本核算，如何提高经济效益，从而实现活动学科化的目标。最后，在"美食一条街"经营结束之后，学生需要撰写总结小论文。不少学生还把这个活动作为研究性学习的微型课题研究，取得了研究性成果，实践活动课程化新模式为学生研究性学习提供了更多更好的平台。

（三）首创了市场模拟性强，角色体验充分的实践活动新情境

为了让学生能体验到更为真实的市场环境，我们开展了以下工作：要求全体学生参与市场交易活动，各班级"法人代表"办理"工商营业执照"和"卫生许可证"，并在营业当晚悬挂在经营场所，明码标价；"美食一条街"组长和副组长分别扮演工商和税务的工作人员，逐一检查各班"工商营业执照""卫生许可证"及商品价目表，杜绝无证经营，表扬规范经营的班级，及时指出经营中的不足，让学生切身感受到市场交易原则；设立"美食一条街"管理处和消费者投诉点，以维护校园市场秩序。政治组全体教师积极参与，各司其职，为学生营造了市场模拟性强，监管有效到位的活动环境。

（四）首创了符合"双创"精神，与市场对接的微创业基地新形式

每年举办的"美食一条街"实践活动是学生参与市场经济的一次有益尝试，不少班级和学生通过活动，体验到了创业和创新过程，收获了知识，提高了实践能力。由政治组的老师为指导的学生社团财商社，就是"美食一条街"活动影响下的又一个创业平台。财商社举办过多次形式丰富的模拟创业活动，并在全国和南宁市中学生创业技能比赛中取得优异的成绩。财商社的活动是"美食一条街"实践活动的延续，是校园微创业基地的新形式，它把中学生创业模拟活动日常化，为学生将来走入社会，与市场经济接轨提供了锻炼的平台。

四、教学效果

（一）在社会层面上

南宁三中的"美食一条街"活动自2001年举办以来，在社会上引起很大反响，得到学生、家长、老师的认可，其巨大的教育教学成果使之声名远扬。2004年5月中央人民广播电台在《新闻联播》节目中进行了录音报道，《南宁晚报》《南国早报》《都市生活报》等报刊，中国教育电视台、广西电视台、南宁电视台等多次进行相关报道，区内外不少学校专程到学校观摩、交流、取经。现在，广西不少中小学都开展了类似的实践活动。南宁三中的"美食一条街"实践活动的社会影响力广泛，示范作用明显。

（二）在学校层面上

每年的"美食一条街"实践活动都是学校德育教育的契机，学生、家长、教师共同参与，营造了一个学生爱校、家长拥校、教师护校的良好氛围。同时，每年的"美食一条街"实践活动也是学校对外宣传的窗口，不少家长、市民、其他学校的优秀学子以及已毕业多年的校友，通过观摩这一活动，对南宁三中的教育教学理念有了更真实的了解，对学校的发展现状有了更深刻的认识，对学校的发展和影响力的不断扩大起着积极的促进作用。

（三）在教师层面上

"美食一条街"实践活动是政治教师的一个新课堂。在每年活动的策划、组织、监督和总结上，政治组每个老师都积极探索，力求创新，突破传统课堂无法解决的学生创新能力和实践能力提高的问题，活动方案的设计始终坚持以学生为中心，促进学生主动学习、释放潜能、全面发展。这一实践活动及其取得的教育教学成果，使教师树立了崭新的教育观、课堂观，也提高了教师的专业素养，促进了课堂教学改革和进步。

（四）在学生层面上

首先，学生的能力得到了锻炼。"美食一条街"实践活动增强了学生理论联系实际的能力、组织活动的能力、参与经济生活的能力和应对市场变化的能力。在活动中，学生们学会了运用课本的理论知识指导经营，积累了大量的经验，也体验了经营的乐趣和艰辛。其次，学生的团队精神进一步增强。盈利的班级其中一个重要原因是大家分工明确，齐心协力，配合默契。学生在活动中也充分感受到这一点，培养了学生热爱班级、团结和谐的情感态度价值观，为学生的终身发展积累了宝贵的人文情怀。

南宁三中"美食一条街"实践活动举办了17年，已经形成了一个大规模的学科性实践活动课堂。目前，我们面临的一些新的挑战：如何让这一实践活动与时俱进，求变求新，以响应教育部吹响的"课堂革命"的号角，更好地体现政治课程培养学生学科素养的育人功能。由于人文类教育教学评比较少，我们缺乏提升的平台和学习交流的机会，如何才能得到更多专家和科研部门的指导，不断提高理论水平。尽管存在困难，但是南宁三中政治教研组将不忘初心，带着开创精神和专业精神继续走在探索和引领的道路上，推动高中思想政治课程校本化、实践化进程，使这一学科性的实践活动不断深化和发展。

所获奖项 2017年广西基础教育教学成果奖三等奖

成果名称 思辨型思想政治课堂教学的实践与研究

成果持有者 徐欣 李晓翎 林玲 宗焕波 姚敏

《思辨型思想政治课堂教学实践与研究》成果报告

成果主持人　徐　欣

一、问题的提出

（一）关于思辨性思维的理论基础

Critical（思辨性，有些学者也翻译为批判性），该词最早来自希腊语"cutie"（kritikos），意思是提出疑问、想办法从思维上弄清楚、进行辨析分析。思辨能力就是思考辨析能力。

在中国的先秦时期，文化繁荣，学术思想自由，诸子百家先后出现。墨家在与儒家、道家、名家以及其他学派进行论辩的过程中，主张对各家各派进行理性审查，对他们的论证进行分析和评估，从而形成了墨家的批判性思维或者叫作思辨性思维，由此可见墨家是思辨性思维的开创者。

在西方，亚里士多德的《辩谬篇》是我们看到最早出现思辨性思维的文献。其他具有代表性的论著有《思维教学：培养聪明的学习者》（斯腾伯格、史渥林著）、《学生作为研究者：创建有意义的课堂》（斯坦伯格、金奇洛主编）等。

（二）思辨能力培养的现状

关于思辨力培养问题，我国在21世纪初曾出现过讨论，但是在政治学科思辨型课堂的探究仍处于空白状态。结合青少年学生的思维发展的特点和课程标准中有关学科素养的培养理性思维的要求，我们认为，在中学阶段的思想政治教学中，有意识地开展以及加强对学生的思辨性思维的培养是当务之急。

（三）思想政治课堂教学中存在的问题

目前，我国思想政治新课程改革虽然已取得明显成果，但是对于思辨性思维的培养因思辨性思维自身的特点仍然难见其效，究其原因：一方面是难以培养，另一方面是不愿意培养。在教学方法和教学手段改革的探索实践中，一些教师由于指导思想上的偏差，过于追求教学方法和手段的新奇，过于追求课堂形式的丰富多彩和课堂场面上的热烈互动，往往可能偏离了思想政治理论课本身的目的，失去了思想政治理论课应有的严谨、思辨、理性和真理的魅力。所以，思辨型课堂教学对思想政治课就具有尤为重要的理论和实践意义了。

从当前实行思辨型思想政治课堂教学的实际情况来看，也存在着一些问题，如部分教师在思想政治课教学中对学生思辨能力培养重视不够，许多学生也不注重对自身思辨意识的培养，思想政治课堂缺乏思辨氛围等。

二、解决问题的过程与方法

（一）"思辨课堂"在思想政治学科必修教材的应用与实践

教材是最基本的教学资源、工具和指南，是师生教与学的依据，也是培养学生的思辨能力，建设思辨型政治课堂的关键平台。

1. "思辨性"在必修一《经济生活》中的应用与实践

（1）价值规律的表现形式是价格围绕价值上下波动，是否违背"等价交换"的原则。

（2）树立正确的消费观，我们提倡要坚持"量入为出，适度消费"，但国家又鼓励消费以扩大内需，促进生产，两者是否矛盾？另外，在学习消费类型时有"贷款消费"，这与我们提倡的"艰苦奋斗，勤俭节约"的美德是否违背？如何理解和处理好两者的关系？

（3）如何理解"金钱不是万能的，但没有钱是万万不能的"？

（4）企业生产如何既要提高商品的质量，又要降低生产成本，做到"物美价廉"？

（5）如何辩证看待企业"经济效益"和"社会效益"的关系，从而思考如何在社会主义市场经济中成为一个流淌着道德血液的经济人。

（6）如何辩证地理解劳动权既是公民的权利又是公民的义务。

（7）引导学生思考和探究在初次分配和再分配中如何处理"效率与公平"的关系？

（8）税收是取得财政收入的基本形式，发挥财政作用的关键是大力增加财政收入，由此引导学生思考和辨析：税率是否越高越好？财政收入是否越多越好？

（9）引导学生思考和辨析：依法纳税是公民的基本义务，为什么纳税人既要树立"义务意识"，又要树立"权利意识"。

（10）对发展中国家来说，经济全球化是一把"双刃剑"，既是机遇又是挑战，我国作为发展中国家如何适应经济全球化，全面提高我国的对外开放水平。

2. "思辨性"在必修二《政治生活》中的应用与实践

（1）"有人认为，政治自由就是人们能够无拘无束，想干什么就干什么；也有人认为，政治自由是做法律所许可的一切事情的权力。"对这两种观点进行评析。

（2）政府如何做到既要强化政府的监管，又要简政放权？以提高行政效能，更好地对人民负责，为人民服务。

（3）辩证地理解"民主集中制是民主基础上的集中和集中指导下的民主相结合"？

（4）思考和辨析"人治"与"法治"的关系，从而更深刻全面地理解我国"依法治国"的基本方略和中国共产党"依法执政"的基本执政方式。

（5）引导学生思考和辨析我国"中国共产党领导的多党合作和政治协商制度"与西方的"多党制"的区别。

（6）引导学生思考和辨析我国民族自治地方的自治机关的"自治权"与特别行政

区的"高度自治权"的区别和联系。

（7）国家利益是国际关系的决定因素，是一国对外活动的出发点和落脚点，如何理解"一国对外活动一方面要维护本国国家利益，但同时，必须兼顾别国正当利益，他国的合理关切，就是他国的正当利益"。

3. "思辨性"在必修三《文化生活》中的应用与实践

（1）辩证分析：文化既是民族的又是世界的。

（2）引导学生思考，对于不同文明的冲突与碰撞，应该如何合理地解决。

（3）思考和辨析传统文化的继承要"取其精华，去其糟粕"，做到批判继承，古为今用。

（4）思考和辨析，弘扬和培育民族精神，必须正确对待外来思想文化，既要积极吸收借鉴国外优秀文化成果，又要抵制西方文化中腐朽、落后思想的危害，警惕西方敌对势力对我国进行"西化""分化"的图谋。

（5）关于大众传媒对文化生活的影响，有两种不同的观点：一是给我们的文化生活带来了许多可喜的变化，二是由于文化市场的自发性和传媒的商业性，也引发了令人忧虑的现象。如何看待这两种不同的观点。

（6）如何直面并思考生活中的思想道德冲突。

4. "思辨性"在必修《生活与哲学》中的应用与实践

（1）物质和运动的辩证关系。

（2）绝对运动和相对静止的辩证关系。

（3）尊重规律的客观性与发挥主观能动性的辩证关系。

（4）物质与意识的辩证关系。

（5）真理是正确的认识，作为主观的认识，如何理解"真理是客观的"？

（6）引导学生思考和辨析：联系具有客观性，但并不意味着人对事物的联系无能为力，人可以根据事物固有的联系，改变事物的状态，调整原有的联系，建立新的联系。

（7）整体和部分的辩证关系。

（8）事物发展的前进性与曲折性的辩证关系。

（9）量变和质变的辩证关系。

（10）矛盾的斗争性和同一性辩证关系。

（11）矛盾的普遍性和特殊性辩证关系。

(12) 主要矛盾和次要矛盾的辩证关系。

(13) 矛盾的主要方面和次要方面的辩证关系。

(14) 如何全面辩证地理解辩证否定的实质是"扬弃",即既肯定又否定,既克服又保留。

(15) 生产力与生产关系,经济基础与上层建筑的辩证关系。

(16) 引导学生思考和辨析"社会价值"和"自我价值"的关系,在"贡献"和"索取"的关系中明确人生真正的价值是什么?

(二)"思辨课堂"在思想政治学科五类课型教学方法探究

1.新授课——情境创设,在"获取和解读信息"中引发思辨

为了提高学生学习的兴趣和积极性,培养学生的思辨能力,作为政治教师应努力挖掘课外教学资源中的思辨因素。课堂教学中,教师可以采用漫画图片、游戏活动、视频动画或数据表格等形式,培养学生的思辨能力,激起学生的学习兴趣,在获取和解读课本信息的同时引发学生思辨。新课教学中,教师可以采用"情境—问题—解惑—总结—升华"的形式,培养学生的思辨能力。

课例:

(1) 情境:"整体与部分的辩证关系原理"是高中思想政治必修四《生活与哲学》中的一个重点原理,其中包括很多有难度的哲学理论。如果不用恰当的方式让学生产生直观体验,是难以理解的。课堂上,我们设计了一个情境——两人三足的游戏活动。将全班分成四组,由两个同学团结协作,并排站立,一人左腿与另一人右腿的膝盖以下、脚踝以上部分用绳子绑上。比赛在起点处出发,至对面标志处折回,返回至起点处,将绳子解开后,交给下一组同学进行比赛,最后以完成时间长短进行排名。

(2) 问题:比赛结束后,班级氛围异常活跃,同学们都很兴奋。此时,教师提出问题:为什么相同的参赛人数和形式,相近的身体素质和运动能力却导致截然不同的结果?

(3) 解惑:参赛的同学主动分享了自己比赛的感受,大家分析后得出结论:比赛过程中,团结一致的小组能迅速到达终点,不齐心、步伐不一致的小组则会摔倒,难以取胜。

(4) 总结:此时,教师进行总结,同学们所说的团结与否、是否齐心等,用哲学语言描述就是"部分的功能和状态"。即当部分结构不合理时,整体功能小于部分功能

之和，相反就大于部分功能之和。

（5）升华：这个原理不仅体现在游戏活动当中，个人、班级、学校乃至国家的建设和发展都遵循这个原理。至此，抽象的知识点被突破，同学们通过参与游戏活动产生直观体验，在获取和解读信息中提高了自己的思辨能力。

2.讨论课——拓展问题，在"论证和探究问题"中引发思辨

"讨论课"主要在高二年级推广。文理分科后，学生的偏科思想比较明显，每个班里都有少部分同学，把政治课当成练习课、课外读物阅读课和睡觉课，其实理科生思维能力较强，而且大部分学生应该都是爱学习的学生。面对这一现状，在高二理科班我们实行的是"讨论课"的教学模式，主要有"质疑—探究—小结—应用"等四个环节，此种课型往往具有开放性，可以从多个角度探究最佳答案，以利于学生充分发挥自己的创造性和想象力，培养学生的思辨能力、批判精神。在教学指导上常常采用合作学习的教学方式，为学生提供一个发表观点的环境和机会，让学生通过自己实践或实验验证所学的知识和所提出的解决问题的方案。

3.探究课——多维思维，在"论证和探究问题"中引发思辨

探究，就是学生在教师的引导下，自学或合作讨论，通过个人、小组等多种活动，将课本知识应用于实际问题的解决。在高中必修思想政治新教材中，每一个单元最后都设置了"综合探究"的模块。这是政治新课程改革的亮点之一，充分反映了新课程标准倡导的"自主学习、合作探究"的理念。教师可以通过"活动"（角色扮演、情景模拟、社会调查、主题探究等）—发现—质疑—解疑"的教学模式来组织课堂，训练学生的思辨能力。

4.复习课——发散角度，在"调动和运用知识"中引发思辨

复习课的目的，是使学生得以弥补缺漏的知识，同时又凭借逻辑框架的搭建，调动和运用前后相关知识点，使学生进一步提高思辨能力。教师可以采用"搭建考点知识框架—联系前后知识—拓展课外知识—实例论证知识"的模式来组织复习课，培养学生的思辨能力。

5.讲评课——归纳总结，在"描述和阐释事物"中引发思辨

通过试卷进行测试，目的是检测学生的学习效果以及教师的教学水平。科学的试卷讲评课有助于学生查漏补缺、归纳总结、培养答题技巧和提高运用能力；也能帮助教师进一步掌握学情，改进教学方法；同时，也是引导学生思考、培养其思辨能力的重要手段。教师可以采用"对比—提问—分析—总结—训练"的方法培养学生的思辨能力。

(三)"思辨课堂"在思想政治学科各年级的课堂教学的主要模式

研究表明,学生的思维到高中一、二年级,逐步趋向成熟。根据学生的年龄特点,结合思想政治四本教材的渗透点及五种课型的教学实践,我们分年级大致形成了以下三种具体的教学模式:

1.高一年级"情境式思辨课堂"教学模式

这种教学模式就是在学生预习的基础上,创设情境,由浅入深地引发学生的思考和辨析,激起学生的学习兴趣,使学生愉快主动地接受新知识并全面而有深度地认识问题。课堂教学中,教师可以采用漫画图片、游戏活动、视频动画或数据表格等形式,培养学生的思辨能力。具体过程:第一步,用2~3分钟创设情境,导入新课,激发兴趣;第二步,阅读、自学课堂知识(8分钟),培养学生独立学习的能力;第三步,课堂学习(20分钟),设置情景和问题,分小组展示讨论,通过小组之间的交流、思辨、思维上的碰撞以及教师的归纳总结,从而进一步分析和解决问题;第四步,课内检测(7分钟左右),设置情景和探究问题,交给小组讨论并展示成果,然后通过点评归纳;第五步,课堂归纳,2~3分钟,学生谈谈自己在知识、情感与态度价值观上的收获,教师引导学生构建知识结构,完善和纠正各种错误的观念和观点。环节大概是这样,但在具体实施过程中因学情而异。

2.高二年级"拓展式思辨课堂"教学模式

文理分班后,学生的偏科思想比较明显。在高二理科班实行的是"拓展式思辨课堂"教学模式,主要由"质疑—探究—小结—应用"等四个环节,此种课型往往具有开放性,可以从多个角度探究最佳答案,要求教师为学生介绍一些适当的科学研究方法,以利于学生充分发挥自己的创造性和想象力,培养学生的思辨能力、批判精神。在教学指导上常常采用合作学习的教学方式,教师一般扮演启发者和指导者的角色,教师要为学生提供一个发表自己的观点的环境和机会,让学生通过自己实践或实验验证所学的知识和所提出的解决问题方案。自从在高二年级理科班用"拓展式思辨课堂"教学模式进行教学,让同学们合作探究、解决。在这样的课堂上,学生身动、心动、神动,肯学、想学、学会,思维量、信息量、训练量都比以前的传统教学要大。

3.高三年级"发散式思辨课堂"教学模式

高三年级学生复习知识点多、内容框架大,时政热点多,这就要求复习课、试卷讲评课及学法指导必须具有针对性、有成效，能让学生在掌握知识点的同时，提高理论联系实际的能力和解题能力，能触类旁通，举一反三。为此，必须充分发挥学生的积极性，遵循教育教学规律和原则。

（1）复习课。

复习课在于夯实基础知识，构建知识网络。教师可以采用"搭建本考点知识框架—联系前后知识—拓展课外知识"的模式来组织复习课，培养学生的思辨能力。具体过程：①课前读书3分钟左右。②考点展示，细化到纲、目、点，学生了解一下。③"重点导航"，老师带领串一串，在黑板上板书主要内容，学生跟着翻书、回顾、讲一讲，大约需要13分钟。④"重点问答"部分，放手让学生背一背，大约10分钟。⑤"重点习题"部分，让学生做一做，学以致用，订正完答案后，不懂的老师进行讲解，有时根据情况，做完习题后直接进行课堂小测，大约14分钟。⑥布置课后作业。

（2）讲评课。

试卷讲评课属于技能式教学模式，特别适合于规范答题的教学实践。教师或者学生的示范不是简单地抛出答案，而必须是将解决问题的思维过程尽可能完全地展示给学生，这里借鉴了近年来关于认知学徒式教学模式的研究和实践。尝试不要求学生能够即刻解决考试中遇到的问题，主要目的在于能够通过尝试让学生充分暴露在认识的不足或者知识体系上缺陷，以便教师能够及时发现并调整教学进展和教学内容。评价环节是由教师和学生共同讨论和验证具体问题的解决方案，可由此充分调动学生的知识储备，加深对所学知识的理解。在这种教学模式中，通常以问题为核心来进行组织，教师在教学过程中则以试卷或以试卷为主体编写的学案中的问题为线索来组织教学活动。具体环节：①教师讲解学生存在的问题（含优缺点）；②学生个人查找错因并纠错；③同学之间共同纠错；④教师根据学生存在的共同的疑难试题有针对性讲解；⑤教师讲解完后学生进行知识点的整理和回顾；⑥尝试让学生进行自命题角度思考，培养学生的考感；⑦针对性训练；⑧考试技巧及规律小结及学法、考法指导。

3.成果的主要内容

（1）学生成长。

近几年，通过"思辨型思想政治课堂教学的实践与研究"，南宁三中的文科成绩屡创新高，2012—2016年文综成绩都保持在广西前列。2017年高考，学校文综成绩列广西第二。

(2) 教师发展。

2011—2017年间，学校政治组教师积极参与科研，完成3个市级以上课题。在《思辨课堂的教学实践与研究》中，积极撰写论文，多篇论文在评选中获奖，多名教师在核心刊物上发表文章。此外，政治组教师把"思辨型思想政治课堂教学"渗透到各类课堂教学竞赛和教学展示课中，取得非常好的效果，受到同行们的好评。

(3) 专业引领。

当今教育的发展主要是学生发展和教师发展，学校教师专业发展程度高低决定了学校教育的品质优劣。"思辨课型"有利于提高教育科学的质量；有利于创建科学、合理、高效的政治教师培养工作机制，对政治教师专业发展起着专业引领作用。通过课题研究，可以从理论和实践上明晰政治教师专业发展的基本策略，促进教师教育工作的科学化，为教师教育工作提供理论支撑和实践支持。

四、效果与反思

（一）实践与研究成果

1. 教学理念新运用

"思辨型思想政治课堂教学的实践与研究"以培养学生的理性精神为主要切入点，通过在课堂上设置情境、问题，给学生创设一个发表观点的环境和机会，提高学生的思辨能力及学科核心素养。通过"思辨型思想政治课堂教学"，思政课程的教学更凸显其理论性、思想性、逻辑性。

2. 教学模式新发展

通过"思辨型思想政治课堂教学的实践与研究"，我们形成了：①新授课——情境创设，在"获取和解读信息"中引发思辨；②讨论课——拓展问题，在"论证和探究问题"中引发思辨；③探究课——多维思维，在"论证和探究问题"中引发思辨；④复习课——发散角度，在"调动和运用知识"中引发思辨；⑤讲评课——归纳总结，在"描述和阐释事物"中引发思辨五类课型的教学模式。此外，在"思辨型思想政治课堂教学"的实践中，我们深入研究了"思辨课堂"在思想政治学科必修教材的应用及渗透知识点。结合思想政治四本教材的渗透点及五种课型的教学实践，我们根据高一、高二、高三年级不同的特点，大致形成了三种具体的教学模式：①高一年级"情境式思辨课堂"教学模式；②高二年级"拓展式思辨课堂"教学模式；③高三年级"发散式思辨课堂"教学模式。

3.学科专业新实践

在理论研究方面，构建思辨型课堂对政治教师专业引领的基本策略和目标体系，并建立与之相适应的评价标准，构建思辨型的政治课堂及思辨型的政治教师新形象。在实践研究方面，积极探索思辨课型与政治教师专业发展相结合的方法，为教师专业发展提供丰富多样的实践样式，激发教师自主发展的内驱力，提升教师的思辨水平和专业化水平。

（二）反思与努力方向

高中思想政治课课程性质与特点理论性、思想性、政治性、德育性、时代性决定我们需要构建思辨型课堂。思辨型课堂的构建是高中学生思维发展阶段的要求，也是加强学生世界观、人生观、价值观教育的必然要求。要在思想政治课教学中培养学生的思辨能力，需要教师、学生在课堂教学中的共同努力。我们今后可以从教师的重视、教学方法的灵活运用、教学内容的挖掘、学生自身的努力以及构建思辨的课堂五个方面继续进行深入研究，探索"思辨型思想政治课堂教学"的有效途径。"思辨型思想政治课堂教学的实践与研究"是高中思想政治课程改革实践中一次重要的方向性的尝试。

五、"思辨型思想政治课堂教学"理论体系及五种主要课型教学模式

（一）"思辨型思想政治课堂教学"理论体系

1.关于思辨性思维的理论基础

思辨性的意思是提出质问、弄清楚、进行分析。苏格拉底的教学理念中就浸润着这种精神。思辨能力就是思考辨析能力。思考指的是分析、推理、判断等思维活动；辨析指的是对事物的情况、类别、事理等的辨别分析。思辨性思维是思维形式中的重要组成部分，它对培养学生的创造精神和创新能力具有十分重要的作用。思辨能力直接反映一个人的认识水平，是合格高中生必备的素质。高中阶段是学生自我意识和自我价值建立的重要时期，高中生开始具有相对独立的价值判断力，独立思考的意识极

其强烈，有探究的渴望和信心，正处在既有一定的思辨能力，但对书中的问题和一些社会现象常常因为一知半解而困顿、迷惑的年龄。如何提高学生的思辨能力，引导学生准确地理解书中知识，恰当地解释社会现象，这是教师的职责。提高学生的思辨能力也是当前高考改革所倡导的一个重要内容。因而，思辨性思维成为国内外教育研究中的一个热点。

在中国，先秦时期的墨家是思辨性思维的开创者。墨家在与儒家、道家、名家以及其他学派进行论辩的过程中，主张对各家各派进行理性审查，对他们的论证进行分析和评估，形成了墨家的批判性思维。

在国外，思辨性思维是西方自古希腊以来形成的一个悠久而宝贵的学术传统，亚里士多德的《辩谬篇》最早对它进行了研究。到20世纪30年代，斯泰宾的《有效思维》出版了，并产生了广泛影响。国外具有代表性的论著有《思维教学：培养聪明的学习者》（斯腾伯格、史渥林著），书中以智力三元理论为基础，对如何培养学生的分析性思维、创造性思维和实用性思维能力进行了介绍。有意识地培养和评价创造性的洞察力、了解思维教学的基本原则和潜在困难，以及排除思维的绊脚石等。此外还有《学生作为研究者：创建有意义的课堂》（斯坦伯格、金奇洛主编）、《自主课堂：积极的课堂环境的作用》（里德利、沃尔瑟著）、《培养反思力：通过学习档案和真实性评估学会反思》（巴里斯、爱丽丝著）等。

2.思辨能力培养的现状

关于思辨力培养问题，我国在21世纪初曾出现过讨论，针对不同学段的学习要求，把教学内容与思维能力培养联系起来，不过在思维能力的细化和操作规定上阐述不清楚。但学者们的研究方向主要侧重于理论，课堂实际教学方面与西方比较研究仍比较欠缺。而且对高中思想政治学科思辨型课堂的探究仍处于空白状态。结合青少年思维发展的特点和学生学科素养中有培养理性思维的要求，我们认为，在中学阶段的思想政治教学中，有意识地开展、加强对学生的思辨性思维的培养是当务之急。

一二十年来，在美国、加拿大等国，思辨性思维的研究一直都相当活跃，思辨性思维教学在以美国为代表的西方国家受到高度重视。在美国，思辨性思维作为教育目标已经有一段相当长的历史。自杜威1910年倡导"反省性思维"（reflective thinking）以来，美国的学校教育一直强调培养出适应现代社会发展的、能够自主地判断并处理信息的公民。特别是在20世纪70年代以来的教育改革中，把批判性思维看作是学习的一个不可分割的部分，把它与解决问题并列为思维的两大基本技能。人们提出，增强学生的批判性思维能力应当是学校教育的关键目标之一,应当把它放在教改的重要位置。

3.思想政治课堂教学中存在问题

目前,我国思想政治新课程改革虽然已取得明显成果,但思辨力培养的缺失在政治教育中仍普遍存在。在课改过程中,一线教师开展了教学方法和教学手段的改革探索与实践,摸索到一些全新的很受学生欢迎的教学方法和手段,取得了较好的效果。但是,我们也同样看到,在教学方法和教学手段改革的探索实践中,一些教师由于指导思想上的偏差,过于追求教学方法和手段的新奇,过于追求课堂形式的丰富多彩和课堂场面上的热烈互动,往往可能偏离了思想政治理论课本身的目的,往往可能失去了思想政治理论课应有的严谨、思辨、理性和真理的魅力。所以,思辨型课堂教学对思想政治课就具有尤为重要的理论和实践意义了。

从当前实行思辨型思想政治课堂教学的实际情况来看,也存在着一些问题,如部分教师在思想政治课教学中对学生思辨能力培养重视不够,许多学生也不注重对自身思辨意识的培养,思想政治课堂缺乏思辨氛围等。笔者认为造成这些问题的原因是多方面的,因此,只有找到思想政治课教学中学生思辨能力培养方面存在的问题并深入分析存在问题的种种原因,才能更好地在思想政治课教学中培养学生的思辨能力并提出有针对性的措施,从而完成思想政治教育的任务。

(二)五种主要课型教学模式

1.新授课——情境创设,在"获取和解读信息"中引发思辨

为了提高学生学习的兴趣和积极性,培养学生的思辨能力,作为政治教师应努力挖掘课堂内外教学资源中的思辨因素。课堂教学中,教师可以采用漫画图片、游戏活动、视频动画或数据表格等形式,培养学生的思辨能力,激起学生的学习兴趣,在获取和解读课本信息的同时引发学生思辨,在课堂教学中是一门艺术。新课教学中,教师可以采用"情境—问题—解惑—总结—升华"的形式,培养学生的思辨能力。

课例:

(1)情境。"整体与部分的辩证关系原理"是高中思想政治必修四《生活与哲学》中的一个重点原理,其中包括很多有难度的哲学理论。如果不用恰当的方式让学生产生感悟和体验,是难以理解的。课堂上,我设计了一个情境——两人三足的游戏活动。

将全班分成四组,由两个同学团结协作,并排站立,一人左腿与另一人右腿的膝盖以下、脚踝以上部分用绳子绑上。比赛在起点处出发,至对面标志处折回,返回至

起点处，将绳子解开后，交给下一组同学进行比赛，最后以完成时间长短进行排名。

（2）问题。比赛结束后，班级氛围异常活跃，同学们都很兴奋。此时，教师提出问题：为什么相同的参赛人数和形式，相近的身体素质和运动能力却导致截然不同的结果？

（3）解惑。参赛的同学主动分享了自己比赛时的感受，大家分析后得出结论：比赛过程中，团结一致的小组能迅速到达终点，不齐心、步伐不一致的小组则会摔倒，难以取胜。

（4）总结。此时，教师进行总结，同学们所说的团结与否、是否齐心等，用哲学语言描述就是"部分的功能和状态"。即当部分结构不合理时，整体功能小于部分功能之和，相反就大于部分功能之和。

（5）升华。这个原理不仅体现在游戏活动当中，个人、班级、学校乃至国家的建设和发展都遵循这个原理。至此，抽象的知识点被突破，同学们通过参与游戏活动产生直观体验，在获取和解读信息中提高了自己的思辨能力。

2.讨论课——拓展问题，在"论证和探究问题"中引发思辨

"讨论课"主要在高二年级推广。文理分科后，学生的偏科思想比较明显，每个班里都有少部分同学，把政治课当成练习课、课外读物阅读课和睡觉课，其实理科生思维能力较强，而且大部分学生应该都是爱学习的学生。面对这一现状，在高二理科班我们实行的是"讨论课"的教学模式，主要由"质疑—探究—小结—应用"等四个环节，此种课型往往具有开放性，可以从多个角度探究最佳答案，以利于学生充分发挥自己的创造性和想象力，培养学生的思辨能力、批判精神。在教学指导上常常采用合作学习的教学方式，为学生提供一个发表观点的环境和机会，让学生通过自己实践或实验验证所学的知识和所提出的解决问题方案。

课例：在学习高二《文化生活》"文化在继承的基础上发展"这一框题时，为了避免照本宣科、枯燥乏味的讲解，我围绕课程内容设计了一个探究题。

（1）质疑。（探究题）当前，越来越多的年轻人采用传统的婚礼仪式举行结婚典礼，你赞成还是反对？

（2）探究。我把全班学生分为三个组，赞成的为A组，反对的为B组，中立的为C组。AB两组之间展开了激烈的观点交锋和思想碰撞。A组的同学们踊跃发言，从传统文化的积极作用、继承的重要性、不能丢掉祖先的记忆等方面提出了赞成理由；B组也不甘示弱，从文化发展、创新的角度提出了反对的理由。同学们感到不好取舍，现代

的与传统的婚礼确实各有利弊。

（3）总结。正当双方争得不可开交的时候，C组的同学提出："对传统婚礼既要批判继承又要注入时代精神，因为不继承，会丧失发展的根基，只继承不注入时代精神又会止步不前，无法发展。"一语中的，辩证分析的方法让大家感到豁然开朗。

（4）应用。最后，教师引导学生进一步思考：我们所学的哪些知识也应该这样一分为二、辩证地分析和看待？学生很快回忆出诸多知识点：市场调节的优缺、经济全球化的影响、中国共产党的功过、政府的职能等。

当学生的独立见解得到教师的支持和鼓励时，内心会产生愉悦和满足感，会增强成功的信心和愿望，从而转化为内在的动力，最终能敢于表达和乐于表达自己的观点，使其成为良好的学习习惯，为培养其创新精神和思辨能力打下良好的基础。开放、拓展式的课堂正是这样一个载体，为高二阶段的思想政治课堂注入活力。

3.探究课——多维思维，在"论证和探究问题"中引发思辨

探究"一词意为"深入探讨，反复研究"，是在教师的引导下以学生自主学习和合作讨论为前提，让学生通过个人、小组、集体等多种解难释疑的活动，将所学知识应用于实际问题的解决。在现行的高中思想政治新教材中，每一单元都设置了"综合探究"模块。作为政治新课程改革的一大亮点，这充分反映了新课标倡导的"自主学习、合作探究"的新理念。教师可以通过"活动"（角色扮演、情景模拟、社会调查、主题探究等）—发现—发挥"的教学模式来组织课堂，训练学生的思辨能力。

课例：在讲授必修一《经济生活》多彩的消费这一内容时，我模仿新闻访谈的形式进行角色扮演开展探究活动。

（1）活动。课前，同学们调查了自己的家庭现在与10年前的消费支出变化情况，抽出其中三个家庭作为代表，总结出家庭消费的变化。主要表现在：①恩格尔系数较为平稳，饮食费用明显增加。很多家庭舍得在吃上花钱，对膳食的结构要求也更高。②购买住房热度不减，居住消费不断攀升。全班有27位同学家换了新房。③旅游健身享受生活，休闲娱乐支出上升。全班有近30人利用假期旅游。④私家车消费成亮点，相关支出较快增长。全班有21位同学家买了私家车。

课堂上，教师确定主持人，然后让学生扮演不同家庭成员的角色。扮演家庭成员的学生一上台，就引起了现场观众的掌声和笑声，平时非常熟悉的同学，现在变成了自己的父亲、母亲或者孩子。同学们特意在服装方面做了精心的修饰，使之更符合自己扮演的角色，在谈话过程中加入了一些表演成分，恰到好处。现场观众也在主持人

的提问下积极举手回答问题,气氛非常活跃。

(2)发现。学生表演完毕之后,教师作为嘉宾回答了同学们无法解决的问题,并现场播放了一些不合理消费行为的影音资料,引起大家的共鸣。最后,教师与学生一并总结出消费的类型、消费的意义、正确的消费观等知识点,达到教学目的。

(3)发挥。这样的探究课,不仅能改变传统单一的教学模式,还能培养学生的团队意识和创新精神,在论证和探究问题中提高学生的语言表达能力、社交能力和思辨能力,使学生得到全面发展。

4.复习课——发散角度,在"调动和运用知识"中引发思辨

复习课,使学生在新课讲授时的知识缺漏得到弥补,同时又凭借逻辑框架的搭建环节,调动和运用前后相关知识,使学生进一步提高思辨能力。教师可以采用"搭建考点知识框架—联系前后知识—拓展课外知识"的模式来组织复习课,培养学生的思辨能力。

课例:《政治生活》第二单元《为人民服务的政府》是全书最重要的考点之一,也是每年必考的高频考点。复习这一部分内容,既要细致,又要宏观。2017届高三备考复习时,我采用了这样的方法:

(1)搭建本考点知识框架。我首先引导学生阅读课本,回忆和总结本考点知识点,连成框架。学生经过认真思考后总结出如下知识点:性质、职能、宗旨、原则、权力的行使(见图1)。

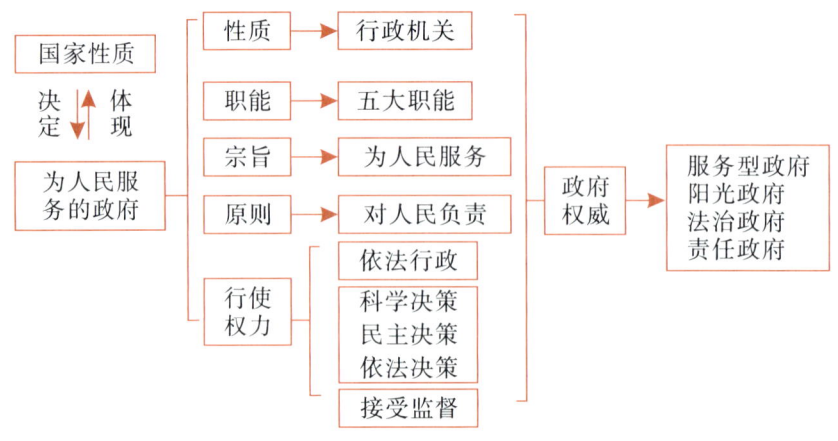

图1 知识框架

(2)联系前后知识。此时,教师顺着学生思路继续提问:全书是否只有这个部分与政府的知识相关?其他单元是否还有相关知识点呢?学生一听,立即翻阅第一、三、

四单元的课本知识，并很快发现了与之相关联的知识点——国家性质，这是第一单元的知识点，国家性质决定政府性质，两者是一致的。

（3）拓展课外知识。经过这样的引导，学生的思路立即被打开了。有学生主动提出，这部分内容还与时政知识有关联，可以在框架中添加"服务型政府""阳光政府""法治政府""责任政府"这些时政用语。

5.讲评课——归纳总结，在"描述和阐释事物"中引发思辨

一份试卷，既反映了学生的学习效果，又反映了教师的教学水准。科学的试卷讲评则是帮助学生查漏补缺、归纳复习、培养答题技巧和提高运用能力的重要环节；也是教师了解学生，改进教法，进一步提高学习效率的重要依据；同时也是引导学生思考、培养其思辨能力的重要手段。教师可以采用"对比—提问—分析—总结—再训练"的方法培养学生的思辨能力。

课例：2017届高三复习阶段，在针对必修二《政治生活》第四单元当代国际社会的周测讲评中，有这样一道材料分析题：

2016年初，李克强总理在国家科学技术奖励大会上发表重要讲话。

材料：李克强指出，国家科学技术进步奖展示了一批标志性重大科技成果，一批自主创新成果达到国际先进水平，C919大型客机总装下线，"多自由度量子隐形传态"研究成果名列国际物理学领域十大"年度突破"榜首，我国多名科学家在国际科技大奖中折桂，因对青蒿素研究成果有重大贡献，曾获国家重大科技成果奖、国家发明奖、全国十大科技成就奖等多个奖项的屠呦呦成为我国首位获得诺贝尔奖的科学家。

结合材料，运用当代国际社会的知识，分析我国科技创新取得重大成果的意义。（12分）

【答案】①当前国际竞争的实质是以经济和科技实力为基础的综合国力的较量，科技创新取得重大成果，有利于增强我国综合国力，更好地维护我国的国家利益。（4分）②在经济全球化时代，世界经济发展更加注重质量，知识经济方兴未艾，经济可持续发展备受关注。我国科技创新为世界发展做出了重要贡献。（4分）③我国奉行独立自主的和平外交政策，科技创新取得重大成果为我国始终不渝地走和平发展道路提供了保障，奠定了基础。（4分）

（1）对比：为了让学生在描述和阐释题目中进行思考和辨析，我在练习册中挑选了几道设问范围一致的题目，让学生对比。

PPT展示：

P138.14结合材料，运用"当代国际社会"的有关知识，分析我国提出共同建设新

"海上丝绸之路"战略构想的依据。（12分）

P138.2 结合材料，运用所学政治知识，分析中国倡导"共建网络空间命运共同体"的理由。（12分）

P144.例 结合材料，运用"当代国际社会"的知识，分析积极开拓中欧关系新局面的政治学依据。（6分）

（2）提问：几道题目放在一起，学生的思维立即活跃起来了。此时，教师提问：通过对比材料和答案，你能发现这几道题的异同及原因、能总结出这类题型的答题规律吗？

（3）分析：学生非常踊跃回答——每一题都使用了"国际关系的决定因素""我国的外交政策"的知识点，第一题使用了"多极化趋势"的知识点，而其他几题并未使用……

（4）总结：最后，教师与同学们一同总结出答题规律：哪些是共性的常用知识点、哪些是附属性质不常用的知识点，每道题的材料有哪些个性等。

（5）再训练：为了印证和巩固刚刚总结的答题方法，教师展示另一道同类题与同学们一起分析。（PPT展示：P138.1 根据材料，说明开启中英两国关系"黄金时代"蕴含的政治生活道理。（12分））

在讲评课中，通过同类题型的比较的方法，学生能更直观地感受到题目之间的异同，更准确地描述和阐释题目信息，在分析和对比的过程中培养思辨能力。

最终，学生通过纵向、横向的比较和分析，合理地调动和运用了知识，得到了完整的知识框架，全面地复习了课本知识，拓展了知识范围，提高了思辨能力。

总之，不同类型的政治课堂都应以学生的思维发展为本，追求课堂教学的深度思维。深度思维的课堂是思辨的课堂，而思辨的课堂要留给学生自主探究和自主展示的空间，才能让他们通过思考产生个性化的见解。

六、"思辨型思想政治课堂教学"实验数据、问卷调查分析表

教学理念是人们对教学和学习活动内在规律的认识的集中体现，同时也是人们对教学活动的看法和持有的基本的态度和观念，是人们从事教学活动的信念。教学理念有理论层面、操作层面和学科层面之分。明确表达的教学理念对教学活动有着极其重

要的指导意义。教学理念不是一成不变的，随着人们对教育功能、活动本质的不断深入研究，教学理念也随之发生改变。目前，我国教学理念主要朝"课堂教学的生活化、学生学习的主动化、师生交往的有效化和课程的整合化"等方面转变。

（一）"思辨型思想政治课堂教学"模式促进课堂教学的生活化

传统的课堂教学局限在"教材、教师、教室"上，与我们的现实生活距离很远，原本生动真实的内容由于受到时间、空间的限制，教学活动只能按部就班地进行，内容乏味，学生不易理解。新课程改革后，新课标中十分强调政治学科与现实生活的联系，在政治科目的教学要求中增加了"使学生感受思想政治学科与现实生活的联系，初步学会运用所学的思想政治学科知识和方法分析解决一些简单的实际问题"。因此在教学中，教师应该从学生的生活经验和已有的知识背景出发，联系生活讲经济学、哲学、政治学，联系生活学经济学、哲学、政治学，使学生体会到经济学、哲学、政治学就在身边，感受到经济学、哲学、政治学的趣味和作用，体验到它们的魅力。在我做的问卷调查中86.7%的同学喜欢实例、故事、新闻时事、俗语、谚语导入，71.1%的同学认为课堂上的内容应该理论联系实际来学。

"思辨型思想政治课堂教学"模式可以借助生活的事例或者模拟生活中的情境，经由学生合作、探究、发现、理解、体验，使教学过程成为课堂内容持续生成与不断转化的过程。

（二）"思辨型思想政治课堂教学"模式促进学生学习的自动化

教育是唤醒每个学生自我改变、主动发展的意识，是解放每个学生内在的求知渴望、学习理论。无论是素质教育提倡的学生主动发展，还是新课程强调的重过程、重体验、重探究，都需要将课堂教学的重心真正实现下移，让学生在课堂上活起来、动起来，在学生的主动参与中实现教学目标和促进学生自身的成长发展。一堂成功的课，不在于教师讲得多好，而在于学生投入了多少，但是许多学校特别是中学仍然采用传统的教学模式培养学生，即忽视学生的"学"，只强调教师的"教"。"学案导学"通过"学生根据学案自主先学""教师后教""当堂训练"的模式，让学生主动、自动去学，培育学生自我反省、自我纠错的能力，带给学生独立思考、合作探索、克服困难的内在的思维快乐，让学生每节课都像上战场那样去战斗。

（三）"思辨型思想政治课堂教学"模式促进师生交往的有效化

随着新课程标准的实施，高中政治新课程呼唤着新型的师生关系，渴求有效的师生交往，以促成课堂教学的新变化。高中政治原课程目标主要体现在知识、能力、觉悟三方面，较注重学生知识与技能的获得，忽视学生的情感、态度和价值观。而新课程目标关注学生在生活世界中的存在与发展，培养学生的生存能力；也就是学会学习、学会做事、学会与他人共同生活。新课程在注重知识能力培养的同时，更突出了情感、态度、价值观的培养，从重视结果向重视过程转变，从重视预设向重视生成转变，从重视考试升学向重视生命发展转变。针对新课程的这一鲜明特点，政治课堂强调师生之间的交往、互动、对话，强调生命对生命的呼唤、心灵对心灵的沟通、更具人文色彩。在我做的问卷调查中51.1%的同学喜欢由"教师设问—引导学生进行探究性学习—获得知识—生成结论"（"导入—探究—生成"教学方式），40%的同学喜欢"老师指点方法，学生先学后教，讲练结合"的教学方式，6.7%的选择"老师多讲多抄，学生主要听讲和记录"的教学方式，只有2.2%的同学选择"老师满堂提问，学生集体回答老师的问题"的教学方式。可见，学生都倾向有效的师生交往，喜欢新型的师生关系。

"思辨型思想政治课堂教学"通过"合作学习"等环节和活动，慢慢引导学生学会与他人相处，学会学习，学会做事，成为一个完整的人，一个真正能适应社会的人。思辨型思想政治课堂教学的"反馈"环节，加强了师生的沟通和对话，使每一节课由预设转变为生成，师生交往、对话每节课都是变化的、新鲜的、有效的。

1897

教师优秀论文作品选录

XUE YAN XIANGJI JU MU CHENGLIN

唤醒温情

——我上《记念刘和珍君》

张小华

《记念刘和珍君》是鲁迅先生的经典杂文，一直收录于中学语文教材。我多次执教此课，都是按照较传统的方法备课、授课，大段解析评价，导致学生学习较为被动，对鲁迅其人其作缺乏一种发自内心的"亲近"和理解。

基于发展学生核心素养的考虑，面对新一届高一学生，我想给他们带来更多启发。于是结合必修一第三单元"写人记事散文"的学习重点，我把此课的教学重点预设为"品文·品人"，力争引导学生从文章的字里行间"品人"——既品读作者笔下的以刘和珍为代表的爱国青年形象，以及引导学生"发现"一个不同于众人所说的"标签化"、"脸谱化"的鲁迅先生形象，进而拓宽学生的阅读视野，丰富学生的阅读体验。

本课的教学难点有以下两点：第一，如何引导学生通过品读文章，发现一个去"标签化"的鲁迅形象；第二，如何指导学生通过这堂课，找到阅读的最高境界——共鸣；寻找到阅读的"快感"——发现别人在阅读中没有发现的"妙处"；领会别人没有明白的意思——"会心"。为了寻求与学生心灵的共鸣，我决定采用"唤醒—激活"的师生对话方式，站在学生阅读品析的角度，带领学生进行这篇经典文章的学习。

在课堂导入环节，我想方设法激起学生的阅读和学习兴趣：同学们经常开玩笑说，中学生学语文有三怕——古文、作文、周树人。今天我想请大家谈谈，为什么怕周树人？学生纷纷回答：他的文章难读懂；文章思想深刻；不太了解他那个时代，很难引起共鸣；"病句""错别字"多，而且"病句"都成了名句，"错别字"都是通假字；要背诵他作品的片段……说来说去，怎一个"怕"字了得！接着我用课件呈现了选入小学、初中、高中课本里的鲁迅作品，有小学学过的《少年闰土》（节选《故乡》）、初中时学过的《从百草园到三味书屋》《孔乙己》《阿长与〈山海经〉》《藤野先生》《故乡》《中国人失掉自信力了吗》以及高中课本里的《记念刘和珍君》《拿来主义》《祝福》。学生看到后，纷纷说：原来我们学了这么多鲁迅的作品啊！

接着，我请学生说说"你眼中、心中的鲁迅先生"，并用一两个词来概括。学生给出的词汇有"批判""抨击""鞭挞""讽刺""横眉冷对""文学家、思想家、革命家"等这些词汇极富高冷意味的"标签"，我想，这也正是学生"怕"学周树人、不亲近鲁迅作品的根源吧。接下来，我用课件呈现了鲁迅儿子周海婴的一段话（见框文），并用课件呈现出本节课的主要问题——"静心阅读，去除思维定式"，看看能不能在文中发现一个不同于大家刚才贴上标签的鲁迅先生。

> ……很长一段时间，父亲的形象都被塑造为"横眉冷对"，好像不横眉冷对就不是真正的鲁迅、不是社会需要的鲁迅。的确，鲁迅是爱憎分明的，但不等于说鲁迅没有普通人的情感，没有他温和、慈爱的那一面。

唤醒学生——刚才七嘴八舌、各种议论吐槽的声音忽然停止了，教室里一片寂静。同学们似乎感到，老师并没有按照传统的上课方式和他们预料中的授课流程来解读课文，而是打破常规，另辟蹊径来设置问题，紧紧抓住了他们的心理。同学们沉下心来，带着老师的问题，认真阅读文本，细心圈点批注，努力在字里行间寻找那个"温和、慈爱"的鲁迅形象。

通过导入环节的铺垫，我要带领学生回到本节课的重点：唤醒学生的主体学习热情和学习能力，完成老师预设的学习任务。

但是课堂推进得并不那么容易,面对这样一篇经典文章,学生还是觉得老师提出的问题不知道从哪入手,接着我又用课件呈现了两个具体的问题:

> 圈点勾画,筛选信息——
> (1)课文中当时的社会,是怎样一个社会?
> (2)文中的民众,是怎样的民众?

老师的问题变"小"了,变具体了,指向更明确了,学生的学习热情又再次被调动起来!同学们纷纷举手发言,从文中筛选出了关于这两个问题的相关词句,并进行了归纳和赏析。但是,老师最初提出的问题,好像和这两个问题并没有什么关系啊,同学们还是一脸疑问:我们从文中看到的鲁迅,还是先前那个"熟悉"的鲁迅,这篇文章,还是我们一直"熟悉"的鲁迅式的文章啊!

激活思维——预料到了同学们的疑问,我适时小结说:

同学们阅读文章,还是带着一定的定式思维,读得也比较粗糙,没有抓住老师问题的核心。你们只读出了鲁迅的愤怒,但没有用心去理解鲁迅作为一个老师和长者,对学生的爱,对美丽生命消逝的痛。于是,我又提出以下问题:

> 再读课文,圈点勾画,筛选信息——
> (1)鲁迅笔下的刘和珍,是怎样的刘和珍?
> (2)请画出作者蕴藏在作品字里行间的温情。

学生的学习热情再次被点燃!课堂再一次被激活!

生:微笑着的、温和的、和蔼的刘和珍。

师:这样的刘和珍,怎么会是"暴徒"?这样的刘和珍,死在了执政府门前卫队的枪下!

生:至少,也当浸渍了亲族,师友,爱人的心,纵使时光流逝,洗成绯红,也会在微漠的悲哀中永存微笑的和蔼的旧影。

师:这是老师对学生痛心的纪念!这是文化巨匠对美丽生命消逝的悲悯!

生:苟活者在淡红的血色中,会依稀看见微茫的希望;真的猛士,将更奋然前行!

师:面对着这样的社会,面对着这样的民众,鲁迅先生不是一个绝望者,他在对现实理性、严峻的解剖中,闪烁着理想主义的光芒!这让我想起了他在《狂人日记》里的"救救孩子!"响彻心扉的呼救;这也让我们想起了《药》中夏瑜坟上的那一圈白花……

在师生的分析和对话中,我看到了同学们眼中的光芒,这光芒源于老师找到了这篇经典文章的另一条思路，源于老师唤醒了同学们心中的阅读热情，源于老师通过层层设问激活了同学们的思维。接下来，我又及时加以拓展，想让这篇经典文章、想让这节课在学生心里留下深深的刻痕。

鲁迅先生是庄子的粉丝，他的作品中有11处引用了庄子的原话，他也常学庄子说话的方式，模仿他的文风。清代的吴文英在《庄子独见》中有一段对庄子的精彩评述：

> 庄子眼极冷，心肠极热。眼冷，故是非不管；心肠热，故悲慨万端。虽知无用，而未能忘情，到底是热肠挂住；虽不能忘情，而终不下手，到底是冷眼看穿。

师：好一个"眼极冷，心肠极热"！我愿意把同样的评价送给鲁迅先生！但不同于庄子对社会的否定，不同于庄子的"持竿不顾"，鲁迅面对现实，采取的是积极入世的态度——即使现实让人压抑痛苦，但他也要坚持在浊世上摸爬滚打，用他的纸笔发出"呐喊"，呼唤"要改良这人生"！"怒其不争，哀其不幸"，是我们常说的鲁迅小说中对麻木民众的感情。今天，通过对这篇课文的品读，我相信同学们都感受到了一个活生生的、真实的、生动的鲁迅，一个充满斗志、充满希望、又充满温情的、仁慈的鲁迅先生，一个时时在给我们传递信心和希望，一个鼓舞我们不断前行的文化巨匠！

一篇好文章，是经得住咀嚼的；一节好课，是会让学生回味的。最后，我用北大教授的一段话作为结束语，和周海婴先生的话正好形成一个呼应，也让学生再次回味一个去掉"标签"的鲁迅先生：

> 鲁迅不是冷冰冰的一个简单的文化斗士，而是这么有人情味的一个人。我们应该明白，鲁迅的内心世界里除了愤激、虚无、寒冷、孤独，何尝没有一个温和、恬静、温情、静穆、宽容、慈悲的价值世界呢？其实鲁迅是有民间情怀并对苦难民众深深同情的，只不过他把爱藏在恨之后。

上课结束后，很多同学涌到我面前，纷纷诉说今天这节课的收获，说得最多的几句话是：原来鲁迅先生还是这样的！我没想到这篇课文是这样上的！这和我以前学习鲁迅的文章好像不一样啊……

我一直认为，最差的课堂是：我懂得的，你认为我不懂，既而喋喋不休；我需要的，你不给我，甚至避而不谈。相对应的，最好的课堂是：你懂得了我的不懂，并谆谆教导；我没想到的，你想到了，且循循善诱。有时候，我们会埋怨学生不重视语文，不爱上语文课，不爱阅读。我想，这一定是我们老师自己没有用最有价值的课堂来吸

学 研 相 济
聚 木 成 林

引学生。语文多么重要,语文要怎么学——如果我们没有"唤醒"学生,这样的道理和说教完全就是正确的废话,一点用也没有;如果我们不捕捉学生的心理,不了解学生的需要,我们的语文课也就变成了老师的自娱自乐。这一节课,让我深深感到,作为语文老师,一定要想方设法去"唤醒"学生的学习热情,丰富课堂的内容,拓宽学生的阅读视野,激活学生的思维,也激活课堂,进而给学生带去更丰富的阅读体验,更深刻的学习体会。

用电影点亮思维的火花

蓝 玉

新一轮课程改革最显著的特点是各学科提炼核心素养，研究学科本质、思想方法和学科教育价值。高中语文学科核心素养主要包括"语言建构与运用""思维发展与提升""审美鉴赏与创造""文化传承与理解"四个方面。《普通高中语文课程标准（2017年版2020年修订）》明确指出，思维发展与提升是指学生在语文学习过程中，通过语言运用，获得直觉思维、形象思维、逻辑思维、辩证思维和创造思维的发展，促进深刻性、敏捷性、灵活性、批判性和独创性等思维品质的提升。

电影是兼具视觉艺术和听觉艺术的综合艺术形式，它的直观性、故事性和思想性能够培养学生学习兴趣，唤醒情感体验，激发思维活力。明确了高中生思维发展与提升的要求，将优质电影资源与语文教学有效整合，找准教学切入点，将有助于提高课堂效率，提升学生的思维品质。

一、借助电影色彩，在散文阅读中培养形象思维

在许多电影中，色彩具有非常重要的作用，其往往由设计师精心设计，用于营造氛围、提示剧情、定义人物等，以此影响人们对世界的情感认知。电影借助色彩让我们找到了一种观察世界的全新方式。

形象思维是以具体的形象或图像为思维内容的思维形态，形象思维通过独具个性的特殊形象来表现事物的本质，致力于追求对已有形象的加工，因而具有生动性、直观性和创造性等优点。

在高中语文教学中，借助电影色彩，激发学生联想和想象，可以在散文阅读中有效培养学生的形象思维。例如在学习人教版高中语文必修二的《囚绿记》之前，老师可以让学生观看电影《拯救大兵瑞恩》。这是一部反映二战的影片，诺曼底登陆后，瑞恩家4个在前线参战的儿子，有3人已在两周内战死，小儿子二等兵詹姆斯·瑞恩下落不明，生死未卜。美国陆军参谋长马歇尔得知瑞恩家的遭遇，出于人道主义考量，特令前线组织一支8人小队，在枪林弹雨和茫茫人海中寻找詹姆斯·瑞恩，将其平安送回后方。为了拯救瑞恩，8人小队中6人阵亡。电影以老年瑞恩回忆的视角切入往事，在奥马哈海滩上，修剪整齐的草坪郁郁葱葱，遮盖着战士的坟墓。草坪那生机勃勃的绿色，富有新鲜的活力，标志着死寂冬日的结束，然而成百上千的惨白墓碑却冷酷地提醒人们，躺在地下的年轻人再也看不到春天了。在这里，绿色为故事提供了视觉语境，使复杂的情感意义在这里得以展开。

《囚绿记》写于1938年，中国一方面笼罩在白色恐怖之下，一方面遭到日军的大规模侵略，内外交困。作者当时位于已沦为孤岛的上海，看着"祖国蒙受极大耻辱"，由此他怀念起一年前，即抗日战争爆发前夕暂住北京之时，阴暗潮湿的房间窗外的一树常春藤。散文"形散"的文学特点往往容易给学生带来阅读的困扰，但借助电影的色彩，我们可以让学生以更直观的方式来理解其文中的深意。《拯救大兵瑞恩》和《囚绿记》，反映的是不同国家中普通人的生活，但是，面对残酷的战争，不同形式的作品共同选择了绿色来传达对和平的向往，表达对富有生命力、充满生机的绿色的眷恋。这一抹绿色，寄予了普通人对爱和幸福的珍视，对自由与光明的赞美。

通过观影，学生获得的知识、技能和方法，可以迁移到散文阅读的过程中来，以

获取新知识、新技能和新方法。其实，不止一种颜色、一篇文章可以进行这样的知识迁移，我们可以让学生在同一单元的《故都的秋》中去探索郁达夫为什么"静对着象喇叭似的牵牛花的蓝朵，自然而然地也能感觉到十分的秋意"，而且强调牵牛花"以蓝色或白色"为佳。因为蓝色代表宁静、忧郁和理性，与故都的秋"清、静、悲凉"的特点，与作者深沉的故都之恋、故国之爱最为契合。

此外，我们还可以总结出不同颜色所传递的不同情绪和情感，了解不同颜色在不同文化、不同时代、不同历史环境中的区别，我们能够借助色彩从具体的形象深入作品的内核，深入作者的精神世界，产生深刻的情感认知，培养形象思维。

二、借助电影情节，在小说阅读中培养逻辑思维

逻辑思维是人运用概念、判断、推理等思维方式反映事物本质和规律的认识过程，是人的理性认识的高级阶段，主要把感性认识阶段所获取的对具体事物的认知抽象成概念，运用概念进行判断，按照一定的逻辑联系进行推理，从而产生新的认识。逻辑思维能力是思维能力的基础，是思维创新的关键。中国社会科学院杜国平认为，基础教育阶段正是一个人逻辑思维发展的关键时期，在这一阶段进行逻辑思维培养，对一个人一生的思维品格的塑造可以说具有培根铸魂的作用。因此，必须充分认识逻辑思维培养的价值，积极构建逻辑思维培养的理论体系，并融贯于各学科的教学之中。逻辑思维是高中生亟待补齐的思维短板，笔者认为，在短时间内对中学课程进行大刀阔斧的改革可能难以实现，但在学生喜闻乐见的电影中融入逻辑思维教学，容易消除学生的畏难心理，从而取得良好的教学效果。

我们以电影《卡萨布兰卡》和高中语文必修五的小说《林教头风雪山神庙》为例，来分析人物形象塑造中的逻辑问题，并力图在分析过程中培养学生的逻辑思维能力。对《卡萨布兰卡》中男主人公瑞克的形象分析如下表：

认知阶段	感性认识（初级阶段）	理性认识（中级阶段）	逻辑推理（高级阶段）
探究内容	①电影开始，瑞克是一个不愿意为任何人冒险的商人，他抱着坚决的"中立"态度。②故事结束，在男女主人公的分离之中，瑞克果断枪决德国纳粹斯特拉瑟少校，力保心爱的女人伊莎和她的丈夫——刚从集中营里逃出来的捷克左翼领导人维克多安全离开。探究：为什么瑞克发生如此巨大的变化？	影片中两个重要情节：①在瑞克的酒吧，德国少校斯特拉瑟指挥手下唱起了法西斯的歌曲。瑞克默许黑人钢琴师山姆弹奏法国国歌，在维克多的慷慨激昂的指挥下，《马赛曲》的歌声越来越高，最终淹没了法西斯的歌声。青年人情绪激扬，老年人精神抖擞，连妓女都热泪盈眶，人们用歌声"描绘"出一幅团结、正义、爱国的画面。②伊莎询问瑞克，雷诺警长是否信守诺言。言谈之中，瑞克意识到这位年轻而贫穷的女士将会为了和丈夫安全去往美洲出卖自己。她含着眼泪问瑞克："如果有一个女人非常爱您，为此她做了一件特别坏的事，她一直藏在心里，您能原谅这种行为吗？"瑞克被她打动，帮她赌博赢了钱，这样她就可以花钱买昂贵的通行证了。	①演奏《马赛曲》激发瑞克反法西斯的正义本能。②保加利亚妻子的求助让瑞克终于理解，在战争的背景下，女士愿意做身不由己的事，是为了保护心爱的男人，这个情节使瑞克内心对伊莎的柔情复苏了。在政治情怀和真挚爱情的双重作用下，瑞克的思想感情发生变化，这是他帮助维克多和伊莎的思想根源。
思维方法	判断	推理	分析综合
研究思路	感知结果—探究过程—分析原因		

　　电影从情节发展和人物性格的逻辑基点出发塑造人物。人物的思想情感和性格遵循思维发展的基本规律，符合故事情节和人物性格发展的逻辑，并随着叙事的推进逐步发展变化，小人物的炽热情感在大时代的波澜壮阔中悄然变化，让我们洞悉人类心灵的伟大，真爱的可贵。电影有可视的画面，有可听的语言，在演员的精彩演绎中，观众更容易领会其内在的逻辑联系，理性地分析电影中塑造人物的逻辑，理清研究的思路和思维的方法。在此基础上去解读《林教头风雪山神庙》，梳理导致林冲性格发生变化的重要情节，厘清其内在的逻辑关系，学生就容易理解安于现状、忍辱负重的林教头为什么会奋起反抗，成为"官逼民反"的代表和象征。

三、借助电影语言，在作文教学中培养批判性思维

批判性思维是一种求真思维，是一种开放思想、真诚客观的态度，其对不同的意见采取包容的态度，以防范偏见的可能，具有分析性和系统性，能鉴定问题所在，以充分的理由和证据去理解症结和预计后果，并在此基础上有组织有目标地去解决问题。它的核心在于培养和发展学生的独立思考能力，使学生能全面客观地分析问题，形成证据意识，培养出逻辑思维习惯。

电影和文学都被称为语言的艺术，电影语言通过对人的视听感知经验和主观思维活动进行模拟来表现影片的主题。印度电影《三傻大闹宝莱坞》堪称培养批判性思维的教科书。影片讲述了法罕、拉朱和兰彻在大学生活中发生的故事。兰彻是一个与众不同的大学生，他公然顶撞学校院长，质疑他的教学方法，并用智慧打破了学院墨守成规的传统教育观念。电影开头，绰号"病毒"的院长就在新生面前宣称，"教育就是竞争，没有人会记住第二名，要如鸠占鹊巢一样毫不留情，为了自己的成功，你务必把别人挤下去"。在学院中，院长自然有他的追随者，比如查尔图这样的"优秀"学生，每天埋头苦学，成为学习的机器，对别人漠不关心，为了达成目标不择手段。而兰彻则说："你们都陷入疯狂的比赛中。就算你是第一，这种方式又有什么用。你的知识会增长吗？不会，增长的只有压力。这里是大学，不是高压锅。"法罕面临学习是为了完成家长预设的目标还是选择自己的兴趣爱好的现实困境，兰彻告诉他，我们无法在自己不爱的东西上有热情的投入，强行去学只能是三流的平庸。而兰彻本身因为热爱会废寝忘食地做科研，能开创性地思考问题，有意识地将知识运用于实践，对他而言，知识本身就是目的和乐趣。最终法罕放弃稳定的工程师之路，成为荷兰著名动物摄影师安德烈·伊斯特凡的助理，后来成为了著名的动物摄影师。《三傻大闹宝莱坞》设置了很多我们在现实生活中可能会遇到的两难处境，通过角色的语言表达，让观众去观察、比较、分析，在这个过程中审视自我，深刻反思，最终学会以一种开放、包容的思维来解决问题，这样的思维品质是非常可贵的。

作文教学是高中语文教学的重要内容，要提高作文水平，必须强调"文以载道"，这个"道"就是学生对生活真切的感悟和深刻新颖的见解。我们完全可以让学生去观察、分析和比较，在现实语境中学习语文，用批判性思维去寻求答案，在作文中充分表达自己的见解，相信学生会爱上作文，学会独立思考。

思维能力的提升是新课程标准的要求，是学生的迫切愿望，也是教育教学的难点。我们不妨由浅入深，以学生喜欢的电影作为载体，将电影的画面、声音、色彩，以及演员声情并茂的表演与教材和教学实践紧密结合，为学生形象思维、逻辑思维、批判性思维的发展提供更有趣、更有效的途径。

【文章发表于《中学语文》2020年第21期，收入本书有删节】

核心素养导向下的高中语文单元教学

——以"人生选择"单元教学为例

钟家荣

在双新(新课标、新教材)背景下,教、学、评已经融为一体。新课标提出了"学科核心素养"的理念,给课堂教学指出了由重知识技能的传授到重培养学科核心素养转变的教改方向。新教材则打破了以往按文体或者知识点编排的体例,以主题单元为主进行编排。这就使单元教学再次进入广大教师的视野并成为关注的焦点。那么,教师应该如何在新课标、新教材的引领下,围绕语文核心素养展开单元教学呢?下面试以笔者进行的单元教学——"人生选择"实践过程为例,谈一谈笔者的粗浅认识。

一、以"学情"为起点，依据课标重组教材，围绕主题进行单元学习

笔者在20多年的教学实践中观察到，高中生的文言文阅读理解能力逐年下降，学习文言文、阅读文言书籍的兴趣越来越小。究其原因有二：一是文言文的教学要兼顾作品思想内涵与古代汉语知识的学习，但不少高中教师在进行文言文教学时，重点放在了字词句知识的落实上，对于文言文情感价值等方面内容的学习引导做得不太到位，导致高中生学习文言文时常因过程烦琐而效率低下。二是高中生在单篇精讲的学习过程中没有获得对文言文的整体性、系统性的认识，对课内传统经典作品的思想内涵、审美趣味体会不够，无法充分认识文言文学习的价值与意义，自然就缺乏学习的兴趣与动力。针对这些学情分析，笔者打破教材的编排，将《逍遥游》《陈情表》《兰亭集序》《归去来兮辞》《滕王阁序》《赤壁赋》6篇文言文以"人生选择"为主题重新组合在一起，引导学生开展学习。

《逍遥游》等6篇文言文，文体各异，以年代为序，体现着儒家与道家思想对中国古代文人思想精神、价值取向的深刻影响，体现着中国古代文章的发展脉络，包含着大量的古代汉语知识、古代文学文化知识。文章的作者，既有生活在乱世的不肯出仕者，也有生活在盛世的郁郁不得志者；既有布衣平民，也有各级官员。文章的内容，既有丰富多样的生活场景，又有纷繁复杂的社会背景。通过这一主题单元的学习，不仅能帮助学生掌握部分文言文字词句知识，也能解决学生因对文言文缺乏整体认知，无法认识其价值意义，从而缺乏学习兴趣与动力的问题。更为重要的是，在这一过程中还能落实新课标提出的语言、审美、思维、文化四方面的要求，培养学生的语文学科核心素养。

二、以"具有逻辑性的问题"为导向，创设真实、有意义的单元学习情境

笔者所教的学生是当地示范性高中高二年级理科重点班的学生，逻辑思维较强而形象思维略差，语言感受能力不强，阅读与表达能力较弱。于是笔者就从逻辑思维角

度切入，向学生提出三个问题：中国古代文人面对人生困境的时候做出了各自的选择，他们为什么会做出这样的选择？他们做出选择的具体过程是怎样的？作为当代青年，你如何看待他们的选择？

这三个逻辑关联密切的问题为学生创设了真实、有意义的学习情境。首先，从成长经历来说，高中生的生活顺境与逆境是交替的，随着年龄的增长，他们与现实社会的接触越来越多，以前由父母师长代为面对的人生问题逐渐需要自己去面对，于是"人生选择"就成为他们真实生活的一部分。中国古代文人做出人生选择的思想根源，做出选择的思考过程，所做选择的时代意义和当下价值，都会给予学生思想启迪。其次，从学习过程来说，高中生能从对本单元文体风格各异（寓言、表、序、辞、赋）的文言文学习中，获得一定量的文言知识，掌握一些实用的文言文学习方法、阅读技能，理解感受古代文学作品的美，还能进行思维训练，培养正确的价值观念，产生对于传统文化的自豪之情等。也就是说，在这种广泛、深度参与的情境学习中，学生可以在教师引导下开展自主、合作、探究学习，能产生良好的学习效果，促进语文学科核心素养的形成。

三、以"学科核心素养"为统领，确立符合课标要求、适合学生开展学习活动的单元教学目标与课时教学目标

尽管语文新课程标准已经颁布了较长一段时间，但不少教师对于"课程目标"部分的"语言的积累与建构""鉴赏文学作品""关注、参与当代文化"等12个目标如何落实于课堂仍然心存疑惑；对于学习任务群中以文言文教学为主的两个任务群——"中华传统文化经典研习""中华传统文化专题研讨"，如何引导学生具体展开自主、合作、探究的学习活动感到无从下手；对于如何运用新课标中的"学业质量"指标来测量教学目标是否达成无所适从。

实际上，单元教学目标体现着语文学科核心素养的培养要求，它依据课程标准和教学基本要求，落实单元学习内容对应的课程目标与学习任务群的学习要求。单元教学目标承上启下，承担着分解落实课程目标、引领确定课时教学目标的重要任务。

下面，笔者就以"人生选择"单元教学目标设计为例，以图表的形式（见表1）展现如何以学科核心素养为统领，确立符合课标要求、适合学生开展学习活动的单元教

学目标与课时教学目标。

表1 "人生选择"单元教学目标设计表

单元定位	对应课程目标	1. 语言的积累与建构 2. 语言表达与交流 3. 增强形象思维能力 4. 发展逻辑思维 5. 提升思维品质 6. 增进对祖国语言文字的美感体验 7. 鉴赏文学作品 8. 传承中华文化
	对应学习任务群	中华传统文化经典研习
目标维度	学习内容	知识 方法 技能
		识记 理解 运用 综合
		少数语文基础薄弱学生达到学业水平二要求(语文学科高中学业水平考试的依据)
		绝大多数学生达到学业水平四要求(高考考试招生录取的依据)
教学目标	1.掌握6篇文言文的字词句知识 2.熟读成诵,领略其中不同的文体风格和语言韵味 3.披文入情,把握作品所抒发的真挚情感,培养积极的人生态度和正确的价值观 4.综合单元文章内容,思考不同时代作品之间的相互关联,对中华传统文化的发展演变有合理的个性认知	识记 理解 运用 综合 学业水平四的要求
教学重点	掌握文言字词句知识,熟读成诵,领略不同作品的文体风格和语言韵味	识记 理解
教学难点	把握作品所抒发的真挚情感,思考不同时代作品之间的相互关联	识记 理解 运用 综合
课时1目标	《兰亭集序》 1.认识古代书序的特点 2.掌握文言字词句知识 3.疏通文义,理清结构,把握中心 4.背诵课文	识记 理解

续表

课时2 目标	《兰亭集序》 1. 鉴赏本文兼用骈散而以散句为主的语言特点及自然清新、叙议巧妙融合的艺术特点 2. 体会作者热爱自然、胸襟旷达的思想性格 3. 了解兰亭宴集的聚会过程，认识作者由乐转悲的感情变化过程以及在对人生的喟叹中暗含着的对生命热爱之情	理解　运用　综合
……	……	……
课时7 目标	《兰亭集序》《滕王阁序》《赤壁赋》比较阅读 1. 梳理比较三篇文章在抒情方式、思想情感方面的异同 2. 小组讨论，围绕"人生选择"交流对三篇文章的看法，得出自己对于"人生选择"的合理思考	理解　运用　综合
课时8、9 目标	《逍遥游》 1. 积累常见文言词汇，准确翻译文句 2. 理解文意，了解庄子举出"大鹏""蜩与学鸠""彭祖"等事例的意图，体会庄子文章文笔汪洋恣肆，想象奇特丰富的特点 3. 通过了解"逍遥"的内涵，对"自由"有自己的认识	识记　理解　运用　综合
……	……	……
课时14 目标	《逍遥游》《陈情表》《兰亭集序》《归去来兮辞》《滕王阁序》《赤壁赋》比较阅读 1. 填写表格，对比作品 2. 披文入情，把握作品所抒发的真挚情感，培养积极的人生态度和正确的价值观 3. 综合单元文章内容，思考不同时代作品之间的相互关联，对中华传统文化的发展演变有合理的个性认知	理解　运用　综合
课时15、16 目标	单元测评：文言文单元检测考试 单元写作：你如何看待陶渊明归隐田园的行为？	识记　理解　运用　综合

四、以"整合""比较"为方法，
设计有序、科学的单元学习活动

单元学习活动是依据单元教学目标，围绕单元学习主题，以学生在单元学习过程中可能存在的兴趣、困难、争议为切入点，以问题形成与解决为主的，有利于学生知识积累、能力提升、品格养成的语文综合实践活动。

具体到"人生选择"单元来说，这是一个文言文教学单元，在文言文单元教学的课堂中，如何在每篇文言文的基础上适度补充恰当的综合性学习内容，延伸相关的知识进行理解和积累，延伸学生的阅读视野和文化领域，提升学生的语文学习素养是值得思考的问题。要抓住单元教学重视"整合"的特点，在确立好同一主题的前提下，尊重文本，同时超越教材的局限性，整合多篇文言文进行比较阅读。

在本单元教学中，以"披文入情，把握作品所抒发的真挚情感，思考不同时代作品之间的相互关联，正确理解中华传统文化的发展演变过程，培养积极的人生态度和正确的价值观"为教学目标。教学中，笔者有序地安排单元学习活动，先以"人生何等境界与选择才是自由的？"这一问题带领学生对庄子《逍遥游》文本进行深入学习，对"至人无己，神人无功，圣人无名"中渗透的摆脱束缚、追求精神绝对自由的思想进行分析研讨，并在《兰亭集序》对"一死生，齐彭殇"思想的批判中寻找关联，从而对《归去来兮辞》中的隐逸思想来源有所认识，最后对《滕王阁序》《赤壁赋》中积极入世思想、《陈情表》中先尽忠后尽孝的选择也就能深刻体会。如此，学生认识到了各篇文章的横向联系，不仅获得思想的启迪、审美的愉悦，对传统文化的理解传承也落到了实处。

可以看到，文言文主题单元教学整合多篇文言文进行比较阅读，不是单纯的教学内容的罗列，而是要进行横向的对比鉴赏，最终的目的是引导学生在阅读与鉴赏、表达与交流、梳理与探究的过程中发展学科核心素养。本单元的教学中，笔者设计了一个梳理对比的表格，引导学生在准确把握文义的基础上进行对比，从而梳理出《兰亭集序》《滕王阁序》《赤壁赋》三文"即景抒怀，情不同；乐极生悲，悲有异；思而超越，意迥然"的特点，学生于是明白王羲之是在山水之乐中，对抗人生虚无的消极生死观，展现了对生命价值的独特感悟；王勃既有怀才不遇的感慨，更有穷且益坚的奋发，体现了强烈的生命活力；苏轼则在如履薄冰的仕途中，寻求内心宁静，呈现出从容旷达的人生境界。学生于是在"人生选择"的主题引领下，积累知识，培养技能，发展思维，形成积极的人生观（见表2）。

表2 "人生选择"单元学习活动设计表

单元活动目标	1.掌握6篇文言文的字词句知识 2.熟读成诵，领略其中不同的文体风格和语言韵味 3.披文入情，把握作品所抒发的真挚情感，培养积极的人生态度 4.综合单元文章内容，思考不同时代作品之间的相互关联，对中华传统文化的发展演变有合理的个性认知		
单元活动主题及任务概述	中国古代文人的人生选择是怎样的？ 以《逍遥游》等6篇文章为例，在掌握文言字词句知识的基础上，疏通文义，熟读成诵，认识风格，理解情感，思考不同时代作品之间的相互关联，对中华传统文化的发展演变有合理的个性认知	子问题及子任务	1.中国古代文人面对人生困境的时候做出了各自的选择，他们为什么会做出这样的选择？ （王羲之、王勃、苏轼面对人生的困厄，各自的选择是什么，为什么会做出这样的选择？）
			2.中国古代文人做出选择的具体过程是怎样的？ （庄子和李密，面对君主的征召，做出抉择的心路历程是怎样的？）
			3.作为当代青年，你如何看待中国古代文人的选择？ （作为当代青年，你如何看待陶渊明归隐田园的行为？）

五、以"学习品质"为关注点，
进行形式多样、公平适度的单元评价

在单元教学中，单元评价设计与单元教学目标的设计同步进行。单元教学目标是对课程目标的落实，是对课时教学目标的统领，其根本指向是语文学科核心素养。合理的单元评价方式全面考查学生语文学科核心素养的发展情况。新课标指出，语文学科核心素养即为正确价值观、必备品格和关键能力。这三项在学生学习过程中形成的内容即为"学习品质",是进行单元评价时最重要的关注点。

围绕"学习品质"这一关注点,在单元教学中,教师要采用多种评价方式,从多个角度、多层次地全面考查。考查过程中要注意学生的个性差异、学习过程差异、学习基础差异等,力求公平适度。

第一,诊断性评价、形成性评价和终结性评价相结合。在"人生选择"的单元教学中,笔者既关注学生课堂回答问题情况的诊断性、形成性评价,又关注课后学生写作成果的终结性评价。例如,从学生课堂对《归去来兮辞》内容情感的解读及对"陶渊明是个怎样的人"的写作中,诊断出学生的思考是片面的,笔者便调整教学策略,完善教学过程,结合《逍遥游》的思想内核进行回顾讲解,引导学生梳理探究,保证了单元教学目标的实现。

第二,师、生评价相结合。一方面,笔者采用纸笔测试、对话交流、提问观察等多种评价方式了解学生掌握文言文字词句知识的情况、理解文言文蕴含古人思想情感的情况以及学习参与程度和思维特征,也借此检验预设的"人生选择"主题单元学习是否适配于发展学生的认知水平,以便及时进行调整优化。实际上,评价学生的过程也是教师评价自己的过程。另一方面,通过小组分享、自我反思等方式,让学生们在主题单元的学习中交流碰撞、砥砺交锋,在语言、思维、审美、文化四个方面都会有所发展。将教师评价和学生评价相结合实际上体现了单元教学中教师与学生处于平等地位的观念,有利于彼此之间的改进,有利于调动学生参与的积极性,实现教师和学生双方的进步和发展,最终达到提高学生语文核心素养的目的(见表3)。

表3 "人生选择"单元学习活动评估要求表

活动环节	评估对象		评估依据			评估侧重点				评估方式			评估反馈	
	个体	小组	书面材料	口头表达	其他行为表现	学习态度	学习能力	学习策略	学习成果	教师评估	生生互评	学生自评	活动中	活动后
疏通文义		√	√	√	√	√			√	√	√	√	√	
王羲之、王勃、苏轼面对人生的困厄,为什么会做出这样的选择?	√				√		√			√			√	

续表

活动环节	评估对象		评估依据			评估侧重点				评估方式			评估反馈	
	个体	小组	书面材料	口头表达	其他行为表现	学习态度	学习能力	学习策略	学习成果	教师评估	生生互评	学生自评	活动中	活动后
庄子和李密，面对君主的征召，做出抉择的心路历程是怎样的？		√	√	√	√			√		√		√	√	
作为当代青年，你如何看待陶渊明归隐田园的行为？	√		√					√	√	√				√

总而言之，"核心素养导向下的高中语文单元教学"，是在语文新课程标准的背景下提出的一种高中语文教学模式。这种模式要求教师依据课程标准和学情，提出一个大主题、大问题、大任务或大项目，选择文章材料，组织学生进行系统化、结构化的学习。它的基本环节是核心素养—课程标准—单元设计—课时计划。它的设计完全不同于传统的课时设计。

"核心素养导向下的高中语文单元教学"，应该以学情为起点对教材进行重构，以有逻辑性的问题为导向，在核心素养统领下确定单元教学目标，以整合与比较为方法开展有序、科学的单元学习活动，采用关注学习品质的评价方式。以这样的流程展开，必将有效地帮助学生形成、提高语文核心素养。

注：本文三个表格形式均出自上海市教育委员会教学研究室编著的《高中语文单元教学设计指南》一书。表格内容为笔者原创。

【本论文为"广西教育科学'十三五'规划2020年度专项课题《核心素养导向下高中语文单元教学研究》"研究成果，课题编号：2020ZJY129。】

高中数学项目式课堂教学案例分析

——以"直线参数方程中t的应用"为例

马汉阳　栾　功

国务院办公厅2019年颁布的《关于新时代推进普通高中育人方式改革的指导意见》指出要"培养学生学习能力，促进学生系统掌握各学科基础知识、基本技能、基本方法，培养适应终身发展和社会发展需要的正确价值观念、必备品格和关键能力"。此前，《普通高中数学课程标准（2017年版2020年修订）》提出了"提高从数学角度发现和提出问题的能力、分析和解决问题的能力"（简称"四能"），是在发展学生数学核心素养这一要求下在高中数学课程目标上的新拓展，从这一要求出发，基于数学核心素养的高中数学教学应提倡以问题为导向，活动为载体，采用问题驱动式教学方式，立足于问题发现、提出、分析、解决的全过程，在问题解决的过程中，引发、导引、深化学生的数学思考，促进学生数学核心素养的提高。教学必须从以教师为中心的直接教学转向以学生为中心的探究性学习，其中基于项目的探究性学习是最为常用的方法，"项目式教学"是让学生在参与中进行持续的投入、合作、研究、资源管理，在真实性环境中解决真实性问题。"项目式教学"分为项目规划阶段、项目实施阶段、项目展示阶段、项目评价阶段四个方面。

本课例是人教版普通高中课程标准试验教科书数学选修4-4第二讲的第三部分"三直线参数方程"的第二课时。通过第一节课直线参数方程的学习，对于直线参数方程中的t有了初步的认识，为了更好地利用直线参数方程中的t来解决直线与曲线相交的弦长问题，本节课是第一节课的延伸，是以"项目式教学"来设计组织课堂教学。

一、项目准备及规划阶段

项目式教学第一阶段就是项目准备及规划阶段，项目规划包括：1.活动背景。直线参数方程是高考的选考内容，考纲要求学生理解参数方程的概念，了解常用参数方程中参数的几何意义，而直线参数方程又是高考重点考查内容之一，直线参数方程的标准形式有其特殊的表现形式，其参数也有明确的几何意义，因而在解题时有其独特的作用。2.活动目的。利用直线参数方程中t的几何意义在解题中的作用是本节课的活动目的，通过这次活动，提高学生发现问题、分析问题、解决问题的能力，培养学生的团队合作精神。3.活动立项。利用直线参数方程中的t来解决直线与曲线相交的弦长问题。4.项目评价。项目评价包含有教学目标定位评价、教学内容设定评价、探究方法评价、教学成果评价等。项目准备即知识的储备：第一节课我们学习了直线的参数方程，直线参数方程中的参数t能帮助我们解决数学中的什么问题？非常期待！让我们先来回顾一下：

问题1：请写出直线参数方程的标准形式；并指出直线参数方程中每个量的含义（直线的参数方程$\begin{cases} x = x_0 + t\cos\alpha \\ y = y_0 + t\sin\alpha \end{cases}$（$t$为参数））

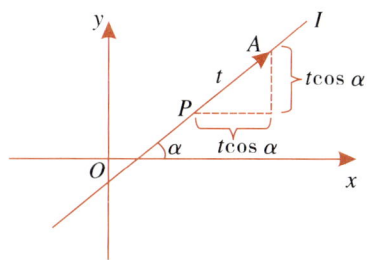

问题2：标准形式中t的几何意义？（$\vec{PA}=t$，其中定点$P(x_0, y_0)$）

问题3：如何用t表示直线上两点间的距离？

$|\vec{PA}|=|t|$)

问题4：定点$P(x_0, y_0)$与曲线交于A，B两点，则$|PA|+|PB|$，$|PA|\cdot|PB|$，$|AB|$这些线段的长度如何用t表示？

(1) $|PA|+|PB|=|t_1|+|t_2|=\begin{cases}|t_1+t_2| & t_1t_2>0\\|t_1-t_2| & t_1t_2<0\end{cases}$

(2) $|PA|\cdot|PB|=|t_1t_2|$

(3) 弦长公式：$|AB|=|t_1-t_2|=\sqrt{(t_1+t_2)^2-4t_1t_2}$

问题5：通过大家的回顾，请你说一说，直线参数方程中的参数t能帮助我们解决数学中的什么问题呢？在解决这些问题时，要注意什么？

参数t能帮助我们解决数学中有关距离问题，但要注意几点（1）直线的参数方程是不是标准式。（2）这些点都要在该直线上，且与定点P有关。

点评：教师以项目式教学来组织课堂教学，教学方法新颖独特，以问题为导向，首先复习直线参数方程标准形式中t的意义，利用参数t解决数学中有关距离问题，通过这样的问题设置，步步深入，培养学生独立思考的良好学习习惯，也为下面学习新的知识打下坚实的基础。

二、项目立项及实施阶段

项目目标立项：利用参数t能求解数学中有关距离问题。通过上面的复习，可以直接让学生先写下面的例子，然后再总结确立我们的项目目标。

项目实施阶段：

例1：经过点$P(-1,2)$，倾斜角为$\dfrac{\pi}{4}$的直线l与圆$x^2+y^2=9$相交于A，B两点，求$|PA|+|PB|$和$|PA|\cdot|PB|$的值。

解：直线l的参数方程$\begin{cases}x=-1+\dfrac{\sqrt{2}}{2}t\\y=2+\dfrac{\sqrt{2}}{2}t\end{cases}$（$t$为参数）代入$x^2+y^2=9$得$t^2+\sqrt{2}t-4=0$

$\therefore t_1+t_2=-\sqrt{2}$，$t_1t_2=-4$，$|PA|+|PB|=|t_1|+|t_2|=|t_1-t_2|=\sqrt{(t_1+t_2)^2-4t_1t_2}=3\sqrt{2}$

$|PA|\cdot|PB|=|t_1t_2|=4$

例2：直线 $\begin{cases} x = 3 + \frac{\sqrt{2}}{2}t \\ y = 3 + \frac{\sqrt{2}}{2}t \end{cases}$（$t$为参数）与椭圆 $\frac{x^2}{16}+\frac{y^2}{4}=1$ 交于 A，B 两点，点 $P(3，3)$，求 $|PA|+|PB|$。

将直线 l 的参数方程 $\begin{cases} x = -1 + \frac{\sqrt{2}}{2}t \\ y = 2 + \frac{\sqrt{2}}{2}t \end{cases}$（$t$为参数）代入 $x^2+4y^2=16$

得 $5t^2+30\sqrt{2}t+58=0$，$\therefore t_1+t_2=-6\sqrt{2}$，$|PA|+|PB|=|t_1+t_2|=6\sqrt{2}$

教师引导学生确立项目后，由其带领同学们实施完成确立的项目；三个学习组完成第一个例题，另外三个学习组完成第二个例题，各自先独立完成，然后同桌交流讨论，最后由小组长展示各自解法（投影）并回答以下问题：比较这两题各自的解法有何不同？由上面两题的解法，容易出错点在哪？解决本题的关键在哪？（一是正确写出直线的参数方程，二是注意两个点对应的参数的符号的异同。）通过这两题的设置训练，同学们会用参数 t 求解数学中简单的有关距离的问题，达到了项目设置的基本要求。

点评：传统的数学课堂教学模式相对封闭，学生的课堂思维不够活跃，学生习惯了被动学习，导致学生在数学课堂上丧失了主动性和积极性。而本节课，教师以问题为导向，数学教师创设集体性的教学环境，运用项目式课堂教学模式组织教学，让学生开展小组互动，促进学生的互动、交流和讨论，让学生在小组互动中加深对问题的思考，在交流中听取他人的意见，借鉴他人的经验和方法，促进学生数学学习思维的碰撞，提高学生的学习效率，培养学生的集体协作能力，实现从被动学习向主动学习的转变。

例3：（2021年四省高三联考）在平面直角坐标系 xOy 中，圆 C 的参数方程为 $\begin{cases} x = 2\cos\alpha \\ y = 2\sin\alpha \end{cases}$（$\alpha$参数），$O$ 为极点 x 轴的正半轴为极轴建立极坐标系，直线 l 的极坐标方程为 $\rho\cos\left(\theta - \frac{\pi}{4}\right)=1$。

（1）求圆 C 的普通方程及直线 l 的直角坐标方程；

（2）若直线 l 与圆 C 的交点为 A，B，与 x 轴的交点为 P，求 $\left|\dfrac{1}{|PA|}-\dfrac{1}{|PB|}\right|$ 的值。

解：（1）圆 C 的普通方程为 $x^2+y^2=4$，直线 l 的直角坐标方程为 $x+y=\sqrt{2}$

（2）直线 l 参数方程为 $\begin{cases} x = \sqrt{2} - \dfrac{\sqrt{2}}{2}t \\ y = \dfrac{\sqrt{2}}{2}t \end{cases}$（$t$ 为参数），代入圆的方程，化简得 $t^2-2t-2=0$，设 A，B 对应的参数分别为 t_1，t_2，则 $t_1+t_2=2$，$t_1 \cdot t_2=-2$，故 $\left|\dfrac{1}{|PA|}-\dfrac{1}{|PB|}\right|=\left|\dfrac{1}{|t_1|}-\dfrac{1}{|t_2|}\right|=1$

还是各自先独立完成，再同桌交流讨论，最后由一位同学展示他的解法（投影）并回答以下问题：

问题5：例3与例1、例2求距离时又有什么不同？容易在什么地方出错？（前面的例子给出了定点，例3定点没有给出来，其实是让同学自己去找，就是 P 点，同时还要注意 t 的符号）

点评：通过以上三个例子的设置，使学生懂得如何构建项目及对项目的实施，教师根据教材重点和学生的实际提出深浅适度、具有思考性的问题，再通过学生自主探究、合作交流以及教师示范、引导、指导，让学生更加明确学习的方向，通过这一项目式的活动探究，使学生轻松地掌握了新的知识。

知识延伸拓展：直线参数方程（非标准形式）中 t 的应用，这是本节课的难点，如何突破难点是本节课的关键所在。

例1变式：直线 l 的参数方程为：$\begin{cases} x = -1 + t \\ y = 2 + t \end{cases}$（$t$ 为参数），直线 l 与圆 $x^2+y^2=9$ 相交于 A，B 两点，求 $|PA|+|PB|$，$|PA|\cdot|PB|$ 的值。

问题6：直线的参数方程和例1有什么不同？请你复述一下直线的参数方程中每个量的含义？下列变式中的参数 t 是否具有同样的意义？

问题7：直线参数方程 $\begin{cases} x = -1 + t \\ y = 2 + t \end{cases}$（$t$ 为参数）的斜率是多少？直线参数方程 $\begin{cases} x = x_0 + at \\ y = y_0 + bt \end{cases}$（$t$ 为参数）的斜率又是多少？

点评：教师可以先设置一些简单的问题，如问题7和问题8，以问题为导向，环环相扣，让思维的脉络在有序的轨道上发展。

问题8：直线参数方程 $\begin{cases} x = x_0 + at \\ y = y_0 + bt \end{cases}$ (t为参数) 中的 a，b 与标准式中 $\begin{cases} x = x_0 + t\cos\alpha \\ y = y_0 + t\sin\alpha \end{cases}$ (t为参数) 的 $\cos\alpha$，$\sin\alpha$ 有何联系？即 $\cos\alpha$，$\sin\alpha$ 能否用 a，b 表示？

分析：直线 $\begin{cases} x = x_0 + at \\ y = y_0 + bt \end{cases}$ (t为参数) 化为 $\begin{cases} x = x_0 + \sqrt{a^2+b^2} \cdot \dfrac{a}{\sqrt{a^2+b^2}} t \\ y = y_0 + \sqrt{a^2+b^2} \cdot \dfrac{b}{\sqrt{a^2+b^2}} t \end{cases}$ (t为参数)，令 $t' = \sqrt{a^2+b^2}\, t$，$\cos\alpha = \dfrac{a}{\sqrt{a^2+b^2}}$，$\sin\alpha = \dfrac{b}{\sqrt{a^2+b^2}}$，则有 $\begin{cases} x = x_0 + t'\cos\alpha \\ y = y_0 + t'\sin\alpha \end{cases}$ (t为参数)

问题9：如果直线参数方程为 $\begin{cases} x = x_0 + at \\ y = y_0 + bt \end{cases}$ (t为参数)，直线交曲线 C 于 A，B 两点，定点 $P(x_0, y_0)$，如何求 $|PA|+|PB|$，$|PA|\cdot|PB|$，$|AB|$？

总结得出结论：$|PA|+|PB| = \sqrt{a^2+b^2}|t_1|+|t_2| = \begin{cases} \sqrt{a^2+b^2}\,|t_1+t_2| & t_1 t_2 > 0 \\ \sqrt{a^2+b^2}\,|t_1-t_2| & t_1 t_2 < 0 \end{cases}$

$|PA|\cdot|PB| = (a^2+b^2)|t_1 t_2|$ $|AB| = \sqrt{a^2+b^2}\,|t_1-t_2|$

点评：项目式的课堂教学，就是以学生为中心的探究性学习，而问题8和问题9是项目式教学的核心问题，是本节课的难点，教师通过两个问题的设置，引导学生发现、探索并解决问题。在学生自主思考的基础上，通过学习互助小组，先在同学之间进行交流，然后将不同意见进行共同讨论，这样，每个人都有了思考的机会和时间。教师要鼓励学生大胆地质疑，给他们充裕的时间去思考，促进知识、思想和智慧等方面的撞击，在交流中，使知识得以丰富，在探索中，使问题得以解决，增进对知识深度的理解，很好地培养学生的发现问题、分析问题、解决问题的综合能力。

例1变式解法1：直线 l 的参数方程化为：$\begin{cases} x = -1 + \dfrac{\sqrt{2}}{2} t \\ y = 2 + \dfrac{\sqrt{2}}{2} t \end{cases}$ (t为参数)，以下解法同上

总结：把直线参数方程的非标准形式化为标准式：$\begin{cases} x = x_0 + t\cos\alpha \\ y = y_0 + t\sin\alpha \end{cases}$ (t为参数) 则有 $|PA|=|t_1|$，$|PB|=|t_2|$，问题就迎刃而解。

例1变式解法2：将直线参数方程 $\begin{cases} x = -1 + t \\ y = 2 + t \end{cases}$ (t为参数) 代入 $x^2+y^2=9$ 得 $t^2+t-2=0$，设 A，B 对应的参数分别为 t_1，t_2，则 $t_1+t_2=-1$，$t_1t_2=-2$，$|PA|+|PB|=\sqrt{2}|t_1|+\sqrt{2}|t_2|=\sqrt{2}\sqrt{(t_1+t_2)^2-4t_1t_2}=3\sqrt{2}$

$|PA|\cdot|PB|=\sqrt{2}|T_1|\cdot\sqrt{2}|T_2|=2|t_1t_2|=4$

总结：把直线参数方程 $\begin{cases} x = -1 + t \\ y = 2 + t \end{cases}$ (t为参数) 直接代入圆的方程，则有 $|PA|=\sqrt{2}|t_1|$，$|PB|=\sqrt{2}|t_2|$，问题更加容易解决。

例4：在平面直角坐标系 xOy 中，以 O 为极点、x 轴的正半轴为极轴，建立极坐标系，曲线 C 的极坐标方程为 $\rho\sin^2\theta+4\sin\theta-\rho=0$，直线 l 过定点 $P(1,1)$ 且与曲线 C 交于 A，B 两点。

（1）求曲线 C 的直角坐标方程；

（2）若直线 l 的斜率为 2，求 $\dfrac{1}{|PA|}+\dfrac{1}{|PB|}$ 的值。

解：（1）由 $\rho\sin^2\theta+4\sin\theta-\rho=0$ 得 $\rho^2\sin^2\theta+4\rho\sin\theta-\rho^2=0$。

于是 $4\rho\sin\theta=(\rho\cos\theta)^2$，∴曲线 C 的直角坐标方程为 $x^2=4y$，

所以曲线 C 的直角坐标方程为 $x^2=4y$。

（2）解法1：设直线 l 的倾斜角为 α，则 $\tan\alpha=2$，于是 $\sin\alpha=\dfrac{2\sqrt{5}}{5}$，$\cos\alpha=\dfrac{\sqrt{5}}{5}$，所以直线 l 的参数方程为 $\begin{cases} x = 1 + \dfrac{\sqrt{5}}{5}t \\ y = 1 + \dfrac{2\sqrt{5}}{5}t \end{cases}$ (t为参数)。将 $\begin{cases} x = 1 + \dfrac{\sqrt{5}}{5}t \\ y = 1 + \dfrac{2\sqrt{5}}{5}t \end{cases}$，代入 $x^2=4y$ 得 $t^2-6\sqrt{5}t-15=0$，所以 $t_1+t_2=6\sqrt{5}$，$t_1t_2=-15$，

所以 $\dfrac{1}{|PA|}+\dfrac{1}{|PB|}=\dfrac{|PA|+|PB|}{|PA||PB|}=\dfrac{|t_1-t_2|}{-t_1t_2}=\dfrac{\sqrt{(t_1+t_2)^2-4t_1t_2}}{-t_1t_2}=\dfrac{4\sqrt{15}}{15}$。

解法2：∵直线 l 的斜率为 2，∴设直线 l 的参数方程为 $\begin{cases} x = 1 + t \\ y = 1 + 2t \end{cases}$ (t为参数)，将 $\begin{cases} x = 1 + t \\ y = 1 + 2t \end{cases}$ (t为参数) 代入 $x^2=4y$ 得：$t^2-6t-3=0$，∴$t_1+t_2=6$，$t_1\cdot t_2=-3$，设 $|PA|=$

$\sqrt{1^2+2^2}|t_1|=\sqrt{5}t_1$，$|PB|=\sqrt{1^2+2^2}|t_2|=\sqrt{5}t_2$

$$\frac{1}{|PA|}+\frac{1}{|PB|}=\frac{1}{\sqrt{5}}\left(\frac{1}{|t_1|}+\frac{1}{|t_2|}\right)=\frac{1}{\sqrt{5}}\cdot\frac{|t_2|+|t_1|}{|t_2t_1|}=\frac{1}{\sqrt{5}}\cdot\frac{|t_2-t_1|}{|t_2t_1|}=\frac{1}{\sqrt{5}}\cdot\frac{\sqrt{(t_2+t_1)^2-4t_2t_1}}{|t_2t_1|}=\frac{4\sqrt{15}}{15}$$

问题10：比较例3的两种解法有何不同，哪一种的方法更加好？好在哪？

点评：高考数学试题，涉及知识面广，要求技巧较高，解法灵活多样。本节课教师在研讨数学题时，从中归纳总结出了常用的解题方法，而不是为解题而解题，更重要的是使同学们学会分析试题，会考虑如何入手，怎么样思考分析，采取什么方法，让同学们熟练地归纳出合理常用的解题方法。通过上面两个例子两种不同的解法对比，对直线参数方程非标准形式，求与定点有关的距离问题时，解法2直接套用公式，解法更简洁，这样使同学们做题时不会无从下手，而是有章可循、有路可行，易于入手，培育实际分析问题、解决问题的能力，通过学习方式的转变提高高中数学学习质量。

三、项目评价

这是项目式课堂教学中的一个重要的环节，评价不只是教师对学生做出的简单的评价，其中包括学生之间的相互评价、学生的自我评价和学生对教师的评价等，包含有几个环节：一是项目目标评价。项目的确立是否切合学生实际，即直线参数方程中 t 的应用，上式例题的设计，变式活用，内化知识，形成知识结构的过程是否合理，这些都要通过课堂练习及课后练习检查，以及课后和学生交流来反馈数学课堂活动是否有思维价值，是否以学生发展为本位，注重全面发展等。二是教学方法评价。本节课采用自主探究、合作探究的教学方法，特别对于直线参数方程非标准形式中 t 的应用，例1、例2、例3体现了学生独立思考、在合作交流中学会学数学，用数学的思想和方法去分析问题、解决问题。三是教学成果评价。对于直线参数方程中 t 理解，教学过程符合学生的认知规律，教学方法得当，特别是例1变式延伸和例4达成了深度学习和培养学生核心素养的目标即知识与技能、过程与方法、情感态度价值观。四是学生成果评价。主要是评价学生的学习态度、自主学习、合作学习的表现，评价学生学习效果，不单纯是体现在对知识的掌握上，更是学习方法的掌握和学习技能的形成，以及在课堂上每个学生的学习收获程度。新课程标准指出：对数学学习的评价要关注学生学习的结果，更要关注他们的课堂表现。比如对问题8、9的探求过程和例3解法过程的评价，其实就是对学生学习成果的评价。让学生在合作中学会评价总结，同时，教师要引导学生对学习结果进行评价，对学习过程进行评价，包括既要对知识掌握情况进行评价，也要对每个同学的情感表现进行评价。教学中可以通过教师的泛评引导学生互评，以增强评价的能力勇气，提高评价的水平。通过正确评价让学生的自尊心、自信心和进取心得到保护，激发学生发展的动力和创新的活力。

四、小结归纳

1.本节课你学到了什么知识技能或思想方法？你最大的收获是什么？

2.利用参数 t 能求解数学中有关距离问题，要区分好直线的参数方程是标准式还是非标准式。

总之，本节课是以项目为主线，教师为主导，学生为主体的项目式课堂教学模式，目的是把课堂学习探究的主动权还给学生，激发学生的思考能力和创造力。

错 题

——数学探究的宝贵资源

王强芳

"错误往往是正确的先导",平时教学中,常常会出现这样或那样的错题:或条件多余,或条件不充分……且这些错误一般较难被发现。教学中,若能利用这些题目的一些隐晦的错误,设置悬念,启发学生去分析错误的根源,找出解决问题的"良药",这样不仅能使学生发现错误,从中吸取教训,而且能加深对基础知识的理解和对基本技能的掌握,从而培养他们思维严密的良好习惯,引发学生的学习兴趣,激发学生勇于探索、献身科学的探究精神。

下面仅举两例,以作引玉之砖。

案例1:习题:已知外接圆周半径为6的ΔABC的边长为a,b,c,角B,C和面积s满足条件:$s=a^2-(b-c)^2$和

$\sin B + \sin C = \frac{3}{2}$。

（1）求 $\sin A$；（2）求 $\triangle ABC$ 面积的最大值。

这是摘自某一数学教辅书上的一道题，经过研究后发现有问题，但问题在哪？笔者没有告诉学生，在一堂高三数学复习课中，把问题大胆地抛给了学生。

习题给出后不久，学生提供下列解答。

解：（1）∵$s = a^2 - (b-c)^2 = a^2 - b^2 - c^2 + 2bc$，由余弦定理得：

$a^2 = b^2 + c^2 - 2bc\cos A$，∴$s = -2bc\cos A + 2bc$，而 $s = \frac{1}{2}bc\sin A$

∴$\frac{1}{2}bc\sin A = -2bc\cos A + 2bc$，即 $4 - \sin A = 4\cos A$，

解得 $\sin A = \frac{8}{17}$ 或 $\sin A = 0$（余去）。

（2）∵$\sin B + \sin C = \frac{3}{2}$，且外接圆的半径为6，由正弦定理得

$\frac{b+c}{\sin B + \sin C} = 2R = 12$，∴$b+c = 18$，∴$s = \frac{1}{2}bc\sin A = \frac{4}{17} \leqslant \frac{4}{17}\left(\frac{b+c}{2}\right) = \frac{324}{17}$ 当且仅当 $b = c = 9$ 时取等号。

当完成上述解答后，大部分同学认为大功告成，显得很满足，充满了成就感。此时，突然有个学生提出了不同的看法：老师，等号取不到的，理由是：当 $b = c$ 时有 $B = C$，因此 $\sin B = \sin C = \frac{3}{4}$，所以 $\sin A = \sin(180^0 - 2B) = \sin 2B = 2\sin B\cos B = 2 \times \frac{3}{4} \times \frac{\sqrt{7}}{4} = \frac{3\sqrt{7}}{8}$，这与 $\sin A = \frac{8}{17}$ 有矛盾！这下子，教室里可变得热闹起来。那么，正确的解法是什么呢？突然，一个学生激动地站了起来，半开玩笑半认真地说："老师，你在骗我们，这个三角形的面积是定值，根本不存在最大值。""很好，请你谈谈自己的想法。"接着，他展示了下列求解过程：∵$\sin A = \frac{8}{17}$，若 A 为钝角，则 $A > 150^0$，即 $B + C < 30^0$ 这与 $\sin B + \sin C = \frac{3}{2}$ 相矛盾，故 A 为锐角，∴$\cos A = \frac{15}{17}$，$a = 2R\sin A = 12 \times \frac{8}{17} = \frac{96}{17}$，由余弦定理得 $a^2 = b^2 + c^2 - 2bc\cos A = (b+c)^2 - 2bc - 2bc\cos A$，而 $b+c = 18$，∴$bc = \frac{21105}{272}$，∴$s = \frac{1}{2}bc\sin A = \frac{1}{2} \times \frac{21105}{272} \times \frac{8}{17} = \frac{21105}{1156}$。

至此，大家都意识到习题中的三角形要有最大值，必需删去一个多余条件。从上述解答发现，有了条件 $\sin B + \sin C = \frac{3}{2}$，三角形就确定了，故应删除条件：$\sin B + \sin C = \frac{3}{2}$。很

快，学生给出了下列求解过程：

$$\because \sin A = \frac{8}{17}, \quad \therefore \cos A = \pm\frac{15}{17}, \quad a = 2R\sin A = \frac{96}{17},$$

$$\therefore a^2 = b^2 + c^2 - 2bc\cos A \geq 2bc - 2bc\cos A, \quad \therefore bc \leq \frac{2304}{17} \text{ 或 } bc \leq \frac{144}{17},$$

$\therefore$ 当且仅当 $b = c = \frac{48\sqrt{17}}{17}$ 时，s 有最大值为 $\frac{1}{2} \times \frac{2304}{17} \times \frac{8}{17} = \frac{9216}{289}$。至此，问题的探究似乎该结束了。突然，一个学生提出了更具有挑战性问题：去掉习题中另两个条件中的一个，三角形的面积有最大值吗？接下来，学生经过分析发现，如果删除条件，外接圆半径为6，这时，三角形的边长可无限延长，显然，面积无最大值。那么，去掉条件 $s = a^2 - (b-c)^2$ 呢？学生从图形的直观发现，三角形的面积应该有最大值。不久，在师生的共同合作下，产生了下列解法：

$$\because \sin B + \sin C = \frac{3}{2}, \quad \therefore b + c = 18, \quad a = 2R\sin A = 12\sin A$$

而 $a^2 = b^2 + c^2 - 2bc\cos A = (b+c)^2 - 2bc(1+\cos A), \quad \therefore bc = \frac{18^2 - a^2}{2(1+\cos A)}$,

$\therefore s = \frac{1}{2}bc\sin A = \frac{(81 - 36\sin^2 A)\sin A}{1 + \cos A}$。那么，如何求该函数的最大值呢？学生发现用常规方法很难求，于是，想到用导数来求，但一求导又发现，导函数变得更加复杂。至此，探究似乎陷入了僵局，教室里也显得异常安静。忽然，一个学生站起来，大声说："老师，我有一个猜想，同前面一样，三角形的面积会不会也是在等腰三角形时取得最大值？"这时，教室里的气氛又变得热闹起来，大家仿佛于"疑无路"处见到"又一村"。马上，在师生的共同合作下，有了下列解题思路：当 $b=c$ 时，$bc \leq \left(\frac{b+c}{2}\right)^2 = 81$ 取到等号，即 bc 有最大值81，若能保证 $\sin A$ 也取得最大值，则面积 $s = \frac{1}{2}bc\sin A$ 有最大值。$\because \sin B + \sin C = \frac{3}{2}, \quad \therefore 2\sin\frac{B+C}{2}\cos\frac{B-C}{2} = \frac{3}{2}, \quad \because B+C = 180^0 - A, \quad \therefore \cos\frac{A}{2}\cos\frac{B-C}{2} = \frac{3}{4}$,

$\therefore -\frac{\pi}{2} < \frac{B-C}{2} < \frac{\pi}{2}, \quad \therefore 0 < \cos\frac{B-C}{2} \leq 1, \quad \therefore \cos\frac{A}{2} \geq \frac{3}{4}$,

$\therefore 0 < \frac{A}{2} \leq \arccos\frac{3}{4}$，即 $0 < A \leq 2\arccos\frac{3}{4} < \frac{\pi}{2}$，而正弦函数在 $(0, \frac{\pi}{2})$ 上是增函数，

$\therefore B = C$ 时，即 $b = c$ 时，A 最大值 $2\arccos\frac{3}{4}$，从而 $\sin A$ 最大为 $\frac{3}{8}\sqrt{7}$，因此，面积有最

大值 $\frac{243}{16}\sqrt{7}$。

最后，值得指出的是，在习题探究后的没几天，有学生向我提出了下列问题：对上述讨论中的最后一个问题若把条件 $\sin B+\sin C=\frac{3}{2}$ 改成 $\sin B+\sin C=\frac{4}{3}$。

即已知外接圆的周长为6的三角形 ABC，$\sin B+\sin C=\frac{3}{4}$，求 $\triangle ABC$ 面积的最大值。

如果按照前面的解法，当 $b=c$ 时，A 最大值 $2\arccos\frac{2}{3}$ 是一个钝角，不能保证 $\sin A$ 取得最大值。这时，三角形面积的最大值又该怎么求？这个问题留给大家继续探究。

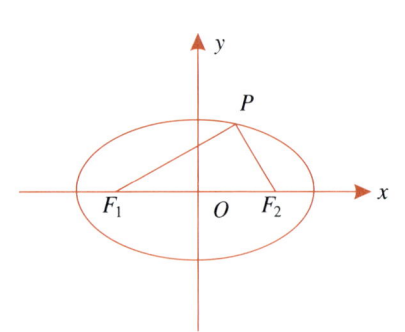

案例2：在椭圆 $\frac{x^2}{100}+\frac{y^2}{64}=1$ 上有一点 P，使得它与两焦点的连线成 120^0，求面积 $S_{\triangle PF_1F_2}$。

为了充分暴露题目背后隐藏的错误，我首先引导学生探究下面问题：

探究1：P 是椭圆 $\frac{x^2}{a^2}+\frac{y^2}{b^2}=1$ 上一点，F_1，F_2 为两焦点，当 $\angle F_1PF_2=\theta$ 时，求点 P 的坐标及三角形 PF_1F_2 的面积。

在师生共同努力下，很快求得 $S=b^2\tan\frac{\theta}{2}$，这是椭圆焦点三角形面积公式，应用十分广泛。

下面请同学们利用这个结论计算上题中得三角形面积：

$b^2=64$，$\theta=120°$，$S=b^2\tan\frac{\theta}{2}=64\sqrt{3}$

师：好，现在请同学们观察 $\triangle F_1PF_2$，当 P 点在什么位置时，三角形的面积最大？

生：因为底边 $|F_1F_2|$ 为定值，高为 b 时最大，所以当点 P 在短轴的两个端点时，面积最大。

师：不错，那现在请大家来计算这个最大面积。

生：$S=bc=48$，$48<64\sqrt{3}$——啊！

师：上述解答是否有问题？如有问题，那问题又出在什么地方？

生：好像 $\angle F_1PF_2$ 是取不到 $120°$ 的！

师：为什么？请你解释给大家听听。

生：当点 P 落在椭圆的顶点 B_1 或 B_2 时，$\angle F_1PF_2$ 最大，设 $\angle F_1PF_2=\theta(\theta\in(0,\pi)$

$\sin\dfrac{\theta}{2}=\dfrac{c}{a}=\dfrac{3}{5}$，$\cos\dfrac{\theta}{2}=\dfrac{4}{5}$

$\therefore \cos\theta=\cos^2\dfrac{\theta}{2}-\sin^2\dfrac{\theta}{2}=\dfrac{7}{25}>0$

$\therefore \theta$ 为锐角，取不到 $120°$。

这个结论你能够证明吗？接着该生给出了他自己的证明：由 $|PF_1|+|PF_2|=20$，$|PF_1||PF_2|=256$ 得 $|PF_1|$、$|PF_2|$ 是方程 $x^2-20x+256=0$ 的两个根，$\triangle=400-1024=-824$ 所以该方程无实根，故 P 点不存在。

师：非常好！那 $\angle F_1PF_2$ 有范围限制吗？

生：我想应该有。

师：如果有，那限制条件又是什么呢？怎样才能找到这个限制条件？

生：应该与椭圆的形状有关。

师：椭圆的形状也就是它的圆扁程度，又由哪个量来确定？

生：由离心率 e 确定。

师：既然这样，我想请大家来思考下面问题：

如果椭圆 $\dfrac{x^2}{a^2}+\dfrac{y^2}{b^2}=1$ 上存在点 P，使得 $\angle F_1PF_2=\theta$，问椭圆的离心率 e 应满足什么条件？

学生陷入了深深的思考中……

（一会儿，一位学生首先站了起来，接着回答）

生：利用三角形面积相等可以得：$|x_P|=\dfrac{a}{c}\sqrt{c^2-b^2\tan\dfrac{\theta}{2}}$，要使存在满足条件的点 P，必须 $c^2-b^2\tan\dfrac{\theta}{2}\geq 0$ 化简得 $\sin\dfrac{\theta}{2}\leq e<1$

师：好，做得非常漂亮，这个不等式 $\sin\dfrac{\theta}{2}\leq e<1$ 说明了什么问题？

学生总结教师归纳：要使椭圆 $\dfrac{x^2}{a^2}+\dfrac{y^2}{b^2}=1$ 上存在点 P 使得 $\angle F_1PF_2=\theta$，则椭圆的离心率 e 应满足 $\sin\dfrac{\theta}{2}\leq e<1$。

平时教学中，对这些看似有毛病的习题，怎么办？是放弃，还是教师改正后再呈现给学生？笔者的做法是保持习题的原貌，并不做任何改动，迫使自己和学生站在同一起跑线上，共同完成对问题的探索。这样，解题思路便会产生，多解也会原汁原味地呈现在我们的眼前，题目的错因、问题的本质都在师生的探究中原形毕露，长此以往学生的数学修养在不知不觉中得到了升华，各种数学能力得到了进一步的提高。因此错题是数学探究的宝贵资源。

"问题导学"下的高中数学新授课的引入方法

陈 康

"良好的开端等于成功了一半",一节新授课能否吸引学生,激发学生的求知欲望,促进学生积极思考,引入环节很关键。黄河清老师在《高中数学"问题导学"教学法》一文中强调:新课引入,关键要抓住"情境性"或"关联性",尽可能让学生看到新概念和新知识的发生、发展的整个过程,让学生对新知识产生强烈的求知欲,从而开启学生积极思考的大门。本文笔者就此谈谈自己的几点思考与实践感悟。

一、"生活经验"型引入

兴趣是最好的老师,数学来源于生活,数学知识在生活中有些能直接运用，有些能间接运用，这些特征为数学教学提供了重要的抓手，即运用学生的生活经验创设情境，让学生从其喜闻乐见的生活情境中去感受数学知识的作用，学生往往会对数学学习产生浓厚的兴趣。

【例1】"抛物线的几何性质"的引入

先播放一段关于学校艺术节学生跳迪斯科舞视频，再提出以下问题。

问题1：舞台上不同颜色的光柱是怎样产生的，它和日光灯发出的光有何不同？

问题2：生活中还有哪些光具有光柱的特点，它们的光源有什么共同点？

由学生讨论，教师协助解疑，最后得出结论：因为光源是个抛物面，所以才产生了上述种种效果，那么抛物线有哪些性质呢，从而引出本课题：抛物线简单的几何性质。

这样的引入，由于知识情境是学生切身感受的，所以会让学生感到兴奋和亲切，他们对课堂的关注度就会大大提升，课堂气氛也会活跃起来，这样学生上课就会更加投入，从而提升课堂的教学效果。

二、"设置陷阱"型引入

有些时候，学生往往考虑不周而出现错误，针对这些问题，教师可以设计一个特殊的问题情境引入，故意设计陷阱，让学生在探索中受阻，从而引发认知冲突，产生解疑除障的强烈需求。

【例2】《二次函数与二次不等式的关系》第二课时"含参不等式问题"

问题：已知二次不等式 $ax^2+2x+a-1>0$ 对任意的 $x \in R$ 恒成立，则 a 的范围是_____。

先让学生思考、探究2分钟，然后教师写解法1。

解：（故意设计陷阱）由题意有 $\begin{cases} a>0 \\ \Delta<0 \end{cases}$，即 $\begin{cases} a>0 \\ 4-4a(a-1)<0 \end{cases}$

解得：$0<a<\dfrac{1+\sqrt{5}}{2}$

由学生思考及评判解题的对错。通过讨论、交流，会有学生确认解法错误，这时有相同解法的学生就会有强烈的求知欲，从而追根问底，教师顺势进入正题讲解，这样课堂效果会事半功倍。

三、"历史典故"型引入

数学知识比较枯燥，很难激发起学生的兴趣。因此，教师要善于运用数学史、数学典故等为课堂融入新的元素，有效吸引学生。

【例3】等比数列的前n项和。

师（播放两个人下国际象棋的幻灯片）：他们两人在玩什么游戏？

生：下国际象棋。

师：对！你们能说出国际象棋是谁发明的吗？

（无人回答）

师：那么老师来讲关于国王与国际象棋的故事给你们听听吧！传说，国际象棋是印度的达依尔发明的。印度国王很喜欢国际象棋，他决定重奖象棋发明者达依尔，他由达依尔自己决定要什么，要什么就给什么。达依尔说：陛下，就请您赏我一些麦子吧。它们只要这样放在棋盘上就行了，第一格放1粒，第二格放2粒，第三格放4粒，以后每往后一格放的麦子数总是前面一格的2倍，圣明的王啊，只要把这样摆满棋盘上全部64格的麦粒都赏给您的仆人，他就心满意足了。当时，国王马上同意了。第一大袋放了前面20格，但是，后面麦子成倍地增长，国王根本就满足不了达依尔的要求，就是全印度的麦子也满足不了，到底这个数有多大呢？今天我们就来解决这个问题吧。

这样的引入，学生会更专注，并带着强烈的好奇心和求知欲去聆听后面的授课，学习效果更佳。

四、"数学建模"型引入

在教学一些数学概念时，可以通过建构数学模型的方式进行呈现，让学生了解数学建模的整个过程，加深学生对概念的理解。

【例4】导数的概念

问题1：物理中的平均速度是怎样定义的？

（播放一段有关区间测速和电子警察抓拍超速的视频）

问题2：高速公路上的区间测速与电子警察抓拍超速行为是怎么计算的？

通过区间测速，引导学生去思考，从而明白当区间越来越小时，汽车在这个区间内的速度就接近于某点处的瞬时速度，由此得到瞬时速度的概念，从而引出导数的概念。

这样的引入，学生容易理解，并且对概念记忆也较深刻。

五、"直觉猜想"型引入

数学知识是存在许多关联性的，如顺延关系、从属关系、引申关系、互逆关系、相似关系等，因此可以创设类比迁移情境，让学生猜想、发现，激发学生的探究欲望。

【例5】空间中四点共面的充要条件

问题1：平面上，三点A、B、C共线充要条件是什么？

学生会很容易得到结论：存在实数x、y，使$\overrightarrow{OC}=x\cdot\overrightarrow{OA}+y\cdot\overrightarrow{OB}$，且$x+y=1$。

问题2：空间中，四点A、B、C、D共面的充要条件是什么？

有了问题1的结论，学生会猜测问题2的结论，并试着去证明。在学生讨论、尝试后，教师再结合平面向量基本定理引导学生分析，这样学生听课就会感到很自然，也能轻松地记住结论。

综上所述，新授课引入的类型有很多，不同的课型采用不同的引入方式，同样的课型，同样的内容也可以创设不同的引入方法，但无论采取怎样的引入方法，都应是引人入胜的，以此激发学生的学习兴趣，提高课堂教学效率。

"双减"背景下优化初中数学作业设计的实践探索

韦琴琴

2021年7月,中共中央办公厅、国务院办公厅印发《关于进一步减轻义务教育阶段学生作业负担和校外培训负担的意见》(以下简称《意见》),为切实提升学校育人水平,持续规范校外培训(包括线上培训和线下培训),有效减轻义务教育阶段学生过重作业负担和校外培训负担(以下简称"双减")提供了政策支持。在此背景下,学校要提升育人水平,终究要落实到各个学科的课堂教学提质和课后作业优化上。

对学校教师来说,作业是反馈学生学习效果暨教师课堂教学效果的重要依据,在学科教学管理过程中发挥了重要作用。数学是一门严谨的学科,初中数学相对小学数学而言具有更强的抽象性和逻辑性,数学教师应着力在课堂中培养和发展学生学科素养和关键能力;同时通过布置课外作业，引导学生在完成作业的过程中进一步巩固课堂所学知识，积累数学学习经验、提高数学学习能力、提升数学学科素养。在"减轻义务教育阶段学生过重作业负担"的政策背景下，教师应积极探索作业设计优化的策略和方法。近年来，笔者基于作业设计"少而精"的原则，在时间上把控作业留多少、内容上考虑作业留什么、形式上作业选择怎么留三个方面进行了扎实的实践探索。

一、减轻学生初中数学书面作业负担应兼顾作业的适时和适量

"适时"，主要指学生完成作业的时间要控制在合适的时间之内。有研究表明，完成作业的时间如果能够控制在适当的时间内，能较好地达成检测教学效果的目的；如果超出了学生的心理承受力，导致学生产生厌倦情绪，则不利于真实检测教学效果。按照《意见》分类明确的各个学段的作业完成时间，初中生书面作业的平均完成时间应不超过90分钟。也就是说，在初中阶段，"适时"的书面作业完成时间总体不超过90分钟。初中生课程多、课业重，各学科教师应合理分配学生书面作业的时间，给其他学科教师布置书面作业留有余地。鉴于数学学科对初中新开设的物理、化学等课程都具有基础性作用，建议初中数学课后书面作业量控制在30分钟以内，在确保学生养成良好学习习惯的基础上提高作业完成的效率。

"适量"指的是作业的数量合适。过少，达不到检测和巩固课堂所学知识的效果，不利于促进学生数学思维的发展和综合能力的提高；过多，则会加重学生作业负担，导致学生休息时间不足，影响第二天的学习，甚至会导致部分学生对数学学科产生排斥心理，不利于培养学生的数学学习兴趣。为了做到初中数学书面作业适时且适量，笔者给自己定下了一个不随意布置教辅参考书上整页作业的"少而精"的原则。通常情况下，新授课的课后书面作业基础过关题会根据知识的难易度，精选5~8道不同水平层次的题目，其中解答题不超过3道，学有余力的学生可自由选择1~2道趣味性强的能力提升题。

二、优化初中数学作业设计应兼顾作业的多元与分层

纵观数学学科传统的课后作业，不仅作业形式单一，基本是书面作业，而且书面

作业设计片面追求知识的覆盖面，呈现出知识检测碎片化、练习设计机械化等特点，如此对数学知识进行强化训练和反复记忆，容易让学生感觉枯燥乏味。要改变这一现状，数学教师应秉持作业设计多元、分层的理念，统筹考虑作业内容的巩固性、鲜活性、趣味性、拓展性、整合性，实践性等综合指标，整体提升数学作业的内容质量。首先是精心设计基础性作业，原则是立足课标、着眼教材、科学规划、力求精练；其次是合理设计分层作业，方法是精挑范例、合理改编；最后是适当设计综合探究性作业，策略是注重联系、变式拓展。多元、分层的作业设计，不仅有利于促进学生对所学知识的理解与内化，而且有利于打破死记硬背式作业对学生思维的束缚，既能开阔学生的眼界，又能促进学生数学思维的发展和学科素养的形成。基于作业内容和达成目标之间的关系，多元、分层作业还可以细分为预习准备型、积累练习型、延伸拓展型、开放创造型四种类型，见表1所示。

表1 "分层作业"四种类型

类型	特征
预习准备型	帮助学生做好课前学习的准备，为新知的学习打基础
积累练习型	通过典型题变式或重现，巩固所学的新知，建构起知识体系
延伸拓展型	呈现新的问题情境，将新技能和观念迁移到新情境中解决问题
开放创造型	创设丰富现实情境，提供批判性思考，积累数学基本活动经验，发展数学抽象和数学建模等数学关键能力

三、优化初中数学作业设计的实践探索

（一）精心设计基础性统一过关作业，促进学生数学思维的发展

1.在作业内容的变化中，训练学生思维的发散性与聚合性，引导学生体会数学万变不离其宗之美

教学实践中，笔者基于数学学科的特点，对书面作业设计中的基础过关题进行了优化。首先，用好教材中的母题，设计基础过关题，确保学生做一题通一片；设计能力提升题，以"一题多解"拓展学生的思维，以"多解归一"聚合学生思维，培养学生演绎推理和归纳推理的能力。例如，学生在学会用平方差公式进行因式分解后，教师可以设计如下有梯度的变式练习，巩固学生学习基础知识：（1）$4x^2-9$；

（2）$16x^2-81$；（3）$-16x^2+81$；（4）$16x^4-81$；（5）$16x^3-81xy^2$；（6）$16x^2-81(y+z)^2$。该作业的设计，从巩固基础知识的原题切入，按照"系数变→符号变→指数变→因式变→底数变"等变式规律，不断强化学生对平方差公式的结构性认知，尝试引导学生从不同变式中感悟代数变式的规律，学会灵活运用平方差公式进行因式分解。学生在经历"熟悉结构→改变形式→分解因式→检查结果"的学习过程中逐步感悟算理算法，掌握应用平方差公式进行因式分解的基本方法，积累相应的数学学习经验。

2.在作业内容的变化中，推动学生思维的进阶发展，引导学生体会数学的理性之美

在"双减"背景下，多数教师已经开始从作业的题量上去减轻学生的作业负担，却往往忽略了把控作业的难度：量少且难度降低，学优生吃不饱量；少且难度大，潜力生完不成。在笔者看来，作业设计优化必须首先考虑基础知识、基本技能、基本思想和基本活动经验"四基"的巩固与拓展，方便学生确实获得初中数学"四基"；其次是融会贯通，使学生能够灵活运用所学数学知识和方法提高发现、提出、分析和解决问题的能力，发展"四能"；最后是拓展思维，通过数学题目的变式，对学生进行逻辑思维的强化训练。事实上，数学学科以逻辑严谨、思维灵活、应用广泛见长，数学应用与思维训练的素材俯拾皆是，教师完全不必盲目追求"难题""偏题""怪题"。

例如，初中数学中的概念学习，其思维递进可以划分为"基本概念与思想方法""概念与方法的基础应用""概念与方法的延伸运用""概念与方法的创新运用"四个阶段。教师在设计作业时要把握同一份作业中不同问题之间的思维梯度的递进的特征，这有利于促进学生数学思维的进阶发展，提高学生解决问题过程的思维灵活度。以绝对值的概念学习为例，针对学生的学习难点和易错点，应用|a|的分类来设计思维递进式"去掉绝对值"作业（见图1），先以基础题1具体的数字变式巩固学生对绝对值概念的认知，再设计题2~4不确定的字母变式并使题目的不确定性逐渐升级，直至题5对含有绝对值的多项式进行简化，这份作业紧扣绝对值的含义、性质，步步为营进行设计，不仅体现了由数到形、由具体到抽象的数学思维递进特征，而且具有一定的开放性，切实达到了检验思维灵活性的目的。

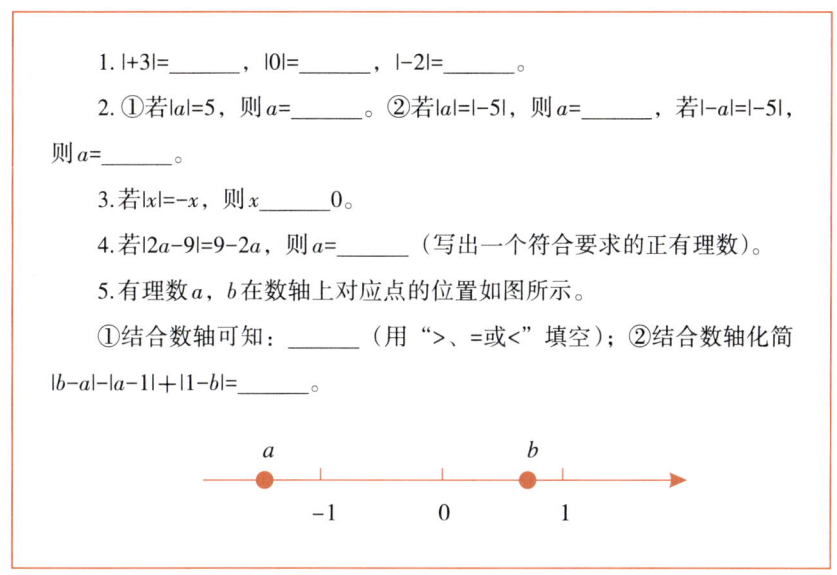

图1 绝对值概念学习后的思维递进作业设计

（二）合理设计书面分层作业，使不同层次的学生都能获得学业进步

每一个学生都是一个鲜活、独立个体，其对新知识吸收和掌握的程度会存在客观上的差异性。如果教师按照"一刀切"的方式布置统一的书面作业，不利于对学生因材施教。因此，基于学生的知识掌握程度和学习能力差异对学生进行恰当的分层，针对不同层次学生设计出一份数量上有差异、难易上有不同的符合学生认知特点和学习需求的作业，以"阶梯式题组"或"作业超市"的形式，合理设计"基础+拓展""基础+弹性""基础+特色"的作业，可以确保每一个学生在每天的有效作业时间内都能完成适合自己的作业量，使不同层次的学生都能获得完成作业的成就感，增强学好数学的信心。

例如，在学生完成"解一元一次方程"之后，教师设计了包含有三个层次的分层作业（见表2），鼓励学生在完成基础知识训练的同时，可以自由大胆选择有挑战性的感兴趣的题目，开拓思维，形成新的解题技能。如此既降低作业的"量"，又提升学生对作业挑战难度作业的"欲"，使学生由"要我学"变成"我要学"，进一步强化了学生的学习动机。

表2 "解一元一次方程"的分层作业

类别	作业题目	难度层次
第1类	解方程： $\dfrac{2(x+1)}{3}=\dfrac{5(x+1)}{6}-1$ $\dfrac{x+1}{3}-x-1=\dfrac{2x-3}{2}-\dfrac{x-2}{4}$	基础巩固
第2类	解方程： $\dfrac{0.1x-0.2}{0.02}-\dfrac{x+1}{0.5}=3$	能力提升
第3类	(1) 先观察下面的例子。 例：解方程|x|+1=3。 解法一：当$x\geq0$时，原方程化为$x+1=3$，解方程，得$x=2$；当$x<0$时，原方程化为$-x+1=3$，解方程，得$x=-2$。所以方程|x|+1=3的解是$x=2$或$x=-2$。 解法二：移项，得|x|=3-1，合并同类项，得|x|=2，由绝对值的意义得$x=\pm2$，所以原方程的解为$x=2$或$x=-2$。 (2) 用你观察到的规律解类似题目。 解方程2|x|-3=5。（用两种方法解）	思维拓展

需要说明的是，教师在设计分层作业时，应找准分层的依据，关注学生心理需求，让学生明白分层并不是对某些人有偏见，只是为了引导学生量力而行，选择与自己能力水平相当或者比自身水平略高的作业，激发优等生的潜力，提高潜力生学好数学的信心。

（三）适当设计开放性实践作业，体现数学教育的个性化追求

在笔者看来，数学作业除了用于夯实"四基"、提高"四能"的书面限时作业，还应将作业设计由"封闭"转向"开放"，体现数学教育的个性化追求。在笔者看来，数学作业应避免出现"有知识，没文化，缺素养"的现象。为此，数学教师要树立"数学作业文化观"，给学生设计一些需要经过一段时间团队合作、探究才能完成的实践探究任务，引导学生在实践活动和数学知识的综合运用中体悟数学文化与科技进步、数学知识与日常生活的密切联系，发挥数学文化所承载的育人功能，进一步培养学生用数学的眼光观察现实世界、用数学的思维思考现实世界、用数学的语言表达现实世界的数学学科核心素养。

在教学实践中，笔者探索出一些能体现数学文化育人的开放性的实践作业的设计方法，包括：结合课堂所学数学知识，布置学生阅读相关数学家的故事并写数学日记，

以非限时课外实践作业的形式,引导学生在阅读中学习数学家坚持不懈追求真理的精神;结合课堂所学数学原理,布置学生进行相关的课外阅读,引导学生了解历史上的相关数学文化,同时以选择题的方式对学生进行简单的考查,强化学生对相关文化的数学认识(见图2),结合课堂所学知识设计网络实践作业,如安排学生查阅和统计2014—2018年中央财政累计投入"全面改善贫困地区义务教育薄弱学校基本办学条件"的专项补助资金数目,先用科学记数法表示,再对数据进行分析并提出问题,完成一篇数学小论文,向同伴分享自己的感悟等。

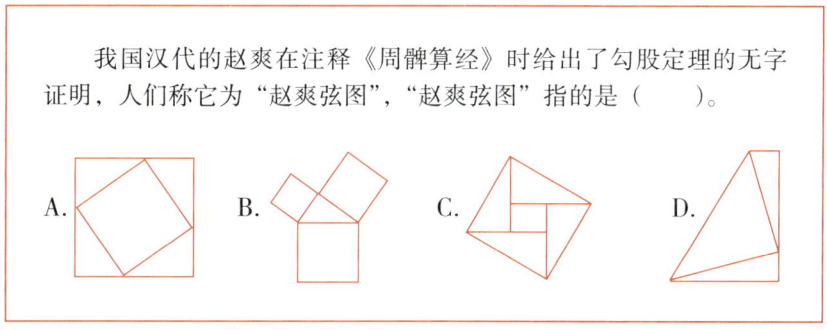

图2 体现文化育人的"勾股定理"课后作业

此外,现行教材中也有不少"阅读与思考"之类阅读资料,教师在设计开放性作业时,可以将教材中的阅读资料整合进自己的作业设计当中,创设一些体现现实生活情境或数学文化情境,与学生的知识结构、理解水平、心理特征等相匹配,符合初中生兴趣爱好和生活经验的项目式作业,拓展和提升学生的知识面和思维层次,培养学生正确的情感态度价值观,强化数学文化对学生的熏陶。例如,教材在关于物体高度测量的课程内容中介绍了利用三角形相似知识计算三角形边长的思路,教师可以将该知识应用设计成综合实践作业,让学生对校园内的国旗旗杆高度,提出测量方案并说明其合理性,引导学生学会迁移相关数学知识,积累数学活动经验,在锻炼动手实践能力的同时,培养自主探究、团队合作的意识,感受数学知识的应用价值。

总之,"双减"减的是负担,"少而精"的作业不会成为学生的作业负担,它用教师的"勤"换来题目的"精"和学生的"轻",通过量上精选、质上甄选、式上趣选,更精准地发挥了作业的综合育人价值。作为教师,必须牢记"减负不减质"的基本原则,按照《意见》提法,努力在"提高作业设计质量"上下功夫,切实"发挥作业诊断、巩固、学情分析等功能",为学校提升育人水平贡献自己的智慧。

高中英语《教师教学用书》译文商榷

张 栋

根据2001年教育部颁布的《全日制义务教育普通高级中学英语课程标准（试验稿）》，2003年人民教育出版社出版了《全日制普通高级中学教科书·英语》（Senior English for China 2003，以下简称NSECS），全套书共有11本教材（5本必修+6本选修），于2003年秋季学期开始在全国推广试用，是现在全国使用面最广的高中英语教材。与之配套的《教师教学用书》也同期公开发行，内容包括前言、分单元的教学建议和附录。作为课程标准教科书的配套用书，其附录中所提供的课文译文对教学的指导价值是不言而喻的。根据调查，"目前英语教参在教师的教学工作中还是不可或缺的"。《教师教学用书》中绝大多数课文的译文忠实原文，内容通顺、流畅，既能较准确地表达原文意思并保持其文化特色，又能帮助教师更好地理解原文。相对而言，它的难度与高中生的认知水平相当。但是有些地方，出现漏译和误译的现象，这些漏译或误译的句子和结构有时又恰恰是教师和学生理解原文的关键点。有些学校、有些教师由于缺乏足够的教学资源，如果在使用《教师教学用书》中缺乏思辨能力，教条地以译文为据进行课文讲解，那么将会引起不必要的争论，徒增教学困扰，使教学效率低下。在本文中，笔者对在使用和参阅《教师教学用书》的过程中发现的误译和漏译谈一谈自己的看法，以供参考。

一、对文章的上下文理解不当造成的漏译

1. However, there was one band that started in a different way. It was called the Monkees and began as a TV show. The musicians were to play jokes on each other as well as play music……（NSECS Book 2，P34）

原译：然而，也有一个用不同方式组建起来的乐队。这支乐队叫"门基乐队"，它开始时是以电视节目表演的形式出现的。乐手们在演奏音乐的同时，还彼此打趣逗笑。课本原文先介绍了一支乐队形成的通常过程，然后笔锋一转，描述了一支有特殊成长历程的门基乐队（the Monkees）。这支乐队是由一个摇滚歌手和三个演员组成的，起初是以电视节目表演的形式出现，后来逐渐发展成为一支成熟而纯粹的摇滚乐队。以上的英文讲述的就是这支乐队刚成立的那段历史。由于译者漏译了原文中的"were to"，使这支在乐坛上以诙谐幽默的表演而著称的乐队褪色不少。根据上下文知道，在他们上台表演之前，曾经有过一次"失败"的电视选秀，电视制作人原想找四个既能唱又能表演的乐手组成一个乐队。于是他们在报纸上登了一则招聘摇滚乐手的广告，但只招到了一个满意的乐手，不得已他们只能请三个演员来替代。他们这种有别于传统意义上的在演唱中打趣逗笑的表演形式，其实是无奈之举。因此在翻译这句话时，应该结合情态动词"be to"的用法，将全句译成："然而，也有一个用不同方式组建起来的乐队。这支乐队叫'门基乐队'，它开始时是以电视节目表演的形式出现的。乐手们也只能在演奏音乐的同时，还要彼此打趣逗笑。"这与后文中的"As some of these actors could not sing well enough, they had to rely on other musicians to help them. So during the broadcasts they just pretended to sing"形成呼应，更加准确地表达原文的意思。

2. 人教版《普通高中课程标准试验教科书》高二（上）78页第10单元题为Under the Volcano的阅读文章所对应的译文（教师用书附录第243页），只提供了书信正文部分的中文翻译，而只字未提文章标题的中文翻译。这种漏译现象在人教版通用教材中是绝无仅有的。原文讲述的是火山爆发的情景，特别记叙了作者的叔叔在这次灾难中的活动。标题中介词"under"常含有"being affected by particular conditions or situations"的意思，如"under the pressure of"具有表示"遭受"外界某种力量影响的意思。按此理解，英语介词"under"具有动词的意义，其构成的介词短语就相当于汉语中的动词短语或主谓短语。因此可以把"Under the volcano"翻译为"在火山威胁之下"（叔叔所表现出来的勇敢和无畏精神）。但因为文章是根据作者本人回忆和叔叔的笔记而写，其中还描写了作者的叔叔死亡的情况 "Helped by two slaves he stood up, and immediately fell down dead"，所以文章的标题也可以翻译为"火山罹难记"。

二、对句子结构理解不当造成的误译

1. I have also been put into robots and used to make mobile phones as well as help with medical operations.（NSECS Book 2，P18）

原译：我还被放在机器人里面，被用来制作移动手机，并且用来帮助做医疗手术。

"as well as"虽有"同、和、也"的意思，但和"and"不同，它有主次和轻重之分，在翻译过程中要谨慎对待。应该先译后面的，再译前面的。因此，全句应该翻译成："除了被用来帮助医生做医疗手术，我还被放在机器人里面，也被用来制造移动手机。"无独有偶，在下句的翻译中，同样由于对"as well as"理解不当，译者将"Others, called amphibians, were able to live on land as well as in the water"（NSECS Book 3.P26）翻译成"另外一些叫两栖动物，它们既能在陆地上生活，也能在水里生存"。应该改译为："另外一些叫两栖动物，它们既能在水里生活，又能在陆地上生存。"

2. The last thirty years have seen the greatest number of laws stopping our rights and progress, until today we have reached a stage where we have almost no right at all.（NSECS Book1，P34）

原译：过去30年来所出现的大量法律剥夺我们的权利，阻挡我们的进步，一直到今天，我们还处在几乎什么权利都没有的阶段。

原文"the greatest number of laws"出现了最高级，但译者却将它翻译成了"大量的法律"，远未体现出当时南非政府为继续施行种族隔离政策，而强化制定相关法律的数量之巨。因此，以上原译可以改译为："过去30年所制定的法律剥夺了我们的权利，阻挡了我们的进步，其数量之巨达到了难以复加的程度。一直到今天，我们还处在几乎什么权利都没有的阶段。"

三、对某些词的翻译，照搬词典的汉语释义，没有考虑到译文的通俗性

1. Some festivals are held to honour the dead or to satisfy, the ancestors, who might return either to help or to do harm.（NSECS Book3，P2）

原译：有些节日，是为了纪念死者，或使祖先得到满足，因为祖先们有可能回到世上（给人们）提供帮助，也有可能带来危害。译文把"the dead"直接翻译为"死者"，并直接使用了词典中"to please someone by giving them something they want or need"的意思，将"satisfy the ancestors"翻译成为"使祖先得到满足"。这句话的中文翻译虽然满足了"信、达"的要求，但将它翻译为"纪念逝者或祭祀祖先"，才能达到"雅"的境界，且更符合原文的意境。

2. 类似的翻译还有同一篇文章中的"The most energetic and important festivals are the ones that look forward to the end of the winter and to the coming of spring"的原译文："最富生气而又重要的节日，就是告别冬天，迎来春天的日子。"可以考虑译为："最为喜庆，而又最隆重的节日要数那些告别冬天，迎来春天的节日了。"

四、对某些多义词的翻译不求甚解，译文稍显随意

英语和汉语在语义上有三种对应关系：完全对应、部分对应、没有对应。由于译者对汉英两种语言的多平面对应体系缺乏足够的认识而产生了误译。

1. This is because the Impressionists encouraged artists to look at their environment in new ways.（NSECS Book6，P3）

原译：这是因为印象派画家鼓励艺术家们用一种崭新的视角看待他们的环境。

2. In this text, however, we will look at a few of the simpler form.（NSECS Book6，P10）

原译：本文只谈几种格式比较简单的诗。

3. It introduces you to the ancient ways of living.（NSECS Book6，P6）

原译：它还向你介绍古代的生活方式。

在前两个英语句子中，都使用了短语"look at"第三个句子中使用了动词"introduce"。《麦克米伦高阶英汉双解词典》给"look at"这个短语下了六个定义，其中，第一定义是"to turn your eyes towards something, so that you can see it"；第二定义是"to read something quickly, but not thoroughly, in order to form an opinion of it"；第三定义是"to think about something in a particular way"。这三个定义中的前两个与眼部动作有关，只有第三个定义与思维活动有关，但在意思上差异还是比较明显的。第一句英文摘自 A Short History of Western Painting（NSECS Book6）。这篇文章谈论的是西方绘画的发展史，比较了各画派之间在绘画技巧和理念上的区别。在谈及现代艺术时，不应该翻译成第一定义的"看见"，即"to turn your eyes towards something, so that you can see it"，而应该译成第三定义的"（以某种方式）思考"，即"to think about something in a particular way"。第二句摘自 A Few Simple Forms of English Poems（NSECS Book6），它紧接在上句"Poets use many different forms of poetry to express themselves"之后，用转折副词"however"将"many"和"a few"进行数量上的对比。作者想表达的是，英文诗歌浩如烟海，而在高中英语教材中只有一个诗歌单元，学生也只能大致了解，也就是"to read something quickly（快速浏览）"。因此，翻译为"简单地读一读"远比"谈一谈"要好。原译文行文流畅，但缺乏上下文联系，师生也缺少了一次在不同语境下对一词多义的思考。第三句摘自 The Best of Manhattan's Art Galleries（NSECS Book6），原译将"introduce"当作"cause to be acquainted"的意思误用到译文中。在此句中，该词已经不是一般化的"从中沟通，使双方认识或发生联系"，而是具体化的"to make sb. learn about sth. or do sth. for the first time"，即"使初次了解"。故此，译文可以改为："它会让你初步了解（体会）到古代的生活方式。"

五、说明文的译文缺乏专业性，显得过于庸俗

1. Henry Clay Frick, a rich New Yorker, died in 1919, leaving his house, furniture and art collection to the American people. (NSECS Book6, P6)

原译：亨利·克莱·弗里克是纽约的一位富豪，于1919年去世，他把房子、家具和艺术品全部留给了美国人民。

2. So when the drug leaves your body, you get withdrawal symptoms. (NSECS Book6, P18)

原译：因此，一旦你的体内没有了这种麻醉剂，你就会有断瘾症状。

以上二句均摘自说明文。说明文的译文对专业性要求相对于记叙文的要求要高许多。基于说明文的特点，在第一句中，作者没有使用"passed away (an expression meaning to die, used because you want to avoid upsetting someone by saying it directly)"这个文学色彩很强地表达"仙逝"的委婉说法，而是直接使用"died in 1919（于1919年去世）"。因此"leaving"也应该翻译为更严谨的"遗赠"，而不是"留给"。在第二句中，"体内没有了这种麻醉剂"显然不是人体生理学的专有名词，整句话应该翻译为："因此，一旦这种药物被排出体外，你就会有断瘾症状。"

六、由于对时态的知识了解不甚透彻，译文没有反映出课文的独有意思

1. She said my breath and clothes smelt, and that the ends of my fingers were turning yellow.

原译：她说我的呼吸、我的衣服都有味道，而且我的手指头都变黄了。

2. I also noticed that I became breathless quickly, and that I wasn't enjoying sports as much.

原译：我也发现我跑步很快就气喘，也不像以前那样爱好运动了。

这两句话中的过去进行时，无论在用法上还是在意义上差别都是很大的。第一句中的过去进行时使用的是物（the ends of my fingers）作主语，谓语动词是短暂动词

"turn"，表达的意思不是"都"，而是"渐变或逐渐"的意思。第二句话更没有翻译出文章中爷爷年轻时由于吸烟上瘾那段时间出现的一系列症状。译文应该改成"那段时间我不像以前那样喜爱运动了"。

任何出版物都有一定的社会效应。虽然与教材配套的《教师教学用书》阅读对象主要是英语教师，但它影响的面却是广大的学生。文中所提出的误译或漏译的现象，除了会削弱其参考价值，还可能会贻误学生。正因为这一点，笔者希望《教师教学用书》再版时，要尽可能地把好翻译关，使译文更严谨。

基于主题语境的高中英语"四同"教学模式实践研究

杨小菊

一、"四同"教学模式实践研究的背景

（一）主题语境教学是培养学生核心素养的重要途径

《普通高中英语课程标准（2017年版2020年修订）》指出：指向学生学科核心素养的英语教学应以主题意义为引领，以语篇为依托，整合语言知识、文化知识、语言技能和学习策略等学习内容，引导学生采用自主、合作的学习方式，参与主题意义的探究活动，并从中学习语言知识，发展语言技能，汲取文化营养，促进多元思

维，塑造良好品格，优化学习策略，提高学习效率，确保语言能力、文化意识、思维品质和学习能力的同步提升。

《普通高中英语课程标准（2017年版）》从课程内容角度看，包括主题语境、语篇类型、语言知识、文化知识、语言技能、学习策略。这六个要素是一个相互关联的有机整体。学生围绕某一具体的主体语境，基于不同类型的语篇，在解决问题的过程中，运用语言技能获取、梳理、整合语言知识和文化知识，深化对语言的理解。各英语教师应按2017年版标准重视对语篇的赏析，以及比较和探究文化内涵，运用学习策略提高理解和表达的效果以"主题—语篇—语言—技能—策略—文化"为框架设计课程。与《普通高中英语课程标准（2003年版）》相比较增加了"主题"与"语篇"的课程设计依据，极大地改变了原有的课程内容分裂式、碎片化的格局。

（二）高中英语教学工作任重道远

就目前的教学现状而言，无论从教师、学生还是教材方面都无法达到新课标的要求。原因主要几个方面：

1.学生层面

一方面，随着社会环境的复杂变化，科技和信息的高速发展，现在的学生与教学大纲实施之初的学生已有了很大的变化。学生的知识面变广了，自主学习的意识和能力有了大幅度的提高。英语学习需求多元化，学生的学习途径已经不仅仅局限于课堂，以往教师对照教材照本宣科式的教学模式不能满足学生对知识的渴求，无法满足学生的个性发展需求。相反，与教材内容相关的背景知识、与学生生活相关的话题讨论等能极大地激发学生的学习热情。

另一方面，学生在长期接受碎片化滚动式的英语教学内容过程中，只掌握了语言形式和规则的静态用法知识，不会分析，缺乏结合特定的主题意义在语境中合理使用的体验过程。对大部分高中生来说，在这样的英语学习过程中仅限于对语言表面上的粗略感知，缺乏对文章的词汇、基本结构、主题的深层次的意义探究，长此以往，学生体会不到英语学习的乐趣，能力得不到提高。

2.教师层面

一方面，广大英语教师广泛认同英语课程改革，逐渐转变了教学观念，开展了实践层面的积极探索。由传统的以"教"为中心，教师对学生"单向"培养的模式转向以"学生"为中心的"自主、探究、合作"学习模式。同时，新时代的教师知识丰富，信息技术熟练，理论娴熟，语言水平高，愿意接受新鲜事物，素质较以前更高。

另一方面，课改在全国范围内缓慢铺开，改革的力度在全国各地参差不齐，有些地区改变的是形式，而不是观念，教师没能从根本上领悟课程改革的目标和要求，对自己的角色仍存在困惑。再者，网络信息技术的发展虽给教学带来好处，亦存在弊端，有些教师过度依赖信息技术，习惯从网络上得到教案和课件，却失去了自己对教材和教学的独立思考。

3.教材层面

（1）时效性不足。广西使用的是2007年版的人教版教材，教材内容时效性不足，内容上和形式上都不能满足当今学生的语言学习需求。例如Book 2 Unit 2 The Olympic Games单元，根据教材，学生在这个单元中要求使用将来时的被动语态谈论"未来"2008年的北京奥运会。然而，实际上2008北京奥运会早已结束。其导致学生语言运用的情境与事实完全不符，违背了语言学习的初衷。2019年秋季开始，广西才使用人教版的新教材。

（2）内容割裂。教材内容以单元式排序，同一话题分布在不同的单元，各单元之间的联系不足，呈割裂状态，不适合让学生进行主题式的阅读训练。即使教师会在教材之外选择一定的阅读材料来进行补充，但是由于教师的语言能力和教学观念不同，在阅读材料的选择上出现较大差异；教师不敢跨越年级材料按照主题整合教材，未能将英语教学主题化和系统化。即使教师有能力有勇气跨越了不同年级的教学内容，进行主题组合，又因为工程浩大耗费太多精力而无法长期坚持。

二、"四同"教学模式在教学中的具体运用

针对以上高中英语教学中的存在的问题，笔者通过11年的实践研究，提炼出了基于主题语境的高中英语"四同"教学模式（见图1），利用"同类主题、同类文章、同类结构（同类词汇、同类情感）、同类方法"，引导学生探究人与自我、人与社会、和人与自然的主题意义，引领学生语言能力、文化意识、思维品质和学习能力的融合发展，形成核心素养。

教学途径是通过设计、输入、内化（获取/运用）、输出、评价几个步骤，最终达到核心素养的教学目标。

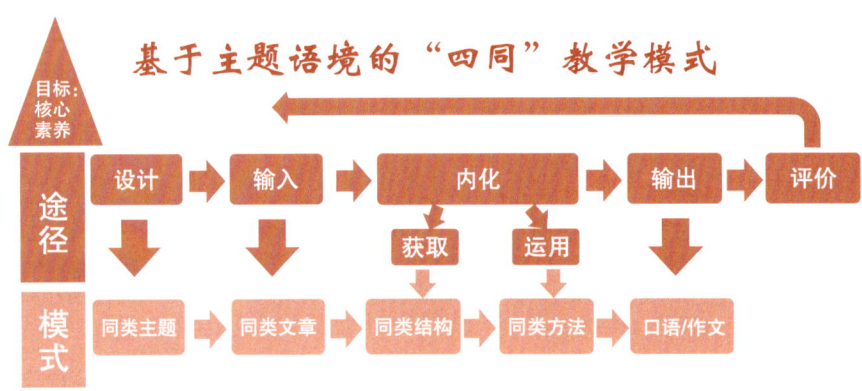

图1 基于主题语境的高中英语"四同"教学模式

该模式在各种课型中,可演变出具体的教学步骤,引领学生语言能力、文化意识、思维品质和学习能力的融合发展,形成核心素养。该模式的特点是操作性强,步骤灵活性以及推广性。

(一)基于主题语境的高中英语"四同"词汇教学模式(见图2)

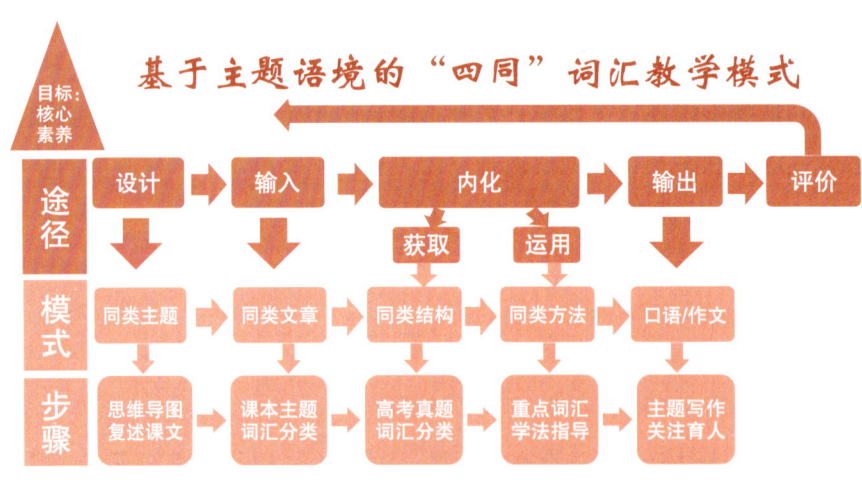

图2 基于主题语境的高中英语"四同"词汇教学模式

围绕文本主题,语境化地呈现目标词汇,通过分层设计任务,兼顾词汇的形式和意义,并注意目标词汇的复现。我们把词汇课教学环节分为以下几个步骤:

第一,思维导图,复述课文:利用思维导图回归课本语篇,复习和巩固课本单元相关词汇。

第二,课本主题,词汇分类:分析高考中相关主题的文章与课本文章,总结出相似结构并进行词汇分类。

第三，高考真题，词汇分类：精选一篇高考真题阅读并归纳结构和分类词汇，复习由课内延伸到课外。

第四，重点词汇，学法指导：选择高考中的高频词，通过各种不同语境帮助学生理解其用法。

第五，主题写作，关注育人：让学生在表达中运用所学主题词汇和表达，并升华主题，探究育人价值。

（二）基于主题语境的高中英语"四同"阅读教学模式（见图3）

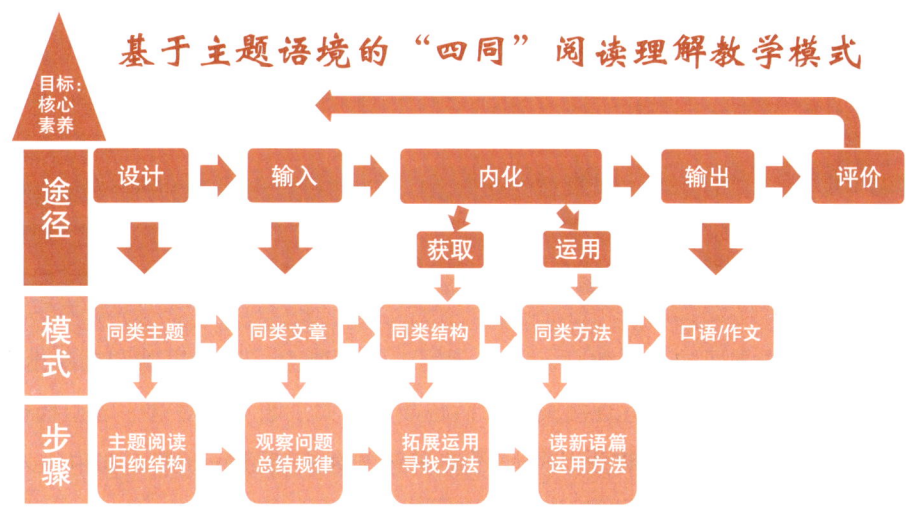

图3　基于主题语境的高中英语"四同"阅读理解教学模式

主题情境存在于篇章之中，不仅规约着语言知识和文化知识的学习范畴，还为语言学习提供意义语境，并有机渗透情感、态度和价值观。主题式情境化教学模式下的阅读课遵循以下理念：立足主题语境，设计教学目标；整合学习内容，开展教学活动；优化问题设计，培养思维品质；基于个体价值，促进个性发展。我们把阅读课教学环节分为以下几个步骤：

第一，主题阅读，归纳结构：课前完成教师精选的相关主题高考真题阅读理解，找出各段主题，理清文章脉络，进行问题归类。

第二，观察问题，总结规律：分析高考真题中同主题文章的提问方式，总结提问规律。

第三，拓展运用，寻找方法：针对多篇同主题高考语料，归纳解题方法。

第四，读新语篇，运用方法：根据所总结的规律和方法，横向拓展阅读，提高考试成绩。

（三）基于主题语境的高中英语"四同"完形填空教学模式（见图4）

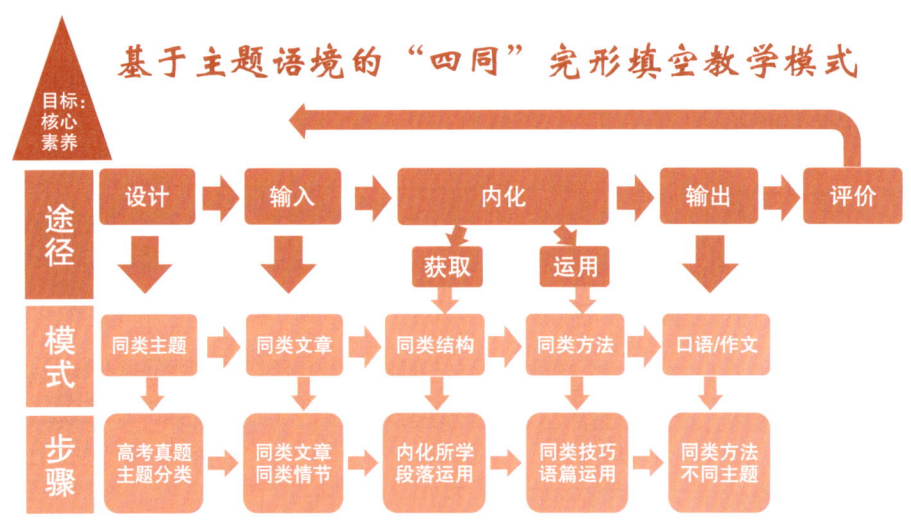

图4 基于主题语境的高中英语"四同"完形填空教学模式

完形填空主要需要的素养包括：词义理解、阅读能力、逻辑思维和判断推理。所选语篇多与学生学习和生活有直接关联，话题涉及三大主题。针对这一题型选材面广，内容丰富的特点。研究组员将近几年高考的主要考查主题进行分类，如陌生人互助、动物保护、父子关系等。本研究把完形填空课分为以下几个步骤：

第一，高考真题，主题分类：教师找出近几年高考中出现的同主题完形填空语篇，引导学生总结主题，如陌生人互助。

第二，同类文章，同类情节：高考完形填空多为记叙文，对于同主题的语篇，有着相似的情节发展和情感态度，引导学生总结出：开头—发展—转折—结尾，以及文章的总体态度是消极到积极的转变。

第三，内化所学，段落运用：学生运用所学分析不同段落的情节和情感。

第四，同类技巧，语篇运用：学生运用同类技巧阅读两篇完形填空并找出情节变化的线索和角色的相关情感变化。

第五，同类方法，不同主题：引导学生在课后尝试用同类方法解析不同主题的完形填空语篇。

（四）基于主题语境的高中英语"四同"书面表达教学模式（见图5）

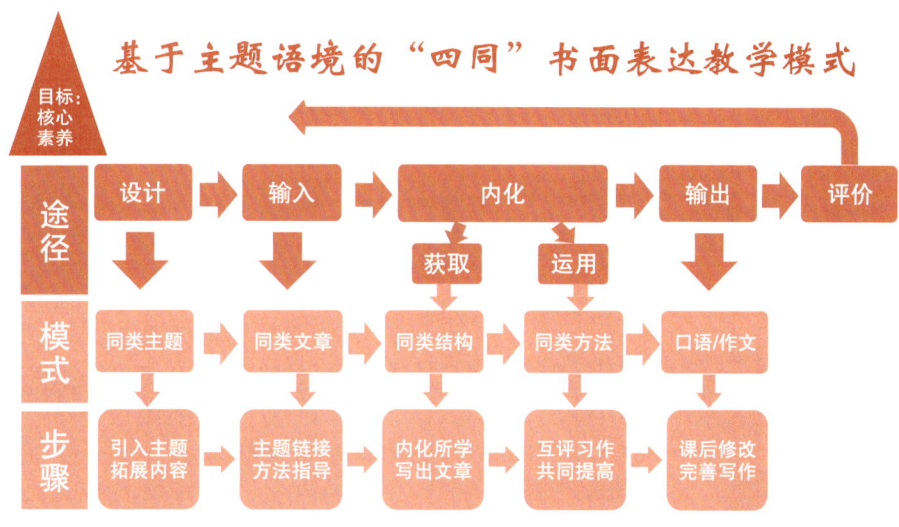

图5 基于主题语境的高中英语"四同"书面表达教学模式

书面表达包括内容、词汇语法、篇章结构和写作规范四个要素。英语学科高考书面表达集基础性、综合性、应用性、创新性于一体。因此，课题组根据学科高考的"四翼"考查要求，以探究主题意义为目标，开展书面表达教学。我们把书面表达课教学环节分为以下几个步骤：

第一，引入主题，拓展内容：通过视频或者图片引入主题，让学生通过思维导图来构思和拓展相关主题的写作内容。

第二，主题链接，方法指导：对于此类主题和写作类型的写作方法进行指导，包括语言表达中的词、句、篇章的连接。

第三，内化所学，写出文章：根据思维导图，运用所学词汇和连接词汇写一段或者一篇内容完整、表达连贯的文章。

第四，互评习作，共同提高：教师先示范评价一篇学生的习作，然后让学生互评，关注能从对方文章中获取什么信息，对方是否用到连贯的表达。

第五，课后修改，完善写作：学生在课后重写课堂习作，鼓励学生根据所给出的评价和意见，并根据自己的反思来修改、完善短文。

（五）基于主题语境的高中英语"四同"听力教学模式（见图6）

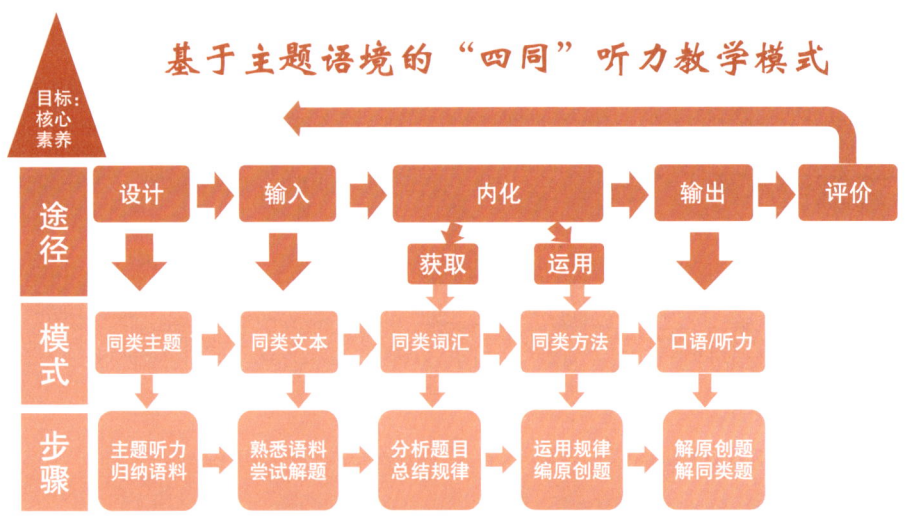

图6 基于主题语境的高中英语"四同"听力教学模式

基于主题听力文本，通过获取同类词汇和把握规律，尝试让学生编题和解题。我们把听力课教学环节分为以下几个步骤：

第一，主题听力，归纳语料：选取同类主题的听力语料并整合归纳。

第二，熟悉语料，尝试解题：朗读听力主题词汇，听取同类主题听力题目。

第三，分析题目，总结规律：精选高考听力题目和文本，分析考点，总结出题规律。

第四，运用规律，编原创题：学生运用总结的规律和方法编原创题目。

第五，解原创题，解同类题：根据编题思考，再次感悟出题规律，再解高考同类题。

三、"四同"教学模式实践研究的创新点

（一）前瞻性

聚焦课标动态，实践最新理念。"主题语境"这一理念首次在高中英语2017课标中明确提出，它代表了高中英语教学实践发展的趋势，是课标发展历程中的新动态，更

是一线高中英语教学的新导向。本研究将这一理念融入教学中，使教学更具规范性、逻辑性、关联性。

（二）建构性

构建了新的教学"四同"教学模式："同类主题、同类文章、同类结构、同类方法"。该模式可以灵活建构在不同年级不同课型中，通过"从课本来，到主题语境去，到交际中去"的方法，让学生基于已有的知识，依托语篇，在分析问题和解决问题的过程中，促进自身语言知识学习、语言技能发展、文化内涵理解、多元思维发展、价值取向判断和学习策略运用，提升英语学科素养。

（三）系列性

按照三大主题分类（人与自然、人与自我、人与社会），将人教版高中教材学生用书的内容进行主题分类，实现了校本教材系列化。

四、效果与反思

（一）效果

通过进行"四同"教学模式的实践，教师的自我发展能力不断增强，教学水平得到提高；学生综合素质全面提升。

"主题语境教学的理念"深入人心，教师们引导学生通过自主、合作的学习方式，参与主题意义的探究活动，并从中学习语言知识，发展语言技能，汲取文化营养，促进多元思维，塑造良好品格，优化学习策略，提高学习效率，确保语言能力、文化意识、思维品质和学习能力的同步提升。

（二）反思

第一，基于主题语境教学模式的训练成效如何固定化、内化、减少效果的消解现象，仍有待进一步的研究。

第二，基于主题语境教学模式更多着眼于教师的"教"，学生是否正迁移所教模式，掌握到什么程度的研究仍有欠缺。

五、今后的研究设想

广西推进新一轮课改，新深改中基于主题语境的高中英语"四同"教学模式如何在这新形势下适应不同年级层次的教学，如何培养学生德育和英语学科核心素养，将成为今后研究的方向。

构建UHEI教研模式　促进教研组建设

——以南宁三中初中部青秀校区英语教研组为例

林　燕

教研组作为落实教师日常教学和科研工作的重要组织，承载着学科规划、教学研究、教师专业成长等重要任务。"教"是"研"的基础，而"研"能促进"教"的提升。多年来，广西南宁市第三中学一直坚持着科研带动教育教学发展的策略，把教研组建设作为核心，大力推进科研工作的发展。南宁三中初中部青秀校区英语教研组立足课堂，深入研究核心素养下英语学科教研的新模式，构建了"UHEI"教研模式，提升了教学成效，教师专业能力上也得到了更多的磨炼和进步，不断提升教师的业务水平和素养。

学 研 相 济
聚 木 成 林

一、构建"UHEI"教研模式的背景和意义

教研组是学校实现整体飞跃式发展的组织载体，它是一个包容性很强的动态学习系统，南宁三中坚持"真·爱"教育办学理念，"德育为先，文理并重，崇尚一流"是南宁三中的办学特色。南宁三中致力于将学校百年底蕴与教书育人相结合，立德树人，文明兴校。南宁三中的传统文化极大地影响着教研组的建设，同时南宁三中青秀校区根据本校区英语教师的人员构成等认真钻研教研模式。本校区共有英语教师40人，其中35岁以上有8人，占20%，35岁以下的有32人，占80%，青年教师的比重大，青年教师能否在专业上迅速成长直接影响着本校区英语教师的教育教学水平。在这种形势下，"UHEI"教研模式应运而生。"UHEI"教研模式是指"United, Heritable, Efficient & Inventive"，即"团结、传承、高效、创新"的模式。这一模式能很好地帮助教研组老师们提升，体现了教师之间合作、平等、互利的关系，形成了教研合作共同体。

这一教研模式还与"学习型组织理论"密不可分。"学习型组织理论"是20世纪90年代以来在组织管理领域兴起的一种比较前沿的管理理论。管理学家彼得·圣吉认为"学习型组织是一种有机的、扁平的、符合人性的、能持续发展的组织"。通过参与学习型组织的活动，学习型组织中教师与教研团队具有共同的发展目标与愿景，老师们互相合作学习并发现问题，不断思考和创新共同发展。"UHEI"教研模式也是基于"学习型组织理论"提出的，"学习型组织理论"为教研学习提供了理论指导。通过教研模式，教师也能不断提升自己的教研能力，以适应新形势的发展。

二、"UHEI"教研模式的运用

（一）团结（United）——教研之前提

学生英语水平的提升和进步不是个人的结果，而是教师集体智慧的结晶，这种特殊性决定了教育的特殊性——团结协作，教研组作为一个特定的团队，也应当具有团结的团队文化，这样教研组老师之间才会在共同工作的过程中逐步建立起信任，并能够朝着同一个目标互相协作、互帮互助，进而对教研组文化有着较强的认同感和集体荣誉感。在日常的工作中，为了培养教师团结协作的精神，教研组还有意安排各种活

动来增进了解、增进友谊。如搜集教学困惑开展解惑沙龙活动，利用节日组织交流与互访等，让老师们感受到教研组的温暖，促进教师之间的沟通交流，团结一致，为共同提升奠定基础。

（二）传承（Heritable）——教研之方法

学校中无论老教师还是年轻教师都有自己的特点和长处，在教育教学过程中会有不同的心得体会。这就需要同事之间相互学习，相互帮助，取长补短，共同提高。因此，三中初中部青秀校区开展了老教师和青年教师结对子的"青蓝工程"，让青年教师多听课、学习、沟通，传承优秀成果，青年教师可以通过老教师的传、帮、带尽快成长。老教师严谨的治学精神、一丝不苟的工作态度，会深刻影响青年教师，而青年教师有着先进的思想、积极进取的精神，又对老教师是一个促进。青年教师应当尊重老教师，虚心学习老教师的丰富经验；老教师应热情帮助，大力扶植新教师。

除了青年教师个人的学习，各备课组还通过集体备课，开展精准教研活动。日常教学的集体备课和磨课分年级备课组开展，每周固定两节课进行，确定中心发言人，主要讲教学目标、教学重难点、教法、学法、教学设计、知识点、练习等，其他老师提出修改意见和建议，中心发言人最后完善并将备课方案分享给备课组的老师们，做到统一进度、统一教学目标、统一重难点和知识点，这对青年教师把握课堂起到重要指导作用。

传承不仅仅要让青年教师知道如何上课，还要包括弄清如何出题。在"双减"政策的背景下，减负提质是目标，大到考试题目小到练习题目，都要学会如何把握质量，真正达到检测和点拨教学的目的。那么这就要求备课组也要研究命题的科学性。例如出段考题前，每个老师按题目分类，报名出什么题型。根据《义务教育课程标准（2011年）》版和2022年版，研究考察范围的话题，填写双向细目表，以避免出题时出现话题重复和考点重复。第一稿合卷后，利用下午没有课的时间全备课组的老师集体磨题，磨命题的科学性、有效性，与所学内容的契合度、如何设问等，通过磨题传承优秀的教研方法。

（三）高效（Efficient）——教研之策略

在教研过程中，教师要注重建立"高效课堂"和"高效训练"。要建立"高效课堂"，老师们要先针对三年的教学有一个科学的规划。学科规划是对一个学科在总的教学时段内的教学目标、教学内容、实施手段、评价方式等的总体统筹规划。它决定了

"教什么、怎么教""学什么、怎么学""练什么、怎么练""考什么、怎么考"的问题，同时还涉及"教师发展规划""学生成长规划"。因此，学科规划不是简单的教学计划，更不是简单的教学时间安排。教师要明确三年学科规划的主要内容，有三年一盘棋的思想认识（见图1、表1所示）。

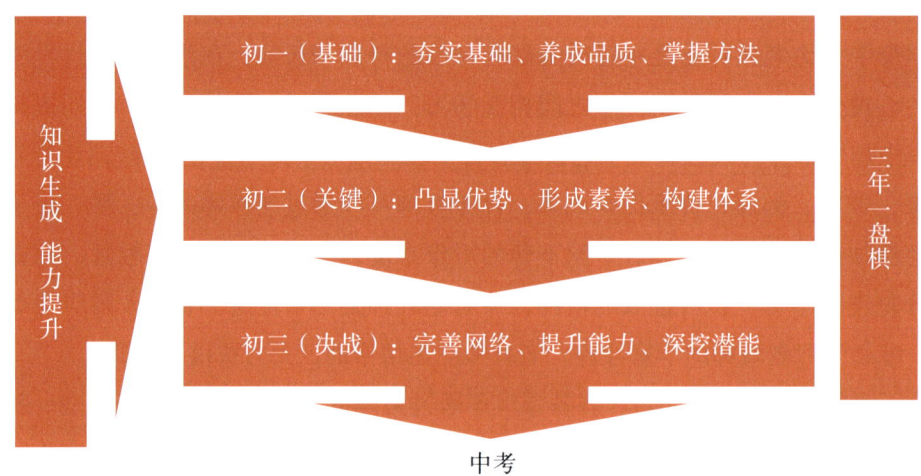

图1　英语学科三年规划的主要内容

表1　英语学科三年规划表

英语学科三年规划表		
工作思路		
学科情况	学生基本情况	
	教师工作能力	
	优势与不足	
发展规划	组本教研	
	教学反思	
	课题进展	
	名组创优	
分段目标	初一	
	初二	
	初三	

结合英语学科的特点，学校英语教研组结合不同年级学生的特点，精准定位各年级教学重点、难点和热点，通过集体备课、同课异构等方式，齐心协力探索出了适合不同年级的课堂教学模式，提高了教学实效。

七年级："模仿秀"下的听说训练。七年级是由小学向初中转变的关键期，由于学习内容以及学习方法的转变，很多学生无法达到初中听说方面的要求，学习兴趣也逐渐消磨殆尽，这已经成为七年级教学中的难点。为了保持学生学习的兴趣和解决教学中的难点，学校英语教研组把模仿秀活动运用到听说训练中，通过模仿秀模仿语音语调，把语音教学扎扎实实渗透到课堂上；通过情景剧表演，让学生学会实实在在的学习运用，增加学生的语言体验。学生们的语音语调较以往有了质的飞跃，听力问题也能随之很好地解决，增进了学生英语学习的兴趣，帮助学生认识到小初学习的差异，并帮助学生形成良好的学习习惯和思维方式。

八年级：基于语篇主题意义下的阅读训练。八年级的英语阅读难度增大，需要教师认识到学生对主题语境和语篇理解的深度，直接影响学生的思维发展水平和语言学习成效。学校英语教研组在八年级的语篇教学中，创设与主题意义密切相关的语境，通过设置不同层次的问题，充分挖掘文本背后的文化内涵和能激发学生思考的关键点，主要围绕语篇主题、内容、问题结构、语言特点、作者观点等进行深入的解读。提升学生阅读中预测、略读、扫读、根据上下文猜测词义等技能，逐步训练学生的高阶思维和批判性思维。

九年级：基于语篇主题意义下的阅读训练和话题整合下的写作训练。九年级是以阅读作为重中之重进行教学，在八年级的教学基础上增加基于主题意义的追问和批判性问题的思考，引导学生探究意义，培养学生的英语核心素养。同时根据课标要求，九年级学生需要强化书面表达能力。对于此方面的探索，英语教研组开展了"话题整合"的教学模式：九年级下学期教学中新授与复习同步进行，以重要话题为轴心重新整合教材，在语言积累、素材拓宽、思维品质等方面优化学生的书面表达能力。

通过以上分析和研究，构建了不同年级的教学模式，并同步开发了校本教材，例如 My way to A+ 系列校本教材等，让所学为所用，做到"高效课堂""高效训练"。

（四）创新（Inventive）——教研之追求

创新指的是在日常的教学中结合学生的实际，创新教学方法、创新教研活动。为了不断学习提升，学校英语教研组开展了多项活动，例如试卷讲评课：三个年级的备课组挑选出老师上试卷讲评课,全教研组一起听课评课,形成讲评课的模式,一起研究更适合初中学生的讲评课模式。还开展了教师专业提升系列比赛,例如中考试题做题比赛、英语说课比赛、英文板书比赛、英语录像课比赛、中考英语命题比赛等,老师们在比赛前都得到了培训,比赛中认真钻研,快速提升了自己的专业素养。同时,还开展了优秀青年教师成长之路主题讲堂、英语读书分享会等活动,鼓励老师们多学习,给老师们更多展示自我的机会。

良好的教研组文化帮助了许多年轻教师迅速成长,培育了英语教研组诸多的优秀教师,他们在各级平台上展示着他们独特的风采。有的教师参与国家、省、市各级观摩课、比赛课;有的教师在各级教师技能大赛上获得佳绩;有的教师发表多篇教育教学论文;有的教师参与中考改卷并荣获优秀改卷员称号;有的老师还参加了模拟试卷的命制等。

此外,教研组还建立健全、创新设计了各项工作制度,包括教师听评课制度、集体备课制度、教师专业提升制度、教学质量管理制度、教学设计评价制度等。教研制度的制定,不仅是对教研组所有成员行为的约束,更是教研组工作科学、持续发展的有力保障,使教师明确了工作方向,提高了工作质量和效率。

三、"UHEI"教研模式的成效

"UHEI"教研模式的应用,使本校英语教研组获得了较好的成效。一是促进团队合作。老师们通过各项教研活动能凝聚力量,团队合作效果显著,如在进行公开课前,全组老师都帮助上课的老师磨课,优化了课堂教学,形成了良好的教研氛围。二是加快了教师的专业成长。教师在教学中贯穿并融会学习到的教研理念,不断改进教学策略,勇于实践和创新,使其成长迅速,特别是青年教师,有的老师所设计的课有模有样,逻辑性强,层层递进,让人耳目一新,大大提高了英语课堂的教学效率,提升了教学质量。三是通过整合优质教学资源、优化教学手段、完善教学模式,促进了英语教师的专业化发展,不断提升了教研组建设。南宁三中初中部青秀校区通过构建"UHEI"研修模式,激发了一线教师专业学习和提升的热情,促进了一大批教师快速成长,形成了从教师个体到群体的研修文化,促进了自我素养的提升。教师之间互相学习、共同提升,从而实现自己和教研组的同步成长!

在高中英语阅读教学中如何体现学科的育人价值

傅 嘉

教育部研制印发《关于全面深化课程改革落实立德树人根本任务的意见》，并提出"教育部将组织研究提出各学段学生发展核心素养体系，明确学生应具备的适应终身发展和社会发展需要的必备品格和关键能力"。同时，《普通高中英语课程标准（2017年版2020年修订）》指出，学科核心素养是学生通过学科学习，逐步形成的正确价值观念、必备品格和关键能力，是学科育人价值的集中体现。英语阅读是英语学习的主要载体，是学生接触英语的主要途径之一。英语阅读教学在培养学生学科核心素养即语言能力、文化意识、思维品质和学习能力等方面起着重要的作用。因此，通过英语阅读教学落实学科育人目标具有重要的意义。

一、常见问题

现如今，高中英语阅读教学的模式主要关注两点：一是获取阅读材料信息。这些阅读题均以应试为主，多以主旨题和细节题为主，所获取的信息也基本停留在文字表面，没有对文本语篇进行深入挖掘；二是获取文本知识点。着重学习文中重要的知识点、句型为做题和写作做准备。目前高中英语常见阅读对文本篇幅深层次的分析和升华，以及对主题的深化和思考都不够深入，难以真正达到课标要求的阅读目的，难以很好地实现学科育人的教育目标，也无法切实培养学生的英语学科素养。

二、改进策略

（一）利用灵活多样的英语阅读教学法，引导学生挖掘文本蕴含的育人元素

在增强阅读教学的趣味性和学生参与度的同时，培养学生阅读技巧和自主探究文化内涵的意识。

在阅读教学中使用思维导图就是一个不错的方法。思维导图借用符号、文字等方式让学生在进行阅读理解时更加直观地对阅读文章进行整体的把握。制作思维导图的过程既是对头脑中原有知识、思想的重新整合与再现，又是一次崭新的再创造，有助于训练高阶的思维能力及激发创造力。学生通过制作思维导图，能够快速地明确阅读文章的主旨，以及推断出文章的深层含义。因此教师在阅读教学中可以通过思维导图的有效使用，帮助学生梳理文章结构，更好地围绕主题进行充分联想和发散性思考，将与主题相关联的知识分层分类进行管理。绘制思维导图的过程也是学生理解文本信息并进行分析、推理、评判的过程。

（二）开发基于新课程标准下三大主题的课外阅读校本材料，将教材的文本文化内涵延伸至课外（见图1）

挑选与课本主题相关的文章，通过学习，可以进一步提高学生的语言能力，提升核心素养，落实培养学生正确的情感态度和价值观的目标。

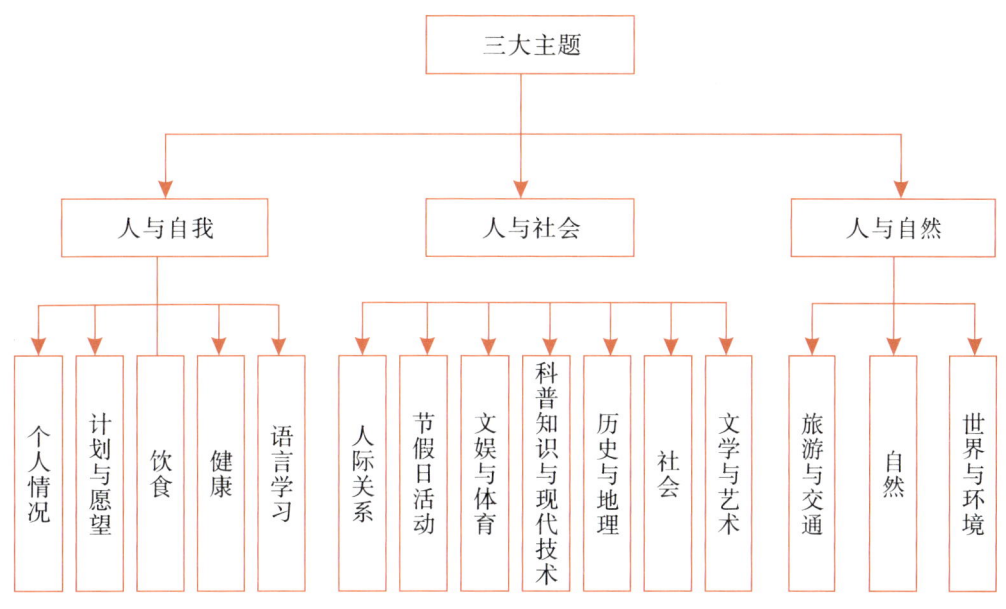

图1　基于新课程标准下三大主题的课外阅读校本材料

1. 报刊阅读

近些年的英语高考试题很多都出自国外期刊或媒体，如《读者文摘》《经济学人》《每日邮报》《独立报》《时代》周刊等。文章具有很强的时效性，主题包括经济、文化、科技等领域。所以，我们可以通过征订适合学生阅读水平的报刊，让学生多接触原汁原味的英语文章。如《21世纪学生英文报（高中版）》，里面有不少题材新、难度适中，贴近学生生活、贴近时代的时事读物。

在学生学完每个单元的教材内容后，报刊可以作为阅读材料的有力补充。英语报刊中的文章题材广泛，有适合中学生阅读的新闻、热点话题、文化、历史、现代科技等材料。其题材多样，内容丰富；文字难度适中，篇幅长度灵活；把握时代特色；形式具有趣味性，图文并茂，生动活泼，与生活紧密相连，能引起共鸣。在利用报刊进行教学的时候，可以借助新闻报道的标题和图片来预测文章内容。标题和图片是一篇新闻报道中最容易吸引学生的地方，利用好这两处对于学生理解文章内容很有帮助。

以人教版NSEFC教材选修六Unit1 Art为例，此单元的阅读（Reading）部分A Short History of Western Painting，主要介绍西方绘画史。在课文学习后，让学生阅读《21世纪学生英文报》高二第806期 Celebrating a historical landmark（紫禁城里的东西方文化交流）。阅读材料是一篇说明文，文章大意：今年是紫禁城建成600年。过去的600年间，在这个全球最大的宫殿群的高墙之内，发生了许多文化交流的故事。文章提到了三个外国人，分别是意大利商人马可·波罗、意大利传教士利玛窦以及才华横溢的画家郎世宁。他们的故事不过是中国与外界跨文化交流中的冰山一角，但这体现了故宫为中国提供了与外界沟通的桥梁。在阅读的时候，老师要引导学生将文章分段并概括段落大意，通过思维导图对文章大意的梳理，学生们能更好地理解文章的结构和主旨大意，也通过文本的学习更坚定文化自信。

2.名著简写本阅读

比如书虫系列的课外读物是由英语母语专业人士用地道简洁的英语编著而成，是原著的简化版，在整体大意及语言运用上可以说是很适合中学生阅读，不仅可以培养阅读兴趣，还可以增长课外阅读的知识，积累一定的词汇量以及地道的英语表达，还可以对学生进行德育教育。首先，教师给学生推荐书目并给学生发放学案，帮助学生读后对小说内容进行复述。学生完成故事阅读之后，利用所发学案将自己所读的故事内容做一个梳理。小组成员按照学案表格内容进行故事复述，熟练之后可以脱稿复述。然后，引导学生分析故事主人公身上有没有值得我们学习的优秀品质，或是从故事中我们学到什么经验教训，也可以让同学们进行好词好句分享。通过一系列的读后活动，可以提升同学们对文学作品的鉴赏能力，形成较强的思辨能力及提高个人的英文写作水平。

（三）实践核心素养导向下的高中英语学科"阅读育人"的课堂教学模式（见图2）

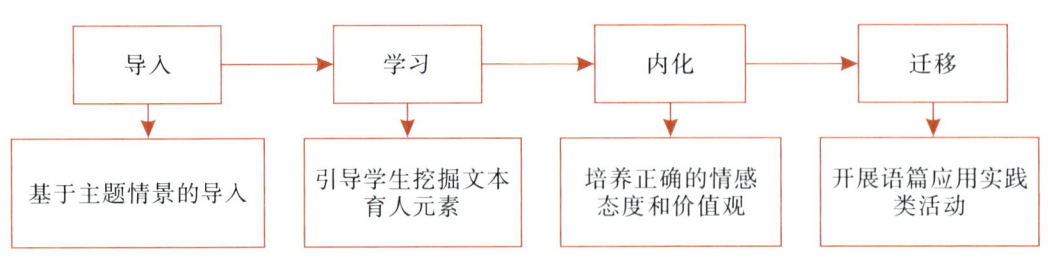

图2 "阅读育人"的课堂教学模式

教学设计要注意：

1.挖掘文本文化内涵

在教学中培养学生语言学习能力和信息读取能力的同时（如通过精读进行单词的

积累及长难句的分析学习），通过课本文本阅读，教师还要引导学生深入挖掘文章中所承载的文化内涵。例如，人教版高中英语必修1（2019新版）Unit 3 Reading and thinking：Living Legends，Reading and thinking阅读与思考板块是单元重点教学内容之一。从选材内容来看，该文本选择了两位著名运动员：郎平和迈克尔·乔丹这一中一外、一女一男两位运动员，他们不仅在体育方面取得了令人瞩目的成就，而且还具备很多闪光的个人特质与魅力。郎平作为运动员和教练都取得过世界冠军，本文着重描述了她的团队合作精神和迎难而上的坚定决心。"飞人"乔丹是美国篮球联赛中的常青树，文本着重描述的是他不畏失败、坚持不懈的精神和投身公益事业的热情。学生不仅崇拜这些体育明星，还应该从这些模范身上领会和感悟做人和做事的道理。这些都是这两个文段的主题意义所在。从思维层面来看，作者在引领段中点出了评选体育传奇人物的标准：masters in their sports，set good examples for others。正文中对两位人物的描述都是围绕这一标准展开，具有很强的逻辑关系。学生需要对文本信息进行分析和判断，厘清作者的思路。教师可以让学生回答以下问题，总结郎平和乔丹的优秀品质。What have you learnt from Lang Ping？What have you learnt from Jordan？在教学中要引导学生通过标题和插图预测文本内容，理解文本信息和结构；帮助学生掌握和运用描述优秀运动员品质的词汇，体会真正杰出的运动员作为模范和榜样的力量。

教师还可以从培养学生批判性思维出发，设置问题"As we know，Langping didn't lead Chinese volleyball team to the final in the 2020 Olympics. Can she still be called a legend？""In the Olympics，there are many athletes got silver medals. Can they be called Living Legend？"，引导学生从多角度理解Legend的内涵。比如郎平带领国家队在东京奥运会上虽然没有获得奖牌，但她面对困难不放弃、迎难而上、虽败犹荣，依然可以用Legend来评价她。对于奥运赛场上没有获得金牌，获得银牌以及铜牌的选手，只要他们不畏失败，坚持不懈，获得瞩目的成绩，也是可以称为legend。教师在课堂上对课文文本内涵的挖掘，引起学生深入地思考所给问题，培养学生的批判性思维，树立正确的价值观和思维方式，通过英语阅读教学，达到"阅读育人"的目的。

2.创设生活化主题语境

教师在设置情境时，可以和真实的生活联系起来，以解决学生生活中实际问题为出发点，将课本所学知识迁移到新的情境中，培养学生用所学来解决实际生活问题的能力。在创设的语境中，引导学生将批判性思维、正确的价值观和思维方式运用在实践类活动（写作、演讲等）中，内化所学语言知识、文化知识和实践育人价值。例如，人教版高中英语必修1（2019新版）Unit1 Teenage life 中 Reading and thinking 部分 The Freshman Challenge。文中 Adam 作为高一的新生在学校里碰到了一些困难。教师提问："What kind of the challenges did Adam meet?"学生阅读上下文可得出："Firstly, he didn't know which courses he should choose. Secondly..."教师接着提问："How did he solve the problems?"学生们回答："He turned to his adviser for help and..."老师继续追问："What's his attitude to the challenges? What kind of person is he?"最后学生达成共识："He is determined \ diligent \ open minded."从文本中学生了解到 Adam 在学校碰到困难的时候可以向老师、同伴求助，从他面对困难的态度可以看出他是一个勤奋、努力、有毅力的学生。这对于同样是高一新生的学生来说感同身受。通过引导学生探索作者的情感态度和价值观，从而进行德育教育。教师创设情景：What kind of the challenges did you meet in the school? How did you solve it? 以小组讨论的形式：校园生活中碰到什么困难？如何解决这些困难？不可取的处理方式是什么？该板块最突出的思维训练是让学生将语篇内容与自身经历和感受相联系。通过互相交流各自的经历和感受，把文中所学自然迁移到实际的校园生活，学以致用地进行表达，很好地锻炼学生的思维品质。通过融德育于英语教学中，真正做到教书育人。

在高中英语阅读教学中，教师要通过阅读教学提高学生语言表达能力、提升思维能力、培养良好学习习惯，让学生保持继续学习的动力和树立正确的价值观。这才能将发展学生的英语学科核心素养落实到英语阅读教学中，真正实现英语学科教学立德树人的根本任务。

深度挖掘已知条件 努力提高题目精准度

陈传来

物理的习题和试题源于身边实际生产、生活体验、体育项目、科技热点、社会热点等情境建构出的模型。试题作用是用来考查学生对基础知识和思想方法的掌握程度；习题则是为达成学习目标，评价学习效果，巩固和应用所学习知识技能而设计的学习任务。对常规、典型题目的深度研究，挖掘题目中的隐含条件，学会总结题目中涉及的物理知识和使用的方法、解题技巧，对自己能力的提高会很有帮助。在题目的深入研究中，若发现命题者的意图与自己的判断不一致，会有成就感，收获更大，印象更深刻。下面从题目隐含条件中涉及的极值问题、临界问题、适用条件、数据合理性和储备知识等方面举例阐述。

一、题目中运动极值问题的探讨

题目1：（2019年浙江4月物理选考试卷）某沙场为提高运输效率，研究沙粒下滑的高度与沙粒在传送带上运动的关系；传送带以恒定的线速度逆时针转动，如图1所示。（1）若小物块落到传送带左侧地面，求h需要满足的条件。

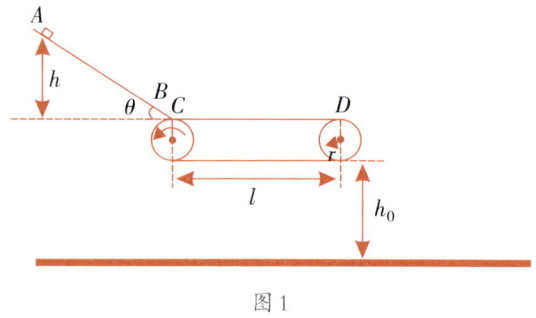

图1

本题属于单物体多过程的常规题，考查学生首先能对物体在斜面和水平面时正确的受力分析，懂得摩擦力大小计算的不同和在传送带上时所受摩擦力方向的判断；能从匀变速直线运动规律，牛顿运动定律，平抛运动规律，圆周运动临界问题，功能关系等基础知识中选取合适的方法进行求解；涉及难度较大的传送带模型，是一个能从多角度考查学生掌握高中物理力学部分核心知识的好题。

其中（1）参考解答：

若小物块从传送带左侧离开，则小物块运动到D点速度为零时h最大，设高为h_1，有

$$mgh_1 - \mu mg\cos\theta \frac{h_1}{\sin\theta} - \mu mgl = 0$$

解得$h_1=3.0$ m，故$h<3.0$ m时小物块在传送带上先减少到零后再返回落到传送带左侧地面。

关键点是：要求"小物块从传送带左侧离开"，物块在传送带运动到最远处D点，速度为零。

问题：传送带转轮有大小，半径也达到$r=0.4$ m。能不能超过D点往前运动后再返回来呢？或者是思考讨论"过了D点后还能回来吗？"

根据题目给的条件：动摩擦因数均为$\mu=0.5$，设小物块在圆弧面上的P点时是加速度为零时的临界位置，此处位置与竖直方向夹角为θ，小物块的受力分析如图2所示。

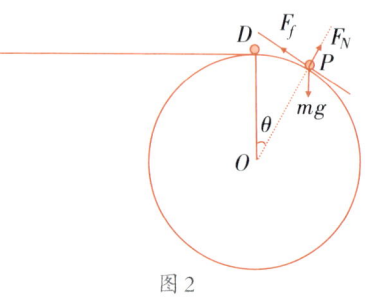

图2

P 点速度为零，向心加速度为零，根据正交分解原则，沿半径方向有：$mg\cos\theta = F_N$；沿圆弧面切线方向：$F_f = mg\sin\theta$，滑动摩擦力公式 $F_f = \mu F_N$，得出：$\mu = \tan\theta$。

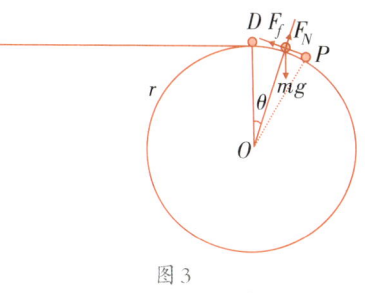

图 3

经过查三角函数表可以确定 $\theta \approx 26°34'$。即当小物块滑到 D 点右侧圆心角约为 $26.56°$ 的位置，加速度为零，是向右滑的最远点。在此处的左侧，小物块所受的滑动摩擦力均可大于其在该处的重力沿切面分量，合力能使它返回到传送带的左侧。

若此假设成立，求出发点的高度 h 需要先求出转轮圆弧面上滑动摩擦力做的功。

而圆弧面上滑动摩擦力做的功计算方法的讨论：如图 3 所示，根据牛顿第二定律得：$F_N = mg\cos\theta - m\dfrac{v^2}{r}$。故滑动摩擦力是一个与速率有关的物理量，应用动能定理和微积分思想也只能列出以下两个方程，

$$mg(r - r\cos\theta) - \mu\left(mg\cos\theta - m\dfrac{v^2}{r}\right)rd\theta = \dfrac{1}{2}mv^2 - \dfrac{1}{2}mv_D^2$$

$$\text{或 } W_f = \int_0^{26.56°} -\mu\left(mg\cos\theta - m\dfrac{v^2}{r}\right)rd\theta$$

高中阶段还无法解出其数值。所以，考虑小物块到达 D 点右侧的某一位置速度为零后再返回时虽然可以满足要求"最终从传送带左侧离开"，但无法求出题目中斜面上 h 需要满足的数据，显然不是命题者的意图。而且算出的结果有：$r\sin\alpha = 0.4 \times 0.4473 = 0.17892$ m，仅是传送带长度 l 的 8.946%，在粗略计算中也可以考虑忽略不计。

当然，为了避免考生的"多虑"，增加题目的严谨性，应把转轮半径改为更小些，或明确存在这样的关系：$r \ll l$。

二、题目中临界问题的探讨

图 4 题目 2：如图 4 所示，一个长直轻杆两端分别固定一个小球 A 和 B，两球质量均为 m，两球半径忽略不计，杆的长度为 l。先将杆竖直靠放在竖直墙上，轻轻振动小球 B，使小球 B 在水平面上由静止开始向右滑动，不计一切摩擦，当小球 A 沿墙下滑距离

为 $\frac{1}{2}l$ 时，求 A 小球 A 和 B 的速度。

解析：当小球 A 沿墙下滑距离为 $\frac{1}{2}l$ 时，设此时 A 球的速度为 v_A，B 球的速度为 v_B，根据系统机械能守恒得 $mg\frac{l}{2}=\frac{1}{2}mv_A^2+\frac{1}{2}mv_B^2$，两球沿杆方向上的速度相等，则有 $v_A\cos 60°=v_B\cos 30°$，联立解得 $v_A=\frac{1}{2}\sqrt{3gl}$，$v_B=\frac{1}{2}\sqrt{gl}$。

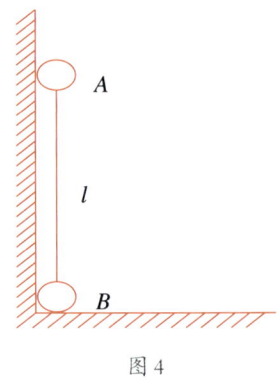

图 4

质疑：A 球是否在没有下降到 $\frac{1}{2}l$ 的位置就会离开竖直面？尝试探讨 A 球离开竖直面时的临界问题。

解析：按照运动的合成与分解原则，球沿竖直面下降的相对速度可分解为沿着杆斜向下的速度和以 B 为圆心摆动线速度的效果，当小球 A 沿墙下滑距离为 h 时，设此时 A 球的速度为 v_A，B 球的速度为 v_B，将 A、B 球的速度分解为沿杆方向进行分解，两球沿杆方向上的速度相等，则有 $v_A\cos\theta=v_B\sin\theta$，如图 5 所示，根据系统机械能守恒得 $mg\cdot h=\frac{1}{2}mv_A^2+\frac{1}{2}mv_B^2$，$v_A=\sqrt{2gh\sin\theta}$，$v_B=\frac{\sqrt{2gh\sin\theta}}{\tan\theta}$

再求出 A 球相对于 B 球的相对速度。

方法一：利用矢量运算如图 6 所示，得：$v_{AB}=v_{A对地}-v_{B对地}$，得 $v_{AB}=v_A\tan\theta$。

方法二：如图 7 所示，两球沿杆方向上的速度相等，与 B 球为参考系，则 $v_{AB}=v_{A2}+v_{B2}=v_A\tan\theta$。

又因为 $h=l-l\cos\alpha$，结合向心力公式 $mg\cos\theta=m\dfrac{v_{AB}^2}{l}$，联立解得 $h=\dfrac{1}{3}l$。

另有一种求解方法由学生提供：利用到数学的函数求导知识。

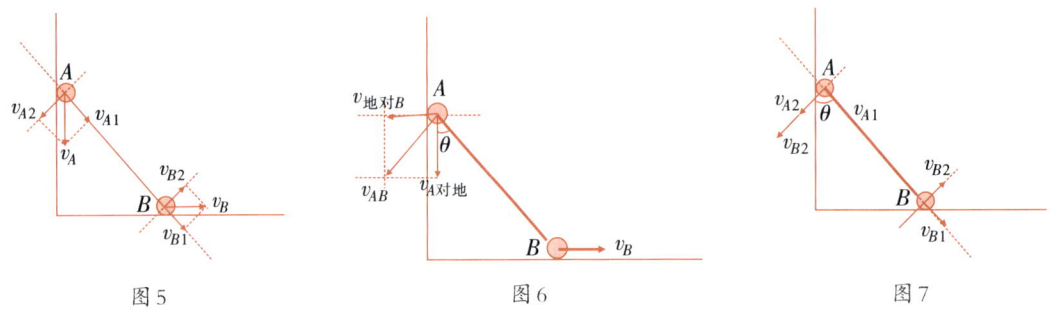

图 5　　　　　图 6　　　　　图 7

两球沿杆方向上的速度相等 $v_A\cos\theta=v_B\sin\theta$，根据机械能守恒定律，可得 $mg\cdot(l-l\cos\theta)=\frac{1}{2}mv_A^2+\frac{1}{2}mv_B^2$，整理得出表达式 $v_B^2=2gl(1-\cos\theta)\cos^2\theta$。

设 $x=\cos\theta$，则有函数 $f(x)=k(1-x)x^2$，其中 $x\in[0,1]$，$k=2gl$

对 x 求导得 $f'(x)=k(2x-3x^2)$，

$f'(x)>0$ 得出 $0<x<\frac{2}{3}$；$f'(x)<0$ 得出 $\frac{2}{3}<x<1$。

故 $f(x)$ 在 $x\in\left(0,\frac{2}{3}\right)$ 上时单调递增，在 $x\in\left(\frac{2}{3},1\right)$ 上时单调递减。

当 $x=\frac{2}{3}$ 时，$f(x)$ 取最大值。即 $\cos\theta=\frac{2}{3}$ 时 v_B^2 有最大值，B 球动能最大，此时 A 球恰好要离开竖直墙面，A 球下降的高度为 $h=\frac{1}{2}(l-l\cos\theta)=\frac{l}{3}$。

由此得出，本题中的答案不合理，命题者并没有考虑 A 球会离开竖直面的情况。从本题的问题探究过程中应用到高中物理的许多概念和规律：运动的合成与分解；圆周运动；牛顿运动定律（向心力表达式）；机械能守恒定律等。涉及重要解决物理问题的步骤：选取不同的研究对象（A 或 B 球）；受力分析（竖直面的弹力为零时临界状态）；运动状态分析（存在向心加速度）；列出正确的表达式；并检验得出的结果。重要的物理解决问题的方法：转换不同的参考系；学生还想到了用到高等数学知识来解物理问题。

三、题目涉及知识局限性的探讨

题目 3：（2008 年江苏物理）在场强为 B 的水平匀强磁场中，质量为 m、带正电 q 的小球在 O 点静止释放，小球的运动曲线如图 8 所示。已知此曲线在最低点的曲率半径为该点到 x 轴距离的 2 倍，重力加速度为 g。求：小球在运动过程中第一次下降的最大距离 y_m。

问题：小球的运动的轨迹是什么样的形状？

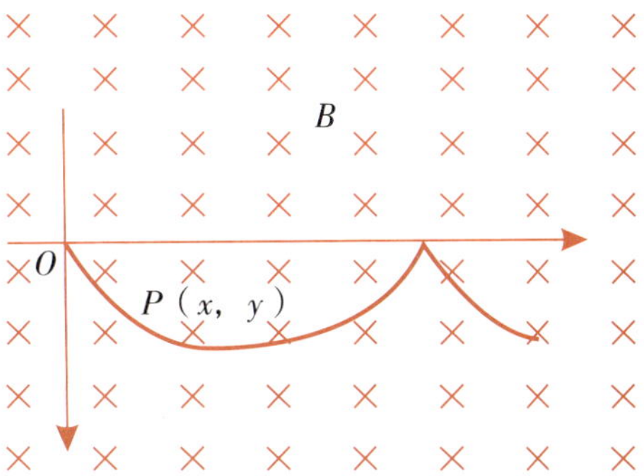

图 8

我们可以用"配速法"进行处理：如图9所示，在 O 点，设小球在大小相等、方向相反的水平速度 v_1、v_2 下保持静止，且令 $qv_1B=mg$，让小球在 v_2 相应的洛伦兹力作用下沿 x 轴做匀速圆周运动，小球的运动可等效看成是在 v_1 方向的匀速直线运动和以 v_2 为大小、半径为 $r=\dfrac{mv_1}{qB}$ 沿逆时针方向匀速圆周运动的合成（如图10所示）。

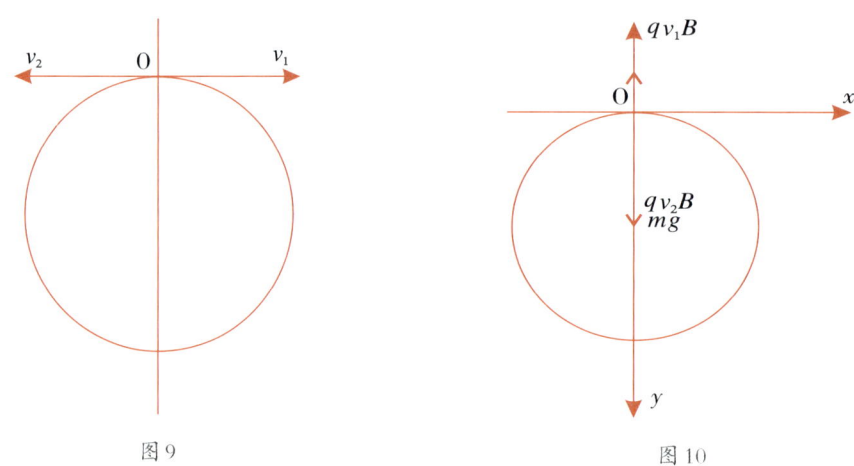

图9　　　　　　　　　图10

于是我们得到以下的运动模型（常称滚轮），即圆向 x 轴正方向做无滑滚动，圆心的速度 $v_1=\dfrac{mg}{qB}$，其轨迹为摆线，小球的运动方程：$x=v_1t-r\sin\omega t$，$y=r-r\cos\omega t$ 其中 $\omega=\dfrac{v_2}{r}$。

根据运动的合成，最低点的速率 $v_m=2v_2=2v_1$，且 $qv_1B=mg$，设小球从 O 点出发下降到最低距离 y_m 处的速率为 v_m，水平方向应用动量定理：$\Sigma F_x\Delta t=mv_m-0$，即 $\Sigma qv_yB\Delta t=mv_m$，而 $\Sigma v_y\Delta t=y_m$，联立以上各式解得 $y_m=2R$。

题目给出的条件"已知此曲线在最低点的曲率半径为该点到 x 轴距离的2倍"，应是考虑高中生的实际掌握的知识水平有限而多给出的条件，大大降低了题目的难度。

用 GeoGebra 软件可以制做出小球的运动轨迹的动画过程。如图11所示。

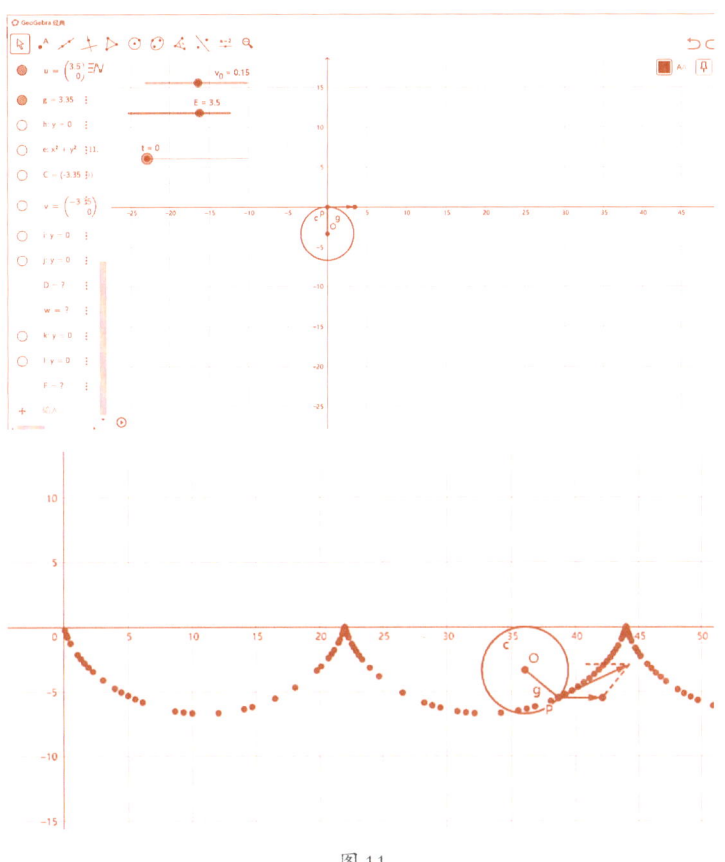

图 11

但为了画出小球运动的轨迹，又避免使用高等数学的知识或其他画图软件，可以用高中阶段学生必须掌握的描点法粗略描出其运动轨迹。我们可以先插入一等宽度 $d=\dfrac{\pi r}{3}$ 的表格，把一半径为 r 的圆画在竖直列线位置，再把圆等分为6等分，如图12所示。根据小球的运动可等效看成是在 v_1 方向的匀速直线运动和以 v_2 为大小、半径为 $r=\dfrac{mv_1}{qB}$ 沿逆时针方向匀速圆周运动的合成，逐点描出小球的位置如红色点即为小球的大致运动轨迹。通过对比可看出与题目给出的轨迹几乎相同，证明高考命题的严谨性。

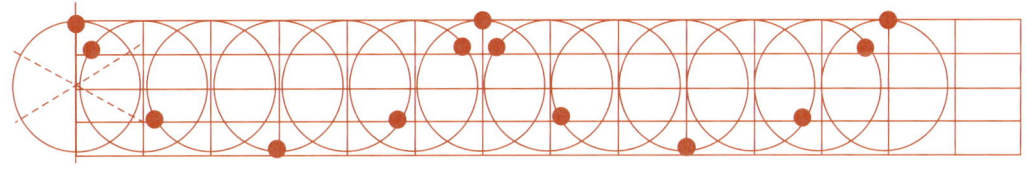

图 12

四、题目中应用规律适用条件的探讨

题目4：如图13甲所示，两根完全相同的光滑长直导轨固定，两导轨构成的平面与水平面成θ，导轨两端均连接电阻，阻值$R_1=R_2=R$，导轨间距L。在导轨所在斜面的矩形区域M_1P_1、M_2P_2内分布有垂直斜面向上的磁场，磁场上下边界M_1P_1、M_2P_2的距离d，磁感应强度大小随时间的变化规律如图乙所示。在导轨斜面上与M_1P_1距离为s处，有一根阻值也为R的金属棒ab垂直于导轨在$t=0$时刻静止释放，t_1时刻刚好运动到M_1P_1边界，并恰好匀速通过整个磁场区域。已知重力加速度为g，导轨电阻不计。求：在进入磁场前和通过磁场区域的过程中通过ab棒的电荷量之比。

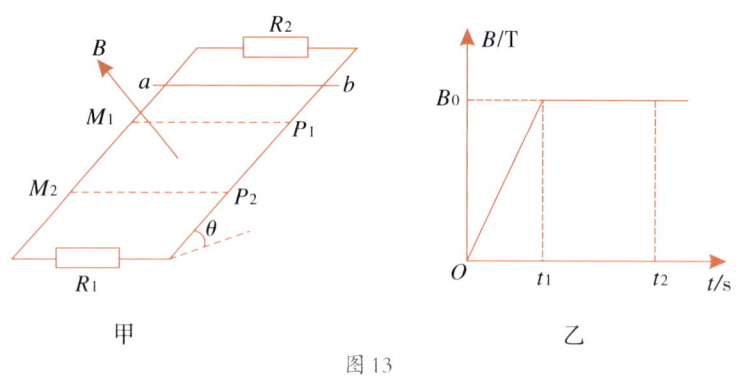

图13

参考解答：棒进入磁场前$E_1=\dfrac{B_0}{t_1}Ld$，$I_1=\dfrac{1}{2}\times\dfrac{E_1}{\dfrac{3}{2}R}$，$q_1=I_1t_1$，解得$q_1=\dfrac{B_0Ld}{3R}$；棒进入磁场后$q_2=I_2(t_2-t_1)$，$I_2=\dfrac{E_2}{\dfrac{3R}{2}}$，$E_2=\dfrac{B_0Ld}{t_2-t_1}$，解得$q_2=\dfrac{2B_0Ld}{3R}$，所以$q_1:q_2=1:2$。

命题者的想法是考查学生对两类电磁感应问题的掌握情况：第一种是磁场在固定面积内均匀变化，产生恒定的感生电动势；第二种情景是导体棒在匀强磁场中切割运动的动生电动势。

而参考解答中第一种情景求电量的解法是错误的，误认为磁场在有界区域M_1P_1、M_2P_2内均匀变化时产生的电动势等效于M_1M_2和P_1P_2导体上产生的电动势，这种计算电动势或电流的方法是错误的。它忽略了感生电动势产生机理的理解，麦克斯韦提出：

变化的磁场在其周围空间激发一种新的电场，称为感生电场或涡旋电场。这个涡旋电场对放入其中的闭合回路里的自由电荷产生力的作用，使之定向移动形成电流，电动势的大小等于涡旋电场的场强沿这个闭合回路一周的积分。感生电动势本质由感生电场力搬运电荷自由电荷形成，利用磁场变化产生。尽管磁场区域有限，但涡旋电场区域无限，以致磁场内外导体都可能成为"感生电源"。所以，此题中的金属棒、电阻R_1、R_2及导轨其他部分都可能成为"感生电源"，即金属棒ab和电阻R_2组成闭合回路也会产生感应电动势，故第一种情景下此计算金属棒电流的方法有误。

对感生电流的求法中，若电路具有对称性，可以用等效原理和电流叠加原理求出。而本题中金属棒匀加速下滑，只能用较复杂的积分方法，在高中阶段不做要求，此题存在较大漏洞。

五、题目数据合理性的探讨

题目5：如图14所示，MN、PO两条平行的光滑金属轨道与水平面成$\theta=30°$固定，间距为$L=0.1$m，质量为$m=0.01$ kg的金属杆ab水平放置在轨道上，其阻值忽略不计。空间存在匀强磁场，磁场方向垂直于轨道平面向上，磁感应强度为$B=1$T。P、M间接有阻值为$R=1\Omega$的定值电阻。现从静止释放ab，若轨道足够长且电阻不计，不计摩擦阻力，重力加速度为g取

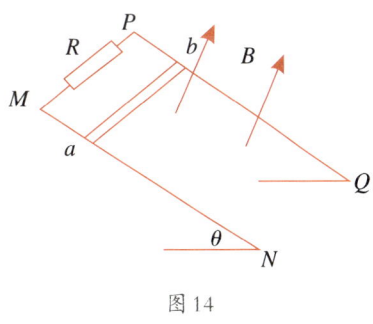

图14

10m/s^2，求：当通过电阻R的电量为$5C$时，金属杆已做匀速运动，则从静止到金属杆达到此时所用的时间t。

解答如下：（1）金属杆在重力沿导轨的分力等于安培力时，金属杆的速度达最大值v_m，此后杆保持此速度匀速下滑。由$mg\sin\theta=\dfrac{B^2L^2v_m}{R}$，解出终极的速度为$v_m=\dfrac{mgR\sin\theta}{B^2L^2}$=5m/s。

（2）由动量定理得，$mgt\sin\theta-BLq=mv_m$，代入数值可得$t=11$s。

解题思路和结果似乎没有什么问题，但是深入研究就会发现问题。

若以开始到终极速度这过程，金属杆做变加速运动，其规律应求解运动微分方程，金属杆的运动微分方程为 $m\dfrac{dv}{dt}=mg\sin\theta-\dfrac{B^2L^2}{R}v$

金属杆的速度变化规律为

$$v=\dfrac{mgR\sin\theta}{B^2L^2}\left(1-e^{-\frac{B^2L^2}{mR}t}\right)=v_m\left(1-e^{-\frac{B^2L^2}{mR}t}\right)$$

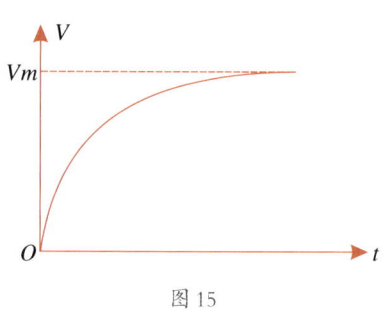

图 15

可见，随着时间的增加，金属杆将趋于终极速度 v_m，如图15所示。可按题目给的数据求出杆的速度达到终极速度的99%所需时间为

$$t=\dfrac{mR}{B^2L^2}\ln\left(1-\dfrac{v}{v_m}\right)^{-1}=\dfrac{10^{-2}\times 1}{1^2\times 10^{-2}}\ln(1-0.99)^{-1}\text{s}=4.6\text{s}$$

可按题目给的数据：当通过电阻 R 的电量为5C时，求出杆的速度可达到终极速度的99999%，所需时间才到达11.5s。终极速度的99%到99999%，显然意义已经不大。

若对上述的速度表达式积分，得出金属杆的位移 $x=v_m\left[t-\dfrac{mR}{B^2L^2}\left(1-e^{-\frac{B^2L^2}{mR}t}\right)\right]$

代入题目数据，算出在这段时间内金属杆沿倾斜导轨滑动的距离为 $x=18$ m，显然也不合理实际。

若把值电阻阻值改为 $R=0.1\Omega$，则 $v_m=0.5$m/s，$t=0.46$s。可算出在这段时间内金属杆沿倾斜导轨滑动的距离为 $x=0.18$ m。结果比较符合实际情况。

以上例子说明，对题目的深度学习研究，学生可以有效避免机械刷题、避免死记硬背，提高学习效率，提高学习的主观能动性；教师可以保证题目的科学性、严谨性，保证题目的高质量。

高中物理学科拔尖创新人才培养的策略研究
——以南宁市第三中学为例

王祥斌

五大学科竞赛全国决赛金牌代表了国内竞赛的顶尖水平，但金牌毕竟是少数，而只要进入省队就有机会在强基计划、综评等特殊渠道招生中占据优势，成为冲击顶尖名校的助力。因此入选省队人数是一个中学对竞赛生的培养能力的体现，学科竞赛网发布了《2020五项学科竞赛奖牌中学排行榜》（暨省队排行榜），揭秘了各中学省队选手人数及学科分布情况。广西南宁市第三中学作为西部地区的一所学校，2020年以1金、9银、9铜，奖牌总数19枚在全国中学中排名第二十一位，近5年来学校在物理竞赛全国决赛中荣获4银9铜的好成绩，在全国物理竞赛广西赛区，南宁市第三中学无论是省一、省队还是全国奖牌的数量和质量均排名第一。十几年来，南宁三中着力打造"广西奥赛第一校",经过十几年的探索与实践,物理学科形成了一套科学的拔尖创新型人才的培养模式。

一、建立科学遴选物理竞赛苗子的机制

如何选择竞赛苗子和培养竞赛选手是能否出竞赛成绩的重要一环。学校经过多年的实践探索,建立了科学的遴选机制,注重考查学生的综合能力、学术兴趣和发展潜质,实行自愿申请、多次选拔、目标考核、动态进出机制,将最主动、最优秀的学生选入物理竞赛班进行培养。科学遴选物理竞赛苗子主要考虑以下三个因素:

(一)兴趣是最好的老师,兴趣是学习的原动力

选择物理竞赛苗子首先应该考虑的是学生对物理学科的兴趣。作为学生,这种兴趣可能是多方面的,比如对科学技术的向往、强烈的责任心以及对自身能力的肯定等。学生从接触高中物理到参加全国中学生物理竞赛有两年的学习时间,这两年中,学习的知识面很广、很深,涉及解决问题的方法也很抽象,遇到诸多的困难也是可想而知的,这就需要学生自觉地钻研课外知识,积极主动地处理各种物理问题,并以极大的毅力坚持下去,如果学生对物理学科没有浓厚的学习兴趣,这种执着的追求是不可能的。

(二)竞赛苗子的聪明和勤奋同等重要

教师不要以为凡是聪明的学生就一定是好的竞赛苗子,聪明加勤奋才是成才的必要条件。许多灵气很足的学生,他们对物理学科的兴趣很浓,也有远大的理想,只是在漫长的准备竞赛过程中极易受外界干扰,不能持之以恒,这种学生在预赛中成绩也许还不错,但一进入复赛后就显得后劲不足,很难有更大的发展。

(三)选择竞赛苗子必须具备扎实的数学功底

通常物理竞赛试题中难题的解答,都需要扎实雄厚的数学基础,解题中需要充分利用数学分析、数学技巧,特别是在弄清题目的物理背景,建立物理模型之后,选择解题的方法就是至关重要的。

二、物理强潜能课程开发

学校在多年探索中，构建了以课程为核心的综合育人体系，通过课题研究、组织科学实验考查、主题科学报告、社团活动、深度走入科研院所、高水平竞赛培训等方式，努力实现全方位育人的办学理念。从学科层面整合不同层次的课程，以教研组为单位，逐级落实。学校课程体系的总体目标形成了既面向群体又面向个体的三个层次的课程体系。

学校的校本课程是全人格教育课程体系的重要组成部分，在培养全面发展学有所长的创新人才方面发挥着重要作用。

（一）校本课程建设

学校的校本课程建设通过三条途径进行规划和实施：一是学校根据全人格教育课程建设的整体布局提出规划，各教研组负责具体实施；二是对学生需求和兴趣进行调查，结合教师特色，学校提供支持，由教师进行开发；三是引进大学资源和校外机构，校内外结合，共同开发。学校充分考虑学生的实际特点和需求，在专家的引领下，借助人才培养理论，形成了独具三中特色的课程体系。大致经历初步探索、尝试构建、小范围实践、各学科跟进实施的多个阶段。在"促进学生发展、实现学校特色化育人目标"的前提下，我校对原有的国家课程进行了整合和再构，形成了以核心课程为中心，综合课程、领导力课程、学生自创课程紧密围绕的多层次（类别）、立体化的课程体系。

（二）基础课程、专门课程、探究课程三位一体

第一，通过选拔，发现具有竞赛潜质的学生，组成竞赛小组。

第二，加强基础知识、竞赛拓展知识的协调教学，其中基础课实施一班两教室、大班+小班等多种模式组织教学，竞赛课不少于每周2次。

第三，精心组织竞赛专题讲座，渗透学科核心思想和方法。

第四，加强外聘专家教学和本校教师教学的衔接。

第五，采用"1+n"的导师带教方式加强对具有竞赛潜质学生的跟踪和培养。

第六，促进理科学科学习能力相仿的学生团队开展合作交流。

第七，在坚持全面发展的基础上，注重学生理科发展的可持续性。

第八，专门课程与探究课程以高校、科研院所专家为主进行开发、授课、指导，内容相当或略高于国外大学预科水平，推进学生基于志趣领域的学习、探究。

三、学生竞赛能力的提升

（一）构建完整的知识体系，让学生"把孤岛连成大陆"

《全国中学生物理竞赛章程》（2016版）对物理竞赛生的数学能力提出了明确的要求。在复赛和决赛中新增了普通物理考查内容，其中大部分都对数学思维方法有着较高的要求。

力学：斜抛和一般圆周、力矩与刚体平衡、引力势能、质点组与质点系……

热学：分子动理论、气体性质、热力学定律、物态变化……

电学：惠斯通电桥、电场磁场能量、物质的导电性、整流滤波与稳压……

光学：几何成像、常见光学仪器、衍射与偏振……

近代物理：狭义相对论、量子力学、基本粒子与宇宙模型……

数学工具：解析几何、矢量运算、微积分初步……

（二）培养解题技巧和创新性思维

问题引发兴趣，兴趣带来关注，关注带来思考，思考带来拓展，拓展带来思维更新，思维更新带来新的兴趣，新的兴趣带来新的关注，新关注带来新思考，新思考带来新的拓展，新拓展带来新的思维更新，形成良性循环。每一个过程都是自我丰富的思考和学习过程。

备赛的过程中，学生当然少不了要做相当数量的习题，选择一本相对全面的参考书为蓝本也是十分必要的。在这个基础上，作为指导老师，一定要让学生明白，解题是手段，通过解题锻炼透彻分析问题的能力，灵活融会贯通知识的能力和解决问题的能力，提高物理素养才是目的。精巧的解题技巧是解题方法的闪光之处，是灵感的火花。作为教师应当在学生解题思维的过程中予以恰当的点拨引导，关键时候教师起到使学生茅塞顿开、画龙点睛的作用，而不是单单为了教会学生做几个难题或者罗列出以往的竞赛题并一一给出解答就算完成了任务，也不可把解题技巧归纳为解题方法（如综合法、对称法、微元法、逆向思维法、假设法、极限法等）直接灌输，要让学生通过自己的刻苦钻研去获得，并能在实际中灵活运用，这样才能激发学生的创造性思维，培养出有竞赛能力的选手。

（三）建立科学实验室、学科讨论班

利用周一到周四下午一节课的时间，由竞赛教练组织学生进行研究性学习与探究，学生在教师的有效指导下通过积极阅读、讨论交流、研讨辩论、动手实验等手段，选取适当的研究专题，将问题转化为课题，提高学生的问题意识和选题能力。要鼓励学生积极进行科学实验，强化学生的动手动脑能力，培养一定的创新能力。

（四）时间保证

第一，节假日（寒暑假）培训。根据放假时间的长短，结合学生实际，主教练可以灵活安排训练时间。原则上，暑假可培训3～5周，寒假可培训1周。各学科原则上在同一时间内培训。除期中考试和期末考试的两周和寒暑假外，奥赛培训课原则上不间断。

第二，进阶培训。学生进入复赛及其他更高级别比赛，需要增加培训时间，学生及家长提出申请，主教练和总教练审核同意，并报教务处批准备案，可停课参加竞赛培训。

四、创新人才培养的学业评价

（一）创新人才的评价应该是长效评价

我们认为，"培养创新人才"的过程应该是跨学段的、长期的，对学生的评价机制应该做出长效评价的研究。毕竟对于学生创新能力的强弱不可能在非常短的时间做出评断。因此一定是要很长时间方能评价出创新人才培养的实际效果。学校通过培养专业的评价人员，对学生在整个高中阶段以及未来大学及之后的学习过程和发展情况进行跟踪研究，统计出所有被培养者人生发展的相关信息，取得关于该学生各方面的反馈信息后，根据这些信息对学校的培养模式的理论以及实践不断进行调整、改进和完善。

（二）创新人才的评价应该是多元评价

对学生的评价要从根本上改变传统的将考分作为衡量教育质量和招生录取唯一依

据的做法，要注重学生的全面发展和个性特长的发挥，注重学生的知识结构、思维能力、研究能力和专业发展能力。教学评价方式主要由导师评价（学习过程、学习态度、学习成效等）、同学评价（学习能力、合作精神等）和社会评价（作用、影响力等）等多种元素构成。

（三）创新人才的评价应该是发展性评价

该评价机制应该随着整个培养模式的调整不断做出改进和完善。所以，对学生的评价机制应该是一个对培养对象和培养模式进行研究、实践并不断改进的动态的发展过程。

两种方式强化知识网络
因势利导培养学科思维
——高三物理备考复习课及学科系统备考指导

吴小华

　　2016年12月，笔者代表南宁市第三中学物理组，以同课异构和课后交流的方式，与田阳高级中学高三师生共同探寻2017年物理高考备考策略，实现资源共享。应《广西教育》邀约，本文将就本次交流课作一回顾析解，同时就高三物理系统备考提出教学建议。

一、在备考复习课教学中"把脉"学情，因势利导展开解题建模指导

　　笔者同课异构的课题是高三一轮复习课第十章第三节"磁场对运动电荷的作用"。笔者以"创设情景，问题

导学"为指导思想设计本课教学,旨在用情境问题推动学生对基本知识和基本公式的复习、把握,使学生在系统建构相关知识网络的过程中提升思维力,通过师生参与问题解决过程形成学生创建解题模型的能力。

(一)创设情境复习旧知,在建构知识网络的同时实现知能同步

开课伊始,笔者先带领学生复习旧知,包括磁场对通电导线的作用公式($F=BIL$)、磁场对运动电荷的作用公式($f=qvB$)以及安培力F和洛伦兹力f之间的关系(安培力是洛伦兹力的宏观表现,洛伦兹力是安培力的微观表现),发现学生对知识和公式的记忆非常清晰。可是,学生能否理解这些公式和知识呢?笔者心中没底,于是决定创设一个物理情境,以此精准把握学情,并用问题导学的方式,引导学生学会推导安培力和洛伦兹力之间的关系。

师:我们可以创设一个怎样的物理情境来理解它们的关系呢?

生(通过交流达成共识):将一段通电导线垂直放在匀强磁场中,分析一个电子受力。

于是笔者让学生动笔推导一下,然后请学生在黑板上写出自己的推导过程。

生1上讲台板写:$F=BIL=BLQ/T=BVQ$。

生2补充:电荷量不止一个。

于是黑板写推导过程:$F=BIL=BLQ/T=BLNe/T=NBVe=Nf$,故$f=eVB$。

显然,生2补充得很好。接下来,笔者启发学生思考"还有没有别的思考方式,是否还记得电流的微观表达式",结果学生全体沉默不语。知识记忆和公式推导是两个完全不同的境界,新课程倡导教师要关注教学的过程与方法,而不仅仅是关注知识与技能,也许这个推导过程恰恰便是学生学科思维力的难点吧?

笔者决定用问题导学,带着学生在问题解决的过程中去发展学科思维力。于是给出了下面的问题。

一段粗细均匀的导体长为L,横截面积为S,如图所示,导体单位体积内的自由电子数为n,电子电荷量为e,通电后,电子定向运动的速度大小为v。

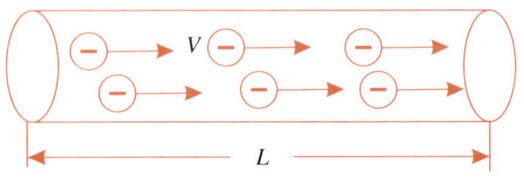

(1)请用n、e、S、v表示流过导体的电流大小I。

(2) 若再在垂直导体的方向上加一个空间足够大的匀强磁场，磁感应强度大小为 B，试根据导体所受安培力推导出导体中某一自由电子所受的洛伦兹力大小的表达式。

解：（1）导体中电流大小：$I=\dfrac{q}{t}$ ①

t 时间内通过导体某一截面的自由电子数为 $nSvt$ ②

该时间内通过导体该截面的电量为 $nSvte$ ③

将③代入①得：$I=\dfrac{q}{t}=\dfrac{nSvte}{t}=neSv$ ④

（2）该导体处于垂直于它的匀强磁场中所受到的安培力：$F=BIL$ ⑤

将④式代入⑤式得：$F=BneSvL$ ⑥

安培力是洛伦兹力的宏观表现，即某一自由电子所受的洛伦兹力 $f=\dfrac{F}{N}$ ⑦

式中 N 为该导体中所有的自由电子数 $N=nSL$ ⑧

由⑥、⑦、⑧式得：$f=\dfrac{F}{N}=\dfrac{BneSvL}{nSL}=Bev$ ⑨

（生点头示意理解了。）

创设物理情境，通过问题导学，来激发学生的主观能动性，比让学生单纯死记硬背公式的效果要好得多。学生自己动笔从各种维度推导出宏观的安培力与微观的洛伦兹力的关系，加入了理解的元素，既复习到电流的宏观定义与微观定义的知识，又联系了安培力与洛伦兹力的联系，有助于构建知识网络体系。又运用知识解决问题，发展了学生的学科思维能力，顺利实现了知能同步。

（二）把脉学情，提高"过程分析"能力

物理难，难在过程分析，分析过程难在理解，而不是记忆了"一级"结论或者"二级"结论，然后生搬硬套，这样容易落入出题人的陷阱，也不符合提升学科素养的要求。

以下是笔者设计的问题实例。

一匀强磁场，磁场方向垂直于 xy 平面，在 xy 平面上，磁场分布在以 O 为中心的一个圆形区域内。一个质量为 m、电荷量为 q 的带电粒子，由原点 O 开始运动，初速为 v，方向沿 x 正方向。后来，粒子经

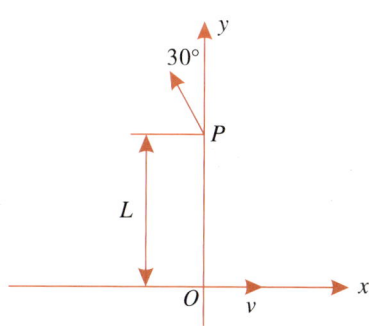

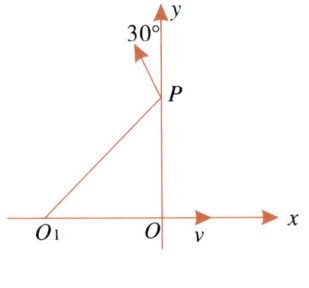

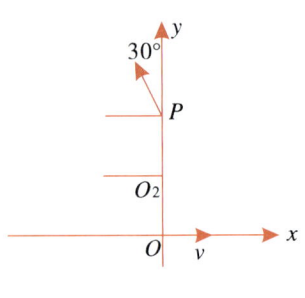

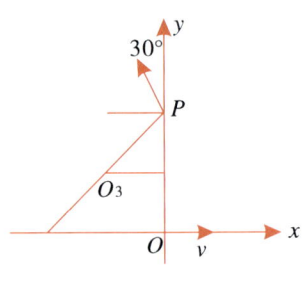

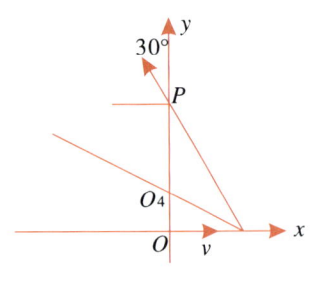

过 y 轴上的 P 点，此时速度方向与 y 轴的夹角为 $30°$，P 到 O 的距离为 L，如图所示。不计重力的影响。求磁场的磁感强度 B 的大小和 xy 平面上磁场区域的半径 R。

在引入带电粒子在磁场中运动的解题思路"找圆心，定半径，画轨迹"的过程中，笔者有意要通过一个实例来试探学生"找圆心"的学科素养，结果却颇感意外。

师：请同学们找到此题中粒子运动轨迹的圆心。

生1上讲台，在黑板上绘图并讲述自己找圆心的过程：过 P 点作速度方向的垂线，使之与 x 轴相交 O_1，交点即为圆心。讲完又自言自语，感觉不太对，可是再无其他办法，只好走下讲台。

生2举手发言，指出生1的错误后，上讲台在黑板上绘图，过 O 点做速度方向的垂线与 x 轴的交点 P，即为圆心。生2做完、讲完，自己觉得奇怪，可是再无办法，只好走下讲台。

生3举手指出生2的错误（原因：圆心不可能在速度方向所在直线上），故认为圆心在 OP 的中点 O_2。

生4举手指出生3的错误，认为圆心是 OP 中垂线与过 P 点速度方向垂线的交点 O_3。

生5直接走上讲台，指出生4的错误后，开始绘图并说明，圆心是 P 点速度反向延长线与 x 轴交点的角平分线与 y 轴的交点 O_4。然后信心满满地走下讲台。

生6肯定了生5的做法，并指出圆心 O_4，其实就是 OP 的三等分点，并上讲台作图加以说明。

从一个找圆心的小问题引出讨论。学生一个个上台绘图、讲述，或者在台下举手发言指出同学的错误，笔者的内心像是打开了一个五味瓶，悲喜交加。悲的是，课前笔者完全没有想到学生会在"找圆心"这个教学环节遭遇如此多的意外；喜的是，所有学生，不管是潜力生还是学优生，在课堂中都表现出了强烈的求知欲和积极主动表达自己想法的勇气，尤其令人感慨的是，生5的解题思路真的是完全出乎笔者的意料。笔者分析，学生之所以会出现那么多的"意外"，原因可能是他们机械地记忆了资料中有关找圆心的几个结论，只会照搬，不会具体问题具体分析，灵活使用方法策略。为了解开学生心中的疑团，笔者决定给学生"欣赏"一下国标答案，去发现其中的解题思路。

解：粒子在磁场中受洛伦兹力作用，作匀速圆周运动，设其半径为r，则有$qvB=m\dfrac{v^2}{r}$　　　　　　　　　　　　　　　　　　　　　①

据此并由题意知，粒子在磁场中的轨迹的圆心C必在y轴上，且P点在磁场区之外。过P沿速度方向作延长线，它与x轴相交于Q点。作圆弧过O点与x轴相切，并且与PQ相切，切点A即粒子离开磁场区的地点。这样也求得圆弧轨迹的圆心C，如图所示。

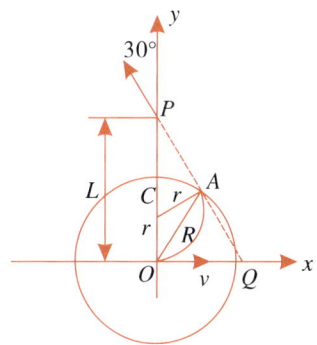

由图中几何关系得$L=3r$　　　　　　　　　　②

由①、②求得$B=\dfrac{3mv}{qL}$　　　　　　　　③

图中OA的长度即圆形磁场区的半径R，由图中几何关系可得

$R=\dfrac{\sqrt{3}}{3}L$　　　　　　　　　　　　　　　　　　　　④

国标答案出来后，全体学生都有顿悟感，"原来如此"。由此笔者总结解法，隆重表扬生5"解法很精彩！可以作为一个结论来推广，以后碰到此类问题，要善于利用角平分线来处理，能起到意想不到的效果"，并带着学生"回头看，一起寻找前面几位同学致错的原因"，教给学生解题的方法：审题是第一步，也是关键的一步，要知道，题中并不是说所有的空间都存在磁场，粒子只在有磁场的地方才会发生偏转，这时我们才能使用平时总结出来的许多做法；在不存在磁场的位置套用之前总结出来的那些做法，便会导致同学们出现各种错误了（生感同身受点头示意理解）。

教师在课堂中要多倾听学生的想法，多给学生机会，让学生有机会尝试自主学习，从而显露自己的知识习得与缺陷，便于教师更为准确地把握学情，因势利导展开相关教学活动。学生越是薄弱，教师越要给学生创造机会，把课堂的主动权让给学生，因材施教培养学生的学科能力。笔者在日常教学过程中，尝试采用丰富多彩的教学形式，充分利用各种教学资源，创设开放生动的学习情境来激发学生的学习兴趣。在课堂教学中，教师一定要采取各种教学手段，努力与学生建立起良好、平等的师生关系，拉近与学生的距离，和学生一起去感受、认识、探索、分析、概括，将课堂的"一人云"

变成"多人云",让学生畅所欲言,表达自己对某知识点的理解和想法,然后引导学生进行讨论、辩解,使学生在轻松的环境中愉悦地获取知识和提高能力。

这节课学生的过程分析能力得到了提高,虽然由于时间所限,一些问题我们没有能在课堂上很好解决。但笔者认为达成了课堂教学目标,课堂上学生学有所得。让学生想学、乐学,敢做、敢说,达到了良好的课堂效果。对培养学生的过程分析能力,提升学生学科素养有很大的启发,也给笔者的教学产生一些心灵的触动。

二、高三后期备考策略指导

笔者在南宁三中工作12年,循环带了三届重点班和三届物理竞赛班,经历了2007届、2008届、2011届、2014届总共4届毕业班的高考备考,幸运的是,这四届高考中,南宁三中高考理科综合考试都取得了较好成绩。十多年的教学和多年的备考经历让笔者深刻地体会到了深入课堂把脉学情的重要,更深刻地体会到了"行百里者半九十"的感觉。下面,笔者针对高三后期物理复习的重点,结合个人的高三教学经验,浅谈几点看法。

(一)关注考纲变化,加强新增模块知识与必修模块相关章节知识的融合、整合

2016年10月教育部公布的2017年高考"修纲",将物理选修3-5模块变为必考模块,选修3-3模块和3-4模块二者选其一。因此还需要特别重视3-5模块和其他必修模块章节知识的交叉整合。比如:近三年的选修3-5模块考题,都是动量与能量的结合题,但修纲后动量知识可以融入电场、磁场、电磁感应等背景中,更符合新课标的理念。

选修3-5模块	新课标卷全国Ⅰ	新课标全国Ⅱ	2016年新课标Ⅲ卷
2014年	(图:A、B、P三球,0.8m)	(图:纸带、遮光片、光电门、气垫导轨,图(a))	无

续表

选修3-5模块	新课标卷全国卷Ⅰ	新课标全国卷Ⅱ	2016年新课标Ⅲ卷
2015年	[B][A][C] 图	x-t图像	无
2016年	h 管图	斜面小人图	a b 图

（二）精讲精练，精准辅导

高三后期的复习主要以习题训练为主。要想突出重点，教师必须精选习题，精讲精练，精准辅导。物理高考内容共分为四大部分，力学、电学、磁学、动量，其中重点考点有：解决力学问题的三大观点，带电粒子在电场、磁场和复合场中的运动，电磁感应规律的应用等。针对以上重点考点，教师需依据本校学生的学情，通过精讲精练引导学生精准突破难点。突破难点要讲究方法，不同的难点教

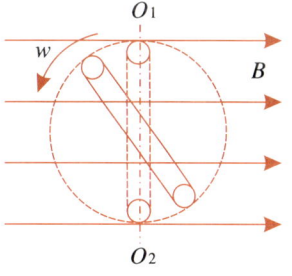

师要采取不同的方法。比如在高二的新课教学中，推导交流电公式时，往往是构建一个闭合矩形线圈在磁场中绕垂直于场强方向的轴转动匀速转动物理模型，然后导出公式线圈中产生的感应电动势随时间而变的函数是正弦函数：$e=E_m\sin\omega t$，到高三复习课时，由于学生的数学知识丰富，可以通过求导的办法快速导出其规律，学生定会更深刻领悟的。

（三）架构知识网络，重视知能同步

虽然学生经过一轮的复习对高中的物理知识已经有了一个比较全面的认识，但是毕竟一轮复习时教师注重的是学生对单个知识点的理解和应用，到了高三复习的后期，一定要更加注重知识的系统性。架构系统的知识网络结构主要从两个方面入手：一轮

复习中一方面在知识点复习时，放手让学生自己去整理知识点，让学生按照自己的理解去总结各个知识点之间的关系，这样学生自己总结出的东西更有利于记忆（教师及时跟踪同步监控）。另一方面，复习习题的选择要注重综合性和知识的衔接性，综合型习题一般出现在多选题和计算题中，教师在具体讲解时，除了讲解解题的思路和方法，还要注重讲解该题所涉及的知识点。通过学生自己的整理和老师解题过程中潜移默化的渗透，学生在脑海中对高中的物理知识点会有比较清晰的网络结构，实现知能同步。比如复习到力学重点模型——两体叠放模型时，教师可以用力学观点、能量观点、动量观点，多角度多思路提高学生们的综合分析问题的学科素养。

例如：（南宁三中2014届高三月考题）如图，平板车质量为m，长为L，车右端（A点）有一个质量为$M=2m$的小滑块（可视为质点）。平板车静止于光滑水平面上，小车右方足够远处固定着一竖直挡板，小滑块与车面间有摩擦，并且在AC段、CB段动摩擦因数不同，分别为μ_1、μ_2，C为AB的中点。现给车施加一个水平向右的恒力，使车向右运动，同时小物块相对于小车滑动，当小滑块滑至C点时，立即撤去这个力。已知撤去这个力的瞬间小滑块的速度为v_0，车的速度为$2v_0$，之后小滑块恰好停在车的左端（B点）与车共同向前运动，并与挡板发生无机械能损失的碰撞。试求：μ_1和μ_2的比值。

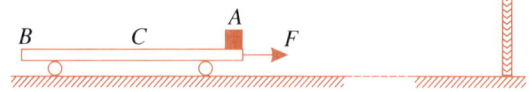

参考解答：（我们提供三种解法以供参考）：

解法一：（运用动量和能量知识求解）

设小滑块相对于平板车从A滑到C的过程中，滑行时间为t_1，对地滑行距离为s_1，则对滑块从A滑到C的过程应用动量定理和动能定理得：

$\mu_1 M g t_1 = M v_0 \qquad \mu_1 M g s_1 = \dfrac{1}{2} M v_0^2$

对平板车的上述运动过程应用动量定理和动能定理得：

$(F - \mu_1 M g) t_1 = m \cdot 2 v_0$

$(F - \mu_1 M g)\left(s_1 + \dfrac{L}{2}\right) = \dfrac{1}{2} m \cdot (2 v_0)^2$

其中，$M = 2m$ ①

由上述各式联立得：$\mu_1 g L = v_0^2$ ②

设小滑块滑到B端时与车的共同速度为v_1,由于滑块从C滑到B的过程中,滑块和车的系统受到的合外力为零,故动量守恒,于是有:$Mv_0+m\cdot 2v_0=(M+m)v_1$ ③

滑块从C滑到B的过程中系统的能量守恒,故:$\mu_2 Mg\dfrac{L}{2}=\dfrac{1}{2}Mv_0^2+\dfrac{1}{2}m\cdot(2v_0)^2-\dfrac{1}{2}(M+m)v_1^2$

由上述两式及①解得:$\mu_2 gL=\dfrac{1}{3}v_0^2$ ④

由②④可知:$\dfrac{\mu_1}{\mu_2}=\dfrac{3}{1}$

解法二:(综合运用牛顿第二定律、运动学知识和动量求解)

设在有水平外力F时平板车的加速度为a_1,在无水平外力F时平板车的加速度为a_2,小滑块在AC段和CB段的加速度分别为a_1'和a_2'

由牛顿第二定律得:$\mu_1\cdot 2mg=2m\cdot a_1'$,解得:$a_1'=\mu_1 g$ ① 同理:$a_2'=\mu_2 g$ ②

当小滑块在AC段运动时,由题意可知:$\dfrac{2v_0}{2}t_1-\dfrac{v_0}{2}t_1=\dfrac{L}{2}$ ③ $v_0=a_1't_1$ ④

由①③④联立得:$v_0^2=\mu_1 gL$ ⑤

设小滑块滑到B端时与车的共同速度为v_1,由于滑块从C滑到B的过程中,滑块和车的系统受到的合外力为零,故动量守恒,于是有:

$2m\cdot v_0+m\cdot 2v_0=(2m+m)v_1$ ⑥

当小滑块在CB段运动时,由运动学知识可知:

$\dfrac{2v_0+v_1}{2}t_2-\dfrac{v_0+v_1}{2}t_2=\dfrac{L}{2}$ ⑦ $v_1-v_0=a_2't_2$ ⑧

由②⑥⑦⑧联立得:$v_0^2=3\mu_2 gL$ ⑨

所以,由⑤⑨得:$\dfrac{\mu_1}{\mu_2}=\dfrac{3}{1}$

解法三:(运用牛顿运动定律和运动学知识求解)

设在有水平外力F时平板车的加速度为a_1,在无水平外力F时平板车的加速度为a_2,小滑块在AC段和CB段的加速度分别为a_1'和a_2'由牛顿第二定律得:$\mu_1\cdot 2mg=2m\cdot a_1'$ 解得:$a_1'=\mu_1 g$ ①

同理:$a_2'=\mu_2 g$ ②   当小滑块在AC段运动时,由题意可知:

$\dfrac{a_1'}{a_1}=\dfrac{a_1't_1}{a_1t_1}=\dfrac{v_0}{2v_0}=\dfrac{1}{2}$ ③ $\dfrac{1}{2}a_1't_1^2-\dfrac{1}{2}a_1t_1^2=\dfrac{L}{2}$ ④ $v_0=a_1't_1$ ⑤

由①③④⑤联立得:$v_0^2=\mu_1 gL$ ⑥

在 CB 段，两物体的加速度均由它们的滑动摩擦力提供，则有：

$ma_2 = 2m \cdot a'_2$　故：$a_2 = 2a'_2 = 2\mu_2 g$　⑦

小滑块加速，小车减速，所以 $2v_0 t_2 - \dfrac{1}{2} \times a_2 t_2^2 - (v_0 t_2 + \dfrac{1}{2} a'_2 t_2^2) = \dfrac{L}{2}$　⑧

小滑块停在 B 端时，相对小车静止，则：

$v_0 + a'_2 t_2 = 2v_0 - a_2 t_2$　⑨

由②⑦⑧⑨联立得：$v_0^2 = 3\mu_2 gL$　⑩

所以，由⑥⑩得：$\dfrac{\mu_1}{\mu_2} = \dfrac{3}{1}$

（四）创设物理模型，提升审题能力

随着新课标教育教学理念的更新，高考试题本身的难度有所下降，但增加了探究类创新实验题，而且题型及设问方式更加灵活多样，对学生的创新能力和从信息题中抽取物理模型的能力要求更高。通常在一轮复习中，教师的复习理念是打实基础，讲究知识复习的全而浅，所举例子一般都比较经典，且练习偏少，对学生在创新能力和抽取物理模型能力方面的训练相对薄弱。到了高三后期，教师务必要注重培养学生的审题能力以及从题目中抽取出抽象的物理模型的能力，而这两种能力又恰恰是如今的学生最为缺乏的。为什么很多题目老师一点就通，而让学生自己去分析时却百思不得其解呢？这就是这方面能力欠缺的典型表现。

为了解决这个问题，教师需牢牢把握一点：审题。俗话说：书读百遍，其义自见。其实像这类信息题或创新题真正考查的知识点一般不是很难，但是由于题目中会出现一些新名词，而且题目的文字内容比较长，有时还带有表格、图像，很多学生在读题时一见这阵势便产生了畏难心理，往往在还没弄清楚题意时便开始解题，致使差错率加大。面对这类题目，要特别注意仔细地在题干、表格和图像中寻找所有的已知量。

中国有句古话，叫"行百里者半九十"，意思是说，如果把走一百里路看成一件事的话，前面走过的九十里路仅仅完成了实际的一半，最后剩下的十几里路，承担的任务却是整个事情的一半。这充分说明了，越是到最后，越是不能放松。这也给高三物理的后期复习敲响了警钟。高三后期的复习是一项系统工程，教师千万不能有"书到临尾渐渐松"的想法，都说好的开始是成功的一半，但其实完美的收尾更为重要和关键。

互联网+信息技术
与初中物理教学融合初探

雷 艳

在互联网和信息技术飞速发展的新时期，为了更准确、高效地实现初中物理新课标教学目标，一线教师们需持续不断的学习、更新教学理念和教学手段以适应时代的变化。物理是一门自然学科，初中物理多源于生活，强调学生实验探究，注重学生经历物理概念的形成，培养学生的科学思维和物理学科素养。互联网+信息技术与物理教学的融合为初中物理教学注入了新活力。

一、互联网+信息技术与物理教学融合优化了物理前置教学

提高课堂教学效率，是解决老师和同学们常反映的

物理课课时不多、难度较大这一问题的根本。课前真预习是实现高效课堂的前提保障，如何实现学生真预习，让学生通过预习找到"问题"，带着问题去学，是互联网+信息技术与初中物理教学融合的重要内容之一。

根据课题内容，教师可通过互联网选择已有的优质微课或应用信息技术自己制作设计微课，通过微课让学生了解并掌握一些常识性知识并对教学重难点进行前置学习。

例如，学生可利用物理大师等网络微课随时随地地利用3~5分钟的时间进行导入课预习，然后再结合课本进行深度前置学习。又如在学习重点章节欧姆定律前，相关的网络前置教学生动而有趣，让枯燥的物理规律摇身一变变成一个有趣的悬念"到底电压是杀手还是电流"，一下引起了学生的兴趣和好奇心，在此好奇心的驱使下寻找电流、电压、电阻之间的关系，化被动为主动。

二、互联网+信息技术与物理教学融合优化了物理课堂教学

互联网+环境下能更好地优化物理课堂教学。在互联网+环境下我们可以借助影视片段、电脑闯关游戏、新闻报道、微视频、微课等模式引入新课，创新了课堂引入的模式，优化了情境教学。

（一）互联网+信息技术在新授课中的作用

在进行新课教学时可借助模拟实验将一些不易操作或在课堂上无法实现的实验在课堂上呈现。如学习牛顿第一定律时，我们可以现场演示由斜面自由下滑的木块在表面粗糙的毛巾、表面较粗糙的棉布和表面较光滑的木板上滑行的距离，但无法实现在光滑无阻力的理想环境下的实验，此时我们可用电脑软件模拟理想实验。利用数字物理模拟实验室，使实验现象从可看实现可测，进一步培养学生的科学素养。

在互联网+环境下我们可将一些不易观察的实验现象实时发送到电子白板上，让学生易于观察。例如在上生活的透镜一课时，利用自制模拟照相机拍照所成的"照片"可通过手机投屏上传到电子白板上，让全体学生可以观察到，扩大教学信息的受众面。与此同时，我们还可将几个实验现象同时展示，学生可直接对比前后几组实验观察到的现象，有利于学生更好地生成实验结论。例如在归纳照相机、投影仪、放大镜成像特点时，可利用互联网将三张现场实验的照片传送到白板上，避免有些学生没有观察

到某些实验现象或遗忘了某些现象，使物理教学更有代入感和可信度。

在互联网+环境下我们可将一些微观的、抽象的却又真实存在的物理现象，通过信息技术制作成动画或PPT进行教学，化抽象为具体，同时我们还可在教学中重复再现关键性实验，有利于教学重难点的突破。例如在上"分子热运动"时，可将分子运动模拟出来，并可调节时间轴进度在课堂上展示液体和固体扩散现象的视频，让课本图片变成动态。此外，在互联网+环境下可实现交互式大数据教学，有利于教师实时掌握学生的课堂练习情况，根据不同班级、不同层次的学生及时调整教学进度和深度。互联网+环境下的课堂教学有利于教学环节的重构，真正实现学生的主体地位。

（二）以八年级新授课《生活中的透镜》为研究案例，进行课堂教学模式的实践探索

本节课的教学目标是让学生了解透镜在日常生活中的应用；知道实像与虚像及它们的本质区别。让学生经历制作模型照相机、投影仪、放大镜的过程，了解其成像原理；能简单描述凸透镜成实像和虚像的主要特征。通过模拟照相机、投影仪、放大镜的制作和使用，获得成功的愉悦；形成对科学的求知欲，乐于探索自然现象和日常生活中的物理学道理；初步建立将科学技术应用于实际的意识。本节课的教学重点是让经历制作模型照相机的过程，了解照相机的成像原理；教学难点是能简单描述凸透镜成实像和虚像的主要特征。本节课所采用的教学方法有观察法、讨论法、分析法、问答法、实践体验法。

第一，在新课引入环节。教师首先播放一组反映广西60年变化的新老照片。通过互联网收集资料，制作微课，让学生透过历史的镜头，感受广西60年的沧桑巨变，抓住时机进行课程育德，又为引入照相机做铺垫。接着，模仿古老的哲学问题设计悬念，抓住学生的眼球，让学生猜，是照相机先出现，还是照片先出现？最后播放"微视频"照片的发展史，揭秘谜底，引出照相机。自然而然地进入新课教学。

第二，在新课教学环节，学生自制模型照相机合作实验中，教师利用信息技术，拍摄实物，制作教学PPT介绍制作过程和关键步骤。学生完成制作后教师让他们利用自制模型照相机给物体"拍照"，老师巡堂指导，将原图和相机拍摄到的图上传到电子白板，通过对比原图和照片，帮助同学突破何为"倒立"这一难点，即像与物上下位置互换，左右位置也互换。

接着让学生思考"一物两用"的做法，自制模型投影仪，即将模型照相机改造成

模型投影仪。教师巡堂指导，将原物和投影放大的像上传到电子白板让学生对比观察，让学生学会对比得出像的正立、倒立、放大、缩小的特点。

利用多媒体在屏幕中打出"悄悄话"，让学生利用身边的物品制作放大镜，体验生活中的多种透镜。老师巡堂指导并拍下学生不同的做法实时上传到电子白板，让学生对不同的设计进行对比，描述成像的特点，从而得出放大镜成像的特点。

第三，在难点突破上，即为什么同是凸透镜所成的像，照相机、投影仪的像可以用光屏承接到，而放大镜却不能？教师引导学生从它们三者的成像原理图分析成因。教师通过制作或搜集网络上现有的动画，通过三条特殊光线的光路图动态演示三者的成像特点及实像和虚像的区别。帮助学生突破难点。

第四，在学以致用这一环节，可将课堂练习利用电子白板实现互动和大数据收集，教师现场即可根据答题情况进行课堂的补充。及时引导学生走出认识和理解的误区。

例如，在做以下课堂习题时：

关于生活中的透镜，下列描述合理的是（　　）

A.放映幻灯片时，在屏幕上得到的是幻灯片上景物的正立放大的实像

B.看电影时，屏幕上的像相对于胶片成的是倒立缩小的实像

C.用放大镜观察物体时，物体与放大镜的距离必须小于1倍焦距

D.生活中的近视眼镜是凸透镜

通过大数据可及时得到该题错误率最高的选项为A。此时教师就可及时分析原因，学生是在哪个教学环节中没有吃透？根据凸透镜成像规律可知，幻灯机在屏幕上得到的是倒立、放大的实像。学生是"正立"和"倒立"弄不清，还是忽略了幻灯机上平面镜的作用？通过与学生的现场互动可知，原来幻灯机上的平面镜改变了光的传播方向，让学生误以为幻灯机上成的是正立的像。此时，教师可再次用动画演示幻灯机成像的原理帮助学生加强这一知识点的理解，如此便通过互联网+实现了课堂薄弱环节的精准教学。

三、互联网+信息技术与物理教学融合提高了物理试卷讲评课效率

在互联网+环境下物理试卷讲评课包含以下三个教学要素。一是通过互联网+大数据研究试卷、研究考试情况、研究学生答题情况。二是通过大数据生成班级差异化的

试卷讲报告。三是根据不同班级个性化的试卷讲评报告分析并设置三级讲评指标，即根据"一级指标—班级得分率""二级指标—班级—年级得分率差""三级指标—学生作答情况"进行联动分析，确定讲评方案。下面以2019年初三某班月考数据为案例对个性化的试卷讲评报告三级指标进行指标解读。

第一，一级指标——班级得分率，即班级在此题的得分率，班级得分率高于80%的为绿灯，此类题目公布答案即可不用讲评；班级得分率在60%至80%的为黄灯，此类题目为需要讲评的题目；班级得分率低于60%的为红灯，此类题目为需要重点讲评的题目。如某班：1、2、3、4、5、6、7、8、9、10、12、13、15、23.1、25.2、25.3、25.4、26.2、26.3为绿灯，这些题只需公布答案即可，不用讲评。11、14、17、18、19、20、21、25.1、26.1、27.1、27.2、27.3、28题为黄灯，这些题为需要讲评的题目；16、22、23.2、24、26.4、27.4、29、30题为红灯，这些题为需要重点讲评的题目。

第二，二级指标——班级—年级得分率差，即本班在该题的得分率与年级得分率的百分比差值，班级得分率低于年级得分率的题目为需要讲评的题目。1、9、11、14、18、23.2、25.1、25.2、26.4、27.1、27.3题班级得分率低于年级得分率，此时教师要分析原因，剖析教学的得失，结合一级指标进行讲解，这类题目即使在一级指标中显示为绿灯也要进行讲解。

第三，三级指标——学生作答情况，即学生每道题目的作答情况，根据一、二级讲评指标确定了需要讲评的题目和需要重点讲评的题目后，根据学生的作答情况确定需要重点讲解哪一个选项、哪一部分，有些地方无须费时讲解。例如选择题11题，一级指标班级得分率为69.40，二级指标班级—年级得分率差为-6.60，三级指标答题情况是选A：1，B：34，C：9，D：5，正确答案是B，该题只需讲解C、D选项。教师再综合三级的指标进行错题分类剖析和变式训练，巩固和提高讲评课的效率。

学校某班，经过半年的实践，物理成绩稳步提升，在2019年中考中物理取得了理想成绩，超额完成了物理A+目标和班级总分+目标。

互联网+信息技术与物理教学的融合为初中物理教学注入了新活力，优化了课堂结构，改进了教学方式，增大了课堂容量，转变了教学模式，提高了物理课堂教学效率，提升了物理教学质量，让个性化教学变成可能，让传统的物理教学焕发出新的生机。

以教材探究实验为导向，构建有效复习课堂

蓝 宇

当前，我国正在贯彻新课程理念，全面深入实施素质教育。教育界的专家们一直在强调，高考与实施素质教育并不矛盾，只是实施新一轮课程改革后，高中教育更加关注学生的科学探究过程，更加关注学生的学习体验，各种因素导致专门针对高考复习的时间大幅减少了。如何在有限的时间里提高复习效率，是我们身处教学一线的教师必须解决的一个现实问题，而构建有效复习课堂是解决这一问题的唯一途径。打造有效复习课堂是时下所需，是我们每一位高三教师都应该追求的理想境界。那么，如何真正构建高三复习的有效课堂甚至高效课堂呢？笔者组织了专门的团队对高考复习方法进行了深入对比研究，经过多年的数据对比分析，最终得出结论：以教材探究实验为导向的复习策略可以大大提高复习效率。

传统的复习课一般是"知识点回顾+练习"型，笔者尝试的复习模式与其不同，知识复习的切入点是教材探究实验。根据学生的认知规律，结合教学实际，我们设计了这样的复习模式（见图1）：

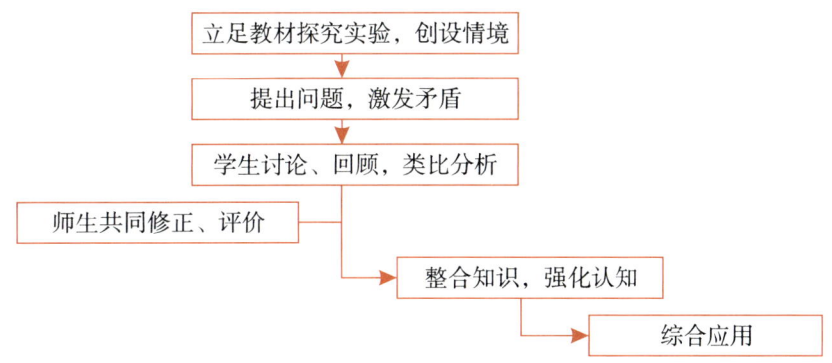

图1 以教材探究实验为导向的复习模式

以教材探究实验为导向的复习模式，一改以往复习方式的枯燥乏味，其趣味性更强。该复习模式有多点优势，有利于促进学生多方面的发展，从而实现复习课堂的有效性。

一、强调以课本为落脚点，使学生轻松、高效、扎实地掌握主干知识

根据笔者多年的高三备考视导发现：很多高三教师在进行高考复习时，往往以参考资料为主，课本为辅，甚至完全"抛弃"课本，学生也普遍存在高考复习脱离课本的严重现象。这样导致的结果是考试时学生基础知识丢分最严重，而往往将错误的原因归结为粗心大意。大家都知道就中学化学而言，要想在高考中取得理想成绩，最基本的要求是吃透教材内容，熟练掌握各个知识点，最后再辅以适量有针对性的题型训练。但如果要想学得轻松、高效，则需要构建学科主干知识体系，并注重总结和反思。那么何为主干知识呢？所谓主干知识，是指化学学科的基本概念、基本理论、无机元素单质及其化合物、有机化合物、化学实验和化学计算等。高考试题考查的落脚点是学科的主干知识，我们在高考复习时，必须将主干知识作为主攻的"碉堡"，寻找突破的最佳方法，形成网络化的知识体系，才能有效应对高考。化学是以实验为基础的学科，主干知识大多出现在课本的教材探究实验中，通过复习教材探究实验可以让学生

以轻松、快捷的方式掌握主干知识。教材探究实验几乎包含了所有的主干知识，是最活跃、最具有生命力的部分。以教材探究实验为导向的复习模式能化枯燥为生动，化抽象的知识变为具体，清晰展现出研究的对象。教材探究实验能以其独特的魅力激发学生的求知欲，易于集中学生的注意力，唤起学生过去模糊的记忆，帮助学生联想记忆，形成深刻的印象，使复习的知识牢不可破。

二、重视实验基本技能，培养学生的科学素养和创新能力，提高对创新题型的应考能力

化学实验教学对化学专业人才后备力量的培养起着举足轻重的作用，可培养学生的创新能力和合作意识。教师应深化课程改革，充分利用化学实验的优势，激发学生探索化学奥秘的兴趣，从而提高学生的科学素养和创新精神。在新课程背景下，多数教师特别专注于对实验教学的不断创新，这是值得肯定和倡导的。但是，创新的前提条件是要有一定的实验基本技能，忽略了实验基本技能的训练，那么创新就是空中楼阁，遥不可及。不少教师反馈，现在学生大多存在这样的新问题："眼高手低"，一心想建"高楼大厦"，但是"地基"却没打好。新课程标准明确要求，通过教材探究实验课程模块的探究、学习，学生可以在以下方面得到发展：掌握基本的化学实验方法和技能，了解现代仪器在物质的组成、结构和性质研究中的应用。事实上，了解并能正确使用实验教学中常用的仪器，掌握一定的实验基本技能是高中化学实验教学课程的最基本任务之一，是开展实验设计和探究的前提。由此可见，切莫忘记通过复习教材探究实验的每一个操作细节来规范学生的行为，提高学生的实验基本技能，培养学生的科学素养和创新能力，这样才能突破新高考中以实验为载体的创新题型。

《化学实验论》中提到："实验已不仅仅是一种为学生提供感性认识的直观手段，而且还是激发学生化学学习兴趣，使学生掌握化学知识、实验技能和科学方法，培养学生解决化学问题的能力和科学态度、科学的自然观的一种非常重要而有效的途径和方法。"可见，高三复习课重视教材探究实验对培养和提高学生的科学素养及创新能力将起到不可估量的作用。新高考最渴望考查考生的也是科学素养及创新能力。

三、重视情境创设，激发学生兴趣，促进师生互动，提高复习效率

为什么要强调创设教学情境的重要性，而教学情境又有什么实际意义呢？德国一位学者说过这么一个比喻：将15克盐放在你的面前，无论如何你都难以下咽，但是将15克盐放入一碗美味可口的汤中，你就会在享用佳肴时，不知不觉地将15克盐全部吸收了。情境之于知识，犹如汤之于盐，盐需要溶入汤中才能被吸收，知识也需要融入情境之中才能显示出活力，才能容易被学生理解、消化和吸收。高考复习课由于是重温知识，大多数教师根本不考虑是否生动有趣，很少去考虑创设教学情境，因为复习课很难创设情境。但是，如果我们以教材探究实验为导向，就可以通过很多有利的因素创设教学情境。利用教材探究实验可以创设许多能激起学生兴趣的教学情境，从而激发学生的求知欲，转变学生的学习观，从"要我学"变成"我要学"，把被动学习变为主动学习。只有调动学生积极主动参与课堂教学，师生共同探讨，才能提高复习效率，才能高效地掌握并学会运用知识。例如，在复习铝单质及其化合物时，笔者先用网络上提供的视频演示教材中的"铝热反应"，给学生重温实验现象：反应放出大量热，并发出耀眼的光芒，纸漏斗的下部被烧穿，有红彤彤的熔融物落入沙中。通过直观的剧烈反应现象激发学生的好奇心，让他们带着强烈的求知欲和孜孜以求的心理进入学习的情境中。然后投影出以下材料：已知 Al、Fe_2O_3、Al_2O_3、Fe 的熔点、沸点数据如下：

物质	Al	Fe_2O_3	Al_2O_3	Fe
熔点（℃）	660	1462	2054	1535
沸点（℃）	2467	—	(2980)	2750

接着设置问题：

（1）引发铝热反应的方法是什么？反应原理是什么？

（2）某同学推测，铝热反应所得到的熔融物应是铁铝合金。理由是：该反应放热能使铁熔化，而铝的熔点比铁低，此时液态的铁和铝熔合形成铁铝合金。你认为他的解释是否合理？

（3）设计一个简单的实验方案，证明上述所得的块状熔融物中含有金属铝。填写

下面表格。

所用试剂	
实验操作及现象	
有关反应的化学方程式	

(4) 实验室欲溶解此熔融物，下列试剂中最好的是____（填序号），理由是什么？

A.浓硫酸　　　　　　B.稀硫酸

C.稀硝酸　　　　　　D.NaOH溶液

通过设置以上4个问题，把铝单质及其重要化合物的知识以问题导学的方式呈现给学生，使该部分的主干知识得到了很好的巩固和应用，同时与铁及其氧化物性质进行对比（熔融物其实是Al、Fe、Fe_2O_3、Al_2O_3等物质的混合物）。本节课学生在预设的情境及问题驱动下，自发参与到课堂中来，师生共同讨论、研究，关系融洽，这样的高考复习课才是有效的课堂，才能真正提高复习效率。

教学反思：以教材探究实验为导向的复习模式，相对传统型复习课而言有两个突出特点：第一，知识形象化。没有沿用"知识点回顾+练习"的模式，而是把知识点与实验现象、问题融合在一起，把知识问题化，以考点串联知识点而非简单罗列，避免了"炒旧饭"。第二，学生主体化。传统复习课中教师会帮助甚至代替学生整合好所有的内容，这样的复习方法往往使学生"消化不良"，学习效率低下。而该复习模式更加关注学生的学习过程，符合学生的认知规律。除此以外，该复习模式还特别强调充分利用课本资源，对学生在复习阶段重参考资料不重课本的不良习惯做了纠正，并很好地利用了课本上的重点实验挖掘出了有价值的问题。

实践证明，教材探究实验是学生联想记忆的重要源泉。高考复习过程中，如果我们能引导学生回归课本教材探究实验，那么我们的教学将达到事半功倍的效果。同时，运用该复习模式能体现新课改精神，提高学生的参与度，变被动复习为主动复习，复习形式从单调走向多元化，从内容罗列重复走向内容精彩纷呈，促进学生养成善于观察、主动提问、分析和解决问题等良好习惯。

化学教学中培养学生创新能力的认识与实践

梁东旺

2011年科技界的重大事件之一,无疑是乔布斯的离世。乔布斯以毕生的创新精神,缔造了苹果公司的商业神话。可以说,创新是人类社会发展与进步的永恒主题。作为实施这一战略任务的主阵地,中学教学应该肩负起怎样的重任?我们面临的问题是什么?怎样建构培养学生创新能力的策略和办法?这是每一名教师必须认真思考和努力探索解决的重要问题。下面笔者就此谈谈自己的认识。

一、教学中存在的几个问题

(一)认识偏颇

长期以来,提到创新能力,存在两种片面的认识:

第一，一些教师习惯将它与发明创造等同起来，与"神童""天才"画等号，认为自己的学生都是凡人，不可能有什么惊人的创举，因而教学中对创新能力的培养无目的性和针对性，无形中抑制了学生创造力的激发和施展。第二，有的教师认为平时的教学就有培养学生创新能力的因素，无需再刻意追求什么专门的方法与手段，其结果是放任自流，听之任之。这两种认识都是十分片面的。没有明确的目标必然就缺乏有效的思考和实施策略，也必然导致创新教学效益的低下。

（二）重教轻学

化学教学的本质是化学思维活动的教学，要培养学生的创新能力，首先必须让学生积极地展开思维，主动地参与教学过程。但是，目前仍普遍存在的是教师只重视如何把教材教好，而忽视学生如何把知识学好，尤其是忽视"教"如何为"学"提供足够的方便和可能。反映在教学上就是讲课尽量讲全、讲透，不留余地，课外布置大量作业，不给学生留有空间和时间。难怪有人说，有的教师像厨师，想让学生吃什么菜就煮什么菜，先煮哪道菜学生就得先吃哪道，完全不顾学生口味。久而久之，学生的创造欲望就会减弱，直至被扼杀殆尽。

（三）重结论轻过程

在教学实际中，有的教师只讲知识的结论，不提人们发现或创造知识的艰难的探索过程。的确，对于许多概念或理论，当初化学家是如何构想出来的，尤其是当时的思维过程，确无可靠史料。教学中对知识的剖析，常常是教师在实践中不断"悟"出来的，是教师创造性地"复现"出来的。如果教学中忽视了对学习过程中的发现、创造、犯错误、扬弃和承认等认知过程的充分暴露，学生的学习就会缺乏认知的基础，就失去了领悟如何分析、思考和解决问题的思想方法的良机。而缺乏对过程的认识和理解，被动地操练不知从何而来的"知识""技能""技巧"，无异于"无本之木，无源之水"。长此以往，学生就会失去对知识来龙去脉刨根问底的探索精神，创新就会成为空谈。

（四）忽视科学思想方法的教育

科学的思想方法指在学习或研究自然科学问题的过程中，为发现问题、提出假说、搜集事实、做出解析、论证等所遵循和使用的手段或思维的方法和程序。科学的思想方法是获取科学知识的主要手段，蕴含着极大的智力价值。但是，在平时的化学教学中，一些教师对科学思想方法教育的目标不明确，缺乏计划性、系统性和层次性。例如，有的教师很少讲解如何应用化学知识来解决实际问题，以及它的不完备之处在什么地方，还应该怎样发展，学生误认为知识不是通过无数的犯错、探索、寻觅得到的，因而满足现成的结论，轻易相信唯一的解释。长期的因循守旧、照搬文本，学生失去的是思维的活力，压抑的是创新的精神。

（五）释疑的误区

学生在认识和解决化学问题时，常常会有许多想法，其中不乏独特的见解和创新的火花，尽管它不一定是完善、科学的。但是，不少教师释疑时，却常常不顾学生的原有思路，只局限于告诉学生应该怎样做，甚至不假思索地把自己解决问题的办法和盘托出，表面上看，似乎很完善地解答了学生的问题，却忽视了很重要的一点，那就是无形中简单地否定了学生解决问题的思路，把释疑变成了一种新的灌输，背离了学生认知的基础，抑制了学生创新思维的发展，其结果是扼杀了学生的创造性思维。

以上种种问题，是中学化学教学实际中仍较普遍存在的现象，这些问题的总和，构成了化学教学中培养学生创新能力的障碍，应该为化学教师所正视、思考。

二、建构培养学生创新能力的教学策略

（一）实施以学生为主体的主体教育

主体教育是一种充分注重学生主体地位，以培养和发展学生主体性、主动性、自觉性和创造性为核心的素质教育。主体教育体现了以人为本的理念。实施主体教育，关键在于真正把学生看作是学习的主人，在教学活动中，充分尊重他们，形成良好的能激发学生不断创新的宽松环境和自由空间。

1.建立和谐民主的师生关系，增强学生的主体意识

学生对知识的学习态度，在很大程度上取决于他对教师的态度。当学生感到是在一种平等、信任、理解、尊重的和谐的氛围里学习时，他可以在展开思维时无须处于防御状态，保持心理的"自由"，能够充分表现自己思想的火花而无须压抑，从而发展

创造力。因此，教师在组织教学时，应设身处地为学生着想，给学生创设成功的机会，对学生的每一次进步或发现都给予肯定，使学生感到自己被重视并获得成功的自豪感。这样，学生的情绪才会不断提高，主体意识才会不断增强。

2.创设学习情境，激发学生主动参与

学生的学习过程，是一个以积极的心态调动原有的知识经验、尝试解决新问题、同化或顺应新知识的积极的建构过程。因此，教师要创设学习情境让学生参与教学，让学生自己去讨论、去研究，鼓励学生发表见解，互相争论，互相启迪，这是培养学生创造性思维的必要途径之一。

例如，在学习"原电池"一节时，笔者准备好以下药品：稀硫酸、铜片、锌片、乙醇、电流计、碳棒、导线等材料。让学生自主探索什么是原电池；如何组成一个原电池。在学生的探索过程中，学生会产生许多疑问，为什么把铜片和锌片用导线连接起来后，铜片表面有气泡产生？电流计的指针为什么会发生偏转？从而加深对原电池原理的理解。观察能力强的学生还可以发现更多的现象：为什么用导线将锌片和铜片连接后放进乙醇溶液中，铜片上没有气泡？直接把锌片和铜片靠在稀硫酸中，为什么铜片上也会产生气泡？通过学生自己的讨论，得出了原电池的形成条件：

（1）有两种活动性不同的金属（其中一种可以是非金属）；

（2）有电解质溶液；

（3）形成闭合回路（电解质溶液和电极接触，电极之间可以让电子转移）。教师在课堂上稍加点拨，即可完成教学目标。

3.注重过程的教与学

教学是活动过程的教学。化学教学要重视问题揭示和建立新旧知识的内在联系，要重视学生获取知识的思维过程，即学生参与教学活动的感知过程和理解过程。这需要教师做好以下工作：一是引导学生参与知识的发生、发展过程，培养学生的探究意识和观察能力；二是让学生参与形成结论的抽象过程，培养抽象思维能力和理解能力；三是让学生参与例题分析过程，培养想象力和运用化学思想方法的能力。这样，才能使学生真正认识和理解知识发生和发展的必然因果关系，有利于发挥学生的主动性，发展学生的创造性思维能力。

4.树立服务观念，教必须服从于学的需要

实施主体教育，教师必须树立服务意识，使教真正适应学的需要，服务于学的需要。例如，当学生的思维与教师不一致时，教师要服从于学生；当教学过程与教学设计不一致时，教案要服从于课堂；当学生进行研究、讨论、思考时，教学进度要服从于效果；等等。同时，要注重分层教学，对不同层次的学生提出不同的要求，有意识地考虑不同层次的学生的情况，使每一层次的学生都能在其"最近发展区"内充分发展，使全体学生学有所得。

（二）注重化学科学方法训练及思维能力的培养

化学教学中，应注重科学方法训练，突出培养学生的思维能力特别是发散思维和创造个性。发散思维指的是思维主体在展开思维活动时，围绕某个中心问题向四面八方进行辐射的积极的思考和联想，广泛地搜集与这一中心问题有关的各种材料、相关信息和思想观点，最大限度地开拓思路，从而获得一系列相关的发明与发现的一种思维品质。创造个性包括：独立性、自信心、好奇心、冒险精神、表达欲、想象力、敏感性等。这是培养学生创新能力的重要途径。

1.培养学生思维的独立性

思维的独立性就是善于独立地发现问题、分析问题、解决问题。怎样培养思维的独立性呢？笔者认为最重要的就是要创设以学生独立活动为主的探究式教学情境。例如：能由学生发现的问题教师就要引导学生主动提出，能由学生解决的问题教师就不轻易代替解答，能由学生归纳总结的教师就不急于先下结论，能由学生个体回答的就不集体作答，等等。使学生养成遇事能自己开动脑筋，自己寻找解决问题的途径和方法，不依赖他人的独立思维习惯。

2.注重联想训练

联想是产生直觉的先导，它能孕育预感，催生灵感，是培养创新能力的重要途径。因此，化学教学中，要注重引导学生联想一些形式相同的、思考方法相似的、结构相近的熟悉问题或常规问题，拓展联想空间，从而有效地解决问题。

例如：关于 SO_2 的性质教学。

联想1：SO_2 和 CO_2 组成相似，性质也相似，除了能和碱性氧化物、碱、盐等物质反应，也能和 Mg 反应：

$2Mg+SO_2 \xrightarrow{点燃} 2MgO+S$；和 Na_2O_2 反应：$2Na_2O_2+2SO_2=2Na_2SO_3+O_2$。

联想2：由于 S 的化合价为+4价，属于中间价态，有还原性，除了能和酸性高锰酸

钾溶液、溴水等反应，也能和Na_2O_2反应：$Na_2O_2+SO_2=Na_2SO_4$

上述性质，都与课本上SO_2的常规性质相去甚远。教学中教师如果有意识地注重这些联想训练，就会不断提高学生思维的品质，促进创新能力的提高。

3.鼓励发散和标新立异

发散性思维是创造性思维的主导成分，对创造性思维的产生和发展有着极大的作用。思维敢于发散，敢于标新立异是创造型人才的一大特征。因此，在教学中要注意因势利导，及时鼓励、支持学生发散和标新立异，鼓励他们敢于另辟蹊径、勇于探索、不断创新，以培养学生的创新品质。

例如：在一定体积的密闭容器中放入3L气体R和5L气体Q，在一定条件下发生反应：2R（气）+5Q（气）=4X（气）+nY（气），反应完全后，容器温度不变，混合气体的压强是原来的87.5%，则化学方程式中的n值是（　　）。

A.2　　　　　B.3　　　　　C.4　　　　　D.5

有学生观察到了反应后气体的压强减小，从而知道：

这是一个体积减小的反应，说明n等于2。这是非常简单而又有效的解法。如果我们在教学中注重不断地激发学生的创新热情和创新意识，并加强指导和训练，我们就能够培养出具有创造力的新一代。

4.鼓励大胆猜想并勇于实践

猜想是依据某些化学原理和已知事实，对某些未知现象做出的似真推理，是科学假说在化学中的体现。牛顿有一句名言："没有大胆的猜测，就不会有伟大的发现。"

猜想可以点燃创造性思维的火花，创造往往开始于不严格的猜想，"观察（实验、分析）—猜想—证明"是化学乃至科学发展的重要途径。因此，教学中要注重鼓励学生依据经验素材，利用实验、归纳、类比、直觉等手段，对所研究的问题通过合情猜测，形成化学猜想，并通过逻辑验证其结论，从而发展学生的创新能力。

勇于实践是重要的科学素质，大凡有成就的科学家都具备很强的实践能力。许多学生在解题或认知时，常常有非常好的想法，但就是缺少试一试的行动，延缓甚至失掉了一个良好解法的诞生。因此，教学中要鼓励学生大胆一试，把想法变成行动，逐渐形成对科学执着追求的品质，这是创造型人才应有的素质。

当前，以创新为重要标志的知识经济正向我们走来，培养创造型人才已成为全球性战略。因此，我们要注重对教学方法和手段进行创新，注重对教学内容进行创新，注重对教学思想方法进行创新，用"创新性地教"为学生"创造性地学"创造环境和条件，从而有效地提高学生创新能力，为国家培养更多、更好的创造型人才。

【发表于《中学教学参考（中旬）》2012年第5期】

探究式教学：
异化实施效应的外显与警示
——基于高二化学探究素养调查的分析与思考

贝伟浩　黄都　张金恒

一、问题的提出

科学探究与创新意识属于2017年版《普通高中化学课程标准》所界定化学学科核心素养五个维度中的过程性维度。素养结构的知识、观念和能力，唯有通过创新意识参与的科学探究过程，才有可能真正落地。然而，从近年的普通高中化学学业水平考试和普通高考应答数据分析中发现，考生在结构良好的知识立意型试题上答对概率较高，而在涉及原因解释、复杂推理、科学本质、方法创新等问题上的答对概率却很低，即多数考生复杂认知和高阶思维的化学素养尚未形成。

基于数据分析和实践反思，笔者认为造成上述问题的原因可能是高中阶段的化学教学在科学探究这一过程性目标维度上落实不够。为此，我们设计了调查问卷，以高二学生为调查对象，期望通过对高二学生的化学科学探究素养评估和科学探究过程的水平描述，为化学教育实践及研究者探析高中化学科学探究式教学实施现状、问题提供数据支持，也为化学学科核心素养落地教学实践设计奠定基础。

二、实施调查及数据处理

参考刘东方和王磊教授的《科学探究能力的构成要素——基于国外科学课程文件的分析》中关于国外科学课程文件中科学探究能力的构成要素，依托化学科学探究的经典题目，调查问卷从猜想与假设能力、制定计划能力、选择探究方法能力、进行实验能力、反思与评价能力、探究态度和探究现状等7个方面进行设计。编制高二学生化学科学探究素养调查问卷，本问卷调查内容主要包括7个方面，共18题，其中第1题为对问卷填写者基本信息的采集。根据查测的不同内容，相应设置了四种题型：单选题、不定项选择题、排序填空题和填空题。此次调查对象为高二年级学生共666名（男生300名，女生366名）。收回有效问卷666份，各题均采用计分的方式量化结果。

对调查数据的处理方法是：（1）通过描述性统计分析，了解高二年级科学探究素养整体水平；（2）采用主成分分析法，探析化学科学探究素养的主要构成维度；（3）使用聚类方法，对化学探究素养水平进行分层比较、水平划分；（4）采用方差分析方法，对探究素养主成分和层级分布进行多重比较。期待通过统计分析，获得有利于验证观点、解决问题的重要发现。

三、调查结果分析

（一）总体分析

1.高二学生探究素养整体偏低

为直观了解高二学生化学探究素养水平，我们进行描述性统计分析（见表1）。从统计结果看，偏度（sk）都比1小，符合正态分布。化学探究素养整体得分43.2分（比率61.7%），35~50分数相对集中。从统计指标平均分可以看出，制定计划能力5.2分，得分率仅为52%，为不及格水平；其他猜想与假设能力6.0、选择探究方法能力6.3分、进行实验能力6.5分、反思与评价能力6.0分、探究态度6.3分、探究现状整体得分6.9分，得分仅为及格水平（各要素满分10分，满分70分）。

表1 探究素养描述性统计

	猜想与假设	制定计划	探究方法	进行实验	反思评价	探究态度	探究现状	总分
平均分（比率）	6.0（60%）	5.2（52%）	6.3（63%）	6.5（65%）	6（60%）	6.3（63%）	6.9（69%）	43.2（61.7%）
标准偏差	1.2	1.4	2.3	1.8	1.4	1.4	2	5.2
偏度	-0.3	-0.3	0.3	0.1	0.6	0.1	-0.3	0

得分显示，学生制定计划能力偏低，猜想与假设能力和反思与评价能力欠缺。这说明学生在创新设计、质疑批判、观念建构、反省认知、本质洞察等高阶探究思维活动亲历较少，相应的探究素养维度表现水平并不乐观。

2.多数学生科学探究素养水平为及格层次

化学核心素养作为高中生发展核心素养的重要组成，每一核心素养在学业质量水平要求上划分为四级水平。化学科的学业水平质量更多是学科内容层面上的要求，还不是单一素养内涵的结构划分。本研究被试群体人数666人，样本不小，所反映的化学探究素养水平应有层次参差。如何划分被试学生整体化学探究素养的水平层次，尚未有文献提及。文献已有物理科的科学探究水平划分的研究，比如划分为四级等，但未提供划分依据和方法。受统计学聚类分析的启发，本研究尝试用聚类方式（K-Means法）研究化学探究素养，尝试进行化学科学探究素养的有效层级划分。判断合理聚类K值的方法有"肘部法则（Elbow Method）"和"轮廓系数（Silhouette Coefficient）"两种方法。肘方法的基本理念就是找出聚类偏差骤增时的K值，通过画出不同K值对应的聚类偏差图——碎石图，曲线有点类似于人的手肘，而"肘关节"部分对应的K值就是最恰当的K值。本文用肘部法则，即手肘法。

在SPSS 25中选择因子分析——降维，变量为7项探究素养能力，选择旋转矩阵——碎石图，输出碎石图（见图1）。

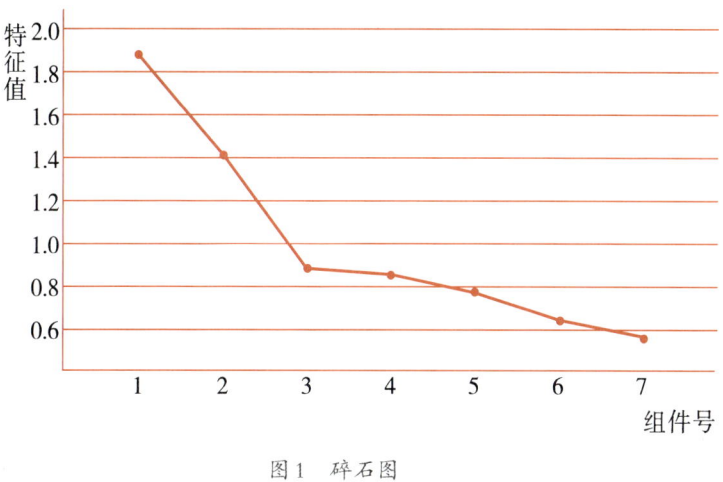

图1 碎石图

很明显,曲率最大处K值为3,此时畸变程度得到大幅改善,可以考虑选取K=3作为聚类数量。我们将全体样本划分为三类较合理,亦即化学探究素养应当划分为三层水平。

为了研究三类人群对应素养的情况,还需了解个案的聚类信息。在SPSS 25中,选择K均值聚类,把7个探究能力变量设定为聚类分析变量,聚类数中输入K值"3"。获得聚类中心(总得分)和人数情况见下表2。

表2 聚类中心(总得分)和人数分布

分类	1	2	3
最终聚类中心(总得分)	49.8	43.1	36.4
人数	162	351	153
占比	24.3%	52.7%	23.0%

第一层次人群162人,占比24.3%,聚类中心为49.8(得分率为71.1%),该水平界定为中等水平;第二层次人群351人,占比52.7%,聚类中心为43.1(得分率为62%),该水平界定为及格水平;第三层次人群153人,占比23.0%,聚类中心为36.4(得分率为52%),该水平界定为不及格水平。

从水平划分看,学生的科学探究素养未发现有优秀、良好水平,总体水平偏低,而且及格水平的占据50%左右。表明从初三、高一到高二,化学教学的科学素养落地教育水平实效不佳,进步迟缓,多数学生停留于及格水平,学生个体间差异并不显著。这意味着,学生在日常考试中虽然能够答对一些复杂的探究题,考试总分看起来也不错,但是学生的科学探究素养并未达到良好的状态;学生答对科学探究题并不是通过科学探究素养真正落地的方式达成的，而是通过强化训练、机械训练、套答套作来获得的高分。而这种领先机械训练出来的去情境化的得分方式，对于很多学生而言，是非常痛苦、单调乏味的。以至于在高考中的综合分析题，如化工流程分析、实验探究、化学反应原理综合应用题、物质结构综合题、有机化学综合题，多数考生选择放弃答题，总体得分偏低。

（二）结构分析

1.化学科学探究素养构成维度及水平界定

化学科学探究素养可分为探究实践和探究思维两个维度。为更方便描述化学探究素养，有必要对7项能力变量进行因子分析，提取主要维度进行描述。进行KMO和巴特利特检验，显示KMO取样适切性量数为0.676，说明该数据可做因子分析。在SPSS 25中选择降维、因子分析，选择提取方法：主成分分析法，采用旋转方法为凯撒正态化最大方差法。输出成分得分系数矩阵（见表3）和旋转后空间中的组件图（见图2）。

表3　成分得分系数矩阵

成分		猜想与假设	制定计划	选择探究方法	进行实验	反思与评价	探究态度	探究现状
	1	0.323	0.016	−0.017	0.101	0.327	0.435	0.409
	2	0.101	0.504	0.378	0.501	−0.061	−0.024	0.056

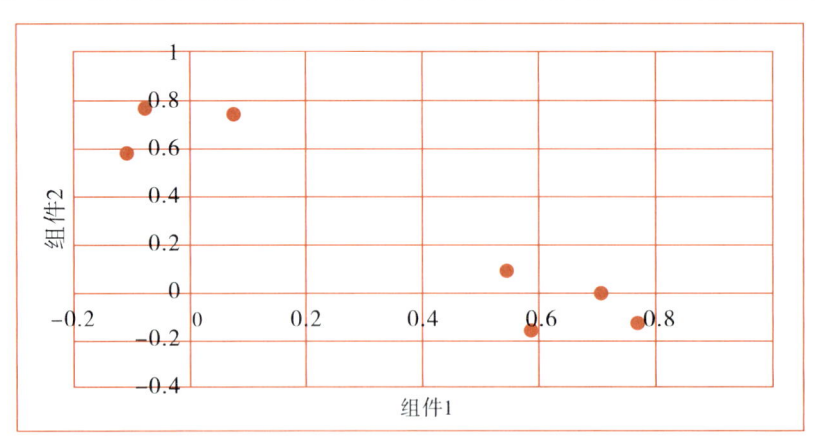

图2　旋转后的空间中的组件图

得分系数中，根据相关度的紧密程度，将科学素养分为两个维度：维度一，制定计划能力（0.016）、选择探究方法能力（−0.017）、进行实验能力（0.1017），命名为探究实践；维度二，猜想与假设能力（0.323）、反思与评价能力（0.327）、探究态度（0.435），命名为探究思维。从各维度对探究素养整体得分的贡献度看，探究实践的贡献度最小，探究思维贡献度最大，两者差异显著。

2.探究素养的两个维度三水平结构模型

在划定化学探究素养为三层水平，并找到各层次划分点后，我们尝试按层次描述化学探究素养。研究办法：各层均抽取30份答卷，三层次共抽取90份答卷，对90份答卷进行研究。抽取办法是围绕每一层的聚类中心抽取答卷，围绕聚类中心抽取样本研究，充分了考虑样本的代表性。操作方法：按聚类中心点的得分递增逐次抽取15份，按聚类中心点的得分递减逐次抽取15份，共30份。例如，第一层次的抽取方法是，围绕49.8分，49.8分以上按分数递增逐次抽取15份答卷，49.8分以下按分数递减逐次抽取15份答卷。以同样方法抽取其他层次答卷。以三层次共90份答卷为研究对象，进行答卷分析，研究化学探究素养各层次水平状况。同时，依据普通高中化学课程标准与学业质量水平的要求，尝试以两个维度和三水平层次，对化学探究素养进行描述，下表4为化学科探究素养水平划分框架。

表4 化学科探究素养水平划分框架

		水平一	水平二	水平三
探究实践	实验设计	前设计	简单设计	复杂设计
		根据已有实验方案进行实验	能完成简单化学实验	制定科学的探究实验方案
	实验操作	操作导向	数据导向	目的导向
		能完成简单化学实验	能完成简单化学实验并收集数据	能按探究实验方案完成化学实验并收集特定主题所需的信息
	数据处理	事实性结论	概念性结论	规律性结论
		能对实验数据进行初步整理，得到直观的结论	能分析数据，发现特点，形成结论	分析信息，发现规律，形成合理结论
探究思维	提出问题	边缘性问题	本质性问题	系统性问题
		具有问题意识能提出化学问题	提出可探究的化学问题	能提出并准确表述可探究的化学问题
	提出假设	直觉假设	逻辑假设	理据假设
		能做出初步的假设	能依据假设初步制定化学探究方案	明确问题性质、解决问题条件与关系，做出有依据的假设
	结论解释	先验式推理	证据式推理	发现式推理
		尝试用已有的化学知识进行解释	能基于证据进行分析推理	能解释证据与结论之间的关系，能依据已知的证据生成新的观点

对两维度三水平的多重比较分析（见表5）表明，各维度的构成因子之间均存在显著性差异，说明上述内容分析及等级划分是合理的。

表5 探究素养两维度三水平间多重比较

探究素养维度（均分）	I素养水平一（均分）	J素养水平二、三（均分）	平均值差值（I-J）
探究实践（17.94）	一（21.158）	二（17.964）	3.1937*
		三（14.478）	6.6802*
探究思维（25.22）	一（20.336）	二（18.135）	2.2013*
		三（16.429）	3.9166*
*.平均值差值的显著性水平为0.05			

3.被试三层次类群的素养维度得分分析

对中等、及格、不及格三个层次被试的探究实践和探究思维进行得分统计（见表6）发现，中等水平学生的探究实践略高于探究思维，说明这个水平的学生，即使未能经常亲历科学探究历程，但凭借其想象力、日常观察、理解力和其他未知途径的探究实践活动，其探究实践水平与探究思维水平得以协同提升，呈现实践引领思维的发展趋势。而及格、不及格学生群体的探究实践得分明显低于探究思维得分，说明对这类群体学生而言，探究实践并未能够转化为支撑探究思维发展的动力，或者探究思维的发展是脱离于探究实践而前行的。

表6 两维度三水平描述性统计

	探究实践			探究思维		
	人数（占比）	平均分（得分率）	标准差	人数（占比）	平均分（得分率）	标准差
中等	172（25.83%）	22.911（76.37%）	2.0674	94（14.11%）	22.775（75.92%）	1.858
及格	309（46.40%）	17.913（59.71%）	1.3691	349（52.40%）	18.924（63.08）	1.026
不及格	185（27.78%）	13.364（44.55%）	1.9723	223（33.48%）	15.366（51.22%）	1.4497
合计	666	17.94	3.9065	666	18.276	2.7671

为了进一步探索探究思维与探究实践之间的协同关系，我们还需要进行两者的相关分析。

4.探究素养不同维度及其构成因子的相关分析

将探究思维与探究实践的各构成因子进行相关分析（见表7、表8），结果发现：两者总体呈负相关关系，其中，猜想与假设和探究实践、实验操作与探究思维相关不显著；探究态度、反思评价与探究实践显著负相关；数据处理、实验设计与探究思维显著负相关。

表7 探究素养不同维度相关性

		相关性			
		维度二：探究思维	猜想与假设	反思与评价	探究态度
维度一：探究实践	皮尔逊相关	−.137**	−0.012	−.130**	−.135**
	Sig.（双尾）	0.000	0.763	0.001	0.000
	个案数	666	666	666	666

**.在0.01级别（双尾），相关性显著

表8 探究素养不同维度相关性

		相关性			
		维度二：探究实践	设计	操作	数据处理
维度一：探究思维	皮尔逊相关	−.137**	−.094*	−0.012	−.097*
	Sig.（双尾）	0.000	0.016	0.758	0.013
	个案数	666	666	666	666

**.在0.01级别（双尾），相关性显著

上述结果很是令人意外，与学习科学中的"知行合一，知行并进"的教育思想与教学预期相背而行。高二阶段的科学探究，应当体现在认知层面上基于实验现象和实验数据的证据推理与模型建构；在问题解决层面上的项目式学习。然而事实上，我们真正实施的是脱离动手操作的认知建构和探究性问题解决。因此，我们推测，出现上述结果是我们长期采取以解题为载体的科学探究素养教育模式的结果。

为了证明"实践与思维呈正相关"的推测，我们进一步统计不同层次学生的探究实践与探究思维的相关程度（见表9），结果仍事与愿违，统计结果并不支持我们的推测。

表9 不同层次学生的探究实践素养与探究思维之间的相关分析

			探究思维	猜想与假设	反思与评价	探究态度
第一层次（个案数172）	探究实践	皮尔逊相关	−.488**	−0.012	−.130**	−.135**
		Sig.（双尾）	0.000	0.763	0.001	0.000
第二层次（个案数309）	探究实践	皮尔逊相关	−.360**	−.094	−.203*	−.411**
		Sig.（双尾）	0.000	0.279	0.018	0.000
第三层次（个案数185）	探究实践	皮尔逊相关	−.609**	−.243**	−.309**	−.511**
		Sig.（双尾）	0.000	0.000	0.000	0.000
		**.在0.01级别（双尾），相关性显著				

上述统计结果表明，探究实践与探究思维总体上是显著相关的，但我们的教学处理却使两者发生显著负相关。其原因是探究实践的空无以及探究实践活动过程中思维参与的缺席所致。未来的教学中，不仅要进一步补足本应实施的探究实践，而且还要提升探究实践的思维参与水平。

5.化学探究素养两维度三水平性别比较

进行探究素养两维度性别间的比较（见表10）。发现：探究实践能力上男生（18.239）略高于女生（17.695），但没有显著性差异；探究思维上男生（18.015）和女生（18.489）存在显著性差异，女生得分稍高。

表10 探究素养两维度性别间比较

探究素养维度	探究实践		探究思维	
性别	男	女	男	女
人数	300	366	300	366
$M\pm SD$（均分±标准差）	18.239±4.06	17.695±3.76	18.015±2.87	18.489±2.65
显著性	0.074		0.028*	
*.平均值差值的显著性水平为0.05				

女生在探究思维上优于男生，与日常观察基本相符。但与教育愿景可能相背离。

四、结论、讨论与建议

（一）研究结论

1.高中阶段的科学探究能力发展停滞不前，多数学生探究能力仅近乎及格水平

化学科学探究素养的培育，从初三开始启动，要求学生能通过实证活动来生成化学知识、观念和方法，这种教学方式要求学生亲自动手做实验来实施，期望学生的探究素养能扎根于充满默会知识的实践感之土壤中并逐阶发展，然而，很多初中教师认为"初中化学不用做实验"，很多高中老师则说"实验室被用作教室了""没有实验员""仪器不够用"等。学生的探究实践变成了解题实践，从纸得来到纸上应用，自然趋于浅薄、困惑。三年全是以解题代替实践，探究素养自然停滞不前，趋于群体平庸。

2.探究思维和探究实践之间相互消解，背道而驰

思维、语言、实践向来是不分家的，而是相互促进、协同发展的，然而，在当前

的科学教学处理方式下，思维与实践竟然相互消解，既伤了学科语言的理解与随时调用，又伤了蕴含丰富默会知识和潜能挖掘空间的实践感，两者相伤，专家思维、专业技能、学科情怀等素养目标的落地，将变得越来越艰难。2019年高考题全国Ⅲ卷中有三个问题，一为有机酸转化为更易溶的有机盐；二为产品纯化的重结晶方法，三为转化率计算，满分6分，近20万考生中，多数留空白，平均得分仅为0.81分，得分率为13.5%。试想想，如果学生都做过相关实验，答题时答案就会自然涌出。然而，相反的是，我们考前至少训练了近50道题，答案却如海底捞针，无从想起。

3.针对不同学生，采取不同处理方式

女生相对男生而言，静心解题能力较强，细节处理能力较强，男生好动、粗心，多数不适应扎根于解题的探究素养训练体系。这表明，应针对不同学生的特点采取更适合的科学教育处理方式。

4.上一轮课改努力追求的科学探究式学习方式，在实际操作中异化效应得以显现

探究式学习的浪潮，发源于2003年启动的新课程改革，持续近15年，本以为这种教学方式已经扎根实践，但事实上它只扎根于教师的"好教育"理念之中，老师"心知肚明"，却不敢真正实施。科学探究之教育理念，仍然仅限于表演课、比赛课中使用。这种彻头彻尾的教育改革实施范式，坚持实行十多年，其异化效应自然显现。

（二）问题讨论

本调查研究的对象是我们自己教的学生，数据不会造假，且数据还可以深度挖掘，但仅仅是本文所做的浅层挖掘，就能发现上述引发我们思考的现象和问题，这种发现用数据证实了一些善于教育感知及批判者的观点和看法。究其思维方式和行为方式的根源，就是我们承载"立德树人"之教育大业之时，是否真正确立"必胜之心、责任之心、仁义之心和谨慎之心"。如果在教育领域，我们不敢于面对实情，不敢于说真话，不敢于做"吹哨人"，不敢于透过科学数据看到危机来临，不敢于果断做出判断和决策，那么，教育领域的"疫情"亦会祸及千家万户。

（三）相关建议

解决调查发现的问题，关键在于教育行政部门、学校领导要深刻理解学科探究学习方式对人才素养培育的重要价值，重视调查研究所揭示的问题的严重性，把学校建设的重心转移到国家要求的学习方式的真正落实与践行之上，回归初心，重建态度，

重构课程教学新体系。

  强化推进探究式学习方式的基本途径：一是重建科学探究文化。崇尚科学精神，宣传科学家先进事迹，倡导学校师生参与发现、发明、创新实践活动，彻底反思"唯分数""唯升学"的教育实施行为的无意识倾向或有意识倾向，以"挖骨疗伤"之勇气，找准问题，忍痛去除思想"毒瘤"，重构教育新常态。二是整合科学探究学习课程资源。把经费投入实验室扩建、重建上来，提升实验员或实验老师的身份、待遇和地位，吸引高水平的毕业生从事实验教学工作，构建以科学探究为核心的研学课程体系，开展以项目探究为载体的科学实践教学活动。三是重构理科教学质量评价体系。建立面向中学的学科课程、教学、学习和科研质量评估体系，建立理科课程教学首席专家团队引领制度，将学科管理重心向学科课程教学学习转移，努力创建内行领导制度，尽量避免外行领导内行，建立学科领导问责制度。

以校庆为契机推进高中德育课程建设

——以南宁市第三中学120周年校庆为例

杨 菲

一、直面当前德育问题的实践型德育课程体系

当前,虽然中国社会已经进入新常态,教育事业也随着社会转型而蓬勃发展,但高中德育工作仍然普遍存在一些偏差与缺失。除了高中学段升学压力导致的重智育轻德育的顽疾外,德育工作者也存在一些问题,如下所述。

第一,德育观念偏差,不注重学生的主体性。不注重主体在道德活动中的选择性和自觉性;不注重主体在道德活动中的发展性和创造性。

第二，德育方法偏差，导致重说教轻感悟、重课堂轻实践。就当前的高中学校德育而言，学生主要是通过课题讲授即间接认识的途径去获得道德认知，但就青少年学生的年龄特点而言，他们更需要通过直接认识和实践的途径，去获得道德认知。

第三，对德育心理的认识缺失，导致不重视培养学生道德判断能力和选择能力。学生品德的形成过程是从道德认知开始，经过道德体验、道德判断，形成道德情感，最后才能产生道德行为。而传统的德育过程往往是教授了道德认知后，直接过渡到要求学生具备道德行为。这并不符合高中生心理发展规律。

从学校德育现状和新常态下德育发展趋势出发，南宁市第三中学提出了构建实践型德育课程体系的思想。因为，一方面，实践是更容易获得正确全面道德认识的德育方法。另一方面，在德育评价中学生学到的道德认知是否转化为正确的道德情感、形成正确的道德行为，只有通过实践才能真正检验。实践型德育课程体系思想体现了德育的主体性和德育的实践性，同时也为德育目标达成指明了可行的途径。

1999年，南宁市第三中学开始进行实践型德育的尝试，至今已有19年。实践型德育课程是按照德育课程目标，通过四个基本环节即"实践、体验、引导、升华"开展德育学习的课程。实践，即通过创设情境，提供一个岗位让学生参与实践。体验，即在实践中体验道德情感，引发学生的道德行为意向。引导，以实践中的道德事件为导入，引导学生进行价值分析，发展学生的道德理性思维、价值评判与选择能力。升华，即养成一种品德，以学生亲身实践体验为基础，通过思考、反省、内察、体悟，以求道德提升。南宁三中实践型德育课程包含了针对学生的自主管理、社会实践、人文素养、科技创新四类课程，还有针对德育工作的教师的研修课程以及针对家长的家校交互课程。

实践型德育课程的开展，改变了说教式德育的被动局面，为学生德育思维的内化提供了"实践""体验"途径，充分尊重学生的主体地位，大大提升了德育实效性。

二、以百廿年校庆为契机进行实践型德育的实践

校庆的意义何在？校庆既是具有精神价值和思想意义的纪念仪式，也是与学校具有各种关联的所有人士重温情谊、共同欢庆的盛大节日，并融合了对学校历史的追忆、现实的呈现、未来的展望，集中体现了学校办学理念，展示了学校文化品位与修养，延伸了学校个性与传统。在2017年11月18日校庆当天，南宁市第三中学借用广西民族

地区"赶圩"的概念,举办"校庆圩日",以公益性、参与性、教育性、创新性为原则,力求隆重简朴、喜庆热烈,以活动为载体回顾发展历程、展示办学成就、凝聚校友爱心、增进师生情谊。

在校庆圩日上,以学生和校友为中心、以校友的追忆和分享为主线设置了各种活动项目(见表1)。

表1 校庆圩日活动表

项目	内容	组织者
校门追忆	搭建1917年、1945年、1956年、1959年、1980年仿旧校门;征集三中老照片老物件等,举办三中历史展;以不同时期的三中毕业证为素材设立照片墙	学生会
纪念品义卖	在同学中征集校庆纪念品设计稿,制作并售卖,所得利润用于公益活动	学生会
校友大舞台	以舞台表演的形式,展现南宁三中社团文化;给予毕业校友一展风采的平台;促进师生间、同学间、校友间的沟通交流	团委
美食一条街	制作、售卖美食。学校营造一个规范的市场环境,指导学生在参与经济活动过程中,理解并运用政治学科中所学知识,理论联系实际,在实践中体验学科知识,在教师引导中升华学科知识	各班级同学、食堂工作人员、校医
校友咖啡厅	提供咖啡售卖与休息场所,增加迎接校庆的乐趣;定时进行动漫的表演;将社员的绘画作品印成明信片等有意义的纪念品进行售卖;为动漫爱好者创造的独特的动漫天堂	动漫社
老友棋茶社	提供茶桌、棋具等,供校友品茶、以棋会友;茶艺教学;中国结制作教学;古典舞表演	古风社、棋社
校友大调查	对校友进行基本资料的收集与分析,为建立校友平台做前期准备	IT协会
校庆许愿墙	班级全体同学在挂布上写下校庆祝福并签名,可对签名图案进行设计,由校友投票评选;校友可在校友许愿墙上留下校庆祝福	各班级同学、校友
校庆书画摄影展	展出教职员工、学生、校友的校庆主题书画作品	书画协会
校庆庆典	以"新诗会"形式追忆历史、呈现现在、展望未来	团委、艺术团、合唱团、舞社等
校庆直播	在直播平台上直播校庆内容	校园电视台
校史馆	向来宾介绍学校校史	广播站

续表

项目	内容	组织者
校庆采访	对校庆圩日进行全方位采访，制作校庆专展、形成校庆专刊	记者团、摄影协会、文学社
班级忆旧	将教室还原成70年代、80年代的模样，供校友重返课堂	井盖协会
朗读亭	诵读校庆主题的名篇或者自己的文学作品；收集收录优秀作品，通过志愿平台，把声音传给更多的校友	广播站、文学社

南宁市第三中学结合校庆圩日的各项活动，开设了实践型德育课程，分为人文素养、社会调查、艺体修养、活动管理、技术运用、志愿服务、教师研修七个类别，开发了专用的校本教材（见表2）。

表2 关于校庆的校本教材一览表

活动项目	校本教材或课程内容	课程类别
校门追忆、校友接待	《励志承贤——南宁三中校史》	人文素养类
校史馆	《真爱不老——南宁三中退休老教师纪实》《南邕名府——南宁三中实景文化解读》《景明春远——南宁三中愿景展望》	人文素养类
校庆采访	《口述史与新闻写作》	人文素养类
美食一条街	活动策划、活动立项与可行性分析、活动营销策略、活动的执行与控制、活动市场组织、活动管理、活动品牌塑造与经营、文化娱乐活动策划等	活动管理类
校友咖啡厅		
老友棋茶社		
校友大舞台		
校友大调查	《南宁三中校庆参与者的社会属性研究》	社会调查类
校庆许愿墙	《从审美情趣看代沟》	社会调查类
校友大舞台	《不同年代人群的K歌曲目偏好研究》	社会调查类
班级忆旧	《80年代教室的班级文化》	社会调查类
校庆书画摄影展	国画、书法、篆刻、摄影、衍纸画、布展等课程	艺体修养类
校庆庆典	朗诵、声乐、舞蹈课程	艺体修养类
校庆直播	主持课程	艺体修养类
纪念品义卖	装帧设计课程	艺体修养类
朗读亭	朗诵课程	艺体修养类
校庆直播	电视制作、播音主持、直播技巧等	技术运用类
校庆采访	新闻采写编评、新闻摄影等	技术运用类
志愿者培训	《南宁三中志愿者手册》	志愿服务类
教师培训	校庆主题班会设计大赛	教师研修类

在本次校庆圩日活动中，全体同学均参与了祝福墙、主题班会、美食一条街活动，学生社团成员中有392名学生志愿者承担了活动服务工作。在美食一条街活动中，学生们以班级为单位承包一个美食摊点，为校庆圩日提供美食。为此，各班需要递交经营项目申请、预计成本及价目表，由政治组老师审核后，才最终确定各班经营项目。而校医与食堂工作人员则从食品鉴别、食品采购、食品加工等环节，对学生们进行了卫生知识培训。每一个美食摊点，都贴着学校统一颁发的"工商营业执照"和"卫生许可证"。"美食一条街"上还设立有市场流通监督岗和消费者投诉站。同学们在活动中的岗位可能是CEO、财会、采购人员、厨师、售货员、清洁工、广告设计者、宣传人员……而392名学生志愿者首先要学习《南宁三中志愿者手册》，了解志愿服务的基本要求如礼仪、着装等，再根据自己的具体岗位选修相应的课程，最后"理论联系实际"，进行上岗实践。

有学者提出，为应对当前的德育问题，应构建"五线合一"的德育课程体系，即党和国家的形势政策教育课程、优秀传统文化和革命优良传统教育课程、心灵教育课程、校史校训教育课程、社会实践活动课程五大部分。校史校训教育在《励志承贤——南宁三中校史》中有充分体现；在《景明春远——南宁三中愿景展望》中融合了党和国家的形势政策教育；在《真爱不老——南宁三中退休老教师纪实》中老教师以及杰出校友胸怀祖国、爱岗敬业、无私奉献的事迹给予了学生优秀传统文化和革命优良传统教育；各大项目的活动参与以及充分的团队协作，为学生提供了心灵教育与社会实践活动课程。

可见，本次校庆圩日活动为学生提供了丰富的实践资源，学生可以根据学校需要和个人兴趣爱好，选择相应的实践岗位，在工作中收获体验，并在他人引导或自我感悟中得到升华。

三、校庆主题实践型德育课程的效果

南宁三中120周年校庆活动引起了广大校友、学生情感共鸣，赢得了社会各界的好评。从活动效果上看，本次校庆不仅完满达到了校庆活动目标、德育课程目标，还有两个出乎意料的收获：一是极大丰富了学校的德育资源；二是学生的道德体验格外深刻，并能做到自我升华。

学 研 相 济
聚 木 成 林

（一）极大丰富了学校德育资源

校友、老教师在接受采访时充满感情地描述了自己当年的学习生活，提供了生动鲜活的细节，蕴含着特定时代的历史，饱含着对国家、母校的深情，对南宁三中现有的校史资料、德育资源起到了很好的补充作用。

以下为部分采访手记：

莫军校友：

三中给我留下印象最深的就是纪律严明，那个时候我们的纪律是很严明的，大家都发奋读书，形成那样的一种氛围、一种习惯，没有哪个人愿意停留下来偷懒，是真的没有的，都是要努力去上大学的。

当时生活非常艰苦，一个星期才吃一顿肉。平常吃的都是白稀饭和馒头。当时的学校设施很差，很简陋，写在黑板上的字都是用很短的粉笔头。现在回来，以前的教室都不见了！原来这里是一个大的足球场，教室也很旧，现在我看到新的教室，还是很激动的。以前这个体育馆是个莲藕塘、水塘；现在的宿舍以前也是稻田，上课用的田，插水稻、种红薯、种玉米；田径场以前也是菜地。现在搞得挺好的，很满意。变化都是靠大家的……还有改革开放的成果，很满意，真的。

南宁三中老校长洪中信：

今天三中就是在过去三中的基础上逐步发展起来的。要说三中变化大，那就是在校容校貌上有变化，比较明显，但是学校的那种校风、学风、老师的工作态度、整个三中人的精神，都一直是保留了的。

比如说我最有体会的就是三中人敢于创新，三美学校当时是没有的，没有哪一个学校在办一个民办学校，没有一个开创。……但事实证明我们这条路是走对了的，是不是？

又比如说逸夫体育馆，当时在广西没有哪一个学校有体育馆的，包括大学都没有体育馆的，南宁三中在没有钱的情况下，争取到了邵逸夫先生赞助了80万元港币，我们自己筹集了1000多万元，把这个体育馆边设计边施工。比如说游泳池，当时1986年的时候，哪个大学有游泳池？哪个中学有游泳池？南宁三中有，南宁三中敢干，南宁三中干出来了。所以三中人就是这种精神，就是说，不怕困难，总是敢于向困难挑战。人家认为办不到的事情，三中它就要认定它要做了，它就敢做，而且能够做成功。

退休教师罗永屏：

我作了一首诗，赠给我们三中。

　　　　三中校庆有感
　　　　三中校庆喜洋洋，
　　　　学子归来情谊强。
　　　　不忘初心干实事，
　　　　百廿梦想谱新章。

徐建敏校友：

我自己的小孩也是从三中走出去的，我当时跟他说，30年前我走出这个校门，30年后我把你送进这个校门。我对你的期望就是利用现在这个好的学习条件完成好自己的学业，将来对社会有更大的贡献。祝福同学们都能实现自己的理想！

（二）学生得到深刻的道德体验、自我感悟升华

中央教科所德育研究中心主任詹万生教授认为：普通高中德育内容体系的基本框架是"五要素"，即道德教育、法纪教育、心理教育、思想教育、政治教育。在本次校庆圩日活动中，学生们在对校史的学习中、在与历届校友的沟通中充分感受到个人的发展、学校的发展与国家发展息息相关，从而受到理想信念教育、政治立场教育、爱国主义教育；在对杰出校友、退休教师事迹的了解中受到科学世界观、人生观、价值观教育和中国传统道德教育、职业道德教育；在团结协作排除万难完成志愿者任务的过程中受到意志品质教育、个性品质教育、集体主义教育。在实践型德育活动中，以上教育都不是由教师说教而获得，而是学生在实践体验中感悟内化而来。

以下为部分学生及社团的心得体会：

黄喆（高三学生）：

我已经高三了，这是我作为在校学生度过的最后一个校庆。最让我感触的就是校门追忆，1956年三中刚刚搬校时的校门、用竹子和木棍插起来的校门。《三中赋》中描述的"其时也，人离闹市，地处荒郊。四围古墓，满目蓬蒿。兔狐出没，蛇鼠逍遥。夏夜即萤火追随磷火；冬深则风号夹杂豺号。于是师生共勉，风雨同袍。凿井而饮，割草为樵"历历如在眼前。

我们曾经一穷二白，全赖前辈垒土为垚。

何虹霖（高一志愿者）：

或许可以用矛盾的普遍性与特殊性原理来解释，我们与校友们是不同的群体，但因为热爱，在朗读亭相遇，纵使我们是志愿者而他们是朗读者，可是在交流时，仍可

以感受到彼此的赤子之心，所谓"真·爱"教育，大抵是可以在其间体现一二的。

广播站成员：

校庆当天大家从上午七点半到位，一直站到下午三点钟都在认真工作，中间只有半个小时轮流解决午饭的时间，由于人手不够，还有一些同学一直坚持工作，没有吃午饭。这些工作看似简单，却需要足够的耐心和毅力，更需要一个配合能力很强的集体。大家在这次活动中都十分认真地工作，即使很劳累，也都很热情地对待每位来参观校史馆的人。

大家通过这次活动，变得更加团结，更像一个集体，有困难一起解决，你帮助我，我帮助你。大家一直都服从安排，没有抱怨，默默地付出。这次活动也增进了同学之间彼此的友谊，真正让同学体会到家的温暖，感受到家的依靠！

摄影协会会员：

虽然校庆当天遇到雨天，这是我们一开始并没有意料到并做出应对，但是高层人员和新社员都恪守职责，按时到达工作场地，做好准备，这是难能可贵的。雨天下持相机拍摄采访比较困难，但当时工作的两个小组互相帮助、解决困难，在艰难的环境下完成了第一阶段的采访及拍摄。随后雨势渐小，各采访小组回到正常状态，没有出现太大的差错。但是因为校友大舞台、老友棋茶社的进行，出现时间上的一些差错，导致我们在一小段时间内出现人手不足、安排失衡的问题，所幸皆能及时解决。值得欣慰的是，有几位新社员在高层协助出现断层时，独立自主地完成了所有任务，他们的工作能力值得表扬！

文学社社员：

校庆后采访稿的记录便不再赘述了，只能说真的很负责！很多同学采访从早上八点到中午十二点半，录音二十几篇，一篇一篇听还要从中筛选，其中工作量之大可想而知。这次校庆采访的工作，可以说是付出很多，也收获很多，过程即奖励吧。

校园电视台成员：

全体同学在校庆中都十分积极，认真对待本次活动。从早到晚，我们共直播了9个小时。有不少同学，由于对学校对电视台充满热情，9个小时内只休息了不到20分钟。

在本次校庆直播中，学校提供了先进的设备，使同学们学到了摄影方面的高端知识与先进技术，为同学们的未来提供了更好的发展。

十分感谢校友们的大力支持！我们的直播有段时间声音信号断了还有许多校友坚持守在电脑屏幕前给我们鼓励。直播在线人数最多达到了1.7万人，我们的校庆直播被推上 B 站的首页。

最后感谢校园电视台的同学们辛勤付出！爱与坚持，一如既往！百廿南三，以你为荣！

以校庆为主题、以学生兴趣为切入、以实践活动为载体，南宁三中校庆主题实践型德育课程从教育情境上做到了贴近学生、贴近实际、贴近生活，增强了课程的趣味性与可操作性；同时，从内涵上，本次课程凸显了德育本身的特色，突出了情感态度价值观教育，这使得课程有深刻、综合的教育意义，能激发学生探索道德认知的积极性，主动进行道德情感体验，并进行深层次的道德领悟。

【本文系广西教育科学"十二五"规划课题"南宁三中实践性德育模式理论实践研究"（立项编号：2015B003）的系列成果之一。】

"假说—演绎法"与理性思维的培养

魏述涛

假说—演绎法是现代科学研究中常用的一种科学方法,是在提出假说的过程中,演绎出推论,在实验检验和修正中得出结论的一种研究模式。那么,什么是假说—演绎法?在提出"假说"的基础上,如何"演绎"出推论,发展思维呢?下面,笔者以人教版高中生物必修二第一章第1节《孟德尔的豌豆杂交试验(一)》中的一对相对性状的杂交实验为例进行具体说明。

一、"假说—演绎法"的提出与内涵

"假说—演绎法"的思想源自法国哲学家笛卡儿,他在《方法论·情志论》一书中提到:"因为我觉得其中的推理环环相扣,后面的推理被前面的推理证明,前面的是后面的因；前面的也被后面的证明，后面的是前面的果。"由此可以看出，笛卡儿在推理前提出了相应的假设，并用假设解释事实，得出结果，并对结果进行证明。这应该是"假说—演绎法"思想的雏形。《笛卡尔的人类哲学》一书对"演绎"做了明确阐释，并与"直观"进行科学比较，他指出："'演绎'也是理智的活动，但是和'直观'不同，它们不是理智的单纯活动，必须先假定某些真理或定义，之后凭借这些定义推出一些结论。"可见，笛卡儿是把自己的想法作为假说提出来，并用假定的真理去推理，演绎出结论，而且这个结论可以应用到其他事实中。"假说—演绎法"经过不断的演变和凝练，最终以概念的形式出现在高中生物教材，它是指在观察和分析的基础上提出问题，通过推理和想象提出解释问题的假说，根据假说进行演绎推理，再通过实验检验演绎推理的结论。如果实验结果与预期结论相符，证明"假说"是正确的，反之，说明"假说"是错误的；将"假说—演绎法"应用于生物科学研究，不仅能够发展学生的逻辑推理能力，帮助学生形成理性思维，而且有利于提升学生的生物核心素养。

二、"假说—演绎法"与传统探究的对比分析

传统的探究过程包括如下基本流程（见图1）：观察实验现象—提出问题—做出假设—设计实验数据—分析得出结论。可见，传统探究虽然能够引导学生开展探究性活动，但是已经形成了固化的探究过程。学生提出问题后，就开始设计实验，最后对实验结果进行分析，从而得出结论。学生一直沿着固有的思维开展探究性活动，自己的思维和推理没有得到拓展，导致思维创新性不够，不利于培养学生的科学思维能力。而"假说—演绎法"的实施流程如下（见图2）：观察实验过程—在分析中提出问题—逐步提出假说—解释实验现象—设计并演绎实施实验—得出结论。

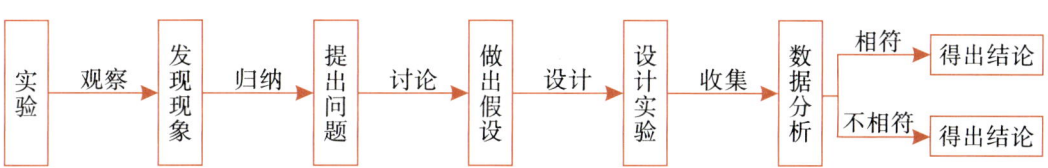

图1　传统的探究过程

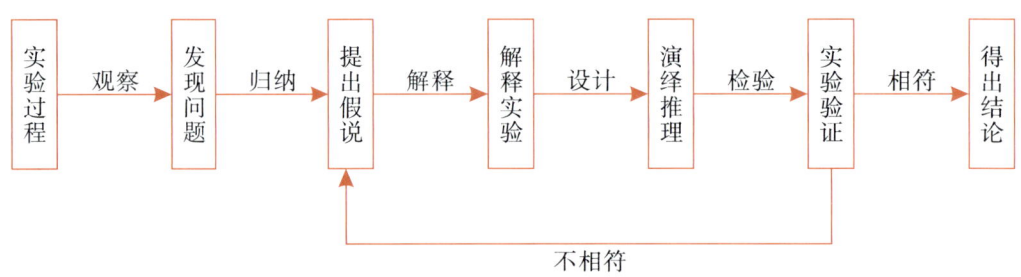

图2 "假说—演绎法"的实施流程

对比分析可知,"假说—演绎法"是在实验过程中生成问题,在解决问题过程中提出假说,假说不是在实验现象出现后提出的,而是在分析实验过程中一步一步提出的,并且要运用假说逐步解释实验过程。此外,学生还要设计实验进行演绎,并预期实验结果,通过开展实验来验证"演绎"是否正确,从而得出结论。总之,"假说—演绎法"是实验者在实验过程中,通过观察、归纳提出假说,以假说作为理论解释实验现象,"演绎"出一个可以支持假说的结论,并应用到相关实验中的科学探究过程。

三、以读促写,引导学生理解"假说—演绎法"

"假说—演绎法"在高中生物教材中以文字描述的形式占据了一定的篇幅,学生理解时难度较大。在考查这部分内容时,遗传类题目以生成性简答题为主,这就要求学生内化"假说—演绎法",不仅能够提出"假说",还要"演绎"出结论,生成答案。当然,也可以用"假说"作为结论,用"演绎"过程作为答案。在教学中,教师先要指导学生阅读教材内容,通过"问题导学"的形式,引导学生发现问题,提出假说,在分析实验过程中运用假说解释实验的合理性,然后让学生分组讨论,设计"演绎"推理的过程,从而推理出结论并证明假说是正确的。教学中教师不仅要指导学生进行深度阅读,还要让学生在练习本上写出来,让读转化为写,这样才能将学生的思维过程呈现出来,最后通过汇报学习成果,反馈学生书写的情况和掌握学习内容的程度,同时设计有针对性的遗传类题目来检验学生运用"假说—演绎法"解决实际问题的能力。以读促写,能够让学生进入深度学习,充分内化知识,达到熟练运用知识解决问题的目的。

四、通过"问题导学"内化"假说—演绎法"

（一）观察实验，提出问题

在开展孟德尔一对相对性状的豌豆杂交实验时，教师要引导学生对实验过程所出现的现象提出相关的问题。例如，教师在讲授时可以提出 F_1 代全部为高茎，说明什么？F_1 代中没有表现的隐性性状消失了吗？学生在观察 F_2 代出现的现象后，思考并生成问题：F_2 代为什么会出现性状分离？3∶1 的性状分离比是偶然吗？针对这些问题，教师可以组织学生展开讨论。

（二）提出假说，解释实验

在分析孟德尔一对相对性状的豌豆杂交实验时，教师可以先提出这样的假说：（1）遗传因子决定了生物的性状；（2）遗传因子在生物体细胞中是成对存在的，其中一个来自父方，一个来自母方；（3）在 F_1 代中显性遗传因子对隐性遗传因子具有显性作用。这几个假说能够解释基因组成和 F_1 代的实验现象。接下来，教师就要引导学生对 F_2 代出现的性状分离现象和 3∶1 的性状分离比例提出假说。学生可能会提出 F_1 代减数分裂时，成对的遗传因子在减数分裂第一次分裂后期分离，最终得到的配子中只含有每对遗传因子中的一个。这样就可以解释 F_2 代的性状分离现象了。但是如果雌雄配子不随机结合，子代会出现什么情况呢？在"问题"的引导下，学生提出假说：受精时，雌雄配子是随机结合的。所以，在分析实验过程中，教师不要一次性把所有的假说都呈现给学生，而是要在分析实验过程中，引导学生提出核心假说，为后面的"演绎"推理做好铺垫。

（三）演绎推理，深入探究

为解释实验所提出的"假说"，不仅要能够解释原有的实验现象，还要成为预测其他实验结果的理论依据。因此，教师在分析了孟德尔一对相对性状的豌豆杂交实验后，要进一步提出问题，假说的核心是 F1 代产生了两种类型的配子，且比例为 1∶1，如何证明这是正确的呢？配子是看不到的，如何设计实验才能证明这一点？从而引导学生演绎实验过程。这时学生会想到隐性纯合子只能产生一种类型的配子，若让 F1 代与这样的个体杂交，子代如果有两种表现型且比例为1：1，就可以说明F1代通过减数分裂产生了两种类型的配子，从而就能够说明等位基因在产生配子时真的发生了分离，并分别进入不同的配子遗传给了后代。根据推理，教师再让学生设计实验并进行验证，从而引出孟德尔的测交实验，并画出遗传图解，进一步完成"演绎"推理过程。学生完成实验设计后，教师再指导学生深度阅读教材，以读促写，在此基础上深入理解测交实验的意义，从而培养学生理性思维这一学科核心素养。

五、运用"假说—演绎法"解决遗传类题目

遗传定律是高考理综生物必考内容，且多以非选择题出现，题目给出的信息量较大，而解题的条件常常隐藏在给出的实验中，很多考生还没读完题目就产生了畏难情绪。深入分析近3年全国卷理综生物试题遗传类题目，笔者发现常考的方法是"假说—演绎法"，统计见表1：

表1　2015—2017年全国卷理综生物试题遗传类题目考查分析

年份	试卷	形式	能力	考查方法
2015	Ⅰ	填空	计算	配子概率
	Ⅱ	简答	分析、推理	假说演绎
2016	Ⅰ	简答	分析、推理	假说演绎
	Ⅱ	简答	分析、推理	假说演绎
	Ⅲ	填空	分析、推理	建立模型
2017	Ⅰ	简答	分析、推理	假说演绎
	Ⅱ	填空	分析、推理	建立模型
	Ⅲ	简答	分析、推理	假说演绎

这说明，遗传类题目的考查从考查知识转变为考查方法，这也要求教师在教学中不仅要教给学生知识，还要教给学生解题的方法。这样，学生在解答这一类型题目时，才会形成"假说→推理→结果→结论"的解题思路。其实，这也体现了对生物核心素养的考查。因此，考生要将"假说—演绎法"内化为自己的思维方式，从题目给出的实验入手去分析，按照"假说—演绎法"实施流程形成解题思路。下面，笔者以高考试题为例具体说明。

【2017全国卷Ⅰ部分】某种羊的性别决定为XY型。已知黑毛和白毛由等位基因（M/m）控制，且黑毛对白毛为显性。某同学为了确定M/m是位于X染色体上，还是位于常染色体上，让多对纯合黑毛母羊与纯合白毛公羊交配，子二代中黑毛：白毛=3：1，我们认为根据这一实验数据，不能确定M/m是位于X染色体上，还是位于常染色体上，还需要补充数据，如统计子二代中白毛个体的性别比例，若，则说明M/m是位于X染色体上；若，则说明M/m是位于常染色体上。

解析：题干中可以获取黑毛和白毛的显隐性关系、亲本是纯合黑毛母羊和纯合白毛公羊、统计子二代性状及性别这三个关键信息，题目要求写出如果子二代出现什么现象，才能说明这对基因是位于X染色体或常染色体。在获取信息后，可以把题目中的说明作为假说，然后用这一假说进行演绎，推理出结论，从而生成答案。即M/m是位于X染色体上，会出现白毛个体全为雄性，M/m是位于常染色体上，会出现白毛个体中雄性：雌性=1：1。

【2016全国卷Ⅰ】已知果蝇的灰体和黄体受一对等位基因控制，但这对相对性状的显隐性关系和该等位基因所在的染色体是未知的。同学甲用一只灰体雌蝇与一只黄体雄蝇杂交，子代中♀灰体：♀黄体：♂灰体：♂黄体为1：1：1：1。同学乙用两种不同的杂交实验都证实了控制黄体的基因位于X染色体上，并表现为隐性。请根据上述结果，回答下列问题：

（1）仅根据同学甲的实验，能不能证明控制黄体的基因位于X染色体上，并表现为隐性？

（2）请用同学甲得到的子代果蝇为材料设计两个不同的实验，这两个实验都能独立证明同学乙的结论。（要求：每个实验只用一个杂交组合，并指出支持同学乙结论的预期实验结果。）

解析：（1）根据假说演绎法的解题思路，先提出假说：假设控制黄体的基因为隐性，且位于X染色体上，接下来运用这个假说进行推理，就可得出杂交子代雌雄都表现为灰体，这与题目给出的子代现象不符，所以得出答案：不能。

（2）题目中已说明乙同学用两组实验都证明了控制黄体的基因位于X染色体，并表现为隐性，实际上这就是假说，利用这一假说进行推理就可以得到答案。推理过程是：根据所学习的伴性遗传知识可知，有两个杂交组合可以说明题目的要求，即让雌性黄体果蝇和雄性灰体果蝇杂交，若后代中所有的雌性果蝇都表现为灰体性状，雄性果蝇都表现为黄体性状，就可以说明控制黄体的基因是隐性性状，且位于X染色体上；

或让雌性灰体果蝇和雄性灰体果蝇杂交，若后代中雌性果蝇全部都表现为灰体性状，雄性果蝇中灰体性状和黄体性状各占一半，就可以说明控制黄体的基因是隐性，且位于X染色体上。

通过解答遗传类题目可以看出，学习孟德尔遗传定律时，要能够通过实验分析学习遗传学基础知识，还要体验"假说—演绎法"的运用，更要学会使用科学研究的方法。同时，教师要提倡以读促写，不仅要阅读教材中的经典实验，还要阅读课外相关知识及相关学科知识，并在阅读过程中生成问题，通过合作学习解决问题，让科学研究的方法落实在读与写的过程中。因此，采取以读促写的方式更能培养学生的实验能力和探究能力，使学生在答题时更规范更完整，这在提升学生学科核心素养和理性思维能力方面有着积极的作用。

合作学习在高中生物学辅导中的实践研究

郭文娟

《普通高中生物学课程标准（2017年版）》面向全体学生的课程理念中，要求引领全体学生完成课程标准规定的学习内容，实现课程目标。对"学习困难"的学生来说，要使其达到课程标准中对学生的基本要求也需要教师和学生都做出很多的努力。合作学习在改善学生的社会心理，提高学生学业成绩方面都曾经有过成功的实践经验，本研究在对高中生物学习困难学生辅导的过程中利用分组合作学习的方法进行实践，探索出一种利用合作学习转化生物学习困难学生的模式和小组管理体系。

一、学困生学习情况调查

高中生在文理分科后的高二年级分层现象尤为明显,生物学科学困生的学习困难可以分为两种情况:第一种是各科成绩都不好,学习能力不强。第二种是生物学科成绩明显弱于其他学科,对生物学科的学习不够重视。这些学习困难的情况主要是学习动力不强,时间分配不均,自卑心理影响,学习自觉性不高等因素造成的。

在对学困生的抽样调查中发现:第一,接近半数的学困生甚至是完全没有学习生物方面的计划,在有计划的学生中也有近一半学生不能很好地执行自己的计划,经常会因为其他学科的作业等问题干扰自己计划的执行。第二,学生一周在课后生物学习时长普遍不超过4小时,其中还包括了完成课后作业的时间。第三,在错题的订正方面,不能深入理解知识点,一旦出现变式题,错误几率超过60%。第四,遇到学习问题极少向教师请教,也很少与同学讨论,以此导致不会的问题日积月累,因为担心被别人耻笑或被老师看轻而更加不好意思求问,进而形成恶性循环,所以成绩始终无法提高。

二、合作学习在转化学困生中的优势

针对这些生物学科学困生的问题,进行合作学习有以下优点:第一,可以解决内部动力问题,学生自身动力不足可以通过小组成员之间的相互影响形成向上的内因;第二,从时间上给予生物学科一个学习的保障;第三,由于小组成员差距不大,给每一个成员更多的发言权把自己的见解和疑问整理并提出来,获得收获;第四,小组成员可以相互督促,以任务的形式完成学习过程;第五,除了小组内部的讨论和协作,以小组形式与教师的交流也有其优势。比如以4~5人的小组形式与教师进行交流可以使教师对小组内的成员印象更深刻,拉近师生关系,学生对教师的接触也更多,使得这种效果辐射到课堂教学中,令课堂教学的氛围向更好的方向发展。

三、补缺小组成员的选取和分组办法

（一）补缺小组成员的选取

本研究从高二平行班中抽取三个班级，后称实验1号班、2号班和3号班，根据高一下学期的最后两次考试成绩，抽取每个班生物成绩位于班级后列的若干名学生作为实验对象，班级的其他学生和其他平行班的学困生作为对照，研究他们在小组合作学习实验过程的成绩对比和变化。

（二）分组办法

1.将学困生纳入补缺小组，一个班成立一个大组，再进行细分小组，每个小组成员不多于5个。

2.分组原则：打破传统全班优生带差生的分组模式，对学困生进行平均分组，使小组成员之间交流增多，避免出现成绩优秀的学生的一言堂，更容易发现学困问题；

3.组长的任命和职责：一个班设立一个大组长，由大组长掌握学习小组活动打卡表，打卡表的内容是对平时的日常作业和错题讨论活动进行记录。再根据人数分几个小组长，小组长负责检查和布置日常任务。组长的选取不看成绩，主要选取组内比较认真负责的同学担当。组长的职责也可以使他的自身社会责任感得到比较大的满足，不仅是责任负担，对其自身的学习发展也有好处。教师直接通过组长管理补缺小组成员，工作相对轻松一些。

四、补缺小组日常任务

（一）假期利用网络进行小组合作学习

由教师每周发布任务《生物补基训练》，主要是对高一下学期月考中的高频错误题目进行筛选和再练习，并于每周进行网上检查，再针对小组内学生出现的问题进行批改，制作微课对重点问题进行点评。

（二）在校期间的小组合作学习任务

（1）平时的日常生物作业的检查；（2）夯基训练的落实；（3）知识点记忆；（4）补缺训练的讨论活动。其中前三项任务是全班同学都有的作业，和全班同学一起完成，但由于这些学生日常完成效率不高，因此由小组长重点进行检查督促。第四项任务是补缺小组专有的任务，教师从每一次的周测和月考题中抽取易错题目（错误率超过50%）进行变式训练，组成日常补缺训练和月考后易错题周测，由补缺小组先行完成后进行组内讨论学习活动，未解决问题利用教师下班辅导时间统一与教师交流。这样强调了教师的解惑职能，弱化了管理职能，更能发挥学生的主观能动性，减轻教师课下负担。

五、补缺小组合作学习成效

（一）总体成效

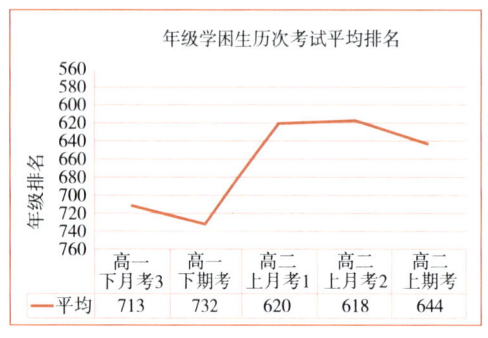

图1　年级学困生考试平均排名

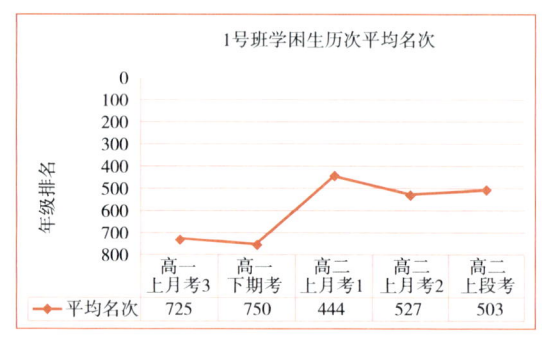

图2　1号班学困生历次平均名次

补缺小组成员在高一下学期最后两次的月考的生物成绩平均年级排名722名，在高二上学期平均名次约有100名的提升，具体变化见图1，其中1号班级是在暑假期间就最先开始试行小组合作方案的，因此提高也是最多的，平均有接近200名的进步，具体表现见图2。

（二）对不同学困原因的学生效果略有不同

对于态度型学困生，即学生学困的主要原因是对生物学科的学习不够重视，给生物学习安排的时间极少,那么通过学习小组的合作,使得他们对生物学习的兴趣增强了,在小组中活动有一定的成就感,而且与教师接触增多关系变得更紧密,因此更重视生物学科的学习,成绩进步很快,甚至能够达到年级优秀生的水平,如刘某某的成绩就很典型,见图3。

对于能力型学困生,即学生往往是由于个人学习习惯、学习基础的原因导致成绩相对比较落后的情况,这部分学生对自身学习的自信心比较弱,转变起来比较难,经常会有一些反复,不过坚持参加补缺小组的活动后,开始有一定的学习时间规律,成绩的缓慢上升有助于他们提高学习的自信,如黄某某见图4。

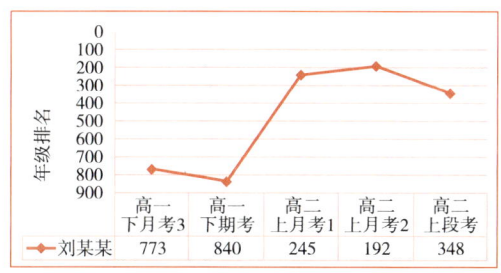
图3 刘某某成绩年级排名变化图

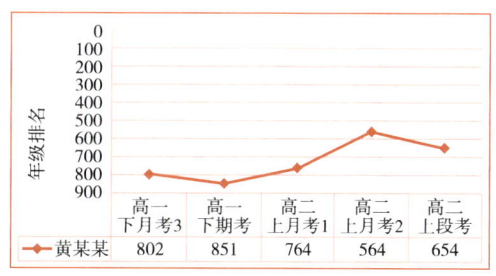
图4 黄某某成绩年级排名变化图

六、学习小组给课堂和班级带来的辐射效果

(一)课堂纪律的改善

班级的一部分学困生在课堂上往往会成为问题所在,由于对学科兴趣不大,或者长期成绩落后带来的失落及知识缺失,使他们往往成为真正的"学困生",伏台睡觉的现象屡有发生,造成极不好的影响。补缺小组成立之后,几次活动让这些学生跟教师的关系变得更为亲密,上课也就不好意思睡觉了,班级上课的课堂纪律明显改善,也对其他学生的听课情绪造成了非常积极的影响。

(二)课下学习氛围浓厚

在进行补缺学习小组实验后,经常可以在教室外、校道上看到学生小组讨论的身影,在晚自习的时候主动找教师求教的学生也变多了,带动整个班级的学习氛围。

七、结论

通过对生物学困生的有效组织，利用假期网络学习小组、学期补缺小组的形式，以"小组作业监督—易错题组内讨论—教师补充指导"的方式进行合作学习，对大部分学困生的成绩提高都有一定的作用，值得在学困生辅导中进行推广。

依托学案引导复习
活用"原模"发展思维
——由生物高考遗传实验设计题引发的思考

黄小斌

一、备考困境

生物高考2017年课标Ⅲ卷、2018年课标Ⅰ卷、2019年课标Ⅲ卷、2020年课标Ⅲ卷、2021年全国Ⅰ卷，都考查了遗传实验设计题。每次考试后，总是哀鸿遍野，学生表示无从下笔，老师感到力不从心。遗传大题作为生物高考的压轴题，一直令学生和教师感到头疼，近年频频出现的设计实验无疑是雪上加霜。这样的形势，令生物高考备考变得非常棘手，遗传实验设计专题复习亟须一套有效的方法。

二、原因剖析

与以往的填空式非选题不同，遗传实验设计题要求学生书写实验步骤（或实验思路）并预期实验现象及结论，体现了高考评价理念由"知识立意""能力立意"向"价值引领、素养导向、能力为重、知识为基"的转变。遗传实验设计方案的书写就是学生的知识、能力、素养和价值的外显方式之一，由此暴露出的问题也是多方面的。因此，学生在解答遗传实验设计题时得分率低的原因不一而足。

首先，学生没有掌握每一类遗传实验设计题背后蕴含的生物学知识。例如：用具有一对相对性状的个体杂交判断显隐性，依据的原理是教材中孟德尔对显隐性的定义；用某种性状的个体自交判断显隐性，依据的原理是教材中杂合子自交会出现性状分离这一特点。而学生在面对含有新情境的判断显隐性实验设计题时，没有清晰的思路，不能进行知识迁移，不能恰当地选择教材的经典实验方法设计实验方案。

其次，学生在审题时没能捕捉到题干的关键条件信息，设计的实验方案有漏洞。例如：在解答2018年课标Ⅰ卷的遗传实验设计题时，受教材中一对相对性状的豌豆杂交实验（高茎豌豆×矮茎豌豆→F_1全为高茎豌豆，说明高茎对矮茎为显性）的启发，有学生选择不同性别的有眼果蝇和无眼果蝇杂交。殊不知教材中亲代的高茎豌豆和矮茎豌豆均为纯种，而该题中可供选择的有眼果蝇和无眼果蝇，其中之一为杂合子。故在解答该高考题时，学生照搬教材的杂交方案并不能达到预期的现象和结论。

最后，学生的文字表述前后逻辑矛盾，词不达意，写了也得不了满分。例如：有学生在书写"预期实验现象和结论"时，逻辑混乱，将实验现象与结论颠倒，表述为"若无眼性状为显性，则子代性状表现为无眼：有眼=3∶1……"。有生物教师将此类问题归咎于学生没学好语文，其实不然，有的学生阅读过很多文学作品，语言文字功底不差，语文作文得分并不低。可见，生物考试的文字表达要求与寻常的文字表达之间是有差异的，不能把问题简单地归结为学生的语文没学好。这背后的实质是学生的模型和建模、演绎与推理等科学思维方法欠缺。

三、解决策略：依托学案引导复习，活用"原模"发展思维

（一）优化学案栏目，规范书写训练

课堂是教学的主阵地，要解决学生在解答遗传实验设计题时暴露出的问题，应追溯到平常的遗传实验设计复习课堂。发现的问题主要有：①学生不愿动笔写，或将草稿内容与正式答题混为一谈，卷面混乱不堪；②大部分学生完成后，照着正确答案抄写一遍，并没能真正摆脱答案独立地完成实验设计；③班级学生人数众多，老师在课堂上难以对每个学生答题情况进行个性化评价和指导。综上所述，学生的书写训练难以落到实处。建构主义认为，知识是学习者在教师的引导和创造的环境下，通过意义学习而获得。这里的环境既可以指学习的场所，也可以是学习材料等。在进行遗传实验设计专题复习时，"学案"就是落实书写训练的一个良好的学习材料。

书写实验设计方案属于科学写作的形式之一。根据美国心理学家海斯和弗劳尔提出的写作认知过程理论，中国学者汪明等认为，科学写作的过程分为计划、转换和检查三个步骤。"计划"就是在写作前对文章的思路、内容进行分析梳理；"转换"就是将自己的思想转换成文字，即书写的过程；"检查"则是对初稿进行评价并修改和完善的过程。受此启发，笔者对遗传实验设计专题复习课使用的学案的栏目按教学需要进行了优化：每一道遗传实验设计题目的下方，依次设置有"草稿区""我的方案""教师评价""修正方案"等栏目。"草稿区"让学生事先通过草稿理清思路，整理后再写到答题卷上，有助于保持卷面工整。"我的方案"栏目，供学生在课堂上限时书写实验设计方案。下课后，教师将学案回收，在"教师评价"栏目针对学生书写方案的科学性、语言表述、格式等方面进行针对性评价，而后将评价后的学案返回给学生。最后，学生结合老师的评价建议，在"修正方案"栏目，将设计方案重新写一遍，形成终稿。这样，不仅极大促进了师生间的交流，还能让学生在反复的"计划—转换—检查"过程中，接受规范化的书写训练。

（二）聚焦教材实验，分析原始模型

编入中学教材中的内容往往是一个学科的经典基础知识。为坚持教考科学衔接，实现"以学定考"，高考注重对教材基础知识的考查，保证考查的有效性和公平性。遗

传实验设计题主要包括以下类型：判断显隐性、判断显性个体的基因型、验证或探究孟德尔遗传规律、基因定位等。考查的实验方案均源自教材中的经典实验，每一种类型的实验设计方案均能在教材找到原始模型（下文简称"原模"）。因此，复习遗传设计实验时，首要任务是聚焦教材的经典遗传实验，把其中的关键要素抽象形成"原模"。

以"判断显隐性"一类为例。2018年课标Ⅰ卷32题第（2）小题，为判断显隐性，选择的实验方案为"无眼×无眼，若子代中无眼：有眼=3：1，则无眼为显性性状……"教师在指导学生复习此类遗传实验设计时，就要追根溯源，回归高中生物学教材的经典实验。根据高中生物必修2册教材提到的"人们把杂种后代中同时出现显性性状和隐性性状的现象，叫作性状分离，"抽象形成判断显隐性实验设计方案的"原模"（一）："A性状个体自交（或不同性别的A性状个体和A性状个体杂交），若后代出现A性状和B性状（或只要出现B性状），则A性状对B性状为显。"而根据教材中显隐性的定义："纯种高茎豌豆与纯种矮茎豌豆作亲本进行杂交……F_1中显现出来的性状，叫作显性性状……未显现出来的性状，叫作隐性性状"，抽象形成判断显隐性实验设计方案的"原模"（二）："A性状个体和B性状个体杂交，若后代只出现A性状，则A性状对B性状为显。"学生领悟了上述两类"原模"，就掌握了设计实验判断显隐性的两类方法。

（三）变换试题情境，发展思维方法

"思维方法"是指学习者在面对生活实践或学习探索问题情境时，进行独立思考和探索创新的内在认知品质。高考命题源于教材而高于教材，通过设置不同的问题情境，考查学生灵活运用教材基础知识分析问题、解决问题的能力。如2018年课标Ⅰ卷32题第（2）小题，考查的是果蝇的性状显隐性判断。因为果蝇属于动物（不可自交），而教材实例中的豌豆属于自花传粉植物（可自交），在设计实验时选用的交配方案就不能照搬教材的"原模"。复习课上，教师可以依托学案向学生呈现不同的试题情境，训练学生灵活运用教材"原模"的能力，帮助学生形成科学思维方法。以"判断显隐性"为例：

试题情境1 豌豆的高茎和矮茎是一对相对性状，假设显隐性未知。现有纯种的高茎豌豆植株和纯种的矮茎豌豆植株，请运用上述豌豆植株作为实验材料，设计实验方案确定这一对相对性状的显隐性，并预期结果和相应的结论。

参考答案：纯种高茎×纯种矮茎，观察F_1表现型及其比例。①若F_1全为高茎，则高

茎对矮茎为显；②若F_1全为矮茎，则矮茎对高茎为显。

设计意图：研究对象为豌豆，提供的两种性状豌豆均为纯种，与教材中的情境完全一致，意在让学生回顾教材的"原模"："A性状个体和B性状个体杂交，若后代只出现A性状，则A性状对B性状为显。"

试题情境2　豌豆的高茎和矮茎是一对相对性状，假设显隐性未知。现取自大田的高茎豌豆植株和纯种的矮茎豌豆植株，请运用上述豌豆植株作为实验材料，设计实验方案确定这一对相对性状的显隐性，并预期结果和相应的结论。

参考答案：高茎豌豆自交，观察子代表现型及其比例。①若F_1出现性状分离则高茎对矮茎为显性；②若F_1全为高茎，则高茎豌豆为纯种，再让高茎豌豆与纯种矮茎豌豆杂交，F_2表现的性状为显性，没有表现的性状为隐性。

设计意图：研究对象为豌豆，但提供的高茎豌豆不一定为纯种，与教材中的情境有所区别。则可以通过让高茎豌豆自交，出现性状分离则为杂合，即为显性。意在让学生回顾教材的另一个"原模"："A性状个体自交（或A性状个体和A性状个体杂交），若后代出现A性状和B性状（或只要出现B性状），则A性状对B性状为显。"

试题情境3　豌豆的高茎和矮茎是一对相对性状，假设显隐性未知。现取自大田的高茎豌豆植株和矮茎豌豆植株，请运用上述豌豆植株作为实验材料，设计实验方案确定这一对相对性状的显隐性，并预测结果和相应的结论。

参考答案：高茎豌豆和矮茎豌豆分别自交，观察子代表现型及其比例。①子代出现性状分离的对应亲代所具有的性状为显；②若子代均没有出现性状分离，则二者都为纯合子，将二者杂交：a.若子代全为高茎，则高茎为显；b.若子代全为矮茎，则矮茎为显。

设计意图：研究对象为豌豆，但提供的高茎豌豆和矮茎豌豆均不确定是否为纯种。与试题情境2相比，试题情境3增加了题设条件的不确定性，更为复杂。要求学生综合运用教材的两种"原模"解决问题。

试题情境4　（2005年全国高考题）牛的有角和无角是一对相对性状，假设显隐性未知。现有有角牛和无角牛若干，为了确定有/无角这对相对性状的显隐性关系，请用上述自由放养的牛群（假设无突变发生）为实验材料，设计实验并预期结果和相应的结论。

参考答案：多对不同性别的有角牛与有角牛杂交，观察F_1表现型及其比例。①若F_1出现无角小牛，则有角为显性，无角为隐性；②若F_1全部为有角小牛，则无角为显性，有角为隐性。

设计意图：提供的两种性状的个体均不确定是否为纯种。研究对象变为牛，属于雌雄异体的生物，不能"自交"，应采用具有相同性状的雌雄牛杂交。且母牛每一胎的子代数量较少，不会出现显著的孟德尔性状分离比，所以需采用"多对"。这样的设定意在让学生在设计杂交实验方案时，因"题"制宜，注意思维的严密性，注重文字表达的科学性，最终养成科学思维方法。

四、结语

工欲善其事必先利其器，学案就是教师组织遗传实验设计专题复习"锋利的工具"。学习是循序渐进的，教师精心设计学案的栏目，使学生切实有序地展开书写训练：学生理清分析思路→整理写出初步方案→教师给出评价建议→学生修改完善形成最终方案。"推敲诗益炼，骈俪语尤工。"每一种遗传设计题型的方案经过这样反复的打磨，最终就形成了一个个规范的案例。学生在教师引导下依托学案进行遗传实验设计专题复习，积累了一篇篇"佳作"，在考场上面对遗传设计题就能应对自如，下笔如有神。

思维的最高素养水平表现为在面对生活中与生物学相关的问题情境时，能进行合理的逻辑推理，并做出正确决策。教师在遗传实验设计专题复习时，首先聚焦教材经典遗传实验，从中提炼出"原模"，让学生熟知每一种题型方法背后所蕴含的生物学原理。再通过每一份学案中类型相同但问题情境不同的遗传实验设计题，训练学生获取信息的能力，促进学生调用教材的"原模"，并灵活运用以解决复杂的情境问题，使学生的科学思维方法得到发展，有效提升复习成效。

以"一核三育"构建"大思政课堂"

陈小妤

党的十八大以来,中国共产党全面加强对教育工作的领导。在2021年全国两会上,习近平总书记再次谈到思政课,指出:"思政课不仅应该在课堂上讲,也应该在社会生活中来讲。""'大思政课'我们要善用之。"习近平总书记提出的"大思政课"这一新的理念,意义深远,为我们深化思政课堂改革、上好思政课指明了方向、提供了遵循。

什么是"大思政课"?按照习近平总书记的论述,"大思政课"的"大"是课堂的格局要大、视野要大、情怀要大,教学内容一定要紧跟时代形势,要在历史的长河中、时代的背景下,运用鲜活的实践和中国的伟大成就把理论知识讲活讲透。可见,"大思政课"既有鲜明的理论品质,又具有生动的实践特征。

学校是立德树人、培养人才的主阵地,如何上好新时代的"大思政课",构建更加充实、生动的"大思政课堂",是每一个思政老师应当思考的问题。笔者在学校教育实践中坚持立德树人的根本目标,以文化为赋能,以课程为载体,以实践为途径,探索了"一核三育"的思政课育人模式。"一核"即以立德树人为核心,"三育"即文化育人、课程育人、实践育人。文化、课程、实践三者相融合,贯穿思政课教学,共同构建一个师生互动、精彩高效的"大思政课堂"。以下是笔者所在学校以"一核三育"构建"大思政课堂"的做法。

一、立德树人:
以育人为根本—提高站位—价值引领—培根铸魂

我国是中国共产党领导的社会主义国家,教育必须坚持立德树人,以培养社会主义建设者和接班人为己任。作为思政课教师,我们要深刻认识思政课在人才培养中的重要作用,与党中央保持一致,高处站位,认真落实立德树人的根本任务,为党育人,为国育才,实现思政课的使命担当。

二、文化育人:
以文化为赋能—感受熏陶—潜移默化—升华情感

文化塑造人生,以文化为切入点,充分发掘和运用思政学科蕴含的文化育人元素,以文化人,以文育人,达成立德树人的教育目标。

在高中阶段,传统文化、革命文化、道德文化、法治文化、生态文化、民族文化、区域文化、校园文化等,都可以作为思政课鲜活的、生动的育人素材。以革命文化为例,革命文化是中国革命精神的集中体现,中国共产党在新民主主义革命时期,铸就了建党精神、井冈山精神、长征精神、红岩精神、延安精神、西柏坡精神,这些宝贵的精神财富,在今天对于高中学生仍然具有重要的现实教育意义。2021年正值中国共产党成立100周年,为了让学生接受革命文化教育,了解革命历史知识,缅怀先烈,学习建党精神,学校组织高一年级各班进行了一系列研学活动,带领学生参观湘江战役纪念馆、百色起义纪念馆、韦拔群纪念馆、粤东会馆、邓颖超纪念馆,研学前布置任务，学生查阅资料，研学后撰写心得体会，完成研学报告；组织学生观看建党100周年庆祝大会并在班上分享感受；以"四史"为主题布置学生时政演讲内容；周末和假期的作业之一是观看与建党有关的影视作品、文学作品，寻找身边的党员模范，讲述他们的革命故事。抓住建党100周年这一契机，以革命文化为切入点，开展形式多样的活动，营造弘扬革命精神，传承红色基因的氛围，使学生能深切感悟革命文化的时代内涵，升华爱党、爱社会主义国家、爱人民的深厚情感。

广西是一个多民族聚居的地区，丰富多彩的民族文化为文化育人提供了沃土。"壮族三月三"是广西特有的民族节日，学生可以从"壮族三月三"的由来了解民族节日历史，从绣球、五色糯米饭、碰彩蛋、对山歌中传承传统习俗，从铜鼓、天琴、壮锦、银饰中享受传统艺术熏陶，从壮文的使用、传播中感受民族平等，从"壮族三月三"放假欢庆中体会民族区域自治制度的优越性，从"壮族三月三"文旅品牌活动感受各民族的共同繁荣。民族文化为构建"大思政课堂"增添了宝贵的资源，增强了学生对民族文化的自豪感和自信心，并自觉成为民族文化传承者。

三、课程育人：
以课程为载体—理解认同—学以致用—提升素养

课程育人是实现"立德树人"目标的载体。课程除了包括教育部统一编写的学科课程、选修课程，还包括根据本校学生实际情况开发的校本课程、专题课程、研究性学习课程，通过优化课程资源配置，打造一整套相对完备的学科课程体系，实现各类课程的育人功能。

以国家统编教材为例，高中思政课统编教材是国家意志的反映，育人功能更加突出。老师在备课、授课时，要充分挖掘每一节课具有德育功能的知识点和素材。如在讲授"新时代的劳动者"时，为了加强学生的就业观、劳动观教育，老师取材学校教师、行政职员、食堂师傅、清洁工人、宿管阿姨、保安人员的工作情景，拍摄了《校园二十四时辰》，真实、生动的画面深深地感染了学生，学生尊重劳动、热爱劳动的情感油然而生。在学习"有序的政治参与"时，利用新校区附近的道路施工影响了教学这一真实情境，全班分为政府、施工方、校方、学生四种角色，讨论问题焦点和各方的立场、职责，设身处地地寻找解决办法，学生掌握了反映意见的正确方式，懂得了维护自身权益的合法途径，增强了社会责任感和参与意识。在讲述"文化创新"时，通过分析河南卫视"奇妙游"系列节目成功"出圈"的现象并播放精彩的节目视频，学生获得美的享受的同时，更深刻地领悟了传统文化传承与创新的意义与责任所在。在讲授"意识的能动作用"时，重点讲解《共产党宣言》在中国的传播，以及其对中国社会主义运动产生的影响，进一步强化学生对坚定中国共产党的领导和马克思主义的指引的认知。

思政课本身就是一门具有强烈时代特征的学科，党的基本路线、重大方针政策、重要会议精神、习近平的系列重要讲话、政府工作报告、中国的辉煌成就等都是"大思政课"的鲜活素材。以专题课程为例，我们根据高中三个年级的国家统编教材，针对教材中的重点、难点，由学生以小组合作的形式，确定选题，收集素材，利用每周思政课的时间安排一次，每次20分钟左右。学生非常重视专题课程的讲授，积极参与，为制作课件，挑选视频出谋划策，老师则想方设法把枯燥的内容以灵活新颖的形式呈现出来，吸引了同学们的关注，效果非常好。例如，在党的十九届四中全会召开之后，学生制作了《十九届四中全会关键词》学习会议精神；在学习"国家宏观调控"知识时，学生讲授了《伟大的抗疫与制度自信》；在学习中国共产党的相关知识时，学生讲述了《历经百年风雨，中国风华正茂》的党史故事；在学习"文化与经济的关系"时，学生制作了《文创雪糕来了》；在学习"国际社会"的知识时，学生以《唇枪舌剑——中美高层战略对话》讲述了国家利益决定国际关系的真理；在学习"实现人生价值的途径"时，一个学习小组的成员讲述了自己在袁隆平院士去世后为了给袁爷爷献花寄托哀思，与湖南长沙的快递小哥的一段故事，反映了青年一代对老科学家的崇敬爱戴和立志报国的决心。专题课程立足学情，学生以喜闻乐见的形式讲述时政热点，使学生了解了当前党和国家最新的路线、方针、政策，并透视其背后的社会意义和课本理论知识，拓宽了学生的眼界，提高了学生的学科素养。学生的主动参与、自主学习、自我教育，就是构建"大思政课堂"的题中之义。

四、实践育人：
以实践为途径—活动体验—内化于心—建构品德

思政课向来强调理论与实践的统一，育人的阵地不仅在课堂，更在广阔的实践中。实践是"立德树人"的途径，学校的实践育人活动形式多样，如到劳动基地采摘香蕉、在教室外空地种植花卉、值周班轮流打扫校道、参观博物馆、参观企业、祭扫革命先烈、模拟联合国、法庭内外、美食一条街、商业模拟挑战赛、花灯赏评、文化遗产保护、地质考察、观测天象、消防体验、图书漂流、爱心助学、走访敬老院、社区服务、垃圾分类、志愿者活动等。

以"美食一条街"活动为例。这一实践活动以校园为场所，设立市场管理处，全真模拟市场经营场景，整个活动分为动员、培训、报名、审核、经营、监督、总结七个阶段。以班级为单位，以学生为主体开展活动，增强了学生理论联系实际的能力、组织协调活动的能力、参与经济生活的能力和应对市场变化的能力，培养学生热爱劳动的良好品质，形成了通过诚实劳动和合法经营获取利益的正确金钱观，树立了正确的价值观和职业道德，培养了公平竞争意识、市场风险意识、合作意识、创新意识、法治意识、诚信意识，增强了对社会主义市场经济体制的认识和国家宏观调控政策的理解，从而坚定道路自信、制度自信。

"美食一条街"活动在学校已经开展了20年，每年不断改进完善、创新发展，实现了科学内容与实践活动紧密融合，成为深受学生喜爱的校园品牌活动。在活动中，学生在教师的指导下由知识的感悟升华到情感、态度和价值观的形成，真正体会了"思政就是生活，生活充满思政"这一道理。一个班级在总结中写道："我们所有人团结协作，尽心尽力，才换来了今天的成果。每个人都在努力为这次活动贡献一份力，我们记得所有参与人员的汗水和付出，记得那天夜晚的开心。"还有一个班级在总结中说："虽然经营不尽如人意，但在这次经营活动中，我们加强了班级的团结协作和相互帮助，师生关系更加融洽，同学关系更加密切，这一点远比金钱更重要！"还有一个学生说："我收获了做生意的经验，知道了父母赚钱的艰辛，也锻炼了自己的人际交往能力和口才，比去年有了长进。这样的经历足以增长我们的人生阅历并在以后的社会实践中给予启示。"学生在活动中体验感悟并内化为自身品质，充分发挥了实践的养成作用。

以"一核三育"构建"大思政课堂"，在这个"大思政课堂"上，传知识之道，授做事之术，悟为人之本，实现德智体美劳全面发展的育人目的。

以主题时政课堂培育人类命运共同体意识

姚 敏

《普通高中思想政治课程标准》指出，时事政治是"高中思想政治课教学内容的重要补充""思想政治课要紧密结合时事内容进行教学"，它同时还规定"高中时事政策教育每周一课时"。所以时事政治是重要的课程资源，教师必须深入研究新课程标准，充分重视时事政治的作用和价值，将时政教育贯穿于课堂教学中。

当今世界正经历百年未有之大变局，人类面临许多全球性挑战，面对"世界怎么了，我们怎么办"的世纪之问，我国提出并积极推动构建人类命运共同体的全球治理方案。当代高中生作为担当民族复兴大任的时代新人，既要胸怀祖国又要放眼世界。本文立足高中政治课堂实践，探索如何通过主题时政课堂让学生领悟中国方案的智慧和担当，增强学生的人类命运共同体意识。

一、精选时政主题，理解人类命运共同体的基本内涵

社会现实是最好的教科书，理论联系实际是思政课学习的重要方法，时政与教材互相交融能很好地为教学服务，给思想政治课注入鲜活的生命力，提升教学的实践性和开放性。推动构建人类命运共同体是新时代中国外交的总目标，也是与时俱进，不断发展的全球治理理念，这一方案从政治、安全、经济、文化和生态五个方面进行了系统的阐述，主题时政课堂是学习人类命运共同体相关知识的有效方式，教师要精选时政主题，尽量涵盖人类命运共同体的基本内涵。

例如，针对2021年10月联合国《生物多样性公约》第十五次缔约方大会（简称COP15）在我国云南昆明举行这一社会热点，教师可以选定"保护生物多样性，构建人与自然生命共同体"的时政主题，让学生全面理解人类命运共同体方案在生态上的体现，是共建清洁美丽的世界。再如根据2021年11月29日至12月17日在维也纳进行的伊核协议第七轮谈判这一事件，教师可以选定"妥善解决伊核问题，积极促进地区和平"的时政主题，让学生全面理解人类命运共同体方案在政治上的体现是共建持久和平、普遍安全的世界。再如，2022年1月1日，《区域全面经济伙伴关系协定》（RCEP）正式生效，世界上人口数量最多、经贸规模最大、最具潜力的自由贸易区正式落地，教师可以以此选定"RCEP推动区域经济一体化"的时政主题，让学生全面理解人类命运共同体方案在经济上的体现是建设共同繁荣的世界。

另外，还可以通过"全球合作抗疫"的主题时政课堂，让学生理解"人类卫生健康共同体"；通过"中国—东盟建立对话关系30周年"的主题时政课堂，让学生理解更为紧密的"中国—东盟命运共同体"；通过"探寻'一带一路'足迹、领略丝路魅力"的主题时政课堂，让学生理解高质量构建"一带一路"的构想和实践；通过"和平发展，结伴同行"的主题时政课堂，让学生全面了解我国多种类型的"伙伴关系"，等等。

二、巧设课堂形式，感悟大国特色外交的智慧和担当

课堂教学是高中政治课实现学科育人目标的主阵地，也是培育学生人类命运共同

体意识的主渠道，教师要充分利用时政这一重要的教育教学资源，巧设灵活多变的课堂形式开展主题时政教学，使政治教学紧密结合社会现实，增强课堂的感染力和吸引力，让学生更深刻感悟中国大国特色外交的智慧和担当。

比如，采取"研学实践"的形式，设计"中国—东盟建立对话关系30周年"的主题时政课堂。充分利用广西首府南宁作为中国—东盟博览会的永久举办地的研学资源，带领学生来到中国—东盟博览会、中国—东盟商务与投资峰会永久会址——南宁国际会展中心，以实地研学的方式开展学习。了解中国—东盟博览会的会徽、吉祥物"合合"及会展中心主建筑"朱槿花"造型的深刻寓意；参观调研中国—东盟体验厅和东盟国礼厅等，让学生了解中国与东盟的友好关系，感受不同文化的交流互鉴，了解习近平主席提出的"构建更为紧密的中国—东盟命运共同体"的方案。以研启学，以研促教，可以让教学更加生动，让学习更加高效，让学生拓宽视野、丰富知识、陶冶情操，提高实践能力，增强社会责任感，让学生在研学中体验、感悟中国大国特色外交的智慧和担当。

另外，还可以根据不同的时政主题设计"情境体验式""信息技术融合式""问题导学式""新闻播报式""时政沙龙式""合作命题式"等灵活多变的课堂形式，全面而深刻地理解我国在推动构建人类命运共同体的过程中所展现的人类情怀和大国担当，激发学生学习兴趣，落实授课内容，培养学科核心素养。

三、善用主流媒体，增强对全球治理中国方案的认同

人类命运共同体理念超越了种族、民族、国家和文化的界限，体现人类的共同价值，为世界的和平与发展提供了可行的实践方案，这一方案涉及的领域广，高中教材的相关内容又比较少，而信息化时代学生从多种自媒体渠道可以获得各种信息，认识和情感上比较容易受影响。国家主流媒体传达的是党和国家的方针政策，在重大国际问题和事件的报道中具有较强的权威性和导向性，能够有效增强学生对全球治理中国方案的认同，所以主题时政课堂的素材一定要选自国家主流媒体。

比如，教师在设计"共赴北京双奥之约"的主题时政课堂时，可以通过CCTV-16奥林匹克频道的专题节目，也可以通过阅读"学习强国"的"环球视野"专栏，对两次北京奥运会的主题口号"同一个世界，同一个梦想"和"一起向未来"进行解读和

分享，理解中国融入世界的愿望，突出人类命运共同体理念，彰显中国愿意肩负大国责任，携手世界各国一同开拓美好未来的信心；也可以通过解读奥林匹克格言"更快、更高、更强"之后加入"更团结"的深刻内涵和新的价值理念，这与人类命运共同体理念高度契合。北京冬奥会是新冠疫情发生以来首个如期举办的全球综合性体育盛会，向世界传递了"更团结""向未来"的强烈信号，必将书写弘扬全人类共同价值、构建人类命运共同体的新篇章。

另外，还可以根据需要从我国以下主流媒体上选取素材，中共中央机关报《人民日报》及其建设的大型网上信息交互平台人民网，国家通讯社新华社、国家电视台中央电视台、中共中央宣传部主管的"学习强国"、中共中央机关刊物《求是》杂志、中共中央主办的《光明日报》，等等，这些主流媒体都设有国际和外交方面的专栏，可以丰富课程资源，拓宽国际视野，有利于学生全面深刻地理解习近平外交思想，增强人类命运共同体意识。

总之，当今高中思政教育立足高中政治课堂实践，从精选时政主题、巧设课堂形式、善用主流媒体三个方面开展主题时政课堂，将思政小课堂和社会大课堂联系起来，培养学生的国际视野和世界胸怀，增强学生的人类命运共同体意识。

【本文系广西壮族自治区教育科学规划2021年度立项课题"新时代高中思想政治课培育学生人类命运共同体意识的实践研究"（立项编号：2021C529）的阶段性研究成果。】

"一案到底"：乡村振兴案例与思想政治新教材的融合应用

——"中国特色社会主义的创立、发展和完善"的教学设计

宗焕波

教学设计是开展教学活动的前提和基础，将课程知识和育人元素以润物细无声的方式融入课程，是每一位老师进行教学设计的追求。教学案例的选取和设计都非常考验老师的思路和功底，如何让学生沉浸在老师创设的情境中进行学习是教学效果达成的重要环节。本文将获得南宁市优质课一等奖的一篇课例呈现出来，供大家一起研究分析以一个完整案例为主线，贯穿课堂教学全过程的"一案到底"教学模式。

一、整体设计思路、指导依据说明

《普通高中思想政治课程标准（2017年版2020年修订）》对思想政治课程教学与评价的具体建议其中包括活动型学科课程的教学设计，即对应结构化的学科内容，力求提供序列化、系统化的活动设计，为学生提供更多主动体验探究的过程，从而实现教学内容活动化。同时，又指出"本课程的教学要运用多种方式、方法，引导学生自主学习、合作学习和探究学习，强调学生的活动体验是其思想政治学科核心素养发生的重要途径"。本课依据活动性课程设计理念，着眼于学生的认知、情感、思维特点，针对教学内容重难点，以"南宁市忠良村在改革开放浪潮中的变化"为主题创设课堂情境，设置三个议学活动，采取组际分工、组内合作、学生收集和分享成果的活动形式，结合视频讲解忠良村变化的过程和原因，既充分利用数字化网络资源，体现信息化特点，又注重课堂现场学生的生成性资源，给予学生主动体验、探究、分享的机会，充分尊重学生主体作用，实现课堂教学活动的多样性和实效性。

二、教学背景与教学内容分析

本课为普通高中思想政治（统编版）必修1《中国特色社会主义》第三课"只有中国特色社会主义才能发展中国"第二框题"中国特色社会主义的创立、发展和完善"。本课在全书中起承上启下的作用。上一课讲述我国确立了社会主义制度，并展开社会主义建设的探索，阐明只有社会主义才能救中国。本课在承接上一课内容的基础上，紧紧围绕改革开放伟大历程与中国特色社会主义的创立、发展和完善展开，进一步阐明了中国特色社会主义是党和人民在革命、建设时期付出各种代价，经过接力探索，在改革开放新时期开创的。开创中国特色社会主义从根本上改变了中国人民和中华民族的命运，不可逆转地开启了中华民族走向伟大复兴的征程。引导学生理解中国特色社会主义的创立、发展和完善的历史必然性和科学真理性，为后面讲述只有坚持和发展中国特色社会主义才能实现中华民族伟大复兴打下基础。

1. 从认知上看，通过前面两课内容的学习，学生已经明确我国选择社会主义道路的历史必然性、社会主义制度确立的重要意义以及为什么必须坚持改革开放毫不动摇，但是对于"什么是中国特色社会主义"还没有全面系统的认识。所以本课主要探究中国特色社会主义理论、道路、制度和文化，引导学生明确道路决定命运，中国共产党和中国人民在长期的实践探索中，取得革命、建设和改革开放的伟大胜利，开创和发展了中国特色社会主义，从根本上改变了中国人民和中华民族的前途命运。

2. 从情感上看，学生在成长生活中，能明显感受到国家不断富强繁荣、经济社会不断发展、人民生活水平显著提高、人民的获得感显著增强，在一定程度上能激发学生的民族自豪感和自信心。但还不能全面认识这一切伟大成就的获得在于创立、坚持和发展中国特色社会主义以及中国模式、中国方案对世界的贡献。因此，需要老师从中国特色社会主义的具体内容以及坚持中国特色社会主义道路的必然性和正确性加以引导，让学生真正从内心情感上拥护并坚定中国特色社会主义道路、理论、制度和文化自信。

三、教学目标分析

1. 道路自信、理论自信、制度自信、文化自信：了解中国特色社会主义道路、理论、制度、文化的内容、地位及联系，理解中国特色社会主义道路、理论、制度、文化的积极作用，引导学生坚定马克思主义的方向和立场，树立道路自信、理论自信、制度自信、文化自信。

2. 科学精神核心素养：运用网络资源，引导学生通过"美丽南方——忠良村"的变化及原因，理解中国特色社会主义理论、道路、制度和文化是乡村振兴及其他方面成就取得的根本原因。深化对中国特色社会主义的认识，明确中国特色社会主义是中国共产党带领中国人民在实践中不断发展和完善的成果，树立实践第一及用发展的观点看问题的观点，培养科学精神核心素养。

3. 政治认同：以"美丽南方——忠良村"的发展为例，通过视频讲解，结合自身实际分享，学习中国特色社会主义理论、道路、制度、文化相关知识，从中感受中国特色社会主义理论、制度、道路及文化的积极作用，树立道路自信、理论自信、制度自信、文化自信，增强政治认同。

4.公共参与：通过填写任务卡和三个议学活动——为忠良村的发展建言献策，明确当代青年应将爱国情、强国志、报国行自觉融入对国情的学习与分析中，积极参与实践，做中国特色社会主义坚定的促进者，落实公共参与的素养培养。

5.法治意识：通过分析和总结促进"美丽南方——忠良村"发展的具体制度措施，感受和理解法治是社会演进过程中形成的先进的国家治理方式，培养法治意识核心素养。

四、教学重点、难点分析

1.教学重点：中国共产党领导下形成的中国特色社会主义道路、理论、制度、文化——中国取得一切成绩和进步的根本原因。

2.教学难点：引导学生感受中国特色社会主义理论、制度、道路及文化的积极作用，树立道路自信、理论自信、制度自信、文化自信，增强政治认同。

五、教学流程设计

（一）篇章一：振兴有范·美在南方

【课堂导入】

在南宁市的西乡塘区，有这样一个村庄：邕江环抱、绿水盈盈、远山含黛。当我们走进村庄的时候，映入眼帘的是一幅幅乡村休闲的美丽画面；当我们和村民交谈的时候，感受到的是乡村振兴的火热激情。

这个村子的名字叫忠良村。新中国成立初期，作家陆地创作了长篇小说《美丽的南方》，忠良村便是这部长篇小说的主要发生地，因此忠良村也被冠以"美丽南方"的名称。

通过展示图片"全国文明村、中国最美休闲乡村——美丽南方（忠良村）"和介绍忠良村的地理位置、景色特点、被冠以"美丽南方"的名称的原因。激发学生兴趣和热情，将学生带入预设的情境。

议学活动一：忠良村越来越美的原因？

情境：播放"美丽南方——南宁石埠忠良村的发展变迁"视频资料

任务：根据视频分组讨论、填写任务卡，思考忠良村改革开放过程中遇到的问题、思想理论、解决措施和取得的成效（见表1）。

表1　忠良村改革开放过程中遇到的问题及取得的成效

时间	遇到问题	思想理论	解决措施	取得成效
20世纪80年代	生活贫困，难以温饱	邓小平理论	实行包产到户、家庭联产承包责任制	生活有了很大起色
20世纪90年代—21世纪初期	安于现状，没有发展动力；出现赌博、酗酒等现象；很多村民生活还比较困难	"三个代表"重要思想和科学发展观	村党支部布局生态农业、开发旅游业；党员表率引领，学习革命传家史、建设村风、家风；完善基层群众自治制度，选能人担任村长，先富带后富，共同富裕	生活水平提升、泥水路变成水泥路、出现万元户
2012年（党的十八大）以后	没有形成自己的发展特色；土地分散经营不利于发展现代农业；人居环境亟须整治	习近平新时代中国特色社会主义思想	以建设社会主义新农村为切入点，大力推进本村"五位一体"建设，形成发展特色；调整土地经营方式，发展休闲农业；完善基础设施，改善人居环境	中国最美休闲乡村、中国最美宜居村庄、全国生态文化村、全国文明村、美丽南方综合体

设计意图：让学生做乡村振兴的叙述者，引导学生通过设置议学活动一，给予学生主动体验、探究、分享的机会，通过分阶段、分角度的要求，引发学生思考，激发学生思维，使其能有逻辑地认识事件的发展。充分发挥学生课堂的主体作用，挖掘课堂现场资源，体现课堂的生成性。通过对忠良村这一案例的分析，让学生认识到：忠良村能取得今天的成绩和进步，根本原因是党领导中国人民开辟的中国特色社会主义道路、形成的中国特色社会主义理论体系、确立的中国特色社会主义制度、发展了的中国特色社会主义文化。

（二）篇章二：振兴有方·四个自信

【过渡】：一个忠良村振兴了发展了，但中国还有许许多多的村子，他们取得成绩

的原因又是什么呢？下面我们进入第二个篇章《振兴有方 四个自信》

设置议学活动二，学生对促进忠良村发展的具体措施从道路、理论、制度和文化四个方面进行归类，总结出中国特色社会主义道路、中国特色社会主义理论、中国特色社会主义制度和中国特色社会主义文化对中国取得这样的成绩和进步的作用。从忠良村这个个案，到中国这个整体，让同学们认识到：在党的领导下形成的中国特色社会主义道路、理论、制度、文化是改革开放以来中国取得的一切成绩和进步的根本原因（见图1）。

（忠良村发展）道路 中国特色社会主义道路	理论 中国特色社会主义理论	制度 中国特色社会主义制度	文化 中国特色社会主义文化
家庭联产承包责任制；能人带路，共同富裕；村党支部发展休闲农业；以建设社会主义新农村为切入点，大力推进本村"五位一体"建设，形成发展特色	在不同时期，坚持科学理论指导：邓小平理论、"三个代表"重要思想、科学发展观、习近平新时代中国特色社会主义思想	家庭联产承包责任制；坚持基层群众自治；不断完善土地制度和土地经营方式	组织村民学习革命传家史；建设村风、家风；结合具体情况，改革创新，弘扬以改革创新为核心的时代精神

图1 忠良村取得的一切成绩和进步的根本原因

设计意图：让学生作乡村振兴原因的总结，通过议学活动二，发挥学生课堂的主体作用，提升学生归纳推理的能力，自动生成"中国特色社会主义道路、理论、制度、文化"四项内容，从而实现学生对"中国特色社会主义道路、理论、制度、文化"四项内容的理解。

（三）篇章三：振兴有我·建言献策

【过渡】：同学们，乡村振兴是我们这一代人的使命与责任，而青年是乡村振兴中最积极、最有生气的力量，振兴有我，接下来请同学们为美丽南方再发展建言献策。

设置议学活动三，通过展示习近平总书记2021年在广西考察时提出的愿望，引导学生思考"忠良村要继续振兴发展，应该怎么做"，引导学生将爱国情、强国志、报国行自觉融入实现中华民族伟大复兴的奋斗之中，积极参与乡村振兴实践，做中国特色社会主义的坚定促进者。

设计意图：让学生作为乡村振兴的描绘者，通过设置开放性的问题，引导学生把所学知识运用到实践当中，学以致用，树立作为公民和国家主人的责任感，落实政治认同、公共参与的素养培养。

六、板书设计

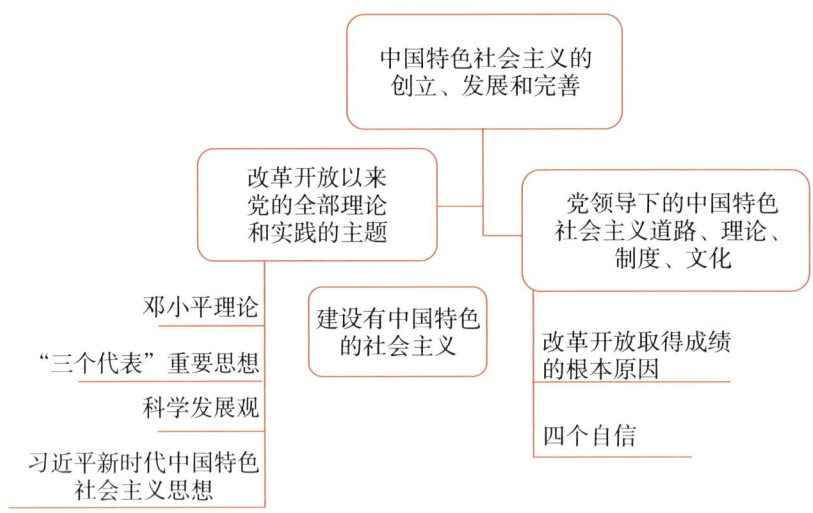

七、参考资料

1. 视频："美丽南方——南宁石埠忠良村的发展变迁"相关资料
2. 素材：习近平总书记2021年4月在广西视察时的讲话
3. 调查报告：《基层党建引领城郊村产业振兴研究——以南宁市忠良村为例》

学生阅读材料：

1. 忠良村发展的道路、理论、制度及文化措施
2. 习近平总书记2021年4月在广西视察时的讲话

八、教学反思

本课基于活动型课程设计理念，依据学生的认知规律、情感心理特点，落实政治认同、公共参与等学科核心素养目标，本课教学设计以"美丽南方——南宁石埠忠良村的发展变迁"为主题，围绕"振兴有范·美在南方""振兴有方·四个自信""振兴有我·建言献策"三个篇章展开。本节课有以下几点探索：

1.充分挖掘网络资源为课堂教学服务。课堂运用网络视频资源，带领学生进入南宁石埠忠良村的发展历程，并让学生分析该村的发展原因，案例新颖，契合时代的信息化特点，能充分吸引学生兴趣和热情，让学生在分析中自主建构中国特色社会主义的内容，突破教学重点。

2.活动设计贴合学生实际，有效激发情感。议学活动一通过播放视频"美丽南方——南宁石埠忠良村的发展变迁"，设置学生任务"填写任务卡"，让学生有事可做、有话可说、有情可抒，在学生分享中深度挖掘视频内容，感受忠良村发展的历程。议学活动二设置活动讨论"对忠良村发展措施进行归类"，让学生在分析中能自主建构中国特色社会主义的内容，凸显价值引领，增强四个自信，达到良好的教学效果，突破教学难点。

当然，本课也存在不足，例如在三个篇章的教学时间安排上，因教学内容安排影响，第一篇章占据的时间较多，第二、三篇章时间略少。另外，因课堂教学时间有限，对于个别学生的分享和回答的深度挖掘和总结还有一些缺憾。恒者行远，思者常新。本课的课堂教学结束，但反思和总结却并未结束，我也将在进一步的思考总结中不断完善、提升自己。

高中思想政治课微课设计中的美育初探

——以"寻故宫灵韵 传文化之美"微课设计为例

华丽桃

进入新时代，高中生的个性化需求呈现多样化，思辨能力逐步增强。部分学生认为思想政治课理论过于抽象，与现实脱节，难以做到理论联系实际。如何打造高中生喜欢的思想政治课、感受思想政治课独特的美？习近平总书记强调"办好思想政治理论课关键在教师，关键在发挥教师的积极性、主动性、创造性"[1]"思政课教师，要给学生心灵埋下真善美的种子，引导学生扣好人生第一粒扣子"[2]。随着科学技术的不断发展，在高中思想政治课中运用微课，通过引入时政和生活情境，丰富

---

[1] 习近平在学校思想政治理论课教师座谈会上的讲话，2019年3月18日。
[2] 习近平在学校思想政治理论课教师座谈会上的讲话，2019年3月18日。

和完善课堂教学模式,加深学生的情感体验,让学生在思想政课堂中感悟到"美"的韵味,有助于吸引和打动学生,在情境中习得高中思想政治课晦涩难懂的理论,并内化于心,外化于行,从而实现以美育人的目标。笔者认为,高中思想政治课的微课设计中渗透美育具有重要的意义,下面以笔者参加2020年全区中小学德育微课教学"精彩一课"比赛作品《寻故宫灵韵 传文化之美》(以下简称"故宫")的设计为例来分析。

一、美育的内涵

"美育,又称美感教育。即通过培养人们认识美、体验美、感受美、欣赏美和创造美的能力,从而使我们具有美的理想、美的情操、美的品格和美的素养。"①

社会主义社会的美育是为建设社会主义精神文明和培育学生心灵美、行为美服务的,是与个体生命状态、独立人格、综合素养等紧密联系的。它用现实生活中的美好事物和反映在艺术形象中的先进人物的思想感情和活动来感染受教育者。它广泛而深入地影响着学生的情感、想象、思想、意志和性格。美育与高中思想政治课的育人目标相契合,在思想政治课中渗透美育,有利于培养担当民族复兴大任的时代新人。

二、美育型微课与高中思想政治课的结合

社会主义社会的美育是高中思想政治教育的载体,重在立德、激发、实践、创新。微课以视频为载体,记录了教师围绕某个重难点开展的简明扼要的教学活动,微课时长一般在5～15分钟为宜,可以插入教学课件进行播放,或提供给学生自学或课后回顾知识使用,学生可以打破时空、地域的局限轻松学习。在微课中渗透社会主义社会美育,将国家的政策方针、中华优秀传统文化与学生的喜好相结合,用最短的时间在学生的内心植入真善美,培育社会主义核心价值观,弘扬民族精神,增强文化自信。

---

① 《中国大百科全书·教育》中国大百科全书出版社,2009。

（一）注重美育微课选题的创新性

1.要明确育人目标

"高中思想政治中的微课设计渗透美育的最终目标是提高思想政治教育的实践效果，使思想政治教育更能符合教学的基本规律和中学生人格健全发展的目的。"[①]在高中思想政治课微课设计中，教师应有意识地把美育渗透其中，充分挖掘高中政治课中的美育教育资源，以实现立德树人的育人目标。因此，笔者在"故宫"设计中明确了育人目标：以美养德，以美育人，增强学生文化自信，实现立德树人的教育目标。

2.根据教学重难点进行素材选择

分析梳理教材的重难点作为选题依据，明确设计主题。在设计中渗透美学的理念和原则，使学生在享受美的过程中感悟难点知识。在课堂教学过程中，在教学内容中渗透美的素材，让学生在美的情境中更主动地习得政治理论知识，有利于推动高中政治课堂改革，打造高效课堂。根据本课的教学重难点"推动中华优秀传统文化创造性转化创新性发展"，笔者选择故宫的中华优秀传统文化为素材进行设计，寻故宫灵韵，述中华文化之美，使学生感受美、守护美、创造美。

（二）注重美育微课设计的层次性

遵循"生本教育""知、信、行"和"寓理于情"的教育教学理念，微课设计情境应注重层次性，在"故宫"设计上笔者的设计是层层递进的，分为三个层次：享受美、守护美、创造美。

在享受美环节中以"感物、会心、笃行"的中国古典美学教育理念为依托进行设计，在"享受美"环节中，采用视听结合的方式和体验式教学法，通过视频（《上新了，故宫》等三部宣传片）和图片呈现故宫四季、色彩、人文、时代之美，将故宫灵韵可视化，从而感悟中华文化之美；

在"守护美"环节中，采用故事性叙述，以时间为轴，选取典型人物：梁金生先生一家三代人、故宫博物院第六任院长单霁翔，讲述故宫守护者们身上所体现的中华民族精神，培育学生的文化自信和家国情怀；

在"创造美"环节中：古今结合，知行合一。依托故宫文化，让学生感悟中华文

---

① 周洪槿：《高中思想政治课教学设计中的美育渗透实践研究》，杭州师范大学硕士论文，2017。

化的源远流长、博大精深，并以实际行动推动中华优秀传统文化的创造性转化、创新性发展。

三、美育微课设计对高中思想政治课教师的要求

  教师要善于运用"生本教育""知、信、行"和"寓理于情"的教学理念，以优美语言为载体，以真情实感为先导，以事实为佐证，以义理为内涵，进行讲述，循循善诱，在微课中以美育人、以美化人，实现思想政治课中的育人灵魂——德育。在描述故宫色彩时，如"当颜色遇上紫禁城，美，不可方物。春夏秋冬，青红黄白。古人将四季颜色的变换融入紫禁城的设计中。红墙，象征太阳的曙光，传递肃穆和庄严；黄顶，象征黄河与黄土，昭显大国的尊贵与辉煌；青砖，象征着春天的新叶，蕴含万物复苏、向生之意；黑瓦，调和红与黄的张扬，是稳重老成的长者，象征调和，免灾。故宫的红黄绿黑与四季色彩交相辉映，相互融合，给人至美之感。故宫的每一种颜色，每一砖，每一瓦，每一寸，无不体现着中国古人天人合一的理念和中国哲学制衡守一的智慧"。能让学生在语言美的情境中发现"当颜色遇上紫禁城，美，不可方物"，深刻地感受到古人的智慧，增强了文化自信。在享受美的过程中进一步思考，是谁在守护优秀传统文化的美，再以守护者的故事为佐证，以义理为内涵，让学生在故事中获得力量，愿意成为守护者和创造者，实现情感的升华，突破本课难点的学习。

  互联网的快速发展使人类的知识传授模式发生了改变，微课成为适应时代发展的教育模式和载体，而教育模式的调整必然引起教学理念的改变，因此，应在高中思想政治课中发挥微课以美育人的功能。教师作为教学资源的整合者和提供者，如何在微课设计中渗透美育，让学生在思想政治课中如沐春风，形成正确的世界观、人生观、价值观，"扣好人生第一粒扣子"尤为重要。努力让美育微课成为展示教师风采的一张亮丽的名片，给学生带来灵动的思考和创造力，这样的探索会一直在路上。

刻于甲骨，书于竹帛，铭于钟鼎

——从书写材料与书写工具看汉字的流变

李 杰

《中小学书法教育指导纲要》指出：汉字和以汉字为载体的中国书法是中华民族的文化瑰宝，是人类文明的宝贵财富。书法教育对培养学生的书写能力、审美能力和文化品质具有重要作用。中国的汉字与古埃及的象形文字、中东两河流域的苏美尔楔形文字、美洲的玛雅文字同为世界上历史悠久的自源文字。那么该如何根据历史学科的特点结合时代与社会变迁的特点来认识中国书法的丰富内涵和文化价值呢？王岳川指出："书法跟文字的变化紧密相关，不管是甲骨文、金文、大篆、小篆、隶书，乃至行书、草书、楷书等，都跟每一次的社会进步、人类觉醒、文化延伸和时代对创新的要求关系紧密。"[①]如何发掘汉字

[①] 王岳川：《书法时代症候与书法命运》，《中国书画》2009年第1期。

或书法流变背后的历史信息，让高中历史课中的艺术史教学更富有历史感呢？这是一个非常值得研究的问题。本文结合近年来考古新发现以及学术界对汉字书写材料与工具的起源与发展研究的新进展来进行探讨。

文字产生之后，必然随之产生文字的书写材料和书写工具。所谓书写材料，就是指文字的承载物；所谓书写工具，就是指毛笔及其替代物。前者主要有龟甲、兽骨、钟鼎、竹简、木牍、缣帛、玉器、石器、纸张等；后者则主要是指契刀、刻刀和毛笔。

一、从书写材料来看

李零先生按照书写材料和书写工具将中国古代的文字划分为铭刻和书籍。铭刻指用刀凿或硬笔（竹笔或木笔）刻写在石、陶、金、甲等材料上的文字；书籍指用毛笔蘸墨或朱砂写在竹、木、帛、纸等材料上的文字[①]。

（一）刻于甲骨

从考古发现来讲，商代的文字不仅仅是指在甲骨上刻画的甲骨文，还有玉器、陶器等上面或刻画或书写的文字，以及更有在青铜器上的铭文。甲骨的书写，早在3000多年前的商代后期，人们就地取材，以龟甲和兽骨为材料，把内容刻在龟甲或兽骨上，是当时王室用于占卜吉凶记事而在龟甲或兽骨上镌刻的文字，内容一般是占卜所问之事或者是所得结果，其记录和反映了商朝的政治和经济情况。在总共10余万片有字甲骨中，含有4000多个不同的文字图形，其中已经识别的有2800多字。甲骨文也是现存最古老的一种成熟文字。

（二）铭于钟鼎　镂于金石

商朝的文字还包括青铜铭文，在商朝早期的二里岗文化时期就已经出现青铜铭文，早期铭文内容简单地仅以一字至五六字最为常见，主要记作器者的族氏和为某人作器，

---

① 李零：《简帛古书与学术源流》，中华书局，2008年，第58-68页。钱存训先生将中国古代的文字划分为"文字记录"与"书"（或者表述为"铭文"与"书籍"）两类："文字记录"包括甲骨文、金文、陶文、玉石刻辞等；"书"仅有简牍、帛书和纸书。参见钱存训：《书于竹帛——中国古代的文字记录》，上海书店，2006，第63页、138页。李学勤先生也认为：无论甲骨文还是金文，都不能叫作"书"。参见李学勤：《古文字初阶》，中华书局，2003，第61页。

作器的原因以祭祀、赏赐为多。铭文最长亦无过五十字。西周时随着青铜器制作技术的改进和改良，铜器铭文步入全盛时代，出现了长篇铭文。大约从战国中期开始，传统形式的青铜器铭文已很少见。六朝以后，铜器铭文不再流行。

商朝文字还常刻写在陶器、石器、玉器、骨角器等各种器物上，商代甲骨比较突出。西周铜器比较突出，东周以来则逐渐形成以铜器、石器为主的铭刻体系，比如春秋时期的石鼓文。为研究商周时期的历史提供了丰富的第一手材料。

（三）书于竹帛

甲骨文与金文虽然在古文字研究中地位很高，但它始终不是古文字的主体[①]。文字的作用主要有两方面：一是它的记录性，二是它的纪念性。甲骨文主要记录占卜，殷商金文是纪念性铭文，而社会生活中需要记录的普通文书和国家需要保存的法令、史书等应该是书写在广泛易得的竹木材料之上的。李孝定先生也认为："殷周之际，舍甲骨金石之外，亦必有以简策记事者矣。弟以竹木易腐，不传于今，然刻金甲文之册字必取象于当时之编简，盖可断言也。"[②]从文献记载来看，《尚书·多士》中有："惟殷先人，有册有典，殷革夏命"的记录。作为我国古典文献的起源，《多士》是周初时周公对殷商遗民的训诰，文字学家唐兰引证时说："可见，'殷革夏命'是殷先人所存的典册上记载着的，也是周初人读过的。《尚书》上像《多方》《召诰》之类说殷就说到夏，是因为夏朝的历史是殷人最熟悉的。"李学勤指出："早在商代甲骨文中，已经有了典册的踪迹，因此知道那时人们已利用竹木制简，用绳编连成册。"[③]甲骨文中的"典""册"在殷商时期主要指与祭祀、征伐等国之大事相关的祭典、信符、册命文书以及掌管此类文书的官员和氏族，而到了西周以后演变为各种文书的通称。从出土文献和传世文献的记载来看，商周时期简牍所载录的内容主要有十类：诰令、文书、历史记载、占卜祝祷、刑法、契约、户籍地图、诗歌、书籍、遣策，这就充分说明在商周时期简牍已经广泛地应用于政治、经济、军事、文化和人们日常生活的各个领域。表明简册已经成为商周时期载录档案文书和书籍的最主要载体。

从考古发现来看，新石器时代早期河姆渡遗址已出土木器，新石器时代晚期浙江钱山漾遗址已出土竹器，说明我国先民早在殷商之前已经具备了利用竹木的高超能力，

[①] 李零：《简帛古书与学术源流》，中华书局，2008，第59页。
[②] 李孝定：《甲骨文字集释》，台湾"中央研究院"历史语言研究所，1970，第666页。
[③] 李学勤：《简帛佚籍与学术史》，江西教育出版社，2001，第2页。

那么制作简牍应该是完全可能的。因此从殷商时代开始用毛笔书于甲骨、金石、简牍是再正常不过的事。虽然出土的简牍实物最早的是在战国早期（约前5世纪），但不少学者认为简牍使用的历史比这要早得多。所以王国维认为"书契之用，自刻画始，金石也，甲骨也，竹木也，三者不知孰为后先，而以竹木之用为最广"①。正如王氏所言，在纸张发明之前，竹木是使用最广泛、最普遍的书写材料。虽然迄今为止考古发掘还没有发现春秋之前的简牍，这主要还是因为竹木为原材料的简牍容易腐烂与燃烧，不易保存所致。

简牍存在体积较大，重量较重，携带十分不便的缺陷。因此，早在简牍盛行时期，就已经出现了在丝织物上书写的方式，称为"帛书"。商朝时期已经出现了比较成熟的丝织品，据战国时期的《墨子》记载："古者圣王，书之竹帛，遗传后世子孙。"明确将简帛并称，表明至少春秋战国时期缣帛作为文字载体已广泛使用，与简牍以及其后的书写载体并存了很长一段时期。但丝织品价格昂贵，且不便更改，一般只用为定本，所以缣帛始终未能取代简牍作为记录知识的主要载体。到晋代纸普遍使用后，缣帛虽仍在使用，但基本上是作为某些文书以及书法、绘画的写绘材料。

以上论述充分说明在商周时期用于文字记录的书写材料多种多样，包含了甲骨、玉石、青铜器、缣帛、陶器与简牍等等载体。甲骨、玉石、青铜器属于坚硬耐用的材料；而简牍和缣帛等属于质地柔软易于损坏的材料，正如《墨子·鲁问》记载"书之于竹帛，镂之于金石，以为铭于钟鼎"。日本著名学者富谷至则从文化心理角度阐释纸出现以前人们将甲骨、金石等坚硬耐用的材料作为书写材料载体的原因，认为这种作为书写材料的载体重要的不是准确传达书写的内容，而是强调某种灵验文字的排列，图像文字重在视觉感受而非解读，是利用这类材料的耐久性和恒久性等性质，带着将刻写的内容永远流传后世的期待制作的"②。因为古人想把流传久远当做目标，才会使用石头，有时也会使用金属，一般为青铜，通常把字母刻进或铸入原料，而不是用墨水书写字母，此类铭文一般用于公开展示③。这突出表现了文字的纪念性。"纪念性"的文字，通常铭刻于丰碑巨碣，或垂言于鼎彝，常使用"硬材料"，主要是金石类文字，如商周金文和秦汉碑铭；"记录性"的文字，则一般书于竹帛，藏之府库，用的是

---

① 王国维：《简牍检署考校注》，胡平生、马月华校注，上海古籍出版社，2004，第69页。
② 富谷至：《木简竹简述说的古代中国——书写材料的文化史》，刘随武译，人民出版社，2007，第13、34页。
③ 罗杰·巴格诺尔：《阅读纸草，书写历史》，上海三联书店，2007，第9页。

"软材料",如简牍帛书上的文字。美国著名汉学家钱存训对此做了精彩的分析:古时用作思想交流的载体,显然有两大类,易损的材料价格比较便宜,大量用作公文、史册、文章、信件及其他各种日常用途;坚硬耐久的材料,则用作有纪念性或可流传后世的铭文。我们也可以说,前者用于空间上的横向交流,是人与人之间往来的媒介;后者是时间上的直向交流,是人与鬼神及后代子孙间联系的工具[1]。正是由于以竹木为原料的简牍来源广泛且价格便宜,如同地中海地区的纸草和羊皮纸、南亚的贝叶和树叶纸、美洲的树皮纸。所以在纸发明之前,竹、木不仅是最普遍的书写材料,且在中国历史上被采用的时间,亦较其他材料更为长久,甚至在纸发明以后数百年间,简牍仍继续用作书写材料[2]。先秦时期的古人利用竹简、木板以至缣帛作为书写材料,这在我国文化史上是一个重要的创举。它为记载、传播、发展我国古代文化,起了重大作用。

(四) 写于纸张

关于古纸的起源,虽素有"蔡伦造纸"之说,但纸实际的出现时间应该回溯至西汉。关于这一点,可在古文献中寻踪索迹:如《汉书·司马相如传》中的《游猎赋》曾言"帝令尚书给笔札"。唐代颜师古曾为其作注曰:"时未多用纸,故给札以书",说明西汉时已有"纸"出现。对此,考古上的发现应是更为确实的证据:1986年,在甘肃天水放马滩西汉墓葬出土的一张地图,其由植物纤维制成,是世界上最早的一张纸质地图,其年份断定为西汉初年的文、景二帝时期;1957年在陕西灞桥发现一些古纸残片被认为是世界最早的植物纤维纸[3]。20世纪70年代在甘肃居延金关地区、陕西扶风中颜村、甘肃敦煌马圈湾汉代烽燧遗址等地,都先后有西汉古纸出土,质地多为麻纤维,分别用于文书、信件以及包裹物品。按照年代排序,这些纸分别是西汉早期的放马滩纸、西汉中期的灞桥纸、悬泉纸、马圈湾纸、居延纸以及西汉晚期的旱滩坡纸[4]。由此可以推断:在公元前2世纪的西汉时期以植物纤维为原料的纸已经通行。

---

[1] 钱存训:《书于竹帛——中国古代的文学记录》,上海书店出版社,2006,第157页。
[2] 李零:《简帛古书与学术源流》,中华书局,2008,第71页。
[3] 程学华:《西汉灞桥纸墓的断代与有关情况的说明》,《科技史文集》第15辑,上海科学技术出版社,1989,第17—22页。
[4] 钱存训:《中国纸和印刷文化史》,广西师范大学出版社,2004。潘吉星:《中国科学技术史·造纸与印刷卷》,科学出版社,1998。

东汉蔡伦造纸改进了西汉纸的粗糙，降低了丝质纸的高成本。自此，东汉造纸业日益发展，纸张已经广泛应用于国人的生活和书写。当然，纸张最终取代简牍是一个漫长的演变过程，从西汉、东汉一直到西晋都是简牍与纸并行的时代，整体上来讲西晋以前简牍仍是书写的主要材料。刘熙《释名·释书契》中说："书，庶也，纪庶物也。亦言著之简、纸，永不灭也"，正反映了这种过渡性的历史特点。

东晋时随着造纸术的迅猛发展，纸的种类增多，造纸技术大幅度提高。书籍的书写材料普遍由简牍过渡到纸，作为练习书写文字用的废纸的发现，说明该时期作为书写材料的纸绝非贵重、稀有的物品，它已经被广泛使用，而且数量也相当可观[①]。甚至到了东晋末年政府已明令用纸作为正式书写材料，凡朝廷奏议不得用简牍，一律以纸为之。例如桓玄废晋安帝即下令曰："古无纸，故用简，非主于敬也。今诸用简者，皆以黄纸代之。"[②]考古发掘也表明，西晋墓葬或遗址中所出文书虽多用纸，然仍不时有简出土，但东晋以降，便不再出现简牍文书，而全是用纸了。纸在中国社会的普遍使用，有力地促进了各类书籍的出现以及科学文化知识的广泛传播，特别是纸具有一切文字载体材料的优点，是一种最理想的书写材料，这是中华民族对世界文明的伟大贡献。同时，因纸的发明、改良和普及，引发了一场艺术上的大革命，使书法迅速地摆脱了实用为主的桎梏，成为一门以观赏性为主的独立艺术[③]。

二、从书写工具来看

在有书写文字材料的同时，也必然产生书写文字的工具。书写工具的产生和发展，是我国书籍产生和发展的重要条件之一。书写工具同文字和书写材料一样，在我国古代文化史上，同样占有重要地位。

（一）刀笔并用的先秦时期

先秦古人的书写工具主要是毛笔与刻刀。从文献来看，《周易·系辞下》云："上古结绳而治，后世圣人易之以书契"，讲的是文字的发明称之为"书契"。《尚书·序》

---

① 富谷至：《木简竹简述说的古代中国——书写材料的文化史》，刘随武译，人民出版社，2007，第108页。
② 徐坚：《初学记》卷二一，中华书局，1980。
③ 侯开嘉：《中国书法史新论》，上海古籍出版社，2003，第12页。

说："书者，文字。契者，刻木而书其侧，故曰书契也"。"书"字从"聿"，"聿"字甲骨文做🖋，正像一只手握毛笔的姿势，而笔形是一支毫端可以散开的毛笔。"契"字从"刀"，像执刀契刻，所以古人表现文字的方式，既有用笔书写，也有用刀（或类似的锋刃器）刻画。考古资料为以上认识提供了有力的佐证。大汶口文化遗址出土的陶器上的文字，有镌刻的和书写的两种，遗址中发现了大量用于镌刻的骨刀、陶刀、石刀、锥子、青铜片等。其实世界各国的古文字和我们一样，也是刀笔并用，软硬兼施，比如两河流域，它的楔形文字分两种，一般记录商务和政务的文字，是使用削尖的木棍和芦苇（属于硬笔类，类似欧洲后来的鹅毛笔和铅笔、钢笔）书写泥版；而纪念性的文字，则是用刀凿刻于石头、象牙、金属和玻璃等坚硬的材料上①。

不少人或许会认为商朝主要是以刻刀作为主要书写工具，甚至有人以为等到秦朝的蒙恬发明毛笔后，中国人才开启用毛笔书写的历史，不知商代的甲骨和陶片都有毛笔书写的事实②。毛笔的起源传统说法一般指蒙恬制笔，其实在西周古籍上就有笔的记载。比如《尚书·中侯》记有"去龟负图，周公援笔，以时文写之"，《礼记·曲礼上》有"史载笔，士载言"。在先秦各代，史官在君王之前笔不离手，务须"秉笔事君"（《国语·晋语》），或"进秉笔"（《国语·楚语》）。到战国时，列国对笔的称呼虽不尽一致，然而却被广泛利用。《尔雅·释器》注曰："不律谓之笔。"所以郭沫若认为："殷代不用说是在用笔了，除刀笔之外，也有毛笔。这从文字中有'聿'字或以'聿'为偏旁的字也尽可以得以证明。"③

据考古发掘，仰韶时代陶器上的花纹就是用毛笔绘制的，陶器上的符号也是用毛笔或尖笔所画，说明用毛笔书写的传统在史前时代就已经开始了。在一些商代陶片与甲骨上保留着用墨书写的卜辞，如1932年河南安阳殷墟出土一陶片，上书一"祀"字，约有一寸见方，笔画粗壮，纤锋宛然，笔锋清晰。1936年出土一件朱笔书写的陶器和刻有文字的甲骨片，董作宾考证认为"用朱或墨写了未刻的文字，笔顺起讫，笔锋收敛，十分清楚，因而可以断定，殷代写字确实用精良的毛笔"④。1964年洛阳北窑西周墓出土的7件带墨书文字的铜器都是西周早期器物，这批墨书人名如"伯柳父"等多为西周贵族。1985—1992年郑州小双桥商代中期遗址出土了19件毛笔朱书

---

① 李零：《简帛古书与学术源流》，中华书局，2008，第41页。
② 许进雄：《古事杂谈》，商务印书馆，1991，第1页。
③ 郭沫若：《古代文字之辩证的发展》，《考古学报》1972年第1期。
④ 董作宾：《甲骨文五十年》，转引自吴浩坤《中国甲骨学史》，上海人民出版社，2006，第64页。

的陶片，也发现过用朱笔和墨笔写在陶制大口尊上的文字①。商周时代大量的青铜器铭文都是先用毛笔写出来，然后按照墨书原本制成范再来刻铸②。毛笔书写使用更为广泛的是出现在竹简木牍上，表明其"已经在用笔来书写初步的文字"③。从文献记录来看《诗经·邶风·静女》中有"静女其姝，贻我彤管"的记载。《郑笺》："彤管，赤笔管也"，即以竹木杆髹漆而成的笔管。从考古发掘来看，至今已在许多地方出土了古代的毛笔，如1931年在甘肃居延发现木管毛笔，在信阳战国楚墓中亦发现竹笔一支④。

（二）秦汉以后毛笔成为主流

秦国蒙恬根据西北的物产，因地制宜利用枯木，以鹿毛和羊毛混合制笔，改良了毛笔制作工艺，与蒙恬同时期的秦代毛笔，已经有考古发现。1975年湖北云梦睡虎地墓出土毛笔3支，笔杆为竹质，上端削尖、下端较粗，镂空成毛腔。笔杆上端削尖，证明了秦代"簪笔"现象。从制作工艺角度出发，秦代毛笔选用较坚硬的毫毛作笔芯，形成笔柱，外围覆以较软的披毛。这种笔能够快速、大量地书写，"披柱法"也成为我国毛笔制作的基本工艺之一。湖南长沙左家公山楚墓中出土的毛笔则标志着固定笔头技术的逐渐成熟⑤，说明当时我国的制笔工艺已经达到较高水平，并且得到普遍使用。

魏晋时期，草书、行书、楷书等各种书体的相继兴盛，多种字体对其书法艺术上的要求，推动了毛笔的发展。尤其是造纸业技术的革新对毛笔提出许多新的要求，为了适应新的书写材料，毛笔制作工艺相应作了许多调整与改善。随着制笔业的发展，毛笔的制作已逐步趋于精良、完备，制作方法也日趋定型。三国时期韦诞的《笔方》与东晋时期王羲之的《笔经》这两部制笔技术的总结性著作先后问世，标志着我国制笔技术的成熟。

---

① 河南省文物考古研究所等：《1995年郑州小双桥遗址的发掘》，《华夏考古》1996年第3期。
② 洛阳市文物工作队：《1975—1979年洛阳北窑西周铸铜遗址的发掘》，《考古》1983年第5期。
③ 郭沫若：《古代文字之辩证的发展》，《考古学报》1972年版第1期。
④ 陈直嵘：《古代文具用品概述》，《历史教学》1983年第3期。
⑤ 傅振伦：《论长沙左家公山发现的古笔》，《文史哲》1958年第2期。

三、书写材料与工具对早期汉字流变的影响

"在影响文字发展的诸因素中,书写材料和书写工具占有特殊的地位。"[①]

(一) 对汉字书写顺序的影响

从书法载体来看,纸张出现之前主要是简牍,从书写工具来看,主要是毛笔。竹简呈窄长条形,竖放横排,上下两端有麻绳编连。因为书写的时候右手执笔,左手展简,每简写字一行,空白的简是放在左边,写好后左手顺便向左边推开一一排列。所以排出的行款从右排到左,于是汉字的行款成为自上而下,自右而左这一独特的书写习惯。

(二) 对汉字字体的影响

社会形势的发展,交流的频繁,使得文字的书写数量大大增加,而竹简大多比较窄,一般仅能容纳一个字的宽度。由于受简宽的限制,每根竹简只能写一行字,所以最好的办法只有两个:一个是将字形压扁,另一个就是缩小字距。字体被尽量地压扁,只能作纵向的延伸,于是篆书的修长变为横放纵敛,形成隶书左右波拂分展的特殊体势。体势由纵势变横势,点画由圆融变为波磔明显,这能从出土的竹简、木牍上找到明显的变化痕迹,有力地促使隶书字形的形成。而到了魏晋时期,当纸已经成为人们的主要书写材料,汉字的形态便很快完成了由隶书到楷书的演变,这也正是书写材料的变化对汉字字体产生一定影响的明证。

(三) 对书法风格的影响

书写载体对书法风格产生重要影响,比如甲骨文是在坚硬的甲骨上用坚硬的书写工具制作汉字,因而呈现出笔画瘦削,多有方折,刀笔味浓的字体风格;而同时代的金文笔画上一改甲骨文瘦削方折的特点,变得肥厚粗壮,圆浑丰润;整体风格庄重典雅,精致美观;字形大小基本一致,行款排列趋于整齐。这种风格的形成,正是因为金文大多是铸造出来的。书写工具的进步也对书法风格产生一定影响,比如随着毛笔

[①] 伊斯特林:《文字的产生和发展》,北京大学出版社,1987,第517页。

质量的提高，书法的笔法更加丰富，线条形态更加多样化，也正好满足了隶书笔画多变的要求，一定程度上促进隶书的形成。由于中国人写字的毛笔笔尖是柔软的毛做的，通过柔软的毛笔产生出点画线条的强弱、浓淡、粗细等丰富变化，以字形字距和行间的分布，构成优美的章法布局，这些都使书写文字带上了强烈的艺术色彩。"不像其他坚硬的工具，难做笔势上的变化，中国书法所讲求的美善外形和内在精神……因此中国的书法才成为各国文字中一种很受崇敬的独特艺术形式。"[①]中国书法至今兴盛不衰，处处蕴含并体现着中华文化博大精深的内涵。

四、对历史教学的启示

近年来历史高考命题中大量运用"学术研究新成果"，并引领高中课程与教学改革，这些"学术研究新成果"对广大一线高中历史教师而言是陌生的。近百年中国学术史发展表明：新材料的发现往往带来新领域、新成果、新认识。比如20世纪大量地下文献出土，从世纪初以甲骨文、敦煌文书等为代表的文献大发现，到1973年长沙马王堆帛书和1993年湖北荆门郭店楚简的重见天日，20世纪出土文献给中国历史文化研究带来了天翻地覆般的震动[②]。这些发现提供了大量可靠的第一手资料，它们从各方面反映了古代社会，尤其是先秦时期的社会真实面貌，以大量前人未曾见得的古代文献资料重新展现了中国历史，使历史科学乃至中国学术界的研究方法、研究思想都产生了根本性的变化，对中国古代历史、文化、文学、思想、语言、文字等各方面的研究产生了重大而深远的影响。比如简帛的出土对汉字字体的流变特别是春秋战国时期"隶变"提出了全新的认识。这些新成果也直接体现在高考命题之中。比如2012年福建试题与2016年的上海试题都不谋而合地考了"典与册"学术界关注的热点问题，2009年上海历史第2题考了世界文字的起源等。

---

① 许进雄：《古事杂谈》，商务印书馆，1991，第1页。
② 赵敏俐：《20世纪出土文献与中国文学研究》，《文学前沿》2000年第1期。

学 研 相 济
聚 木 成 林

（2016·上海单科·3）周公曰："惟殷先人，有册有典"。殷人的册典主要指的是

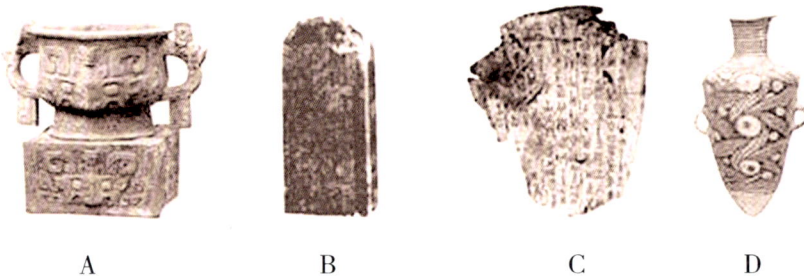

A　　　　　　B　　　　　　C　　　　　　D

（2012·福建文综卷·13）冊《说文解字》释读为："大册也。"今人认为似手捧册置于架上。该释读与下列记录文字信息材料相关的是

　　A.甲骨　　　　B.丝帛　　　　C.竹木简　　　　D.石碑

（2009·上海历史·2）将右图陶尊上的刻画符号与楔形文字 ꑳ 、甲骨文 ꓯ 、圣书字 ꓳ 和腓尼基字母文字 ꓦ 相比照可推断该陶尊最有可能出土于（　　）

　　A.两河流域　　　　　　B.中国

　　C.地中海东岸　　　　　D.埃及

将学术研究新成果引入高考，这不仅仅是相对滞后的教科书内容进行补充、完善，更是对广大教师专业发展提出新的挑战，迫使历史教育教学进行改革。所以了解学术研究新成果对高中历史教师的专业发展至关重要，教师的专业智慧需要一个主动建构、不断积累的过程。朱永新指出："如果没有真正的专业阅读，教师的专业发展仍非常困难。"说明专业性的阅读已经成为中学教师的安身立命之本。历史教师的专业阅读是教师自主专业发展的重要基础和必然趋势。对于古代书法作品这种留有时代痕迹的特殊史料，我们可以利用考古新发现，结合学术研究新成果尝试"二重证据法"在历史课堂上引导学生进行史料实证与历史解释，构成以艺术方式见证时代变迁的历史记录。当然从高考命题科学来讲，过于专业化的高考命题将对中学历史教学产生怎样的利弊，那是需要我们另外思考的重大问题了。

中学历史教学铸牢中华民族共同体意识教育策略研究

吴 红

2019年9月，习近平总书记在全国民族团结进步表彰大会上指出："实现中华民族伟大复兴的中国梦，就要以铸牢中华民族共同体意识为主线，把民族团结进步事业作为基础性事业抓紧抓好。"铸牢中华民族共同体意识，事关国家稳定和民族团结，对实现中华民族伟大复兴具有的深远意义。中学历史教学要充分发挥学科的育人功能，立足历史课程核心素养的培养，引导学生树立正确的国家观、民族观，强化认同教育。在教学策略上，笔者拟从以下几方面探索与实践。

一、开展专题学习：以统一多民族国家的演进和民族交融为主线

"所谓专题，就是能够把若干孤立的事实按一定的观念和逻辑组合在一起的问题。"中学历史教学要深入挖掘统编教材在国家统一、民族团结等方面内容，利用课堂教学主阵地开展专题学习，培育中华民族共同体意识。

（一）专题学习之一：我国统一多民族国家的演进过程

统一多民族国家的形成与发展，是中国古代历史发展的主线，也是中国古代历史教学中最核心的主体内容。教师可在唯物史观引领下，以时序为线索，指导学生梳理中国古代国家历史发展的演进过程、从总体上把握历史发展趋势。例如通过对秦、汉、唐、明、清等朝代的历史学习，了解我国统一多民族国家是如何形成、发展和巩固的；通过隋朝、元朝等朝代的历史学习，了解这些朝代是如何结束长期政权分裂局面的，顺应了统一多民族国家的历史发展大趋势。学生还可以收集整理中国历代疆域图，分析对照地图的有效信息，对新疆、西藏、南海诸岛、台湾及其附属岛屿、钓鱼岛等地区进行历史考察，认识这些地区自古以来就是中国的领土。通过本专题学习，使学生认识国家大统一是中国历史发展的总趋势；进一步认识到维护国家稳定的重要性，形成国家认同感。

（二）专题学习之二：中国古代历史上各民族交往交流交融

"认识在漫长的历史进程中，我国各族人民密切交往、相互依存、休戚与共，形成了中华民族多元一体的格局，共同推动了国家发展和社会进步，增强民族自信心和自豪感。"中国古代历史上各民族交往交流交融的专题内容，可依据义务教育统编中国历史教材，以时空观念为指导，学生动手设计表格进行归纳总结。通过对本专题课程资源整合，学生认识到各民族的交往交流交融，进一步丰富了中华民族的物质文化和精神文化，有力地巩固和发展中华民族多元一体格局；进一步认识加强民族团结的重要性，形成民族认同感（见表1）。

表1 中国古代历史上各民族交往交流交融简表

时期	各民族之间交往交流交融概况
春秋	中原"诸华""诸夏"被周边的戎、狄、蛮、夷等民族认同；随着频繁往来与长期斗争，大规模民族交融局面出现
秦朝	北击匈奴，南征越族地区；开凿灵渠，统一岭南及东南沿海地区
汉朝	北击匈奴，与西域各国之间友好往来；设置西域都护府，加强对西域的经营和与管辖
魏晋南北朝时期	北方的少数民族向内地迁徙，内迁的少数民族认同中原地区的历史和文化；北魏孝文帝改革促进了民族交融；各民族之间学习互鉴，出现民族大交融的高潮
唐朝	实行开明宽容的民族政策；汉藏两族友好关系发展，汉族和一些北方少数民族之间杂居与通婚；民族交往与交融进一步发展
辽宋夏金时期	战和并存，和是主流；民族政权并立，民族交融趋势加强
元朝	民族融合加剧；大规模的人口流动，有利于促进各族经济、文化发展与民族交融
明清	通过册封、设置机构等方式加强与少数民族的联系

二、学党史，感党恩：挖掘地方红色资源，赓续红色血脉

在党史学习教育动员大会上，习近平总书记指出："要抓好青少年学习教育，着力讲好党的故事、革命的故事、英雄的故事，厚植爱党、爱国、爱社会主义的情感，让红色基因、革命薪火代代传承。"在中学历史教学中，可将铸牢中华民族共同体意识教育融入党史学习教育之中，挖掘地方红色资源，开展育人实践活动。

广西作为中国五个少数民族自治区之一，拥有丰富的地方红色资源，历史教学可挖掘这些资源的内在价值和时代意义，学生通过讲红色故事、悟革命精神，做到学史增信。如在学习义务教育部编版中国历史八年级上册第17课《中国工农红军长征》一课时，学生结合收集的广西红色资源，在课堂上讲述红军长征湘江战役的故事：1934年冬，中央红军长征经过桂北，在桂林全州、兴安、灌阳三县遭到国民党反动军队来自东、南、北三面的夹击，双方在桂北湘江一带激战。这是一场决定红军生死存亡的壮烈一战，由红七军组成的红五师担任了阻击追敌的艰巨任务。这场战役的胜利，数万名红军指战员付出了生命的代价，粉碎了国民党反动派在湘江以东围歼红军的图谋，

使党中央和红军主力得以保全，为红军调整军事路线奠定了坚实基础。通过讲红色故事，学生感受到红军战士坚定信仰，对党忠诚，勇于胜利，敢于牺牲的优秀品质和崇高精神。

在本课教学中，教师还可加入民族团结教育的素材。中央红军长征过广西，沿途经过桂北苗、瑶、侗、壮等少数民族聚居区时，尊重少数民族的风俗习惯，制定正确的民族政策，得到桂北各族人民的大力帮助，他们踊跃参军，积极参战支前，"红军洞""红军楼""红军岩""石壁诗"等见证了军民鱼水情深和民族团结。在龙胜白面瑶寨旁的一块巨石上，红军刻下了两条标语："红军绝对保护瑶民"，"继续斗争，再寻光明"。红军沿途宣传的革命主张，赢得了少数民族民众的真心拥护和信任，谱写了民族团结的赞歌。

学党史，悟思想。结合本节课所学内容，教师引发学生思考："纵观红军长征这段历史，你认为中国共产党为什么能够带领中国革命走向胜利？"学生通过合作探究，认识到正是由于理想信念的引领，中国共产党才有排除万难的勇气，才会在艰难抉择中始终坚持真理。为中国人民谋幸福，为中华民族谋复兴，这是党的理想信念在当代的体现，也是新时代长征路的奋斗目标。学生在缅怀革命先烈的同时，也汲取了再走长征路的精神力量。

党史学习教育要做到"学史力行，知行合一"。课后教师布置实践体验作业："请你任选一个途径，寻访你身边的长征故事"，包括阅读课外书目，如《红军长征过广西纪实》《红色传奇》等，写一篇读后感；参观广西境内与长征相关的红色基地，如兴安界首红军堂等，写一篇观后感；采访广西籍长征老兵或老兵后人，留下视频记录，形成文字访谈报告。

铸牢中华民族共同体意识教育与党史学习教育的有机融合，教育引导广大青少年学生认真学习英雄先烈事迹，传承红色基因，弘扬革命精神，坚定了他们听党话、跟党走的信念。

三、开展项目化学习：探究民族传统文化，厚植家国情怀

文化是一个民族和国家的灵魂，2017年1月，中共中央办公厅、国务院办公厅印发了《关于实施中华优秀传统文化传承发展工程的意见》，号召对乡土文化资源加以挖

掘和保护，提升乡土文化内涵。

2019年6月，《中共中央国务院关于深化教育教学改革全面提高义务教育质量的意见》，意见倡导开展研究型、项目化、合作式学习。其中的"项目化学习"体现了学习方式的变革。广西是多民族聚居地区，在地方文化中包含丰富的民族特色文化，依托这些丰富的地方文化资源，结合历史教学，我们开展地方文化口述历史项目式研究。以"非遗"教育为例，2017年以来，南宁市第三中学初中部（青秀校区）积极开展广西优秀传统文化项目研究，他们成立口述史社团——菁茂史社，通过对广西非遗传统美食南宁老友粉、壮族民族舞蹈芭蕉香火龙舞、传统节日中的广西民俗等相关背景研究，收集整理了不少文献资料。指导老师带领学生走访老友粉传承基地，壮族芭蕉香火龙舞表演地，实地访谈传承人，拍摄记录相关技艺或表演过程，形成老友粉制作工艺实录和壮族芭蕉香火龙舞表演实录，完成抄本制作和进行了总结反思。他们还利用广西"壮族三月三"、端午节、中秋节等传统节日，布置学生运用口述访谈的方式记录自己家庭和社区的节日习俗，收集整理学生的记录作品，形成学生作品集。此外，项目组还开办学生作品成果展，利用公众号、微视频等途径进行宣传。在评价方式上，教师对学生参与的活动采取了过程性评价和终结性评价，过程性评价包括学生资料收集、问题意识、应变能力、情感态度等方面；终结性评价包括学生成果创作、成果展示、总结反思等，重点测量学生在实践课程中是否生发了对人生、社会、历史的理解，从而推动学生更加关注身边的历史文化，渗透中华优秀传统文化教育。此外，教师还发挥评价的激励功能，通过学生自评、互评和师评、家长评等多维度对学生进行综合评价，实现中华优秀传统文化教育的有效性。

通过开展地方文化口述历史项目化学习，不仅促进学生理解他人和社会，促进代际沟通，而且也培养了学生历史解释等学科素养和分工合作、人际交往等综合能力，涵养家国情怀，对中华优秀传统文化认同感的形成也起到了重要作用。

四、馆校合作共育：拓宽中华民族共同体意识教育的路径

"一个博物馆就是一所大学校。"在当今社会中，博物馆不仅发挥着学术研究、文化传播的作用，还承担着育人的功能。2020年10月，教育部和国家文物局发布了《关于利用博物馆资源开展中小学教育教学的意见》，强调健全馆校合作机制，在教育体系

中融入博物馆资源。在中学历史教学中，通过馆校合作，将博物馆文化育人功能与学校育人、社会实践育人有机衔接，使其成为提高青少年核心素养的重要课堂。

馆校合作共育，我们可以采取"走进来"和"走出去"双向交流方式开展活动。

（一）"馆校合作"之"走进来"：开展民族文化进校园活动

"馆校合作"之"走进来"，发挥博物馆的社会教育功能，开展民族文化进校园系列活动。

2021年10—11月，第五届"一带一路"青少年创客营活动在南宁三中初中部（青秀校区）如火如荼地开展。广西民族博物馆"'红石榴'志愿服务项目""'博物之旅'五彩八桂民族文化进校园"研学教育课程进校园，带来了"背篓投绣球""板鞋竞速""民族服饰展示体验"等项目。在"背篓投绣球"项目中，博物馆教育辅导员进行了现场教学。《抛绣球的起源和发展》民俗文化历史讲座吸引了学生兴趣：绣球也称为"飞砣"，其原型最早起源于原始社会的狩猎活动和部落战争。随着时代的发展，"飞砣"才逐渐发展为现在的绣球。绣球自古被壮族姑娘作为定情信物在民间流传，如今也被赋予吉祥如意的寓意，成为广西对外宣传的鲜活名片。壮族投绣球的习俗早在宋、元时代就已有之，人们相互抛接娱乐，逐渐演变成为具有少数民族特色的体育项目。博物馆教育辅导员介绍了"背篓投绣球"基本玩法：广西人民喜闻乐见的"三月三"抛接绣球玩法，叫作"对抛"。对抛游戏分"抛""接"双方，"抛"方负责把绣球丢出去，而"接"方需要用背上的竹篓来兜住绣球。讲解结束后，同学们即兴进行了体验，感受了少数民族传统体育项目富有的独特魅力。

（二）"馆校合作"之"走出去"：开展民族文化研学活动

"馆校合作"之"走出去"，发挥博物馆的实践育人作用，开展民族文化研学活动，学生体验感受中华优秀传统文化。

博物馆为学校研学活动的开展提供了丰富的地域性资源。如广西民族博物馆拥有丰富的铜鼓展品，可以让学生在课堂学习青铜文化，加深对中国青铜文化与广西特色铜鼓文化的理解，从内涵丰富的民族文化中感受民族文化的多样性。历史教师组织学生到广西民族博物馆开展研学活动，其过程如下：第一步，开展行前问卷调查及培训，对学生的研学学情摸底调查；介绍广西民族博物馆、壮族文化等；强调安全、纪律等重要事项。第二步，分组及发放任务卡，学生根据自身的兴趣进行分组，确定研学实践和探究重点内容，各组带着研学任务卡启程。第三步，亲身实践与探究，一是参观壮族民居建筑，本组成员提前搜集资料；在研学现场向其他同学讲解壮族传统民居的类型、特点和环境原因；在参观实物的基础上进行手工制作或绘画创作。二是参观"穿越千年的鼓声"展厅，负责"故事传说文献记载"的学生需要将收集到的与铜鼓有关的故事传说写下来，也可摘录相关文献；负责"纹饰"的学生需要查阅和阐述铜鼓的纹饰类型及内涵的文化；负责"功能意义"的学生需要关注历史的演进过程；负责"制作工艺"的学生需要解说铜鼓的制作流程，以及与传统青铜器制造的异同。三是参观壮族文化馆，学生展开调研，了解广西壮族在生产、服饰、民俗方面的特点。四是动手实践：手工组搭建干栏式建筑模型；制作壮族绣球。绘画组临摹感兴趣的文物或民居。第四步，研学结束返校后，各小组在历史课堂派代表介绍本组成果，讲述收获的新知识或体验的感受。

馆校携手共育，拓宽了中华民族共同体意识教育渠道，丰富了中学历史教育内容，搭建起传承民族文化血脉的桥梁，激发了青少年传承民族文化的责任感和使命感，增强了文化自信。

总之，中学历史教学开展铸牢中华民族共同体意识教育，是新时代赋予的使命和要求，历史教育工作者要围绕落实立德树人的根本任务，深化教育改革，不断拓宽育人路径，大力弘扬中华民族伟大精神，增强学生的国家认同、民族认同和文化认同，激励他们为实现中华民族伟大复兴的中国梦而踔厉奋发、勇毅前行。

【本文系吴红主持广西教育研究院2020年度课题"基于广西优秀传统文化的口述史校本课程建设研究"（课题编号：2020JYY024）的研究成果。】

基于历史单元学习下的主题教学实践

——以《中外历史纲要》"第4课 西汉与东汉——统一多民族封建国家的巩固"为例

廖丹萍

一、前言

《普通高中历史课程标准》(以下简称《课标》)2017年底发布,2020年重新修订,最突出特点是融入"核心素养"理念。历史课程将培养学生的历史学科核心素养作为目标,使学生通过学习,逐步形成体现历史学科特性的正确价值观念、必备品格与关键能力[1]。对此《课标》提出通过"深入分析课程结构,合理整合教学内

---

[1] 徐蓝:《关于历史学科核心素养的几个问题》,《课程·教材·教法》2017年第10期。

容",通过"对历史教学内容的整合",然后"根据学生的学习情况,运用主题教学"[①]等教学模式,本文提到的单元学习下的主题教学,就是在新课标、新课改背景下,高中历史课堂教学变革的实践探索。

单元学习是基于单元整体的学习设计,是以学科核心素养发展为目标,将孤立细碎的知识点进行转化,形成结构化、体系化、情境化的知识,建立起整体的、长时段的历史知识框架,体现学科的大概念。从学习内容上看,单元学习以历史学科理论为基础,强调学习内容的结构化,推动学生学科核心素养的整体发展;从历史教学视角看,单元学习具有系统性和整体性的特点,因此要强调大单元教学,以单元统摄课程,以单元整体备课。基于单元学习的这一特点,新教材《中外历史纲要》(以下统称《纲要》)的编写者提出教学要注意三方面的内容。第一,注意对历史发展的较长时段的概括,第二,提炼每个较长时段历史发展的主要特点,第三,注意初高中教学的区别与衔接,高中在初中基础上进一步拓宽历史视野,强化历史思维,提高历史学科核心素养[②]。

笔者在使用纲要进行历史教学时发现,每一单元都包含较长时段的历史,逻辑上可以形成一个整体,每一课都包含纷繁复杂的知识点,教学上可以通过教学主题构建每节课的知识结构,在40分钟内完成教学任务。因此,本次新课改尝试在单元学习下以主题开展教学活动,围绕单元的主题,把历史课堂教学按造主题教学—抽象推论—小概念—具体事实推进。

主题,指中心思想,同义词有核心、主旨等,围绕主题进行的教学活动称为主题教学。如果说单元学习是从宏观层面讲述长时段历史的上位概念,那么主题教学是从中观层面讲述历史的中位概念,因此主题教学是围绕单元学习展开的单一课时的学习。主题教学具体到教学过程,是每一课时设立一个教学核心,教学内容和教学活动围绕这一核心展开设计。主题教学是为了解决历史教学中内容庞杂烦琐,知识点细碎的问题,突出教学重难点而进行取舍的一种教学策略,要上好每一课时,就要有主题,通过主题构建本节课的知识体系,凸显单元学习的特点。因此,主题教学强调教学内容的结构化和体系化,通过结构统领教学的内容,通过体系归属单元的学习,突出单元学习的统摄性与关联性,达成相应的学科核心素养,进而培养学生正确的国家观、世界观和历史观。

---

① 中华人民共和国教育部:《普通高中历史课程标准》(2017年版2020年修订),人民教育出版社,2020,第47、48页。

② 徐蓝、朱汉国:《普通高中历史课程标准(2017年版)解读》,高等教育出版社,2020,第81页。

二、每节课的主题教学核心及重难点的确定

纲要的编写者强调"注意对历史发展的较长时段的概括"和提炼主要特点,因此每节课的主题教学核心要从单元学习的核心中加以确定,只有从足够长的连续的历史发展过程中,才能萃取出完整鲜明的主题。通过分析每节课的历史逻辑与教学内容结构,建立起每节课的主题教学核心与单元学习之间的关联,然后通过主题教学—抽象推论—小概念—具体事实,一步步在教学中落实。同时通过创设学习情境,学习事实性知识,解决具体问题,形成概括性知识,找出历史现象背后的本质属性,凸显单元学习的特点。本文以《纲要》上"第4课西汉与东汉——统一多民族国家的巩固"为例,说明历史学科的主题教学实践。本例从属于第一单元 从中华文明起源到秦汉统一多民族封建国家的建立与巩固。

通过对2020年修订的《课标》与新教材的分析,本单元学习的核心是两方面的内容,第一,"中华文明"的起源与发展,第二,"统一多民族封建国家"的建立与巩固。"第4课西汉与东汉——统一多民族国家的巩固",分别从西汉的建立与文景之治、西汉的强盛、东汉的兴衰、两汉的文化,4个子目的内容加以叙述。通过对教材内容结构的分析,并结合本单元学习的核心,最终确定本课以"大一统国家的巩固"为主题开展教学,围绕本课的主题确定教学重、难点。

教学重点多是知识、过程层面,难点多是能力、价值层面。在本轮新课改中突出单元统摄课程,强调要渗透学科核心素养,因此教学重难点的确立既要围绕单元学习的主题,也要蕴含价值导向,体现当下的主流价值观。高中《课标》关于本课的叙述:"1.3秦汉大一统国家的建立与巩固:通过了解秦朝的统一业绩和汉朝削藩、开疆拓土、尊崇儒术等举措,认识统一多民族封建国家的建立及巩固在中国历史上的意义;通过了解秦汉时期的社会和农民起义,认识秦朝崩溃和两汉衰亡的原因。"[①]这些内容分布在"第3课秦统一多民族封建国家的建立""第4课西汉与东汉——统一多民族国家的巩固",通过对单元学习的核心、课标、每课的教学主题及初中课标和教材的综合分析得出,第3课的主题在于大一统如何"建立",第4课的主题在于大一统如何"巩固",而从秦到汉的政权更迭中,背后有一种相似的模式在起作用,而且在后世会反复起作

---

① 中华人民共和国教育部:《普通高中历史课程标准》(2017年版2020年修订),人民教育出版社,2020,第13页。

用，最终确定本课的重点"汉武帝巩固大一统国家的举措"，本课的难点"如何认识统一多民族封建国家的巩固在中国历史上的意义，进而认识两汉衰亡的原因"，重难点蕴含的价值导向：统一多民族国家的建立与巩固是历史发展的必然，中央集权下的国家治理模式是历史的选择。

三、围绕主题教学的教学设计

确立了本课的主题"大一统国家的巩固"，围绕这一主题开展教学设计，本课的教学板书设计如下：

第4课 西汉与东汉——统一多民族封建国家的巩固

一、两汉的建立与强盛——大一统国家的巩固

1.西汉的建立与强盛

（1）初期的发展与隐患

（2）西汉的强盛

2.东汉的兴起与发展

二、两汉的文化——大一统国家下文化的发展

三、两汉的衰亡——大一统国家覆亡的模式

1.西汉与东汉的灭亡

2.大一统国家衰亡

在教学中围绕着本课的主题来突破教学的重难点，本课的重点"汉武帝巩固大一统国家的举措"，主要体现在"西汉的强盛"这一内容，因此本课的教学重点就围绕这方面的内容展开，整体教学设计如下"汉武帝巩固大一统国家的举措图"（见图1）。

汉武帝时期通过一系列的措施使国家出现强盛的局面：政治上，通过"推恩令"等措施，解决了汉初以来地方郡国并行带来的问题，加强了中央集权，这些措施也意味着汉武帝改变了汉初的政策，重新对秦朝的郡县制和官僚制统治加以肯定，更是对封建制度的肯定，这些肯定体现了更紧密的国家政权组织结构，更强的国家治理力度，为大一统国家的巩固奠定了政治基础。经济上，通过统一币制、盐铁官营、均输平准、抑制工商业者，加强了政府统治经济，打击了地方诸侯和富商大贾，扩大政府的财源，增强了政府的经济实力，从而维护封建小农经济，加强中央集权，为大一统国家的巩

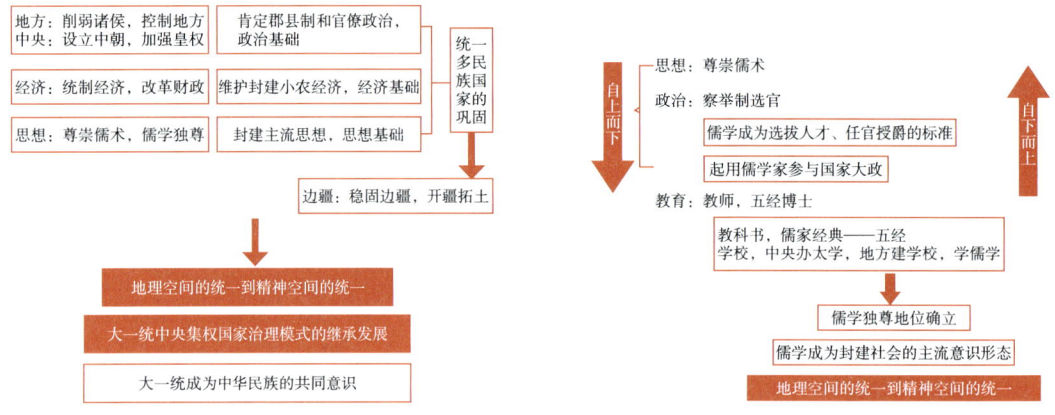

图1　汉武帝巩固大一统国家的举措图　　　　图2　儒学独尊地位确立图

固奠定经济基础。思想上，接受董仲舒的建议，推行"尊崇儒术"的政策，如图2"儒学独尊地位确立图"所示：思想上，"尊崇儒术"；政治上，让儒学家参与国家大政，用察举制选官，把儒家的孝和廉思想渗透选官制度，使儒学成为选拔人才、任官授爵的标准；教育上，以五经博士为教师，以儒家经典为教科书，中央办太学，地方建学校学儒学，通过统治阶级自上而下的方式推崇儒学，同时又通过读书、考官自下而上的方式认同儒学，最终确立儒学的独尊地位，使儒学成为封建社会的主流意识形态，秦朝以来的地理空间的统一发展为精神空间的统一，从此儒家思想成为2000多年封建社会的正统思想，为大一统国家的巩固奠定思想基础。封建大一统国家的巩固为汉代解决边疆问题创造了条件，张骞出使西域开通丝绸之路，卫青、霍去病大败匈奴设河西四郡，之后为管理西域又设西域都护府，征服西南平定百越叛乱，一系列解决边疆问题的手段，一方面使统一多民族封建国家进一步巩固，体现多民族国家形成过程中各民族的贡献，另一方面也反映了中国古代疆域的开拓，为"第14课清朝国家疆域的奠定"埋下伏笔。

教学中以"大一统国家的巩固"为主题，通过汉武帝时期政治、经济、思想、边疆等措施，使学生认识到大一统国家是如何巩固的。同时通过学习认识，第3课是从国家治理、巩固统一、疆域奠定方面讲述国家的统一，第4课则是通过汉武帝政治、经济、思想、疆域等方面的措施，讲述秦朝大一统的中央集权国家治理模式如何继承与发展，如何通过"尊崇儒术"的方式，让中国从秦朝地理空间的统一上升到汉朝以后精神空间的统一，从而使统一多民族的封建国家得到巩固。首先，汉以后，"统一"从国家治理的方式走向"大一统"这一民族认同的理念，此后，"大一统"在政治、经济、思想、疆域、观念上，成为中华民族的共同意识，此后无论经历多少次分裂最终国家都走向统一；其次，汉武帝巩固大一统国家的措施，也是对秦朝开创封建制度的肯定和延续，此后在封建制度下，中国两千多年的封建社会创造了辉煌灿烂的中华文明；最后，封建大一统的国家是中华文明绵延不绝的根源，更是维护民族统一，抗击外来侵略的有力武器。教学中通过对大一统国家为何要巩固，如何巩固，巩固有何作用的分析，把本课零碎的知识点连接在一个主题下，在突破教学重点的同时，突破教学的第一个难点"认识统一多民族封建国家的巩固在中国历史上的意义"。

本课的另一个难点"认识两汉衰亡的原因"，用"大一统国家覆亡的模式"回归本科的主题。关于王朝覆亡的模式，此后的朝代更替中，课标不再有更多的叙述，因此可以结合秦朝灭亡的原因对同类问题进行归类学习，用小组合作探究的方式加以解决。引导学生阅读第3、4课秦朝、西汉与东汉衰亡的概况，围绕本课的主题"大一统国家的巩固"设置以下问题：比较秦朝、西汉与东汉衰亡的原因有何异同，它们的衰亡为后世封建大一统国家的巩固提供什么借鉴？学生通过了解秦汉时期的社会和农民起义，对三个朝代衰亡的概况进行分析，得出衰亡的共同因素：与民生问题，政治或制度问题相关。从而推导出，因为统治内部出现问题，引发了尖锐的社会矛盾，最终导致王朝的衰亡。由此对大一统国家覆亡进行归类总结，使学生认识到，秦朝和两汉的衰亡，反映了大一统国家覆亡的模式——农民起义推翻原有的王朝统治，这为后世大一统国家的巩固提供了借鉴，使统治者认识到重视民生，保障民生，抑制土地兼并，选贤任能，调整制度等的重要性。虽然朝代灭亡了，但朝代覆亡的模式为后世维护大一统提供了借鉴，从另一角度巩固了封建大一统，使"大一统"的思想成为中华民族的核心思想之一。突破第二个教学难点的同时，再次回复本课的主题"大一统的巩固"。

四、以主题开展教学设计的几点思考

在单元学习下开展主题教学，从主题（知识团）到知识点，从一章内容到一节内容，从而在学科体系中形成知识关联，构建起知识体系。在双新背景下，对高中历史课堂教学变革的实践探索也有一些思考：

第一，关于2020年修订新课标的思考。首先，在本轮课改中，课标最大的亮点在于提出了学科核心素养，并在教学目标与考试目标中对学科核心素养进行了水平层级的划分，这是对高考评价体系的"一核四层四翼"的具体落实，体现了国家的意志；其次，课标是课程改革和统编教材编写的依据，是学业水平评价的准则，更是即将到来的新高考考点确定的依据，因此高中历史课堂教学变革的实践探索，要理解课标，紧扣课标。

第二，关于主题教学与教学重难点的思考。首先，要从单元学习的视野来设定每节课的教学主题，然后根据教学主题确定教学的重难点，而教学的重难点多以课标中的"认识"和"理解"等高阶层次的能力要求为依据，教学重难点的确定既要围绕教学主题，更要蕴含价值导向，体现主流价值观，最终在渗透学科核心素养的过程中层层达成；其次，在教学过程中，要根据教学重难点取舍教材内容并进行重组，而教学内容取舍的过程也是围绕主题教学引领学生走向深度学习的过程。

通过主题教学，使学生经历相对完整的真实问题的解决过程，体验学科核心观念（大概念）的建构和发展过程，在解决问题的过程中培养学科核心素养，最终达成立德树人的终极教育目标。

研究复习重点　提升解题能力

马志民

高三历史复习备考，无不以最大限度地提高复习效果为追求。高效的复习备考，能体现出一个教师的研究、思考、积累、传承和创新，所谓"冰冻三尺非一日之寒"。迅速发展的经济社会，不断更新的史学观念，不断创新的高考，不断变化的学生，都要求我们教师不断改变观念，与时俱进，找准复习备考的方向，才能达到复习效果的最大化。

一、研究近年来的考题考纲，把握复习方向

（一）研究《考试大纲》是高考命题的指导思想

研究考纲就是准确把握考纲能力层级及考点内容，按考纲的规定的范围、内容、题型、答题要求落实复习

目标。同时，确定复习的方向，即以文明史观为主体的多元史观和三维目标，即"知识与能力""过程与方法""情感态度与价值观"来整合教材知识；以"三新"为切入点（新材料、新情景、新问题）加强训练，提高学生的综合能力。

（二）研究历史高考试题

2011年高考全国文综大纲版历史试题体现了以能力立意、以问题立意的命题指导思想，突出考查了大纲中规定的获取和解读信息、调动和运用知识、描述和阐释事物、论证和探讨问题的能力。第一，从分值分布看中国古代史（39分）、中国近现代史（37分）、世界史（24分）。第二，从试题考查内容看，涉及了文史常识、明朝税收政策、近代民主思想、戊戌变法、辛亥革命、中国20世纪60年代经济政策调整、价格革命、美国1787年宪法和政体、殖民扩张双重影响、二战、苏联改革、中国新时期外交政策的变化、中国古代民本和近代民主思想、中国古代民族关系等主干知识，考查的范围较为全面，政治、经济、文化、外交、战争等均涉及。第三，近年来，全国文综Ⅰ糅合了多种史学新观点，全面考查学生的概念理解、史料研读、综合分析、阐释论证、知识迁移和运用等学科基本能力，历史试题逐渐淡化古代与近代、中国与世界的时空界限，跨知识渗透、跨区域链接，水乳交融，综合程度越来越高。如2009年第37题赋税制度把中国古代和近现代的税制综合考查，2010年第37题商业发展把中国古代、近代及世界工商业发展综合来考查，2011年第37题中国古代民本思想和中国近代民主思想传承发展。第四，近几年来主观题在中国古代史内考查较多，如2006年的中华文化（32分），2007年的金迁都燕京（20分），2008年科举制度（32分）、土尔扈特回归（20分），2009年赋税制度（32分），2010年明朝中后期商业发展（8分）、隋唐定都长安和洛阳（20分），2011年的民本思想（8分）、民族关系（20分）等，在复习备考中应值得注意。通过研究考题，用高考试题中考查的内容，侧重点，试题中体现的内涵和价值观等方面来指导我们的复习备考。

二、研究教材大纲，把握复习重点

随着越来越多的省份跨入新课改的行列，体现新课改理念的高考命题已成为主流。由于广西还没有进入新课改，我们使用的大纲版教材，内容僵化，知识陈旧，过多体现的是革命史观，与新课程矛盾愈显突出。这种背景下的复习备考，更需要我们教师的学习研究和智慧。如何确定复习重点，才能与新课改理念相吻合呢？笔者做了以下尝试。

（一）收集每一单元历年的高考题，确定本单元的复习重点

单元主干知识是高考试题命制的载体，主干知识及其内含的价值取向和隐性热点，往往是高考出题的方向，因此，注意收集本单元的历年考题，体验高考命题的规律，确定复习的重点和方向。例如，在复习抗日战争时，我收集整理了这4道题目

（2003年上海）中国抗日战争是世界反法西斯战争的重要组成部分，下列能体现这一观点的有

①中国战场拖住日本总兵力的2/3以上　②中国人民共歼灭日军150多万，占其死伤人数的70%　③美国宣布为援助被侵略国家制定的《租借法案》适用于中国　④苏联出兵击败日本关东军

A.①②　　　　B.①②④　　　　C.①③④　　　　D.①②③④

（2006年广东）1943年1月，美英分别与中国签订新约，废除在华领事裁判权；11月，蒋介石与罗斯福、丘吉尔举行开罗会议。上述史实说明

①抗日战争为中国废除不平等条约提供了历史性机遇　②美英认识到应该平等对待中国　③中国已经成为与美英平起平坐的大国　④中华民族的抗战大大提高了中国的国际地位

A.①③　　　　B.①④　　　　C.②③　　　　D.②④

（2007年天津）《中国共产党为公布国共合作宣言》（1937年9月由国民党公布）提出抗日的三项主张：争取中华民族之独立自由与解放；实现民权政治，召开国民大会，以制定宪法与规定救国方针；实现中国人民之幸福与愉快的生活。这三项主张的主旨是

A.国共捐弃前嫌再度合作　　　　B.在三民主义基础上团结抗战
C.国民党承认中共合法地位　　　　D.呼吁建立抗日民族统一战线

（2009年广东）共产党领导的边区政府在工作报告中说，国民党肤施县党部在延安公开出版几种壁报，张贴通衢。共产党的印刷厂替国民党印刷传单，已是尽人皆知。这反映出当时

A.国民党已在军事上占领延安　　　　B.边区政府由国民党直接管辖

C. 正处于第二次国共合作时期　　　D. 共产党允许党员以个人身份加入国民党

这几道高考题考查的核心就是"合作"问题，由此，我们就可以确定抗日战争的复习重点和角度，即合作是抗日战争的主题，它包括国共合作，全民族抗战；中国与反法西斯国家合作，抗日战争是世界反法西斯战争组成部分。

（二）根据新课程新课标，确定本单元的复习重点

高考命题专家黄牧航教授在《史学观念的转变与高考历史试题的命制》中明确指出"对知识的理解比记忆重要""历史阶段特征比阶段分期重要""探索历史事件所蕴含的价值观比学术意义重要"。根据这一指导思想，在复习世界史资产阶级革命时代的东西方世界这一单元，我确定英国政体的创新和发展，法国艰难的共和之路，美国1787年宪法和共和政体的确立、发展和巩固，各国革命中法律体系的建立和完善，启蒙思想等作为复习的重点。按历史发展阶段进行梳理古今中外历史主干知识，以文明史观和现代化史观、全球史观等新史学理论为指导，重新整合教材体系，寻找变式的知识结构。把握历史知识的内在联系，发掘历史事件之间的显性或隐性的联系，从而把握历史的本质特征和发展规律。

三、研究学情，强化训练，提高能力

（一）研究学情，进行针对性指导

研究学情，就是加强与学生的沟通交流，创建民主、平等、和谐的师生关系，听取学生呼声，发现学生问题，不断调整复习思路，增强复习的针对性。第一，指导学生制订学习计划，以有限的时间提高学习效率。第二，帮助学生分析试卷，提出复习建议。高三年级的考试较多，学生如果不能在考试后及时正确地分析自己的试卷中存在的问题，就可能失去一次再次学习的机会。我要求学生做到：认真分析试卷中的错题，找出错误的原因，认清是知识性的错误，还是思维上的错误，是审题失误，还是粗心大意所致；答题是否规范；查缺补漏。第三，建立错题本。建议学生在试卷分析的基础上，把每次考试中存在的问题集中起来，把错题还原到教材或笔记本中，针对出现的问题吸取教训，这样就可以避免重复性的错误，做到练习测试的有效性。

（二）精心选题，强化训练

1.选题做到"三突出"。

突出题目的典型性（即突出教学的重点、突出共性的解题思路和方法）、突出题目的针对性（即针对高考的考点、针对学生学习的弱点）、突出题目的开放性（即有利于拓宽学生视野、有利于发展学生思维）。如：

（2001年广东）英国君主立宪制的形成标志着资产阶级和新贵族政权的确立，这主要是因为

A.议会权力加强　B.法律取得至高地位　C.国王权力受到限制　D.内阁制度形成

（2000年广东）启蒙学说发展了人文主义，这主要表现在

A.反对教权主义和蒙昧主义　　　　B.宣传天赋人权

C.提倡自由平等　　　　　　　　　D.主张建立法制社会

这些题目既体现了高考的主干知识，更体现了资本主义确立过程中的内涵和价值观，即法治化。这类题目又是学生比较薄弱的，选取这样的试题训练对提高学生的能力是非常好的。

2.讲练结合，总结反思，掌握规律

第一，怎样审题，读题，找问，读材料，答题。第二，怎样写：提取材料有效信息、史论结合、论从史出。第三，掌握一些共性的答题模式，如：民族关系问题（促进了民族间的经济文化交流；加速了少数民族的封建化；促进民族融合；巩固了统一多民族的封建国家）。第四，动手整理归纳知识（中外结合、理清线索）；反思、总结、感悟、举一反三。

3.加强史料教学，开阔学生视野

研读史料是学习历史的重要手段之一，随着新课程理念和教材的日益推广，高考题多是"题在书外，理在书中"，历史试题更加突出对材料的研读、处理能力的考查，体现了"新材料、新情境、新思路、新要求"的特点，凸显出历史学科的特色。

在历史复习中有针对性地使用史料，既可以突破教学上的重难点，加深学生对历史事件的理解，也可以开阔学生的视野，培养学生从不同的视角分析历史问题的能力，激发学生学习兴趣。例如，复习五四新文化运动，为什么新文化运动后期阵营分化，出现了传播社会主义、马克思主义思想的潮流？我引用了莫里斯·迈斯纳《毛泽东的中国及后毛泽东的中国——人民共和国史》中的材料"凡尔赛的致命决定引起了强烈

的民族主义愤恨情绪并导致了国内民族政治行动主义情绪的不断增长，这就使'先进'的西方国家会按照民主和科学的原则指导中国这一信念迅速破灭。……正是在'五四'运动所产生的这种新的政治环境和思想环境中，一部分知识分子开始转向了俄国革命的模式和马克思主义关于世界范围的革命性变革的理论。……随着对西方民主的信仰的破灭，随着国内的政治觉醒为在中国舞台上采取有效直接的行动提供了新的希望，布尔什维克的十月革命为中国知识分子提供了新的精神信仰和新的政治模式"。通过材料教学，使学生理解了五四运动时期民族主义的兴起；青年知识分子对帝国主义的认识由感性上升到理性并接受社会主义的政治模式，开始与政治运动相结合。

尝试改变自己，多一点思考，多一份研究，关注世界，关注社会。深刻挖掘历史对现实社会的借鉴价值，把历史知识和现实问题有机联系起来，把历史知识转变为智慧，这正是历史学习的真正意义和目的。

【发表于《广西教育》2012年第3期，收入本书有删节】

核心素养下的
故事主题情境教学设计与实践
——以农业的区位选择为例

毛秀英

"核心素养"一词于2014年3月首次在《教育部关于全面深化课程改革落实立德树人根本任务的意见》文件中提出。2017年版《普通高中地理新课程标准》要求学生具备区域认知、综合思维、地理实践力和人地协调观等地理学科核心素养。核心素养背景下要求教师关注学生在其培养过程中的体悟，而不是结果导向。课堂教学是发展学生核心素养的主阵地，情境教学能更好地吸引学生参与课堂全过程，成为发展学生核心素养的重要载体。而故事主题情境把教学内容和故事情节相结合，贴近学生的生活，故事跌宕起伏的情节和故事内在逻辑关联性，更能吸引学生，提高学生的专注力。下面笔者以高中人教版必修二第三章第一节《农业的区位选择》为例创设故事主题情境，培养学生的地理核心素养。

一、依据教学目标，确立故事主题

新课程标准中指明"农业区位的选择"这节课内容教学目标要求为：结合实例，说明农业的区位因素。为实现这一教学目标，本节课通过创设"猕猴桃的故事"情景为主题引发学生探索。猕猴桃的种植故事引起笔者的关注并选入课堂教学，是因为2015年四川高考卷的一道综合题，该题给出猕猴桃种植历史，最早在中国种植，其生长习性材料简洁而全面，要求学生探讨新西兰普伦蒂湾沿岸栽植猕猴桃（奇异果）的有利自然区位因素。通过查阅资料，广西是中国猕猴桃种植的典型区域之一，创设一个我们学生熟悉的实例作物故事，比较容易与学生引起共鸣，而且猕猴桃最早在中国种植，后来新西兰开始种植，再后来意大利也有种植，通过分析种植区域变化的原因，可以引发学生深入探究，探究的过程也就实践了农业区位因素分析过程，达到教学目标。通过该故事让学生了解猕猴桃种植历史最早在中国，增强学生作为中国人的自豪感。利用广西是猕猴桃典型的种植区域案例，主要是为了使情境与学生的距离靠近，当教师要求学生分析广西适宜猕猴桃生长的原因时，学生会主动地、快速地读"广西气温和降水柱状图""广西等高线地形图"，从而认识广西的区域自然环境特征，培养学生的区域认知能力。当教师引导学生分析广西的猕猴桃产业链该如何发展时，学生会迫切地想给广西出谋划策，愉快地融入课堂，从相关的图表中获得答案，认识广西的区域人文环境特征，进一步培养学生的区域认知能力。同时，通过挖掘本土资源，让学生学习身边有用的地理，还能激发学生乡土情怀。

二、创设故事情境，激发学习兴趣

古希腊伟大的哲学家柏拉图曾经说过："良好的开端是成功的一半。"故事能否迅速地吸引学生，精彩的开头很重要。故事开头："20世纪初，有一位美丽的新西兰女教师来中国旅游，偶然的机会她得到猕猴桃的种子，把猕猴桃的种子带回新西兰，她该把这些种子种到哪里好呢？"设置美好的故事情境，激发学生积极思考，并且引发了学生迫切想了解的问题：（1）猕猴桃有怎样的生长习性；（2）新西兰的领土轮廓形状是什么样子的；（3）新西兰经纬度位置信息等。教师给出新西兰区域自然环境要素图，猕猴桃的故事还在继续："这位新西兰的女教师从中国朋友那里得到猕猴桃的种植秘籍，猕猴桃便在新西兰安下了家。"教师给出猕猴桃的生长习性材料，学生经过讨论、思考并选择猕猴桃种植地——新西兰普伦蒂湾。教师通过创设故事探究情境，引导学生思考，既发展了学生的区域认知能力，也让其理解了地理各要素之间的联系，通过新西兰普伦蒂湾区域实例，学会分析农业的自然区位因素。继续猕猴桃的故事："中国的猕猴桃种子，经过新西兰人的培育，改了名字，叫奇异果。世界各地的朋友都喜欢新西兰的奇异果，那么还有哪些因素在影响奇异果的质量呢？"教师播放奇异果的包装、加工、销售视频，引导同学们观看视频，最后归纳农业的社会经济因素。故事情节中涉及了新西兰区域要素图，学生认识了新西兰的纬度和海陆位置，通过分析新西兰的气候、地形、土壤、水源、洋流等相关知识，培养了学生的区域认知能力。知道猕猴桃为什么能在新西兰普伦蒂湾种植，说明学生掌握了猕猴桃与普伦蒂湾的各种自然要素之间的关联性，这些都培养了学生的综合思维能力。通过学习新西兰对奇异果的改名、包装、销售等环节的做法，培养了学生的人地协调观。

三、转换故事情节，加强探究思维

马克思主义认为，一切事物总是在不断发展变化之中。农业的社会经济因素也在不断的变化，农业的自然因素也可以改造。教师可以转换猕猴桃的故事情境，"这位美丽的女教师去意大利旅游，把猕猴桃带给了她的意大利朋友，猕猴桃太好吃了，可是意大利距离新西兰太远了，运输过来成本很高，价格很贵。意大利能种植吗？"教师提供意大利的区域自然环境要素图，让同学们小组探究。实践结果表明同学们分两派意见，一种意见是可以种，另一种意见是不可以种。教师归纳：事实是早期的意大利种植猕猴桃以失败而告终，后来意大利人种植成功。同学们通过探究，双方代表都发表了各自的观点。因为早期意大利人只是利用自然的地理环境，不懂改造。可是意大利人很聪明，最终通过改造农业的自然因素，改进种植技术，解决了这些困难，成功种植。通过转换故事情境，激发了学生进一步探究的热情。与单纯按照课本的内容把抽象的、静止的知识告诉学生相比，学生在感受猕猴桃形象的、动态的故事信息时，大脑皮层兴奋程度更高，能引起学生更为丰富的想象，思维更加活跃，想象力更加多样化。创设猕猴桃不同故事情节，给学生带来了动态的学习体验，让抽象、静止的理论知识在动态的故事情境中焕发活力，很好地完成教学目标，突破了重点和难点，提升了学生综合思维能力。

四、总结故事设计，促进学习迁移

学习迁移本质上是指前面的学习对后面的学习产生的影响，也就是指学生已经学到的知识、方法、技能、情感及态度对新的知识、方法、技能、情感及态度的影响。"农业的区位选择"这节课通过创设生动的猕猴桃故事主题情境，使得地理课堂情境有主线，用一条明晰的猕猴桃情境线索串起这几个小情境，保证这节课的内容非常完整，首尾呼应，环环相扣。把地理核心素养要求下的开放课堂中看似零散的知识点连接起来，达到"形散而神不散"。紧紧地依据高中生的认知规律，选择了合适的教学主线，结合本节课的教学内容建构完整的知识体系，并注意到知识之间的逻辑关系，例如通过设置新西兰普伦蒂湾区域情境，激发学生思考影响农业自然区位的各要素，即气候、地形、土壤、水源等，并引导学生找出它们与普伦蒂湾之间的联系，达到主动学习迁移。通过探究情境，表明农业的区位选择不仅和自然条件因素有关，也和社会经济因素有关。并及时辅助学生总结构建知识网络，并鼓励学生相互检查笔记，学生领悟了一个区域的农业区位选择的分析要素和要素之间的联系，运用于其他区域就简单多了。真正实现学习迁移。

《农业的区位选择》的故事主题情境教学课例设计，设计时严格依据教学大纲、新课程标准和地理学科特点，结合本校学生的学情，关注基础知识。前人的研究理论告诉我们，基础知识及基本原理的掌握，对于学习迁移是至关重要的。在本节课的教学中，教师给出新西兰区域自然环境要素图，优美的故事情境激发学生主动去帮助故事中的女教师，通过读图获取农业的区位知识点，以图来带动农业区位因素分析方法和技能的掌握，让地理课堂活起来、动起来、美起来，从而提高课堂教学的趣味性和实效性，促进学习迁移，同时培养了学生以正确的态度对待农业。

通过前面的学习，学生已经掌握农业的区位选择分析方面的知识，为了促进学习迁移，就应将已经习得的知识应用于生活实际中。学为主体，学以致用，教师通过转换故事情境环节，引导学生理解农业的区位选择也与自然条件因素的改造、社会经济条件的变化有关。意大利的自然条件不合适猕猴桃的种植，鼓励学生为意大利想办法，加强训练。最后教师引导学生根据材料思考"目前我国的猕猴桃种植面积已经位居世界第一位，但我国猕猴桃总产量却只居世界第四位，如何提高猕猴桃的产量和品质，请为主要分布区的广西就猕猴桃产业可持续发展献计献策"。通过本节课情境的创设、启发、追问，让学生能主动思考后总结出我们不仅应当因时因地制宜地发展农业生产，同时也可以改造条件适宜农业的发展需求，实现从迁移知识升华到创造新知。

在地理课堂中创设故事主题情境利于调动学生学习的积极主动性，激发学生的学习兴趣，培养学生的思维能力及（对地理知识的）探究能力，从而发展学生的学科核心素养。

【本论文为广西教育科学"十三五"规划课题"核心素养引领下中学地理校本教研实践研究"的研究成果，课题编号为：2019B135。】

指向地理实践力的高中野外科学观察方案设计与实践

周代许

高中地理课程是与义务教育地理课程相衔接的一门基础学科课程，其内容反映地理学的本质，体现地理学的基本思想和方法。地理学是一门历史悠久的学科，其独特的学科思想与研究方法是学科育人价值的重要体现。学科育人目标是让学生掌握地理学的基本思想和方法，具备学科核心素养，学会从地理视角认识和欣赏自然与人文环境，在面对不断发展变化的地理世界时能够主动、科学地发现和解决地理问题，实现人与自然和谐共生。地理学是一门跨越自然科学和社会科学的学科，其中科学观察是最基本、最常用的获取地理信息的方法。"授之以鱼不如授之以渔"，科学观察能力的培养对学生未来能动地发现地理世界、解决地理问题有重要的意义。

高中课程标准提出要积极建立地理野外实习基地，为学生配备野外实践的基本工具，让学生在真实的环境中开展探究式学习，解决真实问题。地理实践活动的开展包括观察、调查、实验等，学生在对真实世界的感受和体验中提升理性认识，建立起地理知识之间的关联。同时，地理实践活动还能强化学生与真实世界的联系，引发其感悟、欣赏、价值判断等方面的变化。2016年教育部等11部门发布《关于推进中小学生研学旅行的意见》，意见中提出"让广大中小学生在研学旅行中感受祖国大好河山"，政策的出台为高中地理开展野外实践提供了条件和政策保障。野外实践能力是地理实践力的重要构成部分，学生最终要走进真实的地理野外环境中对真实、动态、复杂的地理事物和现象进行研究，获取地理信息才能最终解决地理问题。野外观察是地理野外实践的重要研究手段，往往是地理信息获取的第一步，培养学生开展野外科学观察的能力具有重要意义，是实现地理实践力素养培育的重要环节。本文重点探讨地理野外实践背景下的学生科学观察能力培养的实践路径与策略。

一、指向地理实践力的高中生野外科学观察能力

（一）野外科学观察与地理实践

地理实践力指人们在考察、实验和调查等地理实践活动中所具备的意志品质和行动能力。高中生地理野外实践能力一级指标包括地理信息的获取能力、地理信息的处理能力、地理问题的解决能力，而地理信息的获取是第一步，其二级指标包括观察和调查、记录与描述。其中，观察往往是地理实践过程中获取地理信息的第一步。科学观察是指人们通过感官（可借助一定科学仪器）对自然状态下的研究对象进行有目的、有计划的观察，是获取感性经验材料的科学方法，是获取地理信息和地理知识的重要手段。自然状态是指没有进行干预与控制，从而与实验观察对象相区分。观察，不仅仅是用眼睛看，更要调动各种感觉器官，接收外部世界的信息进入人的意识之中，由所听、所闻、所见、所想，共同构成真正的观察过程，形成最终的观察结果。任何观察必然包含一定程度的积极的思维过程，观察结果既是感性经验的结果，也有着理性的过程分析。因此，真正的科学观察可以理解为人脑通过感觉器官对客观对象的感知过程。通过观察，获得对世界的各种经验认识，从而了解观察对象的特征与现象，包括颜色、形状、大小、声音、气味、软硬、冷热、轻重等特征；还包括其发生、发展、

变化的过程。通过启动感官，同时借助一定的观察工具进行科学观察，学生可以全面、客观地获取并记录地理信息，结合观察记录对地理事物特征进行描述，从而反映真实的地理现象或地理问题。

整个科学观察的过程，是观察者带着观察目的，进行有意识的、主动的观察。按观察活动开展的过程可分为三个阶段：观察前、观察中、观察后。观察者在观察前要明确观察任务、确定观察对象、制定观察方案、准备观察仪器、备好观察手册。观察中要科学调动感官进行观察，同时需正确使用观察工具并同时合理记录观察数据，整个观察过程要确保观察数据的科学、规范、完整。观察后要及时整理观察数据，对不完善的地方及时进行再次观察补充，同时对观察数据进行梳理和分析，得出观察结果进行分享交流，完成整个观察活动，为进一步的问题研究提供真实可靠的数据，流程如图1所示。

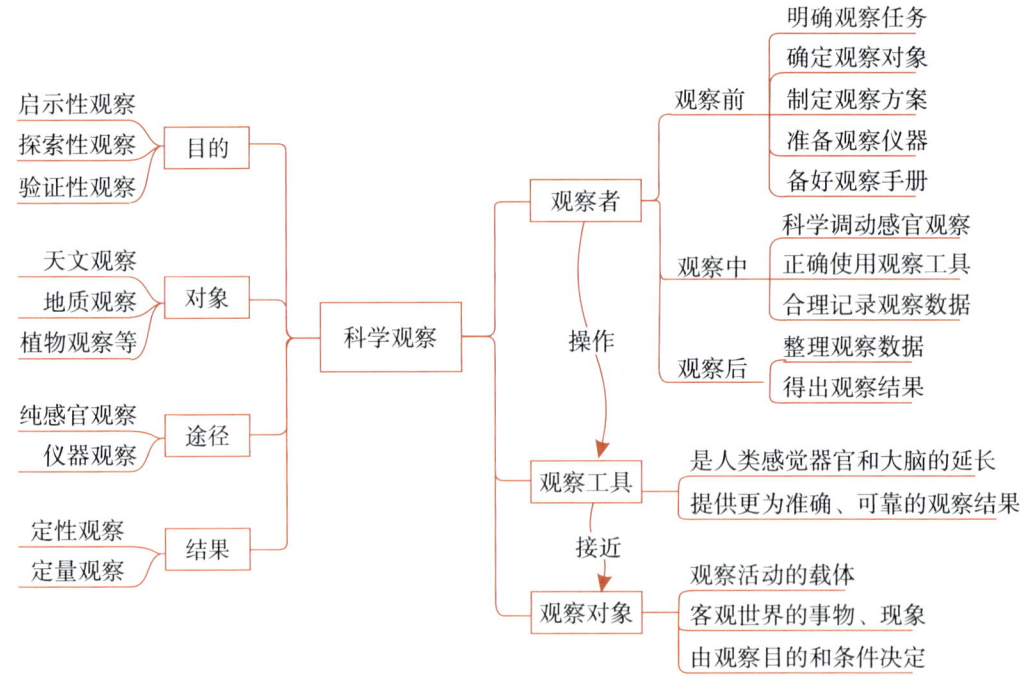

图1 科学观察的分类及要素、过程

（二）指向地理实践力的科学观察能力水平划分

高中地理课程标准把地理实践力对学生观察能力的要求进行了水平划分，从初步、细微到分类、系统观察，体现了从简单到复杂的观察能力进阶，如表1所示。同时，在信息的分类上，分成了简单信息、较简单信息、较复杂的信息、复杂的信息四个层级，从观察的角度到获取和处理的能力，共同构成水平划分的依据。

初步观察，即对地理景观或现象有简单的了解，看到基本的特征，获取简单的现象和特征。细微观察，强调对地理特征或是自然现象进行详细的特征发现，注重对细节的描述。比如土壤颗粒的大小、月相的变化等。分类观察，强调观察者能够对地理事物或现象进行一定的归类，基于观察目的对事物或现象的属性有一定的了解，能够做出分类，并按类别特征进行观察。系统观察，强调将地理事物或现象置于自然系统里进行观察，不仅能够观察其特征、细节，更能在其与其他要素的相互关联与影响中动态地、整体地观察其发展与变化。从水平一到水平四，观察的细节和复杂程度要求在加大，需要对学生进行针对性的观察指导从而实现科学观察水平的提升。整个水平的划分是基于观察者对观察对象的特征把握逐渐升级的。地理世界是个复杂系统，地理观察实践的最终目标是要实现在复杂系统里获取特定的地理信息，并能将其置于系统中进行研究、解释，这是我们认识地理世界的基本方式。

表1 地理实践力素养对学生观察能力的水平分层要求

水平	水平1	水平2	水平3	水平4
地理实践力	能够进行初步的观察，获取和处理简单信息……	能够进行细微观察，获取和处理信息……	能够进行分类观察，获取和处理较复杂的信息……	能够进行较系统的观察，获取和处理复杂的信息……

也有部分研究者将观察能力的水平分层与观察者本身的独立性结合起来，从在教师或同学的指导帮助下、与他人合作逐渐到自主获取、独立、自主获取，水平层级实现从1～4的提升，如表2所示。同时还把对信息价值的判断和应用作为水平升级的衡量指标，共同构成学生观察土壤的获取和处理信息能力评价。

表2 观察校园的土壤表现性评价量规

评价角度	水平层级	分值（分）	师评	互评	自评
获取和处理信息	水平1：在教师或同学的指导帮助下，获取和处理有关土壤的简单信息，较难判断信息价值	1			
	水平2：与他人合作，获取和处理有关土壤的信息，对信息进行简单的分析处理	2			
	水平3：自主获取和处理有关土壤较复杂信息，判断信息价值，较恰当地应用信息	3			
	水平4：独立、自主地获取和处理复杂信息，较快判断信息价值，并灵活运用	4			

地理学业质量水平分为四级，每一级水平反映学生在不同复杂程度的情境中运用各种重要概念、思维、方法和观念解决问题的能力。单独选取实践力部分与观察获取地理信息相关的文字展示，如表3所示。高中学业质量标准是学业水平考试命题的依据。水平2是学业水平合格性考试命题的要求和把握，水平4是学业水平等级考试命题的要求，水平1和水平3是教学过程阶段性评价的依据，是学习进阶和反馈的基础。学业质量水平分层是评价学生学业进阶的重要依据，可以作为教学的依据和方向。

表3 学业质量水平分层——实践力

水平1	借助他人的帮助，能够使用地理技术手段和其他地理工具，对自然要素和相关自然现象进行初步观察……
水平2	与他人合作，能够使用地理技术手段和其他地理工具，对自然要素和相关自然现象进行深入观察，并设计实验，做出简要解释……
水平3	能够与他人合作，设计和实施较复杂的考察方案，并独立、熟练地运用地理信息技术分析相关自然地理事象……
水平4	能够独立设计科学的地理考察方案，利用地理技术和相关工具、材料，分析和处理相关数据与信息，对地理事象进行科学解释和评价……

合理的评价指标是实践活动有效开展的重要因素，是学生观察活动能力的发展目标。有效的评价可以及时反馈学情，有利于老师和学生把握观察的品质和进阶的方向。总体来看，观察活动的评价可以从观察情境的复杂性、观察者观察的独立性、观察工具的使用能力、观察获取信息的系统性、观察信息的处理和应用能力、观察方案的设计和评价能力等方面对学生进行水平层级的评价反馈，如图2所示。不管是师评、互评还是自评，只有把握评价标准的制定和不同水平的分层依据，才能实现有效、科学、规范的评价。良好的反馈和评价机制能够推动教学活动的开展，促进实践力素养的落地。

图2 地理观察能力水平分层依据

二、高中生地理科野外学观察活动实施原则与类型

（一）高中生地理科学观察活动实施原则

科学观察是科学家搜集科学事实的基本途径，为科学发展、检验科学假说提供重要依据。让学生参与设计和体验科学的观察过程有助于提高学生对科学研究过程的感知，能主动地像科学家一样对地理世界进行观察、发现、解释，养成科学发现和探究的意识。在科学观察过程中通过合理使用观察工具、汇总掌握科学研究的方法，从而养成科学观察的能力，培养吃苦耐劳、实事求是的严谨的科学精神和态度，最终树立科学研究的远大目标。因此，科学观察过程具有重要的教育价值。要保证观察活动的科学教育意义，要遵循以下三个实施原则：

1.客观性

要培养学生尊重事实和证据，以科学事实为依据，崇尚严谨和务实的求知态度，就要保证科学观察的客观性。客观性是实地考察和观察的关键，要培养学生科学使用观察工具、合理记录科学数据、实事求是运用数据分析科学现象的能力。

2.全面性

观察必须全面、多角度、系统进行。要实现对地理特征、现象细节观察以及分层观察和系统观察的高阶目标，就要做到多方面、多角度观察。观察前要充分预设观察的要素和角度，尽可能保障观察的全面，以免以偏概全，对地理事象形成片面的认识。

3.典型性

观察对象的选择要有典型性和代表性，有些地理现象还需要选择合适的时间地点等。结合观察目标，进行前期充分的调研，选好考察点和考察事象，确保观察点的典型性和代表性，从而保障数据获取的可行性，这既能充分节省时间和精力财力，也能提升观察的效率。

（二）高中生地理科学观察活动的类型与观察量表设计

课标中对野外观察的内容要求主要体现在自然地理部分，包括必修地理1和选修地理1、选修地理9，针对地貌、土壤、植被、日月、潮汐、云等自然事物进行观察，并对观察结果进行进一步的描述、解释，如表4所示。

表4　课程标准中内容要求对野外观察的要求

必修	必修　地理1
内容要求	1.4通过野外观察或运用视频、图像，识别3~4种地貌，描述其景观的主要特点
	1.9通过野外观察或运用土壤标本，说明土壤的主要成因
	1.10通过野外观察或运用视频、图像，识别主要植被，说明其与自然环境的关系
选修	选修1　天文学基础
内容要求	1.6观察并描述月相、月食、日食、潮汐等现象，并运用图表等资料解释其成因
	1.9观察并运用图表等资料，描述银河系的外貌和结构，说明其演化过程
选修	选修9　地理野外实习
内容要求	9.4观察某地区地质、地貌、植被、土地利用方式等景观要素
	9.5学会在野外观察、测量和分析地质、地貌基本形态的方法，并采集样品
	9.7在野外观察某种地貌，推断其形成过程
	9.8学会收集并理解天气谚语，在室外观云识天气

基于自然地理教学目标和课程标准要求，地理观察主要针对自然地理各要素进行观察，不同的地理要素观察的研究方法有所差异，需要注意的事项和准备工作也有所不同。不同版本的地理教材针对课标进行了一定的活动案例设计，给出了观察的方法和记录要求，可以作为活动设计资料库，再结合时间、资源条件进行本土化设计，并选择性开展。同时，可以通过研学、学科融合课程等方式，组织综合性的地理实践考察，在一次地理研学实践里实现多个要素的观察。基于教师前期的充分考察和准备，观察的场地可以是校园内，也可以是校园外。以下从剖面观察、样方分析、天文观测三种地理观察的设计进行举例。

1.剖面观察

主要适用于地貌、地质、土壤等内容的观察。比如土壤观察，选择一个合适的土壤剖面，对土壤的组成成分、颜色、形态、物质分布规律等进行观察，如表5、表6所示。剖面观察包括定性和定量的特征的观察与记录，也包括对剖面周边环境的观察记录，旨在通过对物质的观察分析，了解其发育因素及演变过程，从而推测其与地理环境的关系。

表5　土壤剖面观察记录表

剖面图	发生层	颜色	质地	结构	松紧	干湿	动物

表6 野外地貌剖面观察记录表

地貌类型	海拔	相对高度	坡度	起伏
破碎程度	形状	厚度	地层产状	化石位置

2.样方分析

样方分析是指通过获取当地植被群落特征，以点带面从而了解当地的生态环境。样方的选择是基于对整个群落有宏观的了解，以植物生长比较均匀且具有代表性的地段作为观察的样地。样方的大小由具体的环境和植物的类型决定，可大可小。植被的观察可以在校内进行，一般校园内大部分属于人工植被，但是也会形成一定的群落。校外的植被有天然的也有人工的，天然林基本分布在农村、郊区，人工植被则可以在公园观察。可以和生物学科进行融合教学，注意描述样方选择点的周边环境，作为后期分析的依据，如表7所示。

表7 植物群落样方观察记录表

种类	生活力	盖度	群聚度	密度
株数	高度	冠幅	胸径	基径

3.天文观察

天文观测是高中地理教学中的重要一部分，包括月相、月食、日食、流星、星座等天体及天文现象的观察，一般需要选择特定的时间、地点、天气，还需要专业观测工具的支持。部分学校可能会有自己的天文观测工具或者小型天文台，可以开展小型的、简单的地理观察活动。如果是对观察工具要求比较高的天文观察，可以借助当地的天文馆，由专业部门提供工具和技术支持。天文观察有时候不仅仅是单次的观察，而是长期的动态的观察记录。如果是长期多次的观察，需要制定好观察的计划和时间点，比如月相的观察，可以是一个星期的多次观察记录，利用规范的记录表方便后期数据的处理和分析，如表8所示。

表8 月相观察记录表

活动　观察月相	在图中画出观察到的月相形状，记录时间和在天空中的方位。
1.选择观察场地 2.制定观察计划 （观察次数、时间、观察项目、相关器材） 3.观察并记录（方位、高度），绘制草图 4.整理观察记录，展示 5.讨论观察难点与观察方法的改进	日期： 时间： 方位： 月相：

三、高中生地理科学观察活动开展策略

要保障科学观察活动的有效开展，涉及多种因素，特别是野外观察活动，要做好充分的预设与准备。观察前、观察中、观察后的准备工作和活动设计都要进行精心的准备以保障观察活动安全、高效地开展，最终实现学生地理实践力提升的目标。

（一）学生参与观察方案设计、确定观察线路与测点

要想让学生主动参与实践的过程，可以从观察方案的设计、观察路线和测点的选择开始。

应充分发挥学生的主动性，以小组合作形式设计方案。学生基于观察的目的对观察路线和方案进行主动的设计和踩点，有利于实现高水平地理实践力的培养，切忌教师包揽一切。

（二）教师通过启发、引导学生开展观察活动

科学观察是一种获取地理信息的科学方法，教师要在观察活动开展之前给学生讲解观察、量测和记录的方法、步骤，并进行示范，检查学生的记录、核对数据，及时进行反馈指导。野外观察不同于课堂，会有预设外的生成，教师要及时给予反馈和引导，实现教育效果最大化。

（三）科学记录观察数据，做好数据处理和分析

要做好观察数据的记录工作，包括记录量表的设计与准备、记录设备的提前调试，

包括摄影、摄像等，要尽可能全面、规范地记录、收集地理信息。同时，对于数据的处理和分析要及时，鼓励学生以多种形式分析数据和展示数据分析结果，对地理问题进行解释和评价。

（四）做好过程评价和总结，给以鼓励和及时的反馈

观察活动要做好评价方案设计，对学生观察过程中优秀的行为和表现给予及时的肯定和鼓励，提高学生参与的积极性。同时，对于出现的疑问和不足给予及时的总结引导，有利于让学生对自我的实践目标有清晰的认识，能更好培养吃苦耐劳，求真务实的科学态度和精神品质。

四、反思与展望

野外科学观察是地理学的重要研究方法，是获取地理第一手资料的手段，具有重要的实践指向，是培育高中生地理实践力的重要路径。让学生在真实的地理环境中体验观察地理事象、发现地理问题、获取地理信息、分析和解决地理问题，有利于培养学生的科学研究能力，展现科学研究的魅力，助力学生爱上科学、爱上自然、爱上地理。

【原文发表于《地理教学》2021年第20期，被中国人民大学复印报刊资料《中学历史·地理教与学》2022年第3期收录，被《北京师范大学地理教育思想传承与实践》一书收录。】

高中体育课程选项课设计策略研究

李国栋

引 言

《国务院关于基础教育改革与发展的决定》中明确了素质教育、健康第一和终身体育的育人导向,高中生体育选项课因此更受关注。但当前高中体育学科育人中的一个弊端就是高中生的体育特色课程构建不足,常规体育课程的创新意识淡漠,高中生参与体育学科特色化学习和体育项目锻炼的机会越来越少。国家为了解决这个当前普通高中的共性问题,在发布政策性文件的同时也出台了相应的引导性方案,如体育课程考核已经纳入到高考中,越来越多的高校开始对高中生的体育课程学分进行关注。而高考体育课程改革的道路还很漫长,当前高中生体育学科育人中首先要解决的问题是加大对选项课程的构架和落实，因为选项课程的构架与教学设计不但可以丰富高中生的课外体育锻炼的课程内容，而且还可以满足高中生体育个性化发展的需求。

一、高中体育选项课课程内涵和课程构架的意义分析

高中体育课程改革一直以来都是一个热点，但高中体育选项课程的挖掘在区域内存在较大的差异。从某些方面而言，高中体育选项课虽然有了一定的支撑，但不论是从理论构架还是从课程实践上还距离国家的要求有一定的差距。这个说明高中体育课程中的体育选项课程的实践还不足，课程的影响力不够。为了弥补这个不足，广大高中学校只有从新课程育人的理念出发来科学定位高中体育选项课课程的内涵和该课程的构架才能从根本上改变这一现状。

（一）高中体育选项课程内涵

习近平总书记在党的十九大报告中明确指出，"广泛开展全民健身活动，加快推进体育强国建设"，而《普通高中体育与健康课程标准》中也明确规定："各大高中要根据本校学校在体育发展方面的需求来引导学生选择各类体育运动项目，有条件的要开设专业选项课程，利用这些课程来最大化提升学生的体育运动技能。"在这样的育人政策下，国家建议地方进行选班制，让学生选择自己喜欢和需要的体育运动项目来提升他们身体运动的灵敏性和协调性，有了这些体育选项课程的引导，学生对于体育的学习兴趣和学生个性化体育发展的内部动力也就提升了。结合这些理论基础可以发现：

第一，高中体育课程中的选项课所关注的是高中生的全面成长，并且将全面成长作为学生高中体育学习全过程的终身目标，这就必然要求普通高中要从高一学期开始规划高一到高三的体育选项课的课程构架、课程模块和对应的课程评价体系等；

第二，选项课与其他普通的体育课程相比较可以发现：高中体育选项课程所倡导的是人本主义理念，在人本主义理念下学生的运动爱好和专长发展得到重视，此外，这样的选项课程如果可以得到进一步的推进，学生体育运动的自主性和学生的运动潜能也可以被很好地激发出来。经过循序渐进地引导和推广，学生的体育核心素养的培育就可以得到激发。

（二）高中体育选项课程构架的意义

首先，有利于推动体育课程开发及至形成校本化选项课。当前的新高考中，各地

区都已经按照国家的要求来推进体育学科的改革,例如加大对体育特长生的培育,为广大高中生的阳光体育活动构建体育运动的平台,这就为体育选项课奠定了良好的基础。一旦体育选项课程落实下去,可以将长期以来被淡化的体育运动器材和对应的运动项目挖掘出来,激活这些项目的生命力,从而为更进一步去探索符合新时代体育教育的体育课程开发提供力量源泉;另外,高中体育选项课课程的构架还处在一个发展阶段,从某些方面而言,高中体育选项课程的构建还存在众多不完善的地方,虽然从发布政策到当前已经有近十年的时间,但是能够围绕国家体育选项课的要求来构建符合学生体育发展潜能和学生个性化体育运动需求的特色课程的学校并不多,这就要求各个学校要在高中体育课程选项课上下功夫,一旦可以在篮球运动项目、足球运动项目、健身武术项目等非常重要的项目上有进步,并逐步形成校本化的课程选项课,就可以很好地去激发学校全身心去打造特色选项课程的动力,从而全面促进学校体育学科核心育人与学生身心的协调发展、协同发展。

其次,丰富体育课程资源。体育选项课是对常规的体育课程的一个有机补充,这样的补充可以丰富体育学科的内容,让高中生有更多的选择性。另外依托常规的体育学科教学巩固体育课程的实践价值,能让学生在体育理论文化课学习的同时还能够去完成阶段性的体育项目锻炼,例如足球训练、花样篮球、体操训练等。这个与当前开足体育课程,丰富体育校本课程资源,落实阳光体育活动建设的要求是完全吻合的。

最后,完善体育课程体系构架。长期以来高中体育教师的体育课程课时不足,课程体系构建存在缺漏,例如,体育老师疏于对体育项目课程的研究和实践,即使有了体育选项课的要求,他们在正式实践起来往往存在各种各样的问题,这些问题严重影响了体育学科构架。但是如果能够自上而下来切实落实体育项目选项课的理论学习和课程教学实践,经过几个阶段的推进,体育老师便可以熟悉这一课程体系,经过整个体育教研组的实践,体育老师在这个领域的课程构架经验和课程实践经验都可以得到培养。

二、当前高中体育学科教学中选项课实施的现状

为了更好地了解本区域普通高中来开展选项课过程中的现状和存在的一些问题,我们对南宁市的三所普通高中1000名学生和30名体育教师进行了问卷调查和访谈调研。

（一）学生整体对体育选项课的认知

这一部分的调研主要包括学生对体育选项课的兴趣、对项目选项课的期待两个部分构成，具体的调研如下图1所示：

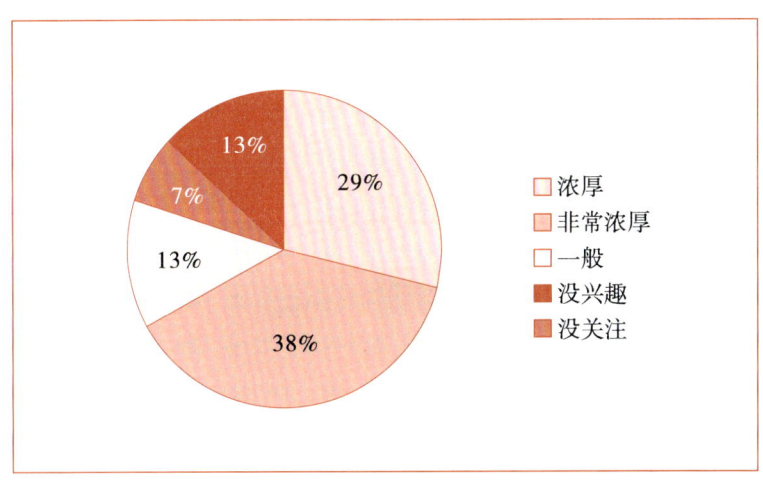

图1　学生对选项课的兴趣

从图1中可以看到：当被问及是否对体育选项课是否感兴趣的时候有29%的学生认为自己兴趣浓厚，有38%的学生认为自己兴趣非常浓厚，认为兴趣一般的有13%，没兴趣的有13%，还有7%的学生认为没有关注过。这说明本部分的学生对于体育选项课的兴趣是非常浓厚的。

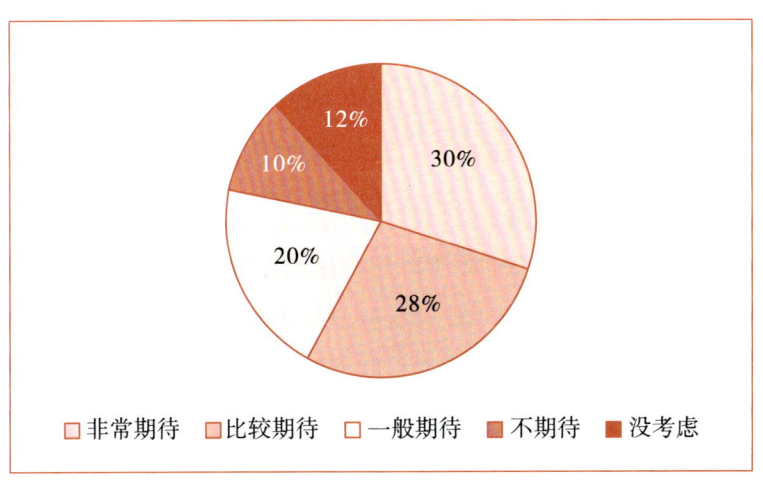

图2　学生对选项课的期待情况调研

从图2可以看到：当被问及学生对体育选项课是否期待的时候，有30%的学生认为他们非常期待，有28%的学生认为他们比较期待，还有20%的人认为自己是一般期待，表示不期待的人只有10%，有12%的人则表示没有考虑。

（二）学生对本校开展选项课的现状的满意程度调研

这一部分主要包括学校开展体育选项课的课程开设情况、课程的教学情况以及课程的考评情况三个部分。这一部分对于客观掌握本校选项课的建设和实践而言是至关重要的。

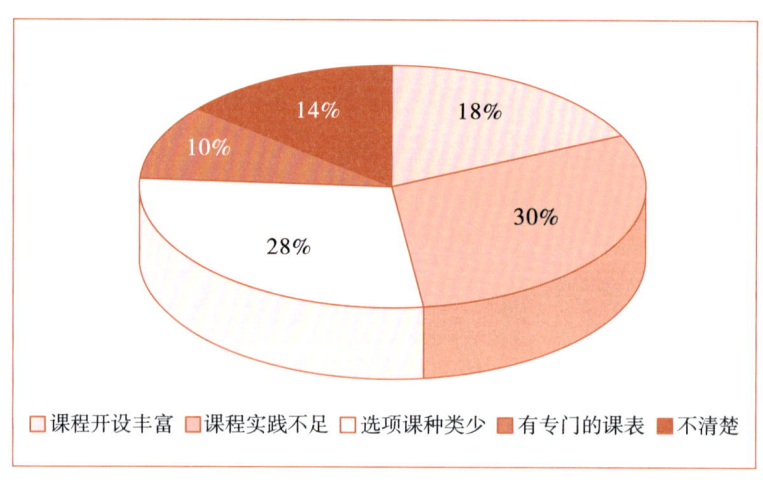

图3　高中体育选项课落实现状

正如图3中所示，有30%的学生认为该课程的实践不足，有28%的学生认为选项课的种类很少，只有18%的学生认为体育选项课开设比较丰富，还有10%的学生认为学校针对选项课有专门的课表。这些综合起来可以说明一个问题——南宁市高中生对于学校落实开设选项课的情况并不满意，尤其是选项课的课程安排没有得到重视。还有14%的学生对学校进行选项课并不满意甚至到了漠视的地步。综合而言该区域虽然开设有一定的体育选项课，但是在课程种类、课程实践效能以及对学生的课程特色化教育上还远远不够。

表1 选项课开设情况等级

选项课开设情况/等级	A	B	C	D
能及时跟进课程		B		
教学与训练结合			C	
课程教学趣味性强			C	
老师指导训练及时			C	

从表1中可以看出，课程属性中的四个核心项目：课程跟进、教学与训练结合、课程教学趣味性与老师指导，在学生的访谈反馈中四项目有三个选择C选项，只有课程及时跟进这个纬度选择的是B选项。结合这些反馈的情况可以发现：这个区域中针对高中生构架的体育选项课的落实还存在众多的短板，需要在推进上进一步优化。

（三）体育教师在进行选项课设计与实施中的情况调研

我们在对学生进行调研以后，又对本区域的体育教师进行了访谈，访谈中的内容涉及了教师对选项课的认知以及他们在落实选项课教学中遇到的挑战和难题。

表2 落实选项课教学中遇到的挑战
（1代表难度指数最大，2代表其次，其余以此类推，数字越大难度指数越小）

课程项目训练	课程评价	教师技能发展
1	1	2
2	1	2
3	1	1
4	2	1

从表2中的三个选项中可以发现：针对高中生选项课教学中遭遇到的挑战的三个维度中，课程评价的挑战难度最大，其次是教师技能发展，最后才是课程项目训练。结合这些内容可以发现：目前体育教师在课程项目训练这个纬度上已经积累了一定的基础，但是如何有针对性地对学生参与选项课的学习成效进行评价，并依托评价来动态调控学生的课程学习内容和学习方法还需要进一步去改进。此外如何围绕学校对于体育选项课的要求为体育教师的特色化发展构建一个专业技能培训的体系，利用这个体系来进一步提升高中体育教师进行选项课的专业技能对于这些学校而言也是一个难点。

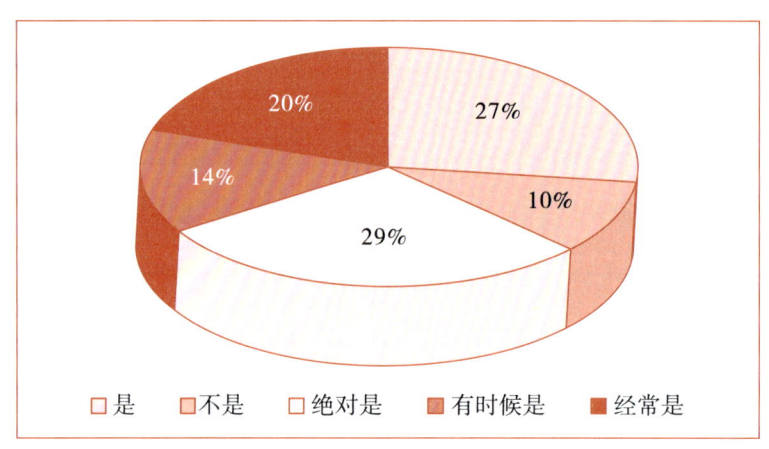

图4 高中体育教师选项课教学中是否遭遇挑战

从图4中可以看到：在客观的体育选项课的教学过程中，有27%的教师认为自己是遭遇到了困难，29%的体育教师认为绝对是，有14%的体育老师认为有时候会遇到，还有20%的高中体育老师认为经常会遇到。综合而言，当前的本区域高中体育学科教师在进行选项课教学的过程中，的确遭遇到了一定的困难，而这些困难的具体情况将在下面的访谈列表中进行展示。

表3 高中体育老师在落实选项课过程中遭遇的困难访谈

具体表征	描述教学教研与实践探索中遇到的问题
学校体育基建项目	对于某些运动项目不支持
体育教师学科专业发展	师资力量不够，学科发展在本维度有短板
选项课课程评价指标	评价制度不足，导致评价实践无法协同
体育选项课对应活动创新	很难在特色化体育运动项目上实现创新

通过表3可以发现本区域高中体育老师在整个选项课的教学中分别在学校体育基建项目、体育教师学科专业发展、选项课课程评价指标与体育选项课对应活动创新上存在困难。可以发现教师所遭遇到的这些困难基本上与前文对于学生的调研在某些方面是吻合的，这充分说明该区域的选项课在落实中还存在体育课程构架不够科学、体育教学团队力量不够强，以及课程评价方面的较多问题。

三、高中体育课程选项课设计策略构架

高中体育课程选项课对于高中生的身心和谐发展是非常重要的，针对上文调研中师生所反馈的核心问题，下面将从四个维度来构建体育选项课的课程，这四个策略相辅相成，将为后续进行选项课教学提供最佳的发展导向。

（一）基于校本资源，合理构架选项课体系

学生对选项课的认知度不高，学生参与选项课学习的兴趣不足，以及学校课程建设和推进不能满足学生体育锻炼与学习的个性化需求，其主要原因是学校在具体落实课程构架的过程中，仅仅重视了教育部门下发的参照性课程体系而忽略了校本资源的充分利用。因此可以从校本资源的全面优化和开发出发，融合国家对该课程的要求，这样一来才能让选项课程的构架更加符合本区域的学生学习的需求，具体的设计如下面的案例所示：

案例1：例如X学校有优秀的运动场和完备的体育器材，但是该校的足球项目设备不发达，于是学校可以结合本区域优势的运动，包括民间体育运动和经典游戏等，这样就可以将民间游戏和体育文化以运动项目的形式渗透到课程体系中，例如篮球课可以加入花样篮球，让该课程更加丰富，高一高二学生一周三次参与课程，而高三学生一周至少保证一次全员参与。经过一段时间的探索，篮球选项课就可以被构建起来。再比如该地区的舞狮文化发达，而且有精通舞狮的体育教师，那就可以围绕健体运动与文化课程将武术、舞狮和体操训练等融入课程体系中。这样，以校本资源为依托的选项课体系便可以构建起来，而这样构建的课程体系与学校的师资力量和课程构架非常相匹配。这样的课程不但可以发挥校本化资源的育人优势而且还可以系统提升学生对选项课的认知，尤其是可以逐步引导学生对该课程体系充满兴趣，而且今后的参与度会提升许多。

（二）基于师资融合，合理分配课程资源

要让课程教学突显出一定的优势，最主要的因素在于教师水平和教师在选项课教学与设计上的专业能力要达到一定的水准。为了很好地去解决课程实践中存在的问题，以及如何深化师资融合的理念和具体如何在不同层次的课程资源中体现师资均衡，促

进体育选项课更好发展起来，可以按照下面的方式来进行：

案例2：目前大多数区域在推动高中教师的个性化发展上受限于定势思维，高一、高二、高三都是单独管理，但是这样的师资固定模式会造成资源浪费，此外A学校与B学校的老师也是只服务于自己学校，与国家倡导同一区域中的师资要动态交流不符。鉴于上文的调研中出现的师资不均衡和师资力量不够的问题，要让体育选项课变得丰富多彩，应尽可能发挥选项课的优势，由教育部门牵头组建体育选项课师资团，将本区域所有体育教师组建一个大教研团队，然后各个高中围绕选项课来申报自己学校的选项课的课程模块和所需要的教师，然后负责人对教师队伍进行科学分配，这样各个学校都可以充分利用到整个片区内体育教师资源，以此来填充不同学校的体育师资的空缺。在同样一个学校内，全校的体育教师资源也打乱，围绕需要就填充的原则来整体构建不同选项课的师资配比。

（三）基于科学评价体系构建，科学指引和导向课程走向灵动

当前的高中体育选项课的评价体系是师生调研中最突出的问题，要解决这个问题就需要从选项课高一到高三的育人目标出发，并结合学校的师资力量、学生的学习需求来综合构建课程评价体系，课程的评价体系基本按照下面的思维导图来落实（如图5）：

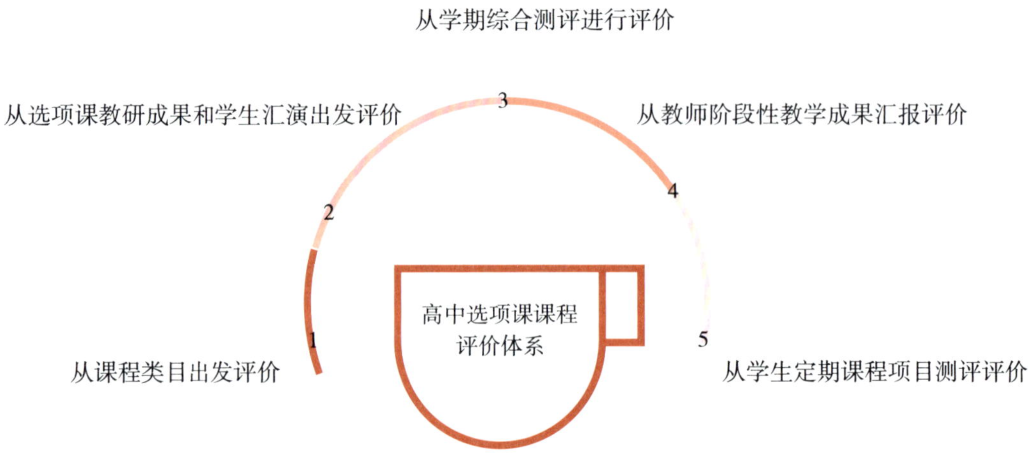

图5　高中选项课课程评价体系

从上面图5中可以看到要更好地实现对该课程评价体系的构建需要从五个层面入手来构建"知识+技能+项目成果"的课程评价体系，在这个体系中注重了项目课课型的完备性，注重了学生定期课程项目技能的测评，这样可以保证过程性教学可以得到落实。此外还注重对学期的终结性评价的落实，最主要的是注重对教学与教研的融合，从而为教师的专业素养培育做好铺垫。这样的评价体系可以从学校、学生和教师三位一体出发来综合评测选项课程落实的情况，从而有机促进选项课健康发展。

选项课是当前促进高中生体育教学核心发展的根本抓手，本文从高中体育选项课课程内涵和课程构架的意义分析，从本区域高中开设选项课的现状出发，采用理论综述和实证调研的方式，构建了高中体育选项课课程设计三个层面的策略，以期为高中体育课程改革提供参考。

追寻"有生命力"的信息技术课

苏文凯

高中信息技术课程,如果教师只把它作为单纯的技能来教是没有什么生命力的。那么信息技术这门学科的生命力是什么呢?信息技术课程不仅要教会学生使用信息技术工具,更重要的是潜移默化让学生形成三种思维:一是解决简单重复问题和分解复杂问题的计算机算法思维。二是辨别真伪信息的批判性思维。三是设计与创造的创意思维。在课堂上要让信息技术走进学生的生活,将"技术"与"人文"结合起来,坚持发展算法思维、批判性思维和创意思维这三个主要的思维方式,才会使信息技术课程对学生有更强的吸引力,才符合这门学科的宗旨,这样的课堂才是真正有生命力的。

我担任了多年的信息技术课教学工作,经验而言,大多数学生都比较喜欢计算机,喜欢上信息技术课,这是其他学科所不具有的优越性。上学期我接手高一年级的教学任务，教材内容是《信息技术基础》和《用word制作板报》，我一直在反复分析研究这两个单元的内容，思考怎样设计才能在教与学的过程中将"技术"与"人文"二者整合起来，这些内容能为学生形成哪些思维。经过努力探索和尝试，取得了较好的教学效果，也有不少的感悟。下面就这两个教学内容进行阐述。

一、关于《用word制作板报》

内容总体设计如下：

一是把整个单元内容作为一个项目来探究。

二是采用真实的、开放性的主题活动，让学生从中学习更广泛的知识。

三是将学习结果以作品的形式表现出来。

四是要求每个学生要在全班发表演讲。

为什么要采用"项目"学习？我的想法是：作为项目来学习可以把知识内容提高到技术综合应用的层面上来，为技术素养、信息素养的融合找到一个平台。为什么要采用真实的、开放性的主题活动？我的想法是首先要激发和培养学生的创意思维，其次要培养学生的批判性思维。为什么要设计演讲环节？我的想法是：搭建平台，让学生表达自己的思想，进行广泛的交流与合作，在此过程中共享思想，激发灵感，反思自我，使主题得到升华。下面通过主要的教学过程来进行解读。教学过程如下：

（一）首先要创设生动的情境。感动是学习的动力，有了感动才会有激情，有了激情才会让课堂有生命力

我选用视频《12岁小姑娘联合国大会演讲》。演讲者瑟玟铃木（Severn Suzuki）是世界上最杰出的青年环保斗士之一，她12岁时自己筹钱到巴西的里约热内卢，在联合国的地球峰会上演讲。

她6分钟的演讲震动全场，一开始大家觉得这只是一场普通的发言，随着她大声说出每一句话，会场开始变得异常安静。坐在听众席上的各国领导、科学家等重要人物，有的似乎被什么击中，有的开始擦眼泪。还有更多的人，他们低下了头，不敢和这个小女孩对视……

从学生的表情中，从学生的泪光中，我知道这段视频也引起了他们的共鸣，引发

了他们的思考。小女孩的爱心、责任心深深地打动和影响了学生们,这个情境为后续的主题的引入起到了特别好的穿针引线的效果,为信息技术课堂注入了生命的元素。

(二)选择具有开放性、探究性、综合性等特点的主题

我选择的主题是:我的故事或我的看法。写自己或身边的人的真实故事;或者对热点问题提出个人的见解、评论。

第一,开放性、探究性和综合性的主题可以搭建一个较开放的学习平台,因为此单元的内容板块的设计和创意由学生自己做主,自己设计,而学生们都有自己独特的想法和个性,他们必定会"八仙过海,各显神通"。培养了学生的创意思维。

第二,每位学生都在为了实现自己的设计而不断地去探究,这促进了学生综合应用技术的提升。比如有的同学想在文档中放一段视频,有的同学研究如何能有背景音乐,有的同学要将几种媒体组合,他们多次尝试或选择其他的软件来解决问题,选择不同的媒体来增强演讲效果……这些都是他们在做的过程中自己发现的问题,他们要么自己想办法解决,要么同学之间讨论,要么师生之间讨论,整个学习过程中学生很充实,很少见到有学生去玩游戏、去聊天。而且"技术"与"人文"二者很自然地联系在了一起,技术素养、信息素养也融合在了一起。

第三,大千世界无奇不有,每天我们所见的新鲜事情很多。可以要求学生写自己的真实故事或对热点事件的评论,这就是要引导学生关注生活、关注社会、关注身边的人和事,敢于表达内心的真实想法,培养学生的批判性思维。事实证明,学生说的心里话和对问题的独特见解,不仅让我看到了他们那颗善良的心,也让我领略到了不少学生思想的深度及批判性的思维。比如李铭贵同学写道:城管,因为过去的数件暴力事件而一度被妖魔化,作为城市管理者,本应该是那些弱势群体的保护者,现在两者却成为对立面,其中原因何在,值得管理者深思。由于网络,一些事实被放大,夸张化,使得社会各界人士对于城管都形成了一种不信任,甚至是敬而远之态度。很少人看到城管做这份工作的辛酸和眼泪。有的小贩们自己身上明明带着传染病,依然无所顾忌地贩卖食物,他们制作食品时的卫生状况其实不堪入目,而这些,是我们没有看到的。城管的管理,恰恰不是为了他们自己,而是为了我们大家的健康和安全……覃誉莹同学写道:最近网上一份特别的"孝道试卷"引起了众多网友们的关注。出题人是位82岁的老人,在他的寿宴上,他给子孙们抛出了这份不大不小的"难题",考试方式类似一项"孝道调查",譬如,知不知道父母的身高、腰围、鞋码?有没有为父母

洗过脚？是不是经常回家看望父母？结果，老人们的儿女孙子们在一些题目上"卡壳"了。可是现在仍然有很多人长大了还要依赖父母，不仅仅是在精神上依赖，在经济上也是如此。我想对他们——那些仍然剥削父母的爱的他们说：你们什么时候才能实现一切独立呢？父母能陪伴你们走到生命的尽头吗？有的人会说，那是我的父母心甘情愿的。对，父母的确是心甘情愿。哪有父母不心疼自己的孩子，不希望他们过得更好？可是他们爱你不代表你可以在他们的爱中放任自己，肆意享受他们爱的馈赠。你们更应该自己独立些，自己为自己铺下脚下的每一条路，而不是等待着他们为你铺路。这也是孝敬父母的方式。孝，不仅仅只停留在形式的门口……看着学生们的这些文章，作为他们的教师我倍感欣慰！我们做老师就是要尽最大的努力多培养这样的有主见、有正义感、有责任感的学生，要让我们的课堂有生命力。

（三）通过演讲让主题升华

演讲环节的作用除了能表现和锻炼学生的口语表达能力，还能让学生互相观摩作品取长补短，更重要的是因为学生一开始就知道有演讲这一环节，因此他们在创作作品时从构思、选材、制作等每一个环节都投入了大量的热情，希望演讲时能得到老师和同学们的认可，因此学习的积极性很高，我觉得学生好像同时被另一位无声的老师时刻鞭策鼓励着，我乐在其中，也轻松自在。

演讲课上，果然不出所料，每个班的演讲都非常精彩，有掌声、有欢笑、有泪水、有沉思……令人难以忘怀。比如褟敏华同学自身的故事让很多的学生（包括我）流下了眼泪，受到教育。

她讲道：母亲生病到现在已经有3年。说实话我很嫉妒那些幸福的孩子们。因为他们可以吃到对于我来说最好吃的菜肴。而我晚上睡觉踢被子也不会有人来给我盖上。如果3年前我能预见今天的情况，我一定会牢牢地记住那个味道。现在，如果母亲能做一道菜给我吃，就算这道菜很咸，就算味道很淡，就算煎的鸡蛋里面满满地都是蛋壳，我也会感到很满足。母亲每天接受药物的治疗，不能自己进食，不能自己穿衣，不能正常行走。有时候我想对上帝抱怨，如果它看到这样美好的生命被迫进行180°的转弯，它会不会感到一点惭愧？我拒绝了出游欧洲的邀请。不是没条件，不是没时间，不是不渴望，不是不向往。母亲曾对我说："敏华，妈妈以后带你去欧洲玩。"也许她并不知道，当时随口说的一句话，被我看作一个小小的约定。而这个小小的约定，会成为我拒绝邀请的原因。因为我想尽可能地珍惜和母亲在一起的时光……所以朋友，请珍惜现在所拥有的，别总是抱怨自己没有的；请珍惜父母做的每一道菜；请珍惜父母对你的每一次唠叨；请珍惜父母和你在一起的每一分每一秒……

有点遗憾的是有少数同学不愿意上台演讲，课后我经过了解得知是有的同学胆子小，不善表达；有的同学觉得作品的水平不高，不好意思；有的同学认为写的东西涉及隐私，不想让太多人知道……

在我看来，信息的表达是信息素养培养的重要环节之一，"能言善辩"的口头表达能力是增强竞争能力的重要工具。鼓励更多学生站出来敢于表达是我今后要认真思考和解决的问题之一。

二、关于《信息技术基础》

苹果的产品为什么深受喜爱？为什么成功？不仅是因为它是技术、人文和科学的完美结合，更是它打动人心的"人文"方面的东西。这一单元我的指导思想是让学生明白任何技术在凝结一定的原理和方法、体现科学性的同时，都携带着丰富的文化信息、体现着一定的人文特征。我的做法如下：

（一）自己动手制作数字故事

数字故事是一种可视化的故事，将文字、图像、声音、音乐等多媒体元素组合在一起。它对提高教师讲授的吸引力、促进师生思想深度的互动、激发学生学习兴趣、将知识技能教育与情感态度教育融合，培养学生的设计、策划、语言、艺术综合素养都起到很好的作用。所以通过数字故事进行教与学，取得的效果是很明显的。

乔布斯是全球IT业最具影响力的人之一。正因为他追求的是一种艺术和科学的完美结合，才有苹果的今天，他和他的苹果，影响了几代人，正如他自己所说的：活着就是要改变世界。我想：他的创新和追求都会对学生有所启发，为何不把他的故事、他的创新精神介绍给学生？有了这想法，我就把介绍乔布斯的数字故事的初稿完成，再经过几次修改定稿，播放给全年级各班的学生观看，教室里音乐在回荡，电子故事在"述说"，同学们全神贯注，我感受到了多媒体技术与情感交融带来的不同凡响的效果。在后面的教学活动中，我还制作了另一个数字故事《雄鹰的故事》，也取得很好的教学效果。

（二）从网上筛选当下优秀的资源

信息技术的发展速度一日千里，不断涌现新技术、新观点、新理论，这些对学生的吸引力很强大，我选择了两个资源。

一是《第六感技术的惊异潜力》，这段近十分钟的视频是由麻省理工学院媒体实验室的学生制作的，他们向世界展示了一种叫作"第六感"的新设备，它最创新最迷人的地方，在于把一切不符合直觉的操作都隐藏了起来。

使用"第六感"时，人们以最符合直觉的方式与虚拟世界互动。比如，只需要用两只手的食指和拇指比画出一个取景框就可以拍照，只需要用手指指指点点就可以作画，只需要拿起一本书就可以在封面上看到亚马逊书店对这本书的评价，想把一段文字从书上输入到计算机中只需要用手指比画一下。它抛弃了过去60多年来那些操作计算机的方式，让人们可以像操控真实世界的物体一样随时从数字世界中抓取自己需要的内容，一切尽在指尖。非常神奇和不可思议！

这段视频是从 TED 的演讲中查找的，TED 是 Technology，Entertainment，Design（科技、娱乐、设计）的缩写。它的宗旨是"用思想的力量改变世界"。

TED 会聚了一群卓越的人，他们相互交流，产生出难以估量的价值。我从课堂上不断传出的学生惊讶声、感叹声中知道学生真切地被展现的高科技吸引了，同时学生们提出了很多的疑问，表现出了浓厚的兴趣和学习热情。

二是《微软发布的关于教育生产力的远景视频》，该视频预期了未来5~10年IT技术所用于教育的情况。这些影片不浮华，显得很有可行性，也就是说以今天的技术演变就可以慢慢实现。

这些未来教育的展现正好针对的是学生切身的利益，在他们的心里一定憧憬着这么美妙的世界和教育，从另一个侧面也潜移默化地激励着他们要努力学习信息技术，不然就会惨遭落伍和淘汰。

钱学森说过："学校教育要把科学技术和文学艺术结合起来，学理工的要学点文学艺术，学文科的要学点自然科学。"可见，"技术"与"人文"要结合起来，才能让学生对信息技术有兴趣、有激情、有感情。这样才能通过学习的过程为学生形成算法思维、批判性思维和创意思维打下基础，让信息技术真正拥有生命力。

附录一：南宁三中教师立项课题统计表（2011年至今）

序号	年度	立项课题			
		总数	自治区级	市级教育科学规划课题	市级教育科学微型课题
1	2011	5		5	
2	2012	1		1	
3	2013	12	2	10	
4	2014	12	1	11	
5	2015	4	1		3
6	2016	22	1	16	5
7	2017	32	5	1	26
8	2018	52	4	17	31
9	2019	147	9	31	107
10	2020	149	3		146
11	2021	283	30	60	193
12	2022	78	12	66	
13	2023	69	23	46	

附录二：南宁三中教师立项自治区级课题汇总表（2011年至今）

序号	课题名称	主持人	立项时间	立项类别	备注
1	广西普通高中英语、数学学科课程资源库建设研究-2	黄河清	2013	专项课题	广西普通高中资源库建设研究专项课题
2	以读促写，提高高中生作文写作教学实效的校本研究——以南宁市第三中学为例	梁惠红	2013	C	广西教育科学"十二五"规划2013年度课题
3	示范性高中教师"职业生涯规划引领"专业发展模式研究	李杰	2014	重点项目B类	广西教师教育2014年度专项课题
4	南宁三中"实践性德育模式"理论与实践研究	贾应锋	2015	B	广西教育科学"十二五"规划2015年度自筹经费重点课题
5	南宁市第三中学高中数学课堂教学改革实验研究	黄河清	2016	专项课题	广西普通高中数学课堂教学改革实验研究专项课题
6	普通高中发展型资助体系的实践型研究	韦屏山	2017	B	广西教育科学"十三五"规划2017年度课题
7	以筑梦班为载体提升贫困高中生发展核心素养的时间研究	杨菲	2017	C	广西教育科学"十三五"规划2017年度课题
8	核心素养背景下"非遗"主题地方特色课程研究	吴红	2017	B	广西教育科学"十三五"规划B类课题
9	高中化学竞赛中有机化学思维课堂教学模式的研究与构建	徐星	2017	专项课题	广西教育科学"十三五"规划2017年度广西考试招生研究专项课题
10	广西普通高中政治学科教学关键问题实践研究-2	徐欣	2018	专项课题	"广西普通高中学科教学关键问题实践研究"专项课题
11	广西普通高中数学学科教学关键问题实践研究-2	魏远金	2018	专项课题	广西教育科学"十三五规划"2018年度广西教育研究专项课题

续表

序号	课题名称	主持人	立项时间	立项类别	备注
12	广西普通高中英语学科教学关键问题实践研究-3	劳耘	2018	专项课题	广西教育科学"十三五规划"2018年度广西教育研究专项课题
13	广西普通高中生物学科教学关键问题实践研究-3	魏述涛	2018	专项课题	广西教育科学"十三五规划"2018年度广西教育研究专项课题
14	高考综合改革背景下广西普通高中选课走班、分层教学模式研究	黄河清	2019	专项课题	广西教育科学"十三五"规划教育决策课题(委托)
15	新高考背景下普通高中课程设置和教学改革的实践探索——以南宁市第三中学为例	贝伟浩	2019	A	广西教育科学"十三五"规划课题2019年度课题
16	教育戏剧在初中语文教学中的运用研究	苏朝凤	2019	A	广西教育科学"十三五"规划2019年度课题
17	核心素养引领下中学地理校本教研实践研究	毛秀英	2019	B	广西教育科学"十三五"规划2019年度课题
18	新高考背景下示范性高中生涯规划课程体系建设的实践研究	李杰	2019	B	广西教育科学"十三五"规划2019年度课题
19	基于地理核心素养培育的深度学习课堂构建与实践	周代许	2019	专项课题	广西基础教育教学改革质量提升项目
20	新高考背景下普通高中课程与教学改革的实践研究	贝伟浩	2019	专项课题	广西基础教育教学改革质量提升项目
21	"渗透·体验"模式下中华优秀传统文化历史特色课程的开发与建设	吴红	2019	专项课题	广西基础教育教学改革质量提升项目
22	"四步八字法"序列化作文学历案的研究	李慧珍	2019	专项课题	广西基础教育教学改革质量提升项目
23	新时代广西初中少先队工作研究	杨菲	2017	专项课题	广西教育科学"十三五"规划2020年广西少先队工作专项课题
24	基于广西优秀传统文化的口述史校本课程建设研究	吴红	2020	专项课题	自治区级专项课题《立德树人视角下广西优秀文化资源融入历史教育的路径与实践研究》子课题

续表

序号	课题名称	主持人	立项时间	立项类别	备注
25	核心素养下高中语文单元教学研究	钟家荣	2020	专项课题	广西教育科学"十三五"规划2020年度广西中小学语文学习质量研究专项课题
26	中小学党员名师队伍建设研究	韦屏山	2020	专项课题	广西教育科学"十三五"规划2020年度党建研究专项课题
27	新媒体支持下优化民族地区高中数学教学的实践探究	廖克杰	2021	A	广西教育科学规划2021年度课题
28	新时代普通高中"体验式"劳动教育课程的创新与实践	蓝宇	2021	B	广西教育科学规划2021年度课题
29	以项目式学习提升高中生语文学习力的策略及实践研究	梁惠红	2021	B	广西教育科学规划2021年度课题
30	"三全育人"视阈下普通高中学科阅读的协同研究与实践	韦国亮	2021	B	广西教育科学规划2021年度课题
31	文化自信视域下广西壮族文化与高中思想政治课融合的实践研究	徐欣	2021	B	广西教育科学规划2021年度课题
32	"强基计划"下高中拔尖学生培养模式探索与实践——以南宁三中为例	王祥斌	2021	B	广西教育科学规划2021年度课题
33	广西体教融合促进青少年健康发展研究——以体育中考为视角	孙振	2021	B	广西教育科学规划2021年度课题
34	"强基计划"靶向下学科竞赛思辨型拔尖人才培养模式的探索与实践——以化学学科为例	徐星	2021	B	广西教育科学规划2021年度课题
35	核心素养视域下高中历史迷思概念转化的实践研究——以《中外历史纲要》为例	潘俊全	2021	B	广西教育科学规划2021年度课题
36	新高考下数学课堂多元化教学评价的实践研究	陈华曲	2021	B	广西教育科学规划2021年度课题
37	基于深度学习的高中数学项目式教学行动研究	马汉阳	2021	C	广西教育科学规划2021年度课题
38	基于主题语境的高中英语教学模式应用研究	杨小菊	2021	C	广西教育科学规划2021年度课题

续表

序号	课题名称	主持人	立项时间	立项类别	备注
39	广西示范性高中思政课程与生涯课程双向融合育人的实践研究	李晓翎	2021	C	广西教育科学规划2021年度课题
40	核心素养导向下信息技术与高中地理教学深度融合的实践研究	黄越烯	2021	C	广西教育科学规划2021年度课题
41	项目式教学在初中语文教学中的应用研究	邓林娟	2021	C	广西教育科学规划2021年度课题
42	教育戏剧对培养中学生音乐核心素养的实践研究	梁毅	2021	C	广西教育科学规划2021年度课题
43	新时代高中思想政治课培育学生"人类命运共同体"意识的实践研究	姚敏	2021	C	广西教育科学规划2021年度课题
44	"课程思政"视域下高中生物学社会责任教育校本课程的开发与实践	黄小斌	2021	C	广西教育科学规划2021年度课题
45	主题意义引领下的高中英语教学设计实践研究	卓金玲	2021	C	广西教育科学规划2021年度课题
46	全寄宿高中生情绪智力心育模式的实践研究	董彩霞	2021	C	广西教育科学规划2021年度课题
47	基于STEM理念的高中程序设计课程开发与实践	孙国强	2021	C	广西教育科学规划2021年度课题
48	新课程背景下广西高中体育选课制教学模式实践研究——以南宁市示范性高中为例	李国栋	2021	C	广西教育科学规划2021年度课题
49	基于培养学生核心素养的校本综合实践课程开发与实践研究	雷艳	2021	C	广西教育科学规划2021年度课题
50	新高考背景下普通高中选课走班的实践探索——以南宁市第三中学为例	戚志涛	2021	专项课题	广西教育科学规划2021年度新高考背景下广西普通高中教学与管理改革的实践研究专项课题
51	新高考背景下高中研究性学习课程开发与实践	韦屏山	2021	专项课题	广西教育科学规划2021年度新高考背景下广西普通高中教学与管理改革的实践研究专项课题

续表

序号	课题名称	主持人	立项时间	立项类别	备注
52	"双减"背景下课堂"教、学、评"一体化策略研究——以南宁市第三中学为例	黄文斌	2021	专项重点课题	广西教育科学"十四五"规划2021年度"双减"专项课题
53	导向深度学习的高中化学教学实践研究	贝伟浩	2021	重点课题	2021年度广西高考综合改革专项课题
54	高中生地理实践力培养的课程体系建构与实践研究	毛秀英	2021	一般课题	2021年度广西高考综合改革专项课题
55	深度学习视域下高中历史课堂教学实践策略研究	廖丹萍	2021	一般课题	2021年度广西高考综合改革专项课题
56	广西高考综合改革背景下构建"铸牢中华民族共同体意识"校本课程的实践研究	宗焕波	2021	一般课题	2021年度广西高考综合改革专项课题
57	运用数字资源开展集体备课的TIPS提升实践研究	张栋	2022	一般课题	广西教育科学"十四五"规划2022年度广西数字资源应用研究专项课题
58	高中数学教师课堂教学评价改革的实践研究——以南宁市为例	李俊	2022	一般课题	广西教育科学"十四五"规划2022年度教育评价改革专项课题
59	新媒体下高中数学教育质量监测实施路径与反馈机制的研究	汪朝宽	2022	一般课题	广西教育科学"十四五"规划2022年度广西教育质量监测研究专项课题名单
60	"双减"背景下初中英语作业设计的实践研究——以外研版英语七年级上册为例	林燕	2022	专项课题	广西教育科学"十四五"规划2022年度"双减"政策背景下广西义务教育阶段语文等七个学科作业设计专项课题
61	"双减"背景下基于提升"3M"优化初中英语作业设计的实践研究	滕雪	2022	专项课题	广西教育科学"十四五"规划2023年度"双减"政策背景下广西义务教育阶段语文等七个学科作业设计专项课题

续表

序号	课题名称	主持人	立项时间	立项类别	备注
62	基于核心素养进阶培育的初中历史作业设计实践研究——以统编版九年级下册世界历史为例	吴 红	2022	专项课题	广西教育科学"十四五"规划2024年度"双减"政策背景下广西义务教育阶段语文等七个学科作业设计专项课题
63	义务教育新课程标准理念下初中数学单元作业设计的实践研究——以人教版八年级下册为例	王 伟	2022	专项课题	广西教育科学"十四五"规划2022年度"双减"政策背景下广西义务教育阶段语文等七个学科作业设计专项课题
64	指向深度学习的高中英语单元整体教学设计与实践研究	覃 矜	2022	一般课题	广西教育科学"十四五"规划2022年度英语学科核心素养研究专项课题
65	基于SAM模型的青少年跨学科研学课程的协同研究与实践	吴尚珉	2022	重点课题	广西教育科学"十四五"规划2022年度研学实践教育专项课题
66	普通高中"红色+劳动"融合育人研究与实践	周代许	2022	一般课题	广西教育科学"十四五"规划2022年度劳动教育专项课题
67	家校社共建背景下劳动教育实践方法与策略研究——以南宁市第三中学初中部（青秀校区）为例	谢辛玉	2022	一般课题	广西教育科学"十四五"规划2022年度劳动教育专项课题
68	高中"红色+"学生资助育人课程体系的实践研究——以南宁三中五象校区为例	胡颖毅	2022	重点课题	广西教育科学"十四五"规划2022年度学生资助专项课题
69	基于"一生一案"的学生发展策略研究与实践	黄河清	2023	A	广西教育科学"十四五"规划2023年度课题
70	导向深度学习的高中化学"阅读促学"教学实践研究	杨鸽鸽	2023	B	广西教育科学"十四五"规划2023年度课题
71	文化认同视角下民族地区普通高中铸牢中华民族共同体意识德育课程的开发与实践	何海夷	2023	B	广西教育科学"十四五"规划2023年度课题

续表

序号	课题名称	主持人	立项时间	立项类别	备注
72	新课标视域下初中语文学习任务群三维整合教学模式实践研究	李 睿	2023	B	广西教育科学"十四五"规划2023年度课题
73	基于SOLO分类理论的高中英语学科深度阅读教学实践研究	彭燕琼	2023	B	广西教育科学"十四五"规划2023年度课题
74	"三全育人"视阈下普通高中跨学科美育教育的协同研究与实践	黄 欢	2023	B	广西教育科学"十四五"规划2023年度课题
75	生涯规划小渗透课程的教学与实践探究——以高中语文学科为例	陈 佳	2023	B	广西教育科学"十四五"规划2023年度课题
76	五育并举视域下现代体育项目课程开发与专项化教学实践研究	何 杰	2023	B	广西教育科学"十四五"规划2023年度课题
77	培养中学生"事·数·型·算"四重表征解决物理问题能力的实践研究	何 鹏	2023	C	广西教育科学"十四五"规划2023年度课题
78	核心素养视阈下高中历史教学中的美育实施策略实践研究	陆 勇	2023	C	广西教育科学"十四五"规划2023年度课题
79	大观念视域下高中英语新教材单元整体教学设计实践研究	李鹏飞	2023	C	广西教育科学"十四五"规划2023年度课题
80	核心素养理念下高中人文地理主线教学实践研究	陈施然	2023	C	广西教育科学"十四五"规划2023年度课题
81	强基计划背景下"双向—五维—交互"的中学数学拔尖创新人才培养路径的实践研究	栾 功	2023	C	广西教育科学"十四五"规划2023年度课题
82	以"家庭、学校、教师"三线联动开展中学生心理危机干预的研究	董 杨	2023	C	广西教育科学"十四五"规划2023年度课题
83	主题意义引领下高中英语学科融合课程开发与实践研究	林 斌	2023	C	广西教育科学"十四五"规划2023年度课题
84	核心素养导向下初中生物教学与劳动教育深度融合的实践研究	韦文凤	2023	C	广西教育科学"十四五"规划2023年度课题
85	以读促写提升高中生用英语"讲好中国故事"能力的实践研究	徐永霞	2023	C	广西教育科学"十四五"规划2023年度课题
86	指向高中生创新素养培育的"科创+"校本课程资源开发与应用研究	吴承聪	2023	专项课题	广西教育科学"十四五"规划2023年度科学教育专项课题

续表

序号	课题名称	主持人	立项时间	立项类别	备注
87	指向科学素养的高中科创活动的设计与实践研究	林梦玲	2023	专项课题	广西教育科学"十四五"规划2023年度科学教育专项课题
88	广西初中学业水平考试数学试题与课程标准的一致性研究	卢永杰	2023	专项课题	广西教育科学"十四五"规划2023年度中考统一命题专项课题
89	统一中考命题背景下地理学科中考命题导向与发展趋势研究——基于近三年广西卷与福建卷比较的视角	杨爱丽	2023	专项课题	广西教育科学"十四五"规划2023年度中考统一命题专项课题
90	中考统一命题背景下学区联合语文学科命题及优化复习教学策略研究	邓林鹃	2023	专项课题	广西教育科学"十四五"规划2023年度中考统一命题专项课题
91	初高中化学拔尖创新人才一体化培养实践探索——以南宁三中为例	杨恒建	2023	专项课题	广西教育科学"十四五"规划2023年度青少年拔尖创新人才培养专项课题